中國民用飛機圖誌 1912-1949

朱飛虎 著

商務印書館

中國民用飛機圖誌 (1912−1949)

作　　者：朱飛虎
責任編輯：徐昕宇
封面設計：高　毅
出　　版：商務印書館 (香港) 有限公司
　　　　　香港筲箕灣耀興道 3 號東滙廣場 8 樓
　　　　　http://www.commercialpress.com.hk
發　　行：香港聯合書刊物流有限公司
　　　　　香港新界荃灣德士古道 220-248 號荃灣工業中心 16 樓
印　　刷：中華商務彩色印刷有限公司
　　　　　香港新界大埔汀麗路 36 號中華商務印刷大廈 14 字樓
版　　次：2021 年 8 月第 1 版第 1 次印刷
　　　　　© 2021 商務印書館 (香港) 有限公司
　　　　　ISBN 978 962 07 5877 5
　　　　　Printed in Hong Kong

目　錄

前言

　　經濟的發展離不開交通，自古以來，交通發達的輻輳之地往往比偏遠、閉塞的地區發展得更快、更好。隨着 20 世紀初飛行器的誕生，人類進入航空時代，遠程交通的時間大為縮短，運輸能力逐漸增強，這就進一步打破了各地之間的藩籬，拉近了人與人之間的距離，極大促進了各個地區之間經濟的聯係與發展。

　　相較飛機在軍事領域的迅速應用和普及，民用航空業的發展可謂姍姍來遲——1914 年美國出現了首個定期商業航班，一戰後世界範圍內的民用航空才開始踏入實用領域；而早在 1911 年，美國陸軍就開始購買並裝備飛機，同年，意大利的"鴿"式飛機就已用於投彈轟炸。

　　1912–1949 年的民國時期是中國歷史上最波折的時期之一，不過民用航空業的建設和發展卻並未落後於時代，早在 1920 年，中國第一條商業航線就已投入運營。雖然受政治環境、經濟條件所限，這一時期中國航空公司、航線的建設磕磕絆絆、步履維艱，但卻沒有止步不前，而且一再攻克因技術、設備不足造成的困難，在逆境中不斷抒寫屬於自己的傳奇。1930 年代，中國航空公司、歐亞航空公司、西南航空公司的相繼成立，標誌着中國民用航空業的成長，雖然中間由於全面抗戰的爆發而一度停滯，但中國民用航空的發展趨勢自此已不可逆轉。

　　與同時期中國軍用飛機"萬國牌、規模小、型號雜、機型舊"的特點相比，民用飛機的型號相對較少，但同型裝備的數量則比較多，並且受航空公司外資方的影響，裝備的飛機也並未落後於時代，例如，早在 1935 年就有當時最先進的 DC-2 客機在中國的航線上飛翔。

　　我自幼即對飛機有着強烈的興趣，自 2016 年開始繪製、撰寫《中國軍機圖誌 1912–1949》後，一直希望能將同時期的民用飛機也依樣編著成冊，以將 1912–1949 年間中國曾經擁有、使用過的飛機補全。由於民用飛機使用廣泛且不具有保密性，因此資料相對豐富，各種文獻、照片流傳較廣，為研究帶來了一定的便利。

　　由於民用飛機的型號相對較少，故本書的篇章結構與《中國軍機圖誌 1912–1949》略有差異，不再依照政治時期排序，改以所屬範圍排序，如航空公司、航校、私人等。具體的篇章劃分則以飛機廠商所屬國、飛機廠商為區別，先後順序則以交付中國時間為準，附錄部分則包括各個時期中國民用航空建設主體的簡史和所屬飛機數量表。

本書收錄各型飛機及亞型共約 170 種，配圖 300 餘幅，其中三視圖是對飛機外形、細節最直觀的表現方式，也是辨識各型飛機最有力的工具。我在研究、撰寫本書期間，盡可能地查閱資料，力圖將中國 1912－1949 年間的民用飛機乃至其亞型繪製出三視圖，並根據照片和文獻記載為其着色。但因為大部分資料圖片均為黑白照片，且部分飛機因數量稀少沒有照片遺存，所以部分飛機的着色可能存在偏差，另有部分飛機難以推測，故仍為黑白三視圖。

　　本書撰寫過程中參考了 *A History of Chinese Aviation-Encyclopedia of Aircraft and Aviation in China until 1949*、*THE EAGLES OF MANCHUKUO*，*1932－1945:An Ilhstrated History of the Civdian and Military Adation*、*The early days I - CAT operations in China 1946－48*、*Wings Over Asia*、《中國的天空 —— 沉默の航空戰史》、《中華民國飛機百年尋根》、《中國飛機全書》、《民國空軍的航跡》、《舊中國空軍秘檔》、《中國航空的發展》、《中華民國史檔案資料彙編》、《中華民國史史料外編》、《中國季鑒》、《交通年鑒》、《申報》、《北洋畫報》、《良友》、《廣西年鑒》、《二十年湖北水災賑濟總編》、《中國人生地理》、《航空經濟政策論》、《抗戰與交通》等書籍，借鑒參考了黃孝慈、陳應明、Lennart Andersson、George Eleftheriou、Kiri Domoto-Eleftheriou 等前輩的研究成果，部分圖片來自於互聯網。

　　在本書寫作期間，首先要感謝家人的大力支持，筆者的妻子范燕燕不僅承擔大量家庭事務，同時協助校對文稿、處理圖片，使筆者得以將更多精力專注於寫作和繪製三視圖上。在寫作過程中一如既往的得到了多位朋友的鼎力相助，尤其需要感謝陳悅先生，為本書的體例、章節分配、部分細節的處理提供了很多寶貴的指導和建議，並幫助筆者查找資料、提供圖片；陳侃先生、王益愷先生、梁若然先生或為筆者提供參考資料、或幫助筆者翻譯外文資料、對內容提供修改意見，使本書得以順利完成，非常感謝上述前輩和朋友的大力支持。

　　由於經驗有限，本書在寫作、繪製中仍不免有紕漏或謬誤之處，希望廣大航空史研究者、愛好者喜愛本書，多多提出批評和意見，使這段歷史可以更加完整的展現於世人面前。

朱飛虎

2020 年 3 月 1 日於威海

凡 例

一、 本書以飛機來華後的權屬和飛機制造國劃分章、節；各章節內的條目則以飛機廠商及其第一種交付中國的飛機為序排列；未能交付的飛機則依據其訂購時間排序；部分交付時間不詳的飛機會在行文中加以說明。

二、 本書所列飛機之名稱及綽號，均採用正式名稱，而不採用飛機廠商內部名稱，如柯蒂斯 "金鶯" 不採用 "柯蒂斯 17"，日製軍用飛機不採用キ番號（日本陸軍飛機設計代號）或機體略番（日本海軍飛機設計代號，又稱 "記號" 或 "略符號"），僅作為備註。

三、 飛機參數資料中的機體尺寸，均為淨尺寸，不含機翼兩端／機尾的航行燈等。航程、升限等參數一般情況下均為標準數值，不作另行註明；最大航程、升限及滑翔機飛行速度等特殊情況在參數中單獨標註。

四、 本書所列飛機各項參數均使用公制單位。

五、 飛機搭載數量參數多以常規狀態為主，部分搭載數量隨任務產生變化的飛機（如法國 D.338），均在正文中予以特別說明。乘員數量中如出現 (X-Y) + (Z-V)，則 X、Y 代表駕駛員人數，Z、V 代表乘客人數。

六、 本書所列飛機發動機均為活塞式發動機，功率參數則多為飛機正常飛行高度時的輸出功率。

七、 一些較為冷門的飛機型號或亞型，參數資料難以搜集齊整，缺漏不詳者，以 "-" 表示。

八、 "系列飛機" 指同一廠商生產，擁有某種相似之處（命名、綽號、機體特點等，如史汀生 SR-5C、SR-9D 均屬 "信賴" 系列）；"該型飛機" 則代指 "型號"（如 C-47）和 "亞型"（如 C-47A）。

九、 本書附錄中所列之航空公司與航校，均以創辦時間為序。

建福

第一章 中國航空公司使用飛機

漢德利 · 佩季 O/7

Handley Page O/7

機　　種： 客機

用　　途： 客運 / 郵運

乘　　員： 2+14 人

製 造 廠： 漢德利 · 佩季有限公司 (Handley Page Limited)

首飛時間： 1917 年

機體特點： 木製結構 / 不等翼展雙翼佈局 / 固定式起落架

機長 / 翼展 / 機高： 19.05 / 30.48 / 6.71 米

淨重 / 全重： 3719 / 6350 千克

引　　擎： 2 台勞斯－萊斯 "鷹" VIII 型 V 型 12 缸液冷發動機 (Rolls-Royce Eagle VIII)，每台 360 馬力

最大速度： 156 千米 / 小時

航　　程： 966 千米

升　　限： 4000 米

裝備範圍： 籌辦航空事宜處　東三省航空處

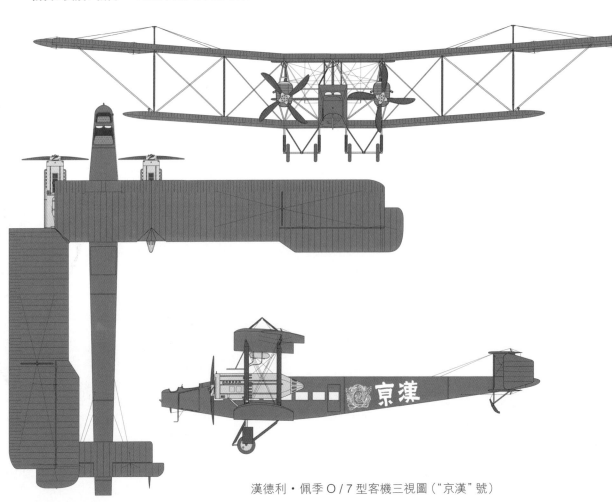

漢德利 · 佩季 O / 7 型客機三視圖（"京漢" 號）

1917 年，隨着第一次世界大戰的戰局趨於明朗，漢德利·佩季公司為應對戰後可能出現的軍用飛機滯銷問題，決定將其生產的 O/400 型重型轟炸機改造為民用飛機。為此，該公司向英國兵器局回購 16 架還未出廠的 O/400，其中 4 架已製造完成，只能用於空投郵件，另外 12 架則改造為客機，特點是將原安裝於機身中部上方的油箱改裝於機艙地板下方和向後延長的發動機短艙內，原佈置於機身內部的舵面操縱線改為機身外側，改造後，機艙內可搭載 12 名乘客，機首原射擊員艙也可容納 2 名乘客。機翼、尾翼則延續了 O/400 的設計，機翼可向後折疊 90 度，以便存儲、機庫維護和拖運。這 12 架飛機命名為 O / 700，後改稱 O / 7，其中 6 架售予中國，另外 3—4 架（一說為 6 架）則交給該公司旗下的印緬空運公司（Handley Page Indo-Burmese Transport Ltd.）營運，其中註冊號 G-EAAF 的 O / 7 是航空史上首架安裝無線電的客機。

1918 年，為經營、開發西北，民國北京政府（北洋政府）交通部成立了籌辦航空事宜處，以備建設北京—庫倫（今蒙古首都烏蘭巴托）的京庫航線，同時籌備開辦京津（北京—天津）、京滬（北京—上海）、京漢（北京—武漢）航線。同年 12 月 13 日，交通部向英商福公司（Peking Syndicate）購買漢德利·佩季 O / 7 型客機和阿弗羅 504J 型教練機各 6 架，以及附帶的備用零件、器材和修理工具等，並聘請英籍飛行教官和機械師各 2 人。1919 年 2 月 24 日，合同正式簽署，首架 O / 7（註冊號 G-EAGN / 生產序號 HP-1）於 8 月 25 日運抵上海，11 月運抵北京南苑，組裝後於 12 月 6 日首飛。其餘 5 架（生產序號 HP-2 至 HP-6）則在 9 月 20 日前運往中國，後於次年 3 月前組裝完成。這 6 架 O / 7 以中國的 6 條鐵路幹線命名，分別為 “京漢”、“京奉”、“京綏”、“津浦”、“隴海” 和 “道清” 號，其中 3 架存放於南苑機場，另外 3 架未組裝（一說此 3 機停駐於蒙古邊界）。與此同時，籌辦航空事宜處一面在南苑航校第 1、2 期畢業學員中選取 12 人，交由英籍教官訓練，一面招收新生，並從南口京綏鐵路局調撥優秀鐵工、木匠 30 人，向英籍機械師學習維護修理飛機。硬件設施方面，則於平地泉、庫倫兩地開設航空站，途中的滂江、烏德、叨林等地修建機場和加油站以備開航。

漢德利·佩季 O / 7 的客艙內部

組裝測試中的 O／7 客機，機身側面和垂直尾翼上漆有顯著的生產序號。

　　1920 年 4 月 24 日，英籍飛行員 A．麥肯錫上尉（Capt.A Mackenzie）駕駛 1 架 O／7 試航京滬航線京津段，5 月 8 日正式開航，該型飛機因此成為中國航空史上第一種投入營運的民航飛機，也是抗戰爆發前中國獲得的尺寸最大的飛機。該航線為上午從北京飛往天津，下午飛返北京，主要提供客運和郵件服務。因當時中國民航剛剛起步，無論是郵件還是乘客都較少，因此航線並不穩定，時常停飛。1920 年 7 月的直皖戰爭結束後，6 架 O／7 被直系和奉系軍閥瓜分，京庫航線開發計劃被迫棄置。

　　奉系軍閥於 1921 年 4 月成立東三省航空處，1922 年 5 月第一次直奉戰爭後，奉系軍閥為訓練飛行員的遠程飛行能力，責令東三省航空處兼辦民航。航空處遂使用 5 架飛機開辦了瀋陽（奉天）至營口的郵運航線，其中包括 2 架 O／7（共獲得 3 架，其中 1 架於 1922 年在山海關附近墜毀）、2 架布雷蓋 Br.14T Bis 客機和 1 架型號不詳的飛機，並計劃陸續開啟奉哈（奉天—哈爾濱）、奉吉（奉天—吉林）、奉黑（奉天—黑龍江）等航線。1924 年 3 月 1 日，航空處飛機開始試航奉營郵運航線，並由奉天交涉公署通知日本領事館妥為保護，後於 4 月 1 日正式開航，每星期二、五由奉天飛往營口，每星期三、六飛返，途經遼陽、海城時將該地的郵件空投。同年 6 月 20—22 日，營口賽馬期間，東三省航空處不失時機地開航了客運航線，並在機上提供汽水、葡萄乾供乘客飲食。

　　直系軍閥獲得的 3 架該型飛機則交給保定航空隊使用，1921 年 6 月 27 日曾試航北京—濟南航線，7 月 1 日開航，但不久後即因經費困難且機場設備較差而停飛。

維克斯 "商用維梅"（大維梅）

Vickers Vimy Commercial (VIMY)

機　　種：　客機 / 運輸機

用　　途：　客運 / 郵運 / 觀光 / 包機

乘　　員：　2+10 人

製 造 廠：　維克斯有限公司
　　　　　　（Vickers Limited）

首飛時間：　1919 年

機體特點：　混合結構 / 等翼展雙翼佈局 / 固定
　　　　　　式起落架

機長 / 翼展 / 機高：　13 / 20.47 / 4.46 米

淨重 / 全重：　3537 / 5670 千克

引　　擎：　2 台勞斯－萊斯 "鷹" VIII 型 V 型
　　　　　　12 缸液冷發動機（Rolls-Royce
　　　　　　Eagle VIII），每台 360 馬力

最大速度 / 巡航速度：　157 / 135 千米 / 小時

航　　程：　724 千米

升　　限：　3200 米

裝備範圍：　北京政府航空署 直隸航空處

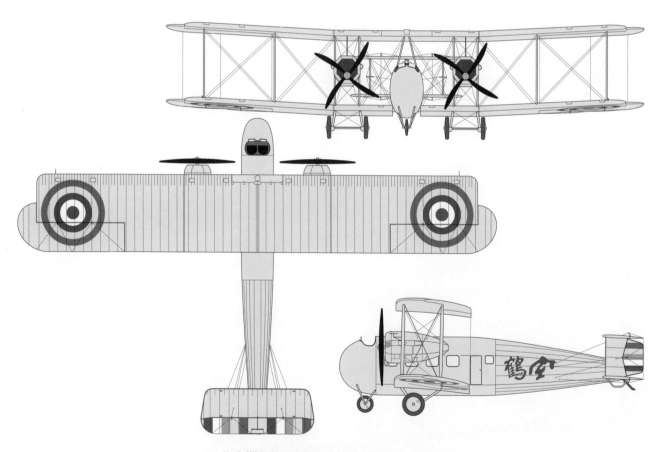

維克斯 "商用維梅" 運輸機三視圖（"玄鶴" 號）

"商用維梅"（維克斯公司編號66）是維克斯公司以 F.B.27 "維梅"型重型轟炸機為基礎研發的客機/運輸機。該型飛機的研發初衷與漢德利·佩季 O/7 相同，均為應對一戰後可能出現的軍用飛機市場萎縮、銷量銳減等問題。

"商用維梅"的原型機於 1919 年 9 月 13 日首飛成功，其機翼、尾翼、發動機和起落架與 F.B.27 相同，採用全新設計的流線飛艇形大型機身取代 F.B.27 原本狹長的機身，艙內空間高大寬敞，可安置 10 張大型藤椅或沙發式皮椅，也可將座椅拆除以搭載 5.6 立方米、最多 1134 千克貨物。

由於"商用維梅"的機身大幅擴大，以致阻力增加，而在發動機功率沒有增加的同時載油量減少，遂導致航程縮短，飛行性能反不如 F.B.27。且該型飛機的改造費用過高，無法與一些僅通過簡單改造即可進入民用市場的軍機競爭，銷量不佳。"商用維梅"共製造 43 架，在歐洲市場僅售出 3 架，其中最著名的 1 架（註冊號 G-EASI）為英國航空公司所購，用於克羅伊登至布魯塞爾的航線，1920 年到 1934 年共搭載乘客超過千人。在民用市場黯淡的情況下，維克斯公司又以該型飛機為基礎製造了"維梅流動醫院"（Vimy Ambulance）型救護機和"弗農"（Vernon）型運輸機供英軍使用。

1919 年 8 月 12 日，經反復協商後，北京政府（北洋政府）陸軍部與維克斯公司簽訂了總額約 180.32 萬英鎊的《中英航空貸款合同》，用於訂購 40 架"商用維梅"運輸機（生產序號 1-40）、25 架"教學器"高級教練機和 20 架阿弗羅 504K 初級教練機及相關備件，以開辦國內航線。其中"商用維梅"運輸機原計劃訂購 100 架，後削減至 40 架，每架 11500 英鎊，同時還購買了 23 台勞斯－萊斯"鷹"VIII 型發動機作為"商用維梅"和"教學器"的備件。為區分音譯同為"維梅"的"教學器"型高級教練機，"商用維梅"通常被稱為"大維梅"。

這 40 架大維梅於 1920 年 4 月至 1921 年 2 月陸續製造完成，首批 2 架於 1920 年 6 月 17 日運往中國，截至年底共有 24 架運達，最終於 1921 年 8 月後全部交付，維克斯公司同時派遣了 2 名飛行員和 8 名機械師前往中國協助組裝測試。這些飛機運抵中國後交由清河飛機工廠，由廠長潘世忠主持驗收組裝後，在清河機場成立訓練小組進行整備訓練，準備投入由航空署規劃的 5 條重要航線進行營運，其中包括：京滬航線（北京—上海）、京粵航線（北京—廣州）、京哈航線（北京—哈爾濱）、京蜀航線（北京—成都）和原定使用漢德利·佩季 O/7 開辦的京庫航線（北京—庫倫）。

1921 年 4 月 2 日，E·R·麥克馬林（E R McMullin）、W·E·F·瓊斯（W E F Jones）和 A·C·坎貝爾-奧德（A C Campbell-Orde）駕駛 1 架大維梅開闢了空中遊覽北京的觀光航線，但當月 13 日的暴雨衝垮了機棚，這架飛機被壓毀。同年 6 月，首批 7 架訓練完畢的大維梅開始投入商業運營，分別命名為"乘風"、"大鵬"、"正鵠"、"舒

"摩雲"號大維梅客機

大維梅的客艙內部

雁"、"玄鶴"、"摩雲"和"騰鴻"號。6月27日，英籍飛行員 W·E·F· 瓊斯駕駛"大鵬"號，帕特森（Patterson）和中國飛行員曹中尉駕駛"正鵠"號開闢了京滬航線京濟段（北京—濟南），提供客運、郵運服務，7月1日又使用"舒雁"號開闢了周末的京戴航線（北京—北戴河），8月11日京滬航線京津段也開始運營。1921年10月1日，由趙雲鵬主持的直隸航空處大維梅訓練班成立，直到1923年11月，仍有8到10位學員在清河機場訓練，並進行了一些夜航培訓。

由於濟南發生水災導致機場設備受損，且郵件和乘客較少，經費入不敷出，京濟航線於1921年7月停飛，京戴航線在旅遊季結束後不久停航，京津航線則因客貨不足難以維持而中止。航空署原計劃開辦的5條重要航線均名存實亡，大維梅僅供部分不定期航線或觀光飛行、包機等使用。

1922年5月第一次直奉戰爭後，直系軍閥把持了北京政府，將4架大維梅運至保定航校武裝後作為轟炸機使用，此後剩餘大維梅多改作轟炸機或軍用運輸機，歷經軍閥混戰，數易其主，最終編入奉系東北空軍第一重轟炸機隊，其殘存者於"九·一八事變"後被日軍擄獲。

德・哈維蘭 DH.80A "貓蛾" / 滿航三式

De Havilland DH.80A Puss Moth/Manko Type 3

機　　種： 通用飛機

用　　途： 客運 / 郵運 / 包機

乘　　員： 1+（1-2）人

製 造 廠： 德・哈維蘭飛機有限公司
（De Havilland Aircraft Company
Limited）
滿洲航空株式會社
（Manchukuo National Airways）

首　　飛： 1929 年

特　　點： 混合結構 / 上單翼佈局 / 固定式起
落架

機長 / 翼展 / 機高： 7.62 / 11.2 / 2.13 米

淨重 / 全重： 574 / 930 千克

引　　擎： 1 台德・哈維蘭 "吉普賽" III 型
倒置直列型 4 缸氣冷發動機（De
Havilland Gipsy III），120 馬力

最大速度 / 巡航速度： 206 / 174 千米 / 小時

航　　程： 483 千米

升　　限： 5335 米

裝備範圍： 滿洲航空株式會社
惠通航空公司
偽中華航空股份有限公司

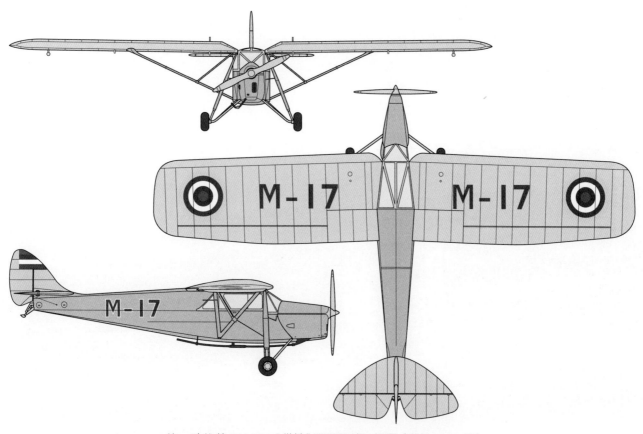

德・哈維蘭 DH.80A "貓蛾" 通用飛機三視圖（滿航 M-17 號）

停放於哈爾濱機場的滿航 M-17 號 DH.80A

1935 年停放於牡丹江民用機場的 M-27 號滿航三式

1920 年代後期，英國國內的私人飛行運動方興未艾，DH.80 "貓蛾" 即為德·哈維蘭公司為滿足市場需求而研發的通用飛機。該型飛機在設計中側重於飛行性能和乘坐的舒適性，其原型機於 1929 年 9 月 9 日首飛成功，次年以 DH.80A 的型號投產，截至 1933 年停產共製造 284 架。具有飛行速度快、容易操控、易於維護、飛行員視野良好、乘坐舒適、機翼可向後折疊等特點，是當時飛行性能最好的私人飛機之一，一經推出即廣受歡迎，曾創下多個飛行記錄。該型飛機主要作為私人飛機使用，也有部分小型航空公司將其用於客運、郵運或包機等業務，部分 DH.80A 在二戰期間還曾供英軍作為通訊飛機使用。

1932 年 11 月，偽滿洲國的 "滿洲航空株式會社" 通過日本三井物產株式會社購得 12 架 DH.80A，第一批 6 架於同年 12 月交付，第二批 2 架和第三批 4 架分別於次年 4、5 月運抵，由日本工程師中川清負責組裝測試，註冊號 M-11 至 M-22。這些飛機主要用於運送滿航高級行政人員或公司包機，南滿洲鐵道株式會社、滿洲重工業開發株式會社均曾以其作為包機使用。此外，這批飛機也供日軍執行偵查、聯絡、要人運輸等任務，曾參與 1933 年的熱河戰役（熱河抗戰）、1936 年的百靈廟戰役（綏遠抗戰）和 1939 年的諾門罕戰役。在熱河戰役中，日本關東軍徵用該型飛機參戰，他們在駕駛艙地板上開了 1 個 30 厘米的孔，將由迫擊炮彈改造的炸彈用繩子懸掛在孔下，由機械師負責投放轟炸。

1934 年，滿航向日本航空輸送株式會社購買的通用航空 GA-43 客機未交付即墜毀，日方遂將 1 架 DH.80A 作為補償交付滿航，註冊號 M-38。由於 DH.80A 已於 1933 年 3 月停產，滿洲飛行機製造株式會社通過三井物產向德·哈維蘭公司購買了螺旋槳和發動機各 15 份，並在未經許可的情況下仿製了 15 架，命名為滿航三式，註冊號 M-23 至 M-37。截至 1938 年 6 月 20 日，除租借給惠通公司的該型飛機外，仍有 11 架 "貓蛾" / 滿航三式在滿航序列中。

由日本實際控制的惠通航空公司於 1936 年 11 月 7 日成立後，有 4 架自滿航租借的 DH.80A 投入營運（M-13、M-22、M-24、M-28），主要用於天津—北京—承德航線，惠通航空解散後，這幾架飛機移交新組建的偽中華航空股份有限公司（日本與其在華扶植的各傀儡政權 "合資" 成立的商業公司）使用。

德·哈維蘭 DH.85 "豹蛾"

De Havilland DH.85 Leopard Moth

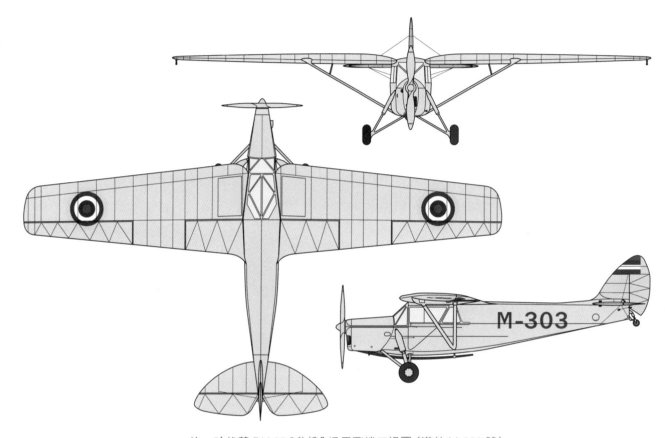

德·哈維蘭 DH.85 "豹蛾" 通用飛機三視圖（滿航 M-303 號）

機　　種：	通用飛機	淨重 / 全重：	586 / 1009 千克
用　　途：	-	引　　擎：	1 台德·哈維蘭 "大吉普賽" 型
乘　　員：	1+2 人		直列型 4 缸氣冷發動機（De
製 造 廠：	德·哈維蘭飛機有限公司（De		Havilland Gipsy Major），130
	Havilland Aircraft Company		馬力
	Limited）	最大速度 / 巡航速度：	221 / 192 千米 / 小時
首　　飛：	1933 年	航　　程：	1151 千米
特　　點：	木製結構 / 上單翼佈局 / 固定式起	升　　限：	6560 米
	落架	裝備範圍：	滿洲航空株式會社
機長 / 翼展 / 機高：	7.47 / 11.43 / 2.67 米		

DH.85"豹蛾"小型三座通用飛機推出於 1933 年,以 DH.80"貓蛾"為基礎研發,是 DH.80 的後繼機,二者的外形和佈局非常相似。"豹蛾"機身改用輕質膠合板組成的木製結構,使飛行速度、航程都獲得提升,機翼同樣可向後折疊,以便存儲或運輸。其原型機於 1933 年 5 月 27 日首飛,具有結構簡單、易於維護、飛行性能良好等特點。同年 7 月,1 架由德·哈維蘭公司創始人傑弗瑞·德·哈維蘭駕駛的 DH.85 以 224.5 千米 / 小時的時速贏得了國王杯冠軍,從而名噪一時,投產後受到多個國家的軍、民用戶歡迎,截至 1936 年停產共製造 133 架。直至 2009 年,英國仍有 6 架 DH.85 完好可飛。

1933 年,日本航空輸送株式會社向德·哈維蘭公司購得 1 架 DH.85(生產序號 7010),後轉售滿洲航空株式會社(註冊號 M-303)。該機使用狀況不詳,截至 1938 年,其飛行時長共計 983 小時。

上海的 L·W·利爾蒙特少校(L W Learmount)購有 1 架 DH.85(生產序號 7063)作為私人飛機,該機於 1934 年 6 月 21 日獲得適航證書,後於 1935 年 5 月 13 日在吉隆坡註冊,註冊號 VR-RAE,但未知其是否曾在中國使用。

1936 年 6 月 7 日滿航開放日,停放於奉天東機場的 M-303 號 DH.85,遠處是 M-145 號"超級通用"。

進行澳門首次郵運飛行的"迪莉"號 DH.85

　　1934 年 10 月 25 日，葡萄牙飛行員亨伯托・達・克魯茲（Humberto da Cruz）
和機械師安東尼奧・貢薩爾維斯・洛巴托（António Gonçalves Lobato）駕駛 1 架
DH.85"迪莉"號（Dilly，生產序號 7083、註冊號 CR-GAA）從葡萄牙阿馬多拉出發，
於 11 月 7 日抵達東帝汶，11 月 20 日飛抵澳門。在澳門停留期間，一位中國畫家在該
機機首兩側分別畫上了龍、鳳圖案，並在機身中部兩側寫有 4 個字，左側為"富貴"，
右側則可能是"長壽"。亨伯托和安東尼奧駕駛該機離開澳門時攜帶了 2 個郵包共 323
封信件，後於 12 月 21 日抵達葡萄牙里斯本，是澳門首次郵運飛行。

德·哈維蘭 DH.89 "迅龍"

De Havilland DH.89 Dragon Rapide

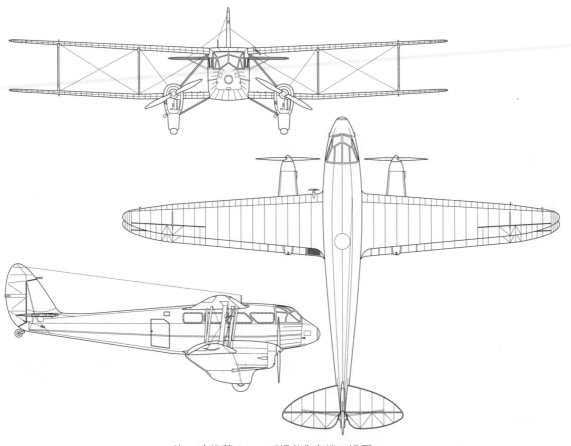

德·哈維蘭 DH.89 "迅龍" 客機三視圖

機　種： 客機

用　途： 客運／郵運

乘　員： （1-2）＋（6-8）人

製造廠： 德·哈維蘭飛機有限公司（De Havilland Aircraft Company Limited）

首　飛： 1937 年

特　點： 木製結構／等翼展雙翼佈局／固定式起落架

機長／翼展／機高： 10.52／14.64／3.12 米

淨重／全重： 1487／2727 千克

引　擎： 2 台德·哈維蘭 "吉普賽" VI 型直列型 6 缸氣冷發動機（De Havilland Gipsy VI），每台 200 馬力

最大速度／巡航速度： 253／212 千米／小時

航　程： 895 千米

升　限： 5950 米

裝備範圍： 中國航空公司

DH.89 是德・哈維蘭公司為取代老舊的 DH.84 "龍" 而研發的雙翼支線客機。該型飛機研發於 1930 年代初，由工程師亞瑟・歐內斯特・哈格（Arthur Ernest Hagg）領銜設計，大量參考 DH.84 和 DH.86 "迅捷" 的成熟技術。為節約成本，DH.89 未採用當時新興的全金屬結構，而是使用相對原始但經濟耐用的膠合板結構，機身設計延續 DH.84，而錐形機翼、與發動機一體化的流線型起落架裙罩則與 DH.86 相同，艙內最多可搭載 8 名乘客。1934 年 4 月 17 日，DH.89 的原型機首飛成功，同年投入量產，各亞型共製造 727 架，由於其具有優美的流線形外觀，堅實耐用的結構，低廉的價格，舒適的乘坐體驗，而廣受英國各航空公司和私人使用者的歡迎，堪稱 1930 年代英國最成功的支線客機，直到二戰後才被 DH.104 "鴿子" 取代。DH.89A 是 1937 年推出的改良型，特點是下翼加裝襟翼以改善着陸性能，同時加裝向下的識別燈，換裝金屬螺旋槳，機艙增加供暖設施。

1939 年 1 月，國民政府空軍將 1937 年購得的 6 架 DH.89（生產序號 6385、6388-6392）中的 1 架移交中國航空公司，是中航第 38 號機。同年，中航又購得 1 架該型飛機（生產序號 6444），其出口許可證為 1939 年 5 月 11 日簽發，7 月運抵香港，次年 1 月 25 日飛抵重慶，命名為中航 43 "涪陵" 號。這 2 架 DH.89 在中航的服役都很短暫，1940 年 1 月 27 日，38 號機因機庫火災焚毀，"涪陵" 號機則於同年轉售新加坡。

DH.89 客機客艙內部

布雷蓋 Br.14T Bis

Bréguet Br.14T Bis

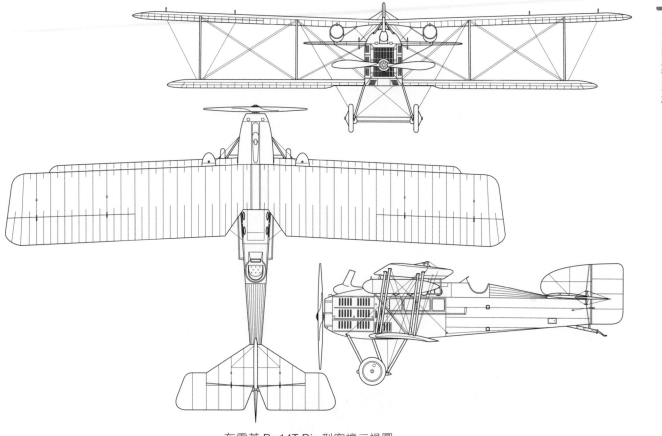

布雷蓋 Br.14T Bis 型客機三視圖

法國製飛機

機　　種：客機

用　　途：客運／郵運

乘　　員：1+3 人

製 造 廠：路易斯・布雷蓋航空公司
（Société des Ateliers d'Aviation
Louis Bréguet）

首飛時間：1921 年

機體特點：混合結構／不等翼展雙翼佈局／固
定式起落架

機長／翼展／機高：9 / 14.36 / 3.3 米

淨重／全重：1328 千克／1984 千克

引　　擎：1 台雷諾 12Fe 型 V 型 12 缸液冷
發動機（Renault 12Fe），300 馬力

最大速度／巡航速度：161 / 125 千米／小時

航　　程：460 千米

升　　限：3960 米

裝備範圍：東三省航空處　國民革命軍第八
路總指揮部航空處

17

1921 年 9 月 13 日首飛的 Br.14T Bis 型客機是 Br.14T2 "沙龍" 的改良型，其母型是法國一戰中著名的 Br.14 系列轟炸機（又稱 Bre.14）。Br.14T Bis 與 Br.14T2 均沿用 Br.14 的機翼、尾翼和發動機，機身前部直徑增加，機背大幅加高，幾乎與上翼齊平，機身油箱和前部駕駛艙被拆除，改為封閉式客艙，也可拆除座椅以搭載貨物或擔架，駕駛艙後移至原偵查 / 射擊員艙位置，油箱懸掛於上翼下方，起落架可換裝浮筒。Br.14T2 和 Br.14T Bis 的區別是後者的客艙主視窗安裝位置較低，上方有小圓窗，艙內可搭載 3 位乘客；Br.14T2 的客艙視窗位於上部，僅可搭載 2 位乘客。由於機背高度增加和駕駛艙位置後移，導致飛機起降時飛行員的視線較差，對飛行安全造成一定影響。布雷蓋公司為推銷該型飛機，曾派其先後成功飛越地中海、撒哈拉沙漠，並環繞非洲大陸飛行，創造了多項飛行記錄。

1923 年，奉系軍閥通過法商元利洋行（Boixo Freres）購得 12 架 Br.14 系列飛機，同年 11 月 28–29 日運抵牛莊，其中包括 2 架 Br.14T Bis。這 2 架飛機後被東三省航空處用於開辦奉天—營口的郵運航線，以訓練飛行員的遠程飛行能力，同時用於此航線的還有 2 架漢德利·佩季 O / 7 和 1 架型號不詳的飛機。

1927 年，廣東當局派林偉成和陳卓林前往蘇聯購買飛機，以期增強空軍實力，但因政治原因導致蘇聯拒售，二人後於次年在法國購得 17 架飛機，其中包括 2 架 Br.14T Bis。由於這 17 架飛機大多為老舊型號，不適合作戰，且價格高昂，一時間成為醜聞，林、陳二人也因涉嫌受賄而去職。1929 年 4 月，陳濟棠任國民革命軍第八集團軍總司令後，計劃由其任總指揮的 "討逆軍第八路總指揮部" 航空處分期開辦兩廣商業航線，其中包括東航空線（廣州—惠州—汕頭）、西航空線（廣州—梧州—南寧）、南航空線（廣州—海口）和滬粵線（上海—廣州），這 2 架 Br.14T Bis 即被用於西航空線的運營。1930 年 12 月 1 日，該航線的廣梧段正式開航，頗受當地民眾歡迎，次年 1 月 15 日甚至連庫存的 1 角 5 分航空郵票都銷售一空。航空處原計劃繼續開航其他航線，但因政治原因被迫暫停，廣梧段則於 1931 年 5 月 5 日停航，飛機收歸軍用。

Br.14T Bis 型客機客艙近景

容克 F 13ge

Junkers F 13ge

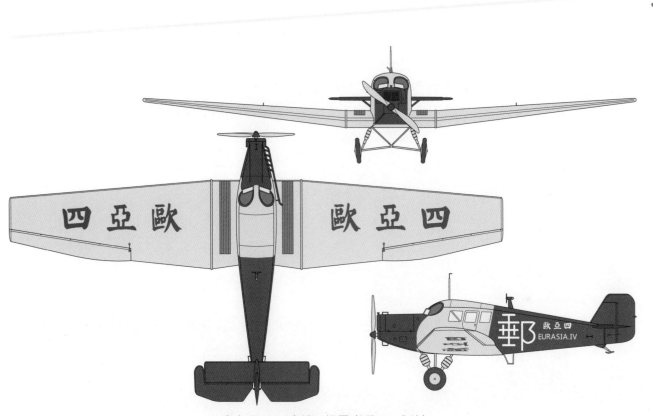

容克 F 13ge 客機三視圖（"歐亞四"號）

機　種：	客機	機長／翼展／機高：	9.8／17.75／4.1 米
用　途：	客運／郵運	淨重／全重：	1415／2300 千克
乘　員：	2+4 人	引　擎：	1 台容克 L 5 型直列型 6 缸液冷
製造廠：	容克飛機與發動機製造公司		發動機（Junkers L 5），310 馬力
	（Junkers Flugzeug-und	最大速度／巡航速度：	160／170 千米／小時
	Motorenwerke AG）	航　程：	980 千米
首　飛：	1925 年	升　限：	5500 米（F 13ge）
特　點：	金屬結構／下單翼佈局／固定式起	裝備範圍：	歐亞航空公司
	落架		

研發於 1920 年代初的容克 F 13（最初命名為 J 13）是容克公司的第一種民用飛機，也是航空史上第一種採用金屬結構的民用飛機，在世界民航史上佔有非常重要的地位。該型飛機於 1919 年 6 月 25 日首飛，採用在當時非常先進的設計，外形簡潔，沒有支柱或張線等增大阻力的設施，封閉式客艙內裝有燈光照明設施，乘坐舒適，可搭載 4 位乘客或 689 千克貨物，起落架可以換裝浮筒或滑橇。該型機自推出即廣受歡迎，各亞型共製造 314−328 架，先後銷往 30 多個國家，部分飛機更是直至 1954 年仍在使用。F 13ge 是 1925 年推出的改良型，特點是換裝大功率發動機和金屬螺旋槳，尺寸擴大，垂直尾翼改為方形，飛行性能和運載量提高。

1931 年 2 月，由中華民國南京國民政府交通部與德國漢莎航空公司（Deutsche Lufthansa AG）合組的歐亞航空公司成立後，通過漢莎航空購得 F 13ge 和 W 33 各 2 架，並聘請了 4 名德籍飛行員和 2 位機械師來華。這些飛機於同年 3 月初抵達上海，4 月初組裝測試，2 架 F 13ge 的編號分別為 "歐亞三"（生產序號 747 / 原漢莎航空 "斑尾林鴿" 號 / 原註冊號 D-600）和 "歐亞四"（生產序號 746/ 原漢莎航空 "鷗鴣" 號 / 原註冊號 D-436）。

F 13 客機客艙內部

這 2 架 F 13ge 投入運營後，其中 1 架於 5 月 31 日開闢了自上海經北平（今北京）、滿洲里、蘇聯西伯利亞至德國柏林的國際航線的國內段，同時用於該航線的還有 2 架 W 33。1931 年 7 月，發生了蒙古軍隊擊傷並扣留飛機和德籍飛行員的事件，加之不久後"九·一八事變"爆發，上海—滿洲里航線被迫關閉，2 架 F 13ge 和 1 架 W 33 改用於運營南京—蘭州和洛陽—北平的航線。1932 年 12 月 15 日，"歐亞三"號在上海起飛時，因德籍飛行員格拉夫·沙克（Graf Schack）忽視機翼結冰強行起飛，導致飛機墜毀，幸運的是機上乘員沒有受傷。"歐亞四"號則直到 1937 年 6 月底仍在服役。1937 年 7 月全面抗戰爆發後，交通部下令歐亞航空將總部和維修站自上海遷往西安，該機由於正在修理被迫滯留，後被日軍飛機炸毀。

　　1928 年初，山東當局僱傭的原沙俄飛行員安德烈楚克（Andreychuk）曾起草一份航空項目，計劃利用山東航空隊裝備的容克 F 13 開辦天津—濟南—上海航線，但因北伐戰事的發展而放棄。同年 11 月 20 日，武漢民用航空股份有限公司註冊成立後，曾計劃通過德商禪臣洋行（Siemssen & Company）訂購 F 13 和 W 33 各 5 架，後因價格過高改購瑞安 B-1 型客機。

發生着陸事故的"歐亞四"號

容克 W 33、W 33c

Junkers W 33、W 33c

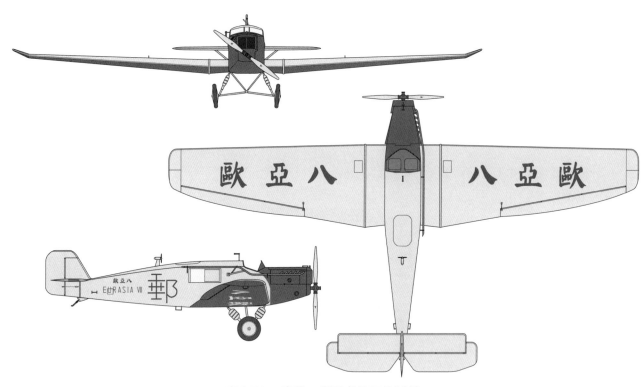

容克 W 33 客機三視圖（"歐亞八" 號）

（容克 W 33 參數）

機　　種：　運輸機

用　　途：　郵運

乘　　員：　2-3 人

製 造 廠：　容克飛機與發動機製造公司
　　　　　　（Junkers Flugzeug-und
　　　　　　Motorenwerke AG）

首　　飛：　1926 年

特　　點：　金屬結構 / 下單翼佈局 / 固定式起
　　　　　　落架

機長 / 翼展 / 機高：　10.5 / 17.75 / 3.53 米

淨重 / 全重：　1220 / 2500 千克

引　　擎：　1 台容克 L 5 型直列型 6 缸液冷
　　　　　　發動機（Junkers L 5），310 馬力

最大速度 / 巡航速度：　180 / 150 千米 / 小時

航　　程：　1000 千米

升　　限：　4300 米

裝備範圍：　歐亞航空公司

1920 年代中期，容克公司在容克 F 13 基礎上推出了 W 33 作為後繼機，實際上是 F 13 的現代化版本。其結構和佈局與 F 13 相似，取消了 F 13 的拱形機背，外形更加簡練，艙內可搭載 4.8 立方米的貨物。不過，W 33 的設計目的主要是用於貨物運輸和航空攝影，因此部分該型飛機兩側沒有舷窗。其原型機於 1926 年 6 月 17 日以水上飛機的形式首飛成功，各亞型共製造 199 架，曾創造多個飛行記錄，是第 1 架不間斷飛越大西洋的飛機，被多個國家的航空公司和空軍廣泛使用，直到 1952 年仍有部分機型在使用。W 33c 是在 W 33 基礎上將機翼結構強化的亞型。

中德合資的歐亞航空公司於 1931 年 2 月成立後，通過漢莎航空購得 W 33 和 F 13ge 各 2 架用於運營，並聘請了 4 名德籍飛行員和 2 位機械師。這 4 架飛機中有 1 架是 W 33c（生產序號 2545 / 原漢莎航空 "金牛座" 號 / 原註冊號 D-1696），編號為 "歐亞一"；另 1 架則為 W 33（生產序號 2560/ 原漢莎航空 "特蘭西瓦尼亞" 號 / 原註冊號 D-1827），編號為 "歐亞二"。

這 2 架飛機與 1 架 F 13ge 一起，用於上海—北平—滿洲里—西伯利亞—柏林國際航線的國內段運營。1931 年 7 月 2 日，德籍飛行員約翰尼斯·拉傑（Johannes Rathje）和機械師奧托·科爾伯（Kölber）駕駛 "歐亞二" 號自蒙古東部上空飛往滿洲里時，被蒙古邊防衛隊擊傷迫降，科爾伯腿部重傷截肢。二人被蒙古軍隊逮捕，後經德國反復交涉才得以獲釋，飛機則被蒙古軍方扣留。此事件與不久後的 "九·一八事變" 令歐亞航空被迫停航上海—滿洲里航線，同年 12 月 1 日，上海—北平航線也因 W 33 和 F 13ge 的液冷發動機難以適應低溫而停航。為開闢新的通往歐洲的航線，12

採用黑、白相間後期塗裝的 "歐亞八" 號客機。

月 20 日，歐亞航空用"歐亞一"號試航北平經新疆至歐洲的航線，期間曾因燃油匱乏而迫降，所幸尋得由瑞典人斯文‧赫定（Sven Hedin）率領的探險隊補充燃油，後於24 日飛抵迪化（今烏魯木齊），這是中國航空史上首次飛越西部。

1932 年 4、5 月間，歐亞航空使用"歐亞一"號和 2 架 F 13ge 開闢了南京經洛陽、西安至蘭州和洛陽—北京的航線，年底又開通了蘭州—迪化航線。為彌補此前損失的"歐亞二"號，歐亞航空又向漢莎航空購買 2 架 W 33，分別為"歐亞五"（生產序號2561/ 原漢莎航空"巴拉頓湖"號 / 原註冊號 D-1839）和"歐亞六"（生產序號 2563/ 原漢莎航空"高塔特拉"號 / 原註冊號 D-1855）。

由於後勤保障條件較差，且 W 33 使用的液冷發動機難以維護，這些飛機多失事損壞。"歐亞一"號於 1932 年 8 月 26 日在試飛蘭州—肅州（今屬酒泉）航線時迫降損壞；"歐亞六"號於 1932 年 9 月 1 日在蘭州起飛時墜毀；"歐亞五"號於 1933 年 2 月墜毀於西安，後送回德國修理。其後接替的"歐亞七"號（W 33，生產序號 2564 / 原註冊號 D-1894）和"歐亞八"號（W 33，生產序號 2543 / 原漢莎航空"巴爾幹"號 / 原註冊號 D-1695）分別於 1933 年 2 月和 3 月運抵中國，且直到 1937 年 6 月底仍在使用。1937 年 7 月 7 日全面抗戰爆發後，交通部下令歐亞航空將總部和維修站自上海遷往西安，"歐亞八"號因待修而無法遷移，於 8 月 15 日被日軍飛機炸毀。"歐亞七"號則被航空委員會徵用，因受損送至香港維修，1941 年 12 月 8 日在香港被日軍飛機炸毀。

武漢民用航空股份有限公司曾對 W 33 和 F 13 有濃厚興趣，並計劃通過禪臣洋行訂購 5 架，但因價格過高而取消。

起飛中的"歐亞一"號 W 33c，該機是歐亞航空最初的 4 架客機之一，其塗裝與 F 13ge 相同，均為黑、白、綠相間的早期塗裝。

容克 W 34、W 34gi、W 34hi

Junkers W 34、W 34gi、W 34hi

（容克 W 34hi 參數）

機　　種：	客機 / 運輸機
用　　途：	客運 / 郵運
乘　　員：	2+6 人
製 造 廠：	容克飛機與發動機製造公司（Junkers Flugzeug-und Motorenwerke AG）
首　　飛：	1926 年
特　　點：	金屬結構 / 下單翼佈局 / 固定式起落架

機長 / 翼展 / 機高： 10.27 / 17.75 / 3.53 米

淨重 / 全重： 1700 / 3200 千克

引　　擎： 1 台寶馬 132A 型星型 9 缸氣冷發動機（BWM 132A），650 馬力

最大速度 / 巡航速度： 265 / 233 千米 / 小時

航　　程： 900 千米

升　　限： 6300 米

裝備範圍： 歐亞航空公司　中央航空運輸公司

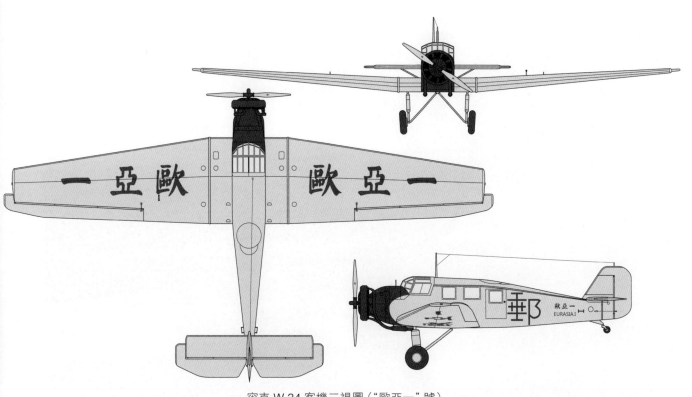

容克 W 34 客機三視圖（"歐亞一"號）

W 34 型客機與 W 33 同時推出，均是容克公司為取代老舊的 F 13 而研發。該型飛機的結構、佈局與 W 33 相同，特點是換裝了 420–660 馬力的氣冷發動機，貨艙更加寬敞，並可以非常便捷地轉換為客艙，最多可搭載 6 位乘客。W 34 的原型機於 1926 年 7 月 7 日首飛，投產後廣泛運用於多個國家的航空公司和空軍，曾創造多個飛行記錄，其中 1 架隸屬加拿大航空公司的該型飛機直到 1962 年才停止使用。W 34gi 是 1933 年推出的改良型，特點是換裝寶馬 "大黃蜂" 型發動機；W 34hi 是產量最多的亞型，多為軍方使用，裝有 1 台寶馬 132A 型發動機，並配備有改良的無線電設施和方向搜索裝置，共製造 908 架。

由於 W 33 和 F 13ge 所使用的液冷發動機及敞開式駕駛艙不適於中國西北部高海拔地區的飛行，1933–1935 年，歐亞航空共購得 7 架 W 34 以代替。其中 1933 年共接收 4 架，第 1 架（W 34gi，生產序號 2737/ 原註冊號 D-4）尚未未交付，即於同年 4 月 29 日墜毀於德國特勞恩施泰因，歐亞航空的經理施密特（Schmidt）和機械師艾肯陶

"歐亞六" 號 W 34hi 客機

夫（Eichentopf）等身亡；第 2、3 架則於同年 5 月 31 日自德國柏林起飛，6 月 10 日飛抵上海，編號分別為"歐亞一"（W 34，生產序號 2738/ 原註冊號 D-5）和"歐亞二"（W 34gi，生產序號 2739/ 原註冊號 D-7），其中"歐亞二"號雖多次歷經迫降損壞，且被日軍飛機炸傷卻得以倖存，還在 1941 年 6 月 22 日開闢了成都—雅安航線，並於 1943 年歐亞航空破產後移交國民政府空軍；"歐亞三"（W 34gi，生產序號 2743/ 原註冊號 D-4）則於 9 月交付，後於 1935 年 2 月 22 日在長沙着陸時墜毀，德籍飛行員 K・卡倫貝格（K Kahlenberg）遇難。另外 3 架該型飛機於 1935 年交付，其中"歐亞五"（W 34hi，生產序號 2746/ 原漢莎航空"水星"號 / 原註冊號 D-UPOL）和新"歐亞三"（W 34，生產序號 2763/ 原漢莎航空"獵戶座"號 / 原註冊號 D-UKAM）於 3 月交付使用，"歐亞五"後於 1935 年 11 月 27 日墜毀於西安附近，"歐亞三"則於同年 5 月 11 日在廣州失事；5 月交付的"歐亞六"（W 34hi，生產序號 2830）是歐亞航空接收的最後 1 架 W 34，抗戰爆發後因受損送至香港維修，1941 年 12 月 8 日被日軍飛機炸毀。

　　1944 年 9 月 8 日，國民政府空軍將原"歐亞二"號移交中央航空運輸公司，編號"中十六"，該機直至二戰結束前仍正常營運。二戰結束後，隨着央航購得大量美製 C-46 和 C-47 運輸機，"中十六"報廢除役。

正在加油的"歐亞六"號客機，美國記者哈里森・福爾曼（Harrison Forman）拍攝。

容克 Ju 160、Ju 160 A-0、Ju 160 D-0

Junkers Ju 160、Ju 160 A-0、Ju 160 D-0

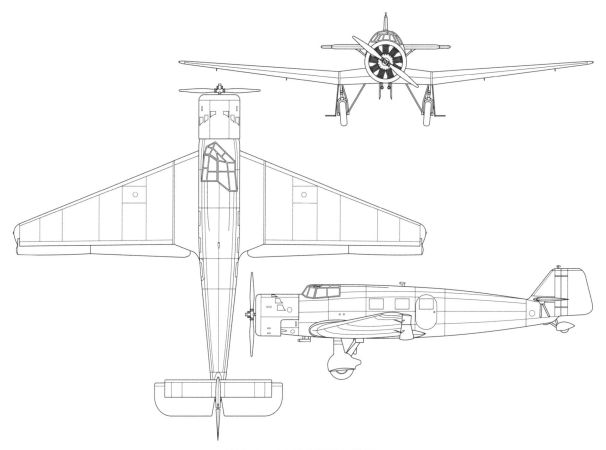

容克 Ju 160 高速客機三視圖

（Ju 160 參數）

機　　種：	客機	
用　　途：	客運 / 郵運	
乘　　員：	2+6 人	
製 造 廠：	容克飛機與發動機製造公司	
	（Junkers Flugzeug-und	
	Motorenwerke AG）	
首　　飛：	1934 年	
特　　點：	金屬結構 / 下單翼佈局 / 可收放起	
	落架	

機長 / 翼展 / 機高： 12 / 14.32 / 4 米

淨重 / 全重： 2320 / 3450 千克

引　　擎： 1 台寶馬 132A2 型星型 9 缸氣
冷發動機（BMW 132 A2），660
馬力

最大速度 / 巡航速度： 340 / 315 千米 / 小時

航　　程： 1200 千米

升　　限： 5200 米

裝備範圍： 歐亞航空公司 滿洲航空株式會社

Ju 160 是 1932 年推出的 Ju 60 型高速客機的後繼機，主要為與亨克爾 He 70、洛克希德 "奧利安" 等機型爭奪高速客機市場。容克公司在研發期間充分總結了 Ju 60 與 He 70 競爭失敗時暴露的缺點，為 Ju 160 安裝大功率發動機，換裝光滑鋁製蒙皮，起落架收放方式和部分氣動佈局改良，尾橇改為尾輪，阻力顯著減少。Ju 160 的原型機於 1934 年 1 月 30 日首飛，同年投入量產，各亞型共製造 47 架。Ju 160 A-0 是安裝寶馬 132E 型發動機的亞型；Ju 160 D-0 是 1936 年推出的改良型，特點是換裝寶馬 132E-1 或寶馬 132E-2 型發動機，駕駛艙窗口擴大，機艙內部改良，乘坐舒適度提高，最大起飛重量增加 100 千克。

1935 年，歐亞航空通過漢莎航空購得 1 架 Ju 160（生產序號 4215/ 原漢莎航空 "黃鼬" 號 / 原註冊號 D-UVUX）用於營運，編號為 "歐亞十六" 號，該機於同年 8 月交付，次年 1 月墜毀於上海，因無法維修送回德國。

1937 年，偽滿的滿洲航空株式會社向日本陸軍購得 1 架 Ju 160 A-0（生產序號 4205/ 註冊號 M-129）和 1 架 Ju 160 D-0（生產序號 4248/ 原註冊號 D-UZUL/ 註冊號 M-130）。這 2 架 Ju 160 均為日本陸軍於 1935 年所購，曾作為陸軍航空隊的救護機使用，命名為 "愛國 128" 和 "愛國 129" 號。由於該型飛機的起降性能較差，滿航購得這 2 架飛機後主要用於研究，曾多次在奉天—新京（今吉林長春，時為偽滿洲國首都）—哈爾濱航線上進行飛行測試，未用於商業運營。

Ju 160 客機客艙內部

停放在大連機場機庫前的滿航 Ju 160（畫面左側）和惠通航空 AT-2。Ju 160 機身上並無滿航註冊號，機翼仍為日軍機徽。

容克 Ju 52 / 3M 、 Ju 52 / 3M ge 、 Ju 52 / 3M te

Junkers Ju 52/3M 、 Ju 52/3M ge 、 Ju 52/3M te

（Ju 52/3M 、 Ju 52/3M ge 參數）

機　　種：　客機 / 運輸機

用　　途：　客運 / 郵運

乘　　員：　2+17 人

製　造　廠：　容克飛機與發動機製造公司
　　　　　　（Junkers Flugzeug-und
　　　　　　Motorenwerke AG）

首　　飛：　1932 年（Ju 52 / 3M），1934 年
　　　　　　（Ju 52 / 3M ge）

特　　點：　金屬結構 / 下單翼佈局 / 固定式起
　　　　　　落架

機長 / 翼展 / 機高：　18.9 / 29.25 / 6.1 米

淨重 / 全重：　5970 / 9210 千克（Ju 52 / 3M），
　　　　　　6000 / 10000 千克（Ju 52 / 3M ge）

引　　擎：　（Ju 52 / 3M）3 台寶馬 "大黃蜂"
　　　　　　型星型 9 缸氣冷發動機（BMW
　　　　　　Hornet），每台 575 馬力；
　　　　　　（Ju 52 / 3M ge）3 台寶馬 132A
　　　　　　型星型 9 缸氣冷發動機（BMW
　　　　　　132A），每台 667 馬力

最大速度 / 巡航速度：　271 / 222 千米 / 小時（Ju
　　　　　　52 / 3M），290 / 248 千米 / 小時
　　　　　　（Ju 52 / 3M ge）

航　　程：　950 千米（Ju 52 / 3M）

升　　限：　5200 米（Ju 52 / 3M），5100 米
　　　　　　（Ju 52 / 3M ge）

裝備範圍：　歐亞航空公司　中央航空運輸公司

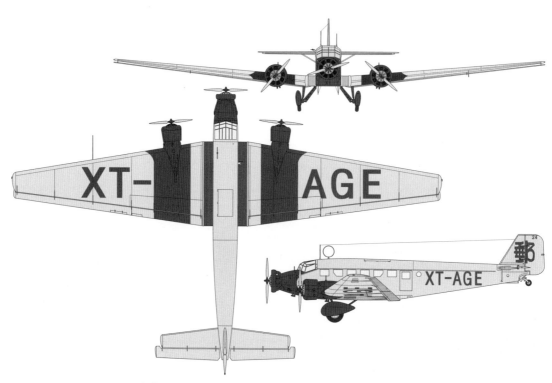

容克 Ju 52/3M 客機三視圖（"歐亞二十四" "哈密" 號）

　　昵稱為"容克大嬸"、"鋼鐵安妮"的 Ju 52/3M 是容克公司研發的最著名的運輸機，也是航空史上最著名的運輸機之一，其原型機 Ju 52 於 1930 年 10 月 13 日首飛，發動機為 1 台 690 馬力寶馬 VIIAu 型。由於 Ju 52/1M 的功率不足，容克公司僅僅生產了 7 架，隨即推出了安裝 3 台普惠"大黃蜂"型氣冷發動機的 Ju 52/3M。該型飛機具有結構堅固、飛行平穩、用途廣泛、起降距離短以及可在未經整修的機場起降，起落架可換裝浮筒或滑橇等特點，一經問世即廣受歡迎，各亞型共製造 4845 架，共有約 40 個國家的航空公司和空軍使用，有些甚至服役至 1980 年代，至今仍有完好可飛者。Ju 52/3M ge 是 1934 年推出的改良型，裝有 3 台寶馬 132A 型發動機，主要供航空公司使用，共製造約 200 架；Ju 52/3M te 於 1937 年推出，是該型飛機中最後一種民用亞型，特點是換裝 3 台 947 馬力的寶馬 132K 型發動機，最大速度可達 300 千米 / 小時。

　　1934 年 9 月 6 日，德國航空部將 1 架 Ju 52/3M ge（生產序號 4044/ 原漢莎航空"埃米爾·圖伊"號 / 原註冊號 D-ABAN）送至中國展銷，被南京國民政府購得作為蔣介石專機。"歐亞十五"號（"肅州"號 / 生產序號 5329/ 原漢莎航空"威廉·施密特"號 / 原註冊號 D-ANYK）於 1935 年 9 月運抵中國，是歐亞航空獲得的首架

歐亞航空使用的首架 Ju 52/3M 歐亞十五"肅州"號，其機身兩側仍保留在漢莎航空服役期間的機名"威廉·施密特"。

Ju 52/3M。此後直至抗戰爆發前，又相繼有 5 架 Ju 52/3M 交付歐亞航空（見下表）。
這些飛機最初為歐亞航空向漢莎航空租賃，1937 年 8 月 10 日改租為購。

交付時間	編號	型號	名稱	生產序號	原漢莎航空名稱	原註冊號
1935 年 10 月	歐亞十七	Ju 52/3M	蘭州	5104	奧托·基森伯斯	D-AGES
1936 年 1 月	歐亞十八	Ju 52/3M		5294	沃爾克馬爾·馮·阿尼姆	D-AMAK
1936 年 7 月	歐亞十九	Ju 52/3M ge	成都	5472	卡爾·阿門羅德	D-AGEI
1937 年 3 月	歐亞二十	Ju 52/3M		5502	約阿希姆·馮·施羅德	D-ALUE
1937 年 5 月	歐亞二十一	Ju 52/3M		5087		D-ASEV

抗戰爆發後，"歐亞十五"號於 1938 年 9 月 5 日在香港外海被 3 架日軍飛機圍攻，
僥倖脫險，1939 年 4 月 8 日在昆明機場被日軍炸傷，修復後又於 1941 年 12 月 11 日
被日軍擊毀。1937 年 8 月 17 日，"歐亞十七"號在南京被日軍炸傷，經修復後投入使
用，1938 年 9 月 6 日被 3 架日軍飛機擊傷後迫降於長江邊，經過長達 6 個月的修復

Ju 52/3M 客機客艙內部

後方可使用，最終於 1939 年 5 月 6 日在陝西漢中被日軍飛機炸毀。"歐亞十八"號於 1937 年 8 月 1 日因發動機故障墜毀於昆明。"歐亞十九"號是其中最為幸運的，1939 年 4 月 13 日，該機自越南河內飛往昆明時，被 3 架日軍轟炸機攻擊，迫降於中越邊境一座小山的山腰上，機上乘員除飛行員拉斯傑（Rathje）外均未受傷，歐亞航空派出了搶修小組前往維修，並動用了大量民夫在山上開闢臨時跑道，終於使該機於 10 月 15 日飛回昆明。"歐亞二十"號於 1938 年 1 月在河南周家口軍用機場被日機炸傷，後用火車運至香港，一年多後修復，1940 年 12 月 30 日在成都機場被日軍戰鬥機擊毀。"歐亞二十一"號則於 1938 年 7 月 16 日在漢口降落時墜毀。

為彌補損耗，歐亞航空又通過漢莎航空購得 4 架 Ju 52/3M 和備份器械，其中包括：

交付時間	編號	型號	名稱	生產序號	原名稱	原註冊號
1938 年 3 月	歐亞二十二	Ju 52/3M	重慶	4068	埃里希·阿爾布雷希特	D-ABIZ
1938 年 9 月	歐亞二十三	Ju 52/3M ge	交通 1	4074	威廉·庫諾	D-ASIS
1939 年 2 月	歐亞二十四	Ju 52/3M	哈密	4072	弗里茲·埃布	D-AMIP
1940 年 10 月	歐亞二十五	Ju 52/3M te		6014	海因里希·馬西	D-ASFD

但在慘烈的戰爭中，這幾架飛機難以緩解日漸嚴苛的運營局面，1941 年 12 月 8 日，"歐亞二十二"號和"歐亞二十四"在香港被日軍飛機炸毀；"歐亞二十三"號於 1939 年 3 月 12 日墜毀於貴州威寧；1940 年 10 月 26 日，剛交付尚未投入營運的"歐亞二十五"號被 3 架日軍戰鬥機擊傷迫降，後起火焚毀。截至 1941 年底，歐亞航空僅剩"歐亞十九"號完好可飛。此時中、德已斷交，歐亞航空與漢莎航空的合同被廢止，所幸備用發動機還有 9 台，該機遂由 5 組機組成員擔負起營運重慶—蘭州—肅州—哈密、重慶—昆明、重慶—桂林、重慶—成都航線的任務。

1943 年 2 月 26 日，歐亞航空宣佈破產，原"歐亞十九"號被新註冊的中央航空運輸公司接收，編號"中五"（註冊號 XT-ATA），1944 年 1 月因缺乏備件、難以維修而停用，次年報廢。

1939 年，中蘇航空公司成立後，中方曾計劃使用 2 架歐亞航空的 Ju 52/3M 開闢漢口—哈密—阿拉木圖—莫斯科的客貨運輸和郵運航線，並由中方人員駕駛，而蘇方則打算使用 2 架道格拉斯 DC-3 運營。同年 3 月 24 日，中方人員駕駛的 1 架自歐亞航空租賃的 Ju 52/3M 進行了哈密—阿拉木圖航線的試航，但由於中蘇航空公司的決策權和經營權均由蘇方控制，因此最終該航線仍由 DC-3 運營。

山間臨時跑道上的"歐亞十九"號 Ju 52/3M ge，該機雖命運多舛，卻是歐亞航空的所有 Ju 52/3M 中使用時間最久的 1 架。

容克 Ju 86 Z-2

Junkers Ju 86 Z-2

德國製飛機

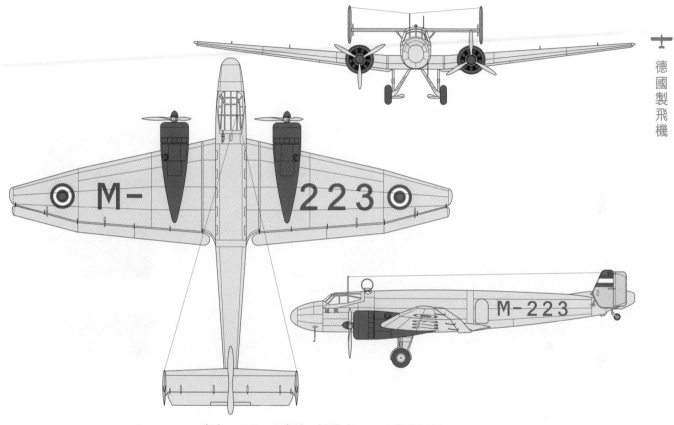

容克 Ju 86 Z-2 客機三視圖（M-223 "黃龍" 號）

機　種：	客機 / 運輸機	機長 / 翼展 / 機高：	17.6 / 22.5 / 4.7 米
用　途：	客運 / 郵運	淨重 / 全重：	5200 / 8200 千克
乘　員：	4+10 人	引　擎：	2 台寶馬 132Dc 型星型 9 缸氣
製造廠：	容克飛機與發動機製造公司		冷發動機（BMW 132 Dc），每台
	（Junkers Flugzeug-und		840 馬力
	Motorenwerke AG）	最大速度 / 巡航速度：	375 / 315 千米 / 小時
首　飛：	1936 年	航　程：	1000 千米
特　點：	金屬結構 / 下單翼佈局 / 可收放起	升　限：	6900 米
	落架	裝備範圍：	滿洲航空株式會社

　　Ju 86 是容克公司應德國航空部要求研發，同時用作德國空軍的中型轟炸機和漢莎航空的高速客機，其競爭者即為著名的亨克爾 He 111。首架原型機 Ju 86 V1 於 1934 年 11 月 4 日首飛成功，是軍用轟炸機型，民用原型機 Ju 86 V2 則於 1935 年 3 月 22 日首飛，特點是機身油箱移至機翼，以客艙取代炸彈艙，可搭載 10 名乘客或 12.2 立方米的貨物，配備有洗手間和強制通風系統，天花板上有嵌入式燈具，光線良好，但客艙內高度較低且通道狹窄，乘務員和個頭較高的乘客乘坐不舒適。Ju 86Z 是 1936 年推出的民用出口型，共有 Z-1 至 Z-7 等多種亞型，區別多為發動機的不同，共製造 38 架，Ju 86 Z-2 是換裝寶馬 132Dc 或寶馬 132H 型發動機的亞型，也是民用出口型中產量最多的一種，主要用戶是偽滿洲國、瑞士和智利。

Ju 86 客機客艙內部，可見其座位間的過道非常狹窄。

1937 年，為增強偽滿洲國國內遠程航線的運營效率，提升機隊的現代化程度，滿洲航空株式會社計劃購買飛行性能更優良的全金屬客機。迫於日本關東軍的壓力，滿航並未像日本其他航空公司那樣選擇美製客機，而是選擇了較易改造為轟炸機的德製 Ju 86。同年 8 月，日本海軍購得 1 架 Ju 86 Z-2（機體略番 LXJ1），測試後移交滿航，是滿航獲得的首架該型飛機，註冊號 M-211。此後，滿航共向容克公司訂購了 12 架該型飛機，正式合同於 1938 年 9 月簽署，均使用東北大豆和其他產品以易貨交易的形式購買（一説 1937 年 10 月，滿航向容克公司訂購了 3 架 Ju 86 Z-2，次年 9 月增購 10 架，1939 年又增購 4 架，有 3 架因二戰爆發未交付，這 3 架的訂單於 1941 年撤銷）。9 月 7 日，12 架 Ju 86 Z-2 經海運抵達大連港，後由火車運至奉天，由德國工程師舒爾茨（Schulz）和歐寶（Opel）監督組裝，註冊號 M-212 至 M-223。這些飛機中，M-211 名為"龍鳳"號、M-213 名為"翔龍"號、M-220 名為"銀龍"號、M-222 名為"升龍"號、M-223 名為"黃龍"號。1939 年 1 月 1 日，該型飛機正式投入佳木斯—哈爾濱—新京—奉天—大連的商業運營，同年 10 月又開闢了新京—京城（日據朝鮮時漢城的名

M-211 "龍鳳" 號 Ju 86 Z-2 客機

稱，今韓國首爾）—米子（日本鳥取縣）—大阪—東京的國際航線，後又開通奉天—錦州—天津—北京、承德—張家口—大同—包頭、承德—多倫—厚和（厚和特別市，偽蒙疆聯合自治政府對歸綏的改名，今呼和浩特）—張家口等多條航線。

滿航的 Ju 86 Z-2 除供商業運營外，也供日軍執行軍政要人運輸等任務，被日軍徵用的該型飛機大多取消滿航標誌和註冊號的"M-"前綴，僅剩機名和註冊號數字，機翼改為日軍機徽。1939 年夏，日本與蘇聯之間爆發"諾門罕戰役"，雙方在偽滿與蒙古邊境交戰。日本關東軍曾計劃將 6 架 Ju 86 Z-2 改造為轟炸機投入前線使用，其中 1 架已加裝武器並進行測試，但不久後就放棄了這個計劃。據 1 位滿航乘務員回憶稱，曾在大連機場看見 1 架該型飛機機首加裝轟炸瞄準具，機腹增加炸彈艙和機槍架，不久後又改回客機狀態。1939 年 1 月，M-214 號在地面滑行時撞上機場邊緣的磚牆而嚴重受損，經過歷時一年的修復後方可使用；M-213"翔龍"號於 1941 年 6 月 21 日在香港新界粉嶺迫降墜毀；另有 1 架該型飛機於 1944 年 9 月自東京起飛後，在米子—京城之間因大霧和發動機失效迫降於海面，所幸機上乘員均得以生還。二戰期間，滿航無法獲得新的備用零件，其所擁有的 Ju 86 Z-2 的輪胎大多更換為日本製品，有 3 架 Ju 86 Z-2 還換裝了三菱生產的 1075 馬力 14 缸氣冷發動機。二戰結束後，殘存的該型飛機被蘇軍擄獲。

被日軍徵用的 M-223"黃龍"號客機，其機翼上已改飾日軍機徽，機身兩側的"M-"編號和垂直尾翼上的滿航標誌均被去除，僅剩"223"。

梅賽施密特 Bf 108B "颱風"

Messerschmitt Bf 108B Taifun

機　　種： 通用飛機

用　　途： **運輸 / 包機**

乘　　員： （1-2）+（2-3）人

製 造 廠： 巴伐利亞飛機製造公司
（Bayerische Flugzeugwerke）

首　　飛： 1935 年

特　　點： 金屬結構 / 下單翼佈局 / 可收放起
落架

機長 / 翼展 / 機高： 8.3 / 10.5 / 2.3 米

淨重 / 全重： 889 / 1380 千克

引　　擎： 1 台阿格斯 As 10C 型倒置 V 型 8
缸氣冷發動機（Argus As 10C），
240 馬力

最大速度 / 巡航速度： 305 / 265 千米 / 小時

航　　程： 1000 千米

升　　限： 4800 米

裝備範圍： 滿洲航空株式會社

德國製飛機

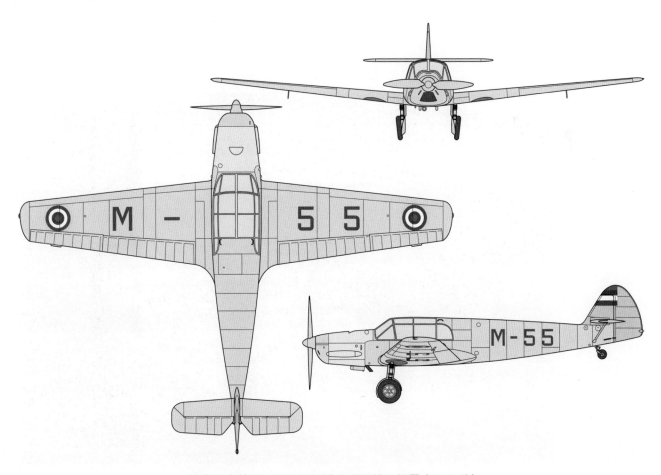

梅賽施密特 Bf 108B "颱風" 通用飛機三視圖（M-55 號）

Bf 108 是著名飛機設計師威利・梅賽施密特（Willy Messerschmitt）於 1930 年代研製的輕型通用飛機，與著名的 Bf 109 型戰鬥機有着密切的關係。該型飛機最初命名為 BFW M 37，於 1934 年首飛成功，同年投產，具有飛行平穩、易於操控、燃料消耗率低、起降性能好等特點。截至二戰結束，Bf 108 各亞型共製造約 885 架，二戰後法國又生產了 285 架。該型飛機的用途非常廣泛，除供德國空軍用於人員運輸、聯絡、通訊外，也供民間用於運動飛行、旅行、商務包機、私人使用等，由於其駕駛艙裝有雙套控制系統，因此也可用於訓練飛行員。1936 年 8 月 6 日，德國著名女飛行員艾莉・貝因霍恩（Elly Beinhorn）駕駛 1 架該型飛機在一天內飛越 3 大洲，因此為該機命名 "颱風"，此後 "颱風" 即成為 Bf 108 的正式綽號。Bf 108B 是 1935 年底推出的改良型，也是產量最多的亞型，主要特點是換裝大功率的阿格斯 As 10C 或 As 10E 型發動機，翼展擴大，尾橇改為尾輪，共製造約 682 架。

1937 年，為取代逐漸老化的德・哈維蘭 DH.80A 和滿航三式，滿洲航空株式會社向巴伐利亞公司購得 19 架 Bf 108B，其中第一批 6 架於同年交付，其餘 13 架則於次年交付，每架耗資 6 萬日元。這 19 架飛機中，有 13 架的註冊號分別是 M-51 至

Bf 108 客艙內部

M-65，其餘 6 架中，有 3 架可能供日本陸軍使用，分別命名為"愛國 258"—"愛國 260"號，另外 3 架根據 1937 年 10 月 26 日德國駐大連領事館向柏林外交部和東京大使館發的電報推測，可能供南滿洲鐵道株式會社用於行政運輸。

　　滿航飛行員對 Bf 108B 的飛行穩定性、可操控性和維護簡便性讚譽有加。這些飛機除用於運輸、包機等商業用途外，也供日本關東軍用於聯絡、要人運輸等任務。1938 年 11 月 28 日，滿航的 1 架 Bf 108B 在搭載 2 名關東軍情報局官員飛往海拉爾（今內蒙古呼倫貝爾市海拉爾區）途中，因駕駛員遵循日軍官員的錯誤判斷，導致油盡迫降。1939 年的"諾門罕戰役"中，日軍徵用了數量不詳的該型飛機參戰，有 1 架被蘇軍戰鬥機擊落焚毀。1940 年 2 月 11 日，在日本神武天皇登基 2600 周年的紀念活動中，1 架滿航租給偽滿洲國陸軍航空隊的 Bf 108B 因發動機故障在新京墜毀。1941 年 6 月 9 日，1 架搭載有關東軍官員的該型飛機在視察黑龍江省東寧市附近的日軍部隊時誤入蘇聯境內，被蘇軍戰鬥機擊傷迫降，機上乘員被蘇軍俘獲，後經談判釋放。二戰結束前，滿航仍有數架該型飛機完好可飛，後被蘇軍擄獲。

M-55 號 Bf 108B 通用飛機

亨克爾 He 116A-0

Heinkel He 116A-0

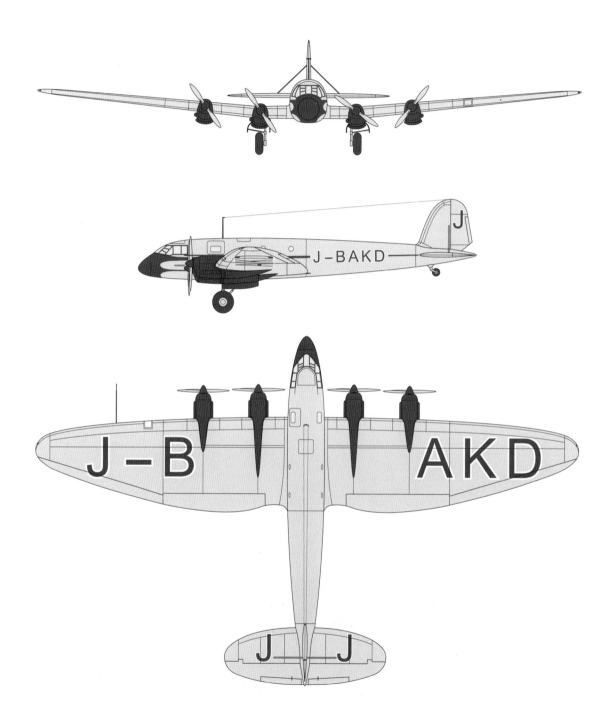

亨克爾 He 116A-0 遠程郵機三視圖（"乃木"號）

機　　種：	郵機
用　　途：	運輸
乘　　員：	4 人
製 造 廠：	亨克爾飛機公司
	（Heinkel Flugzeugwerke）
首　　飛：	1937 年
特　　點：	金屬結構 / 下單翼佈局 / 可收放起
	落架
機長 / 翼展 / 機高：	13.7 / 22 / 3.3 米

淨重 / 全重：	4050 / 7130 千克
引　　擎：	4 台西斯 HM 508C 型倒置 V
	型 8 缸氣冷發動機（Hirth HM
	508C），每台 270 馬力
最大速度 / 巡航速度：	325 / 300 千米 / 小時
航　　程：	4100 千米
升　　限：	6600 米
裝備範圍：	國際航空株式會社　滿洲航空株
	式會社

　　1937 年，為建設從德國直達日本的國際郵運航線，亨克爾公司應漢莎航空要求推出了 He 116 型遠程郵機。該型飛機於 1936 年開始研發，由於漢莎航空規劃的遠東航線需穿越帕米爾高原，因此 He 116 的設計更側重於高空飛行性能和遠程飛行的安全性。其結構和外形與 He 70 "閃電" 型高速客機非常相似，機身設計強化了水密性，出現意外狀況時可迫降於水面；發動機最初計劃使用單台 500 馬力的高海拔型，後改為 4 台 270 馬力的西斯 HM 508C，以確保飛行過程中不會因單台發動機故障危及安全。該型飛機共製造 14 架，He 116A-0 為漢莎航空使用的高速郵機型，共製造 8 架，其中

"乃木" 號 He 116A-0 郵機

2 架後被改造為德國空軍的 He 116B-0 型遠程偵察機。

1937 年，為應對南京國民政府和漢莎航空合資的歐亞航空，偽滿的滿洲航空株式會社與漢莎航空談判，計劃建立柏林（德國）—羅德斯島（希臘）—巴格達（伊拉克）—喀布爾（阿富汗）—西安—新京—奉天—東京（日本）的國際航線和連結北京、鄭州、蘭州、寧夏、包頭、上海的遠東航線。為此，同年 5 月 20 日，滿航成立了子公司國際航空株式會社（1938 年 12 月與大日本航空株式會社合併），向亨克爾公司購得 2 架 He 116A-0，並於 7 月 22 日派遣 4 名飛行員、2 名機械師、2 名無線電通訊員經海路前往德國接收飛機。這 2 架飛機分別命名為"乃木"號（日本航空局註冊號 J-BAKD/ 原 He 116V-5）和"東鄉"號（關東廳通信局註冊號 J-EAKF/ 原 He 116V-6）。1938 年 4 月 23 日，"乃木"號由飛行員加藤敏雄、中尾純利，機械師岡本虎男，無線電通訊員清都誠一駕駛；"東鄉"號由飛行員橫山八男、松井勝吾，機械師石川金吾，無線電通訊員鹽田陽三駕駛，自柏林飛往東京，並於 4 月 29 日抵達，總航程 15340 千米，共着陸 6 次，總飛行時間 143 小時 43 分。此前，加藤、橫山、岡本、石川、清都 5 人曾駕駛"乃木"號於 2 月 21 日參加由意大利贊助的第三屆撒哈拉沙漠飛行競賽，期間由於 3 號發動機的螺旋槳脫落並將 4 號發動機的螺旋槳擊毀，導致該機緊急降落並花了 1 個月時間返回德國維修。

5 月 11 日，"乃木"號和"東鄉"號自東京飛往新京。由於抗戰爆發，原定的柏林—東京國際航線不得不修改路線，由途經西安改為途經偽蒙疆聯合自治政府控制的地區，並最終將航綫改為柏林—莫斯科—伊爾庫茨克—新京—東京。隨着 1941 年德國入侵蘇聯，柏林—東京航線建設被永久擱置，這 2 架飛機此後主要用於新京—東京的郵運。1939 年 1 月 25 日，"乃木"號曾由日本立川市飛往泰國曼谷進行"親善訪問"，受到當地日立學校的熱烈歡迎，2 月 4 日飛返。"乃木"號直到 1945 年仍在使用。

亨克爾 He 111 A-0

Heinkel He 111 A-0

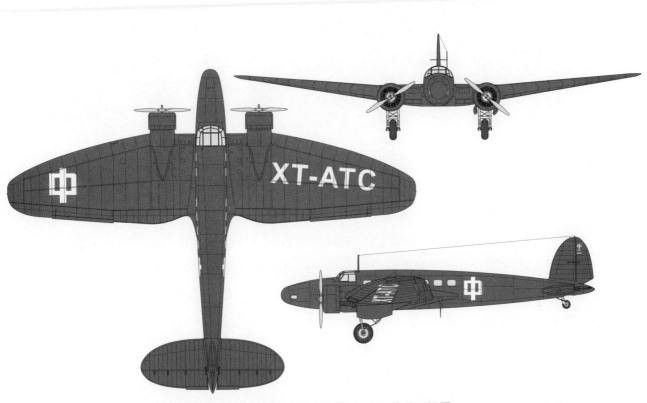

改造後的亨克爾 He 111 客機三視圖

機　　種：　轟炸機

用　　途：　-

乘　　員：　2+10 人

製 造 廠：　亨克爾飛機公司（Heinkel
　　　　　　Flugzeugwerke）

首　　飛：　1935 年

特　　點：　金屬結構 / 下單翼佈局 / 可收放起
　　　　　　落架

機長 / 翼展 / 機高：　17.5 / 22.6 / 4.1 米

淨重 / 全重：　-

引　　擎：　2 台萊特 R-1820 "颶風" 型星型
　　　　　　9 缸氣冷發動機（Wright R-1820
　　　　　　Cyclone），馬力：-

裝備範圍：　中央航空運輸公司

改造後的"中二"號 He 111 客機

　　He 111 是二戰期間德國空軍使用的最著名的中型轟炸機之一,曾執行多種軍用任務,與容克 Ju 87、Ju 88 齊名。該型飛機最初以民用運輸機的名義研發,設計師是亨克爾公司工程師齊格弗里德·金特(Siegfried Günter)和沃爾特·金特(Walter Günter)兄弟,在研發中大量參考了著名的 He 70 "閃電"高速客機,因此又稱為"雙發閃電"(Doppel-Blitz)。He 111 A-0 是 He 111 的首款轟炸型號,係由 He 111V-3 改裝而成,由於發動機功率不足,導致飛行速度慢且操控性較差,而被德國空軍拒收,其中 8 架(一説 6 架)在拆除轟炸瞄準鏡、無線電導航和自毀裝置後,於 1935 年 9 月通過德商保庇洋行(F Feld & Co)售予陳濟棠主政的中國廣東當局,1936 年 "兩廣事變" 後併入國民政府空軍。

　　1943 年 6 月 25 日,國民政府空軍將僅剩的 1 架 He 111 A-0 轟炸機(原 1902 號機,曾在 1938 年 5 月對日本本土進行的 "紙片轟炸" 中擔任後勤支援和聯絡任務)與 2 架伏爾梯 V-1A、1 架中島九七式輸送機一起撥予新成立的中央航空運輸公司,He 111 A-0 編號為 "中二"(註冊號 XT-ATC)。該機於同年 12 月自成都飛往昆明進行改造,拆除了全部武器設備和機首轟炸瞄準艙,機身兩側各增加 2 個舷窗,機艙內部的軍用設施拆除,改為可搭載 10 名乘客的客艙。同時,由於其使用的寶馬 VI 6.0 Z 型液冷發動機維護困難且缺少配件,此次改造特意換裝了萊特 R-1820 "颶風" 型發動機(一説為中央航空運輸公司前身歐亞航空庫存的原 Ju 52/3M 使用的寶馬 "大黃蜂" 型發動機)。1944 年 12 月 25 日,該機在昆明機場試飛時墜毀。

德國製飛機

瑞安 B-1 "布魯厄姆馬車"

Ryan B-1 Brougham

機　種：　客機

用　途：　郵運／觀光

乘　員：　1+4 人

製 造 廠：　瑞安航空公司（Ryan
Aeronautical Company）

首　飛：　1927 年

特　點：　混合結構／上單翼佈局／固定式起
落架

機長／翼展／機高：　8.46 / 12.8 / 2.67 米

淨重／全重：　848 / 1497 千克

引　擎：　1 台萊特 J-5 "旋風" 型星型
9 缸氣冷發動機（Wright J-5
Whirlwind），225 馬力

最大速度／巡航速度：　201 / 177 千米／小時

航　程：　1130 千米

升　限：　4900 米

裝備範圍：　武漢民用航空股份有限公司
雲南商業航空籌備委員會

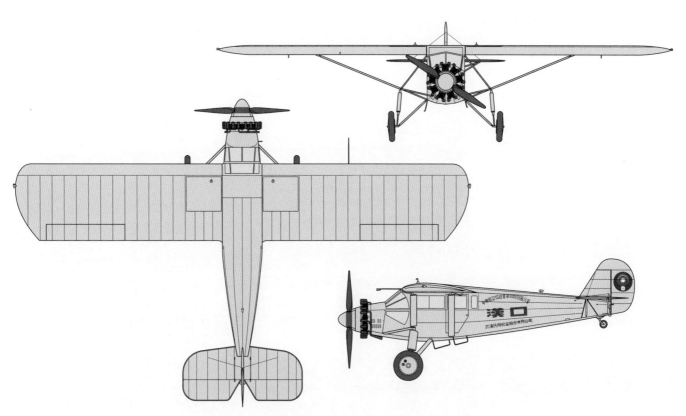

瑞安 B-1 "布魯厄姆馬車" 客機（"漢口" 號）三視圖

B-1 是 "布魯厄姆馬車" 系列小型客機中的第一種型號，也是瑞安公司生產的最著名的客機。該型飛機以此前生產的 M-1、M-2 為基礎研發，主要特點是駕駛艙和客艙改為全封閉式，起落架可換裝浮筒，售價 9700 美元。1927 年，著名飛行員查爾斯・林白（Charles Lindbergh）成功飛越大西洋，其駕駛的 "聖路易斯精神" 號瑞安 NYP 實質上就是 1 架經過改造的 B-1，加上著名飛行員弗蘭克・霍克斯（Frank Hawks）的宣傳，令 "布魯厄姆馬車" 系列飛機聲名大振，廣受小型航空公司歡迎，各型共製造約 230 架，B-1 是其中產量最大的型號，共生產約 150 架。

1928 年 11 月，受廣東空軍 "廣州" 號 B-1 飛機在國內長途飛行的影響，武漢民用航空股份有限公司通過美商美信洋行（L E Gale Company）購得 5 架 B-1（生產序號 168-172 / 原註冊號 7720-7724），次年 1 月底運抵漢口，其中包括 3 架陸機（"武昌"、"漢口" 和 "漢陽" 號）和 2 架水機（一說這 5 架飛機分別命名為 "漢口"、"襄陽"、"長沙"、"宜昌" 和 "長江" 號）。這些飛機交付後即用於開辦漢口至西安的空中航線，初期開通漢口至襄陽及老河口航段，意在促進當地的商業發展。但據西方資料稱，武漢航空公司的 B-1 型飛機僅進行了一兩次漢口至襄陽的郵運飛行，更多是用於觀光遊

女飛行員鮑會秩（右）與張惠長的夫人薛錦回（左）合影，後方為 "漢口" 號客機。張惠長為民國空軍中將，曾致力於發展中國航空事業。

覽。值得一提的是，1929 年 2 月，"漢口"號由女飛行員鮑會秩駕駛，成功進行了漢口至廣州的郵運飛行，開中國女飛行員駕駛飛機進行商業運輸之先河，《良友》畫報曾對其進行了大篇幅報道。同年夏，武漢航空公司因政治原因解體，所屬飛機被南京國民政府接收。

雲南商業航空籌備委員會於 1928 年成立後，次年 2 月 11 日通過美信洋行購得 1 架 B-1（生產序號可能是 178/ 原註冊號 7730），同年 4 月，該機由美信洋行代表厄爾·F·巴斯基（Earl F Baskey）運抵香港，在啟德機場組裝測試後交付雲南代表劉沛泉、張汝漢、陳有谷。4 月 27 日，三人駕機攜載郵件自香港飛回雲南。該機被命名為"昆明"號，原計劃用於開闢雲南—四川、雲南—廣西的商業航線，因政治原因未成，改為規劃省內航線，其中包括迤南航線（昆明—蒙自—開化—廣南—富縣）、迤東航線（昆明—尋甸—東川—昭通—鹽津）和迤西航線（昆明—楚雄—大理—永昌—騰越）。據《蒙自縣志》記載，該機在雲南省內飛往大理、楚雄、蒙自等地時，"來回均義務代郵局攜帶郵件"。

由於戰亂，雲南商業航線始終無法開航，雲南商業航空籌備委員會也於 1929 年 5 月 31 日宣告撤銷，"昆明"號與其後購得的 1 架 B-5"布魯厄姆馬車"客機一併撥給雲南空軍使用。

"漢口"號瑞安 B-1 客機

瑞安 B-5 "布魯厄姆馬車"

Ryan B-5 Brougham

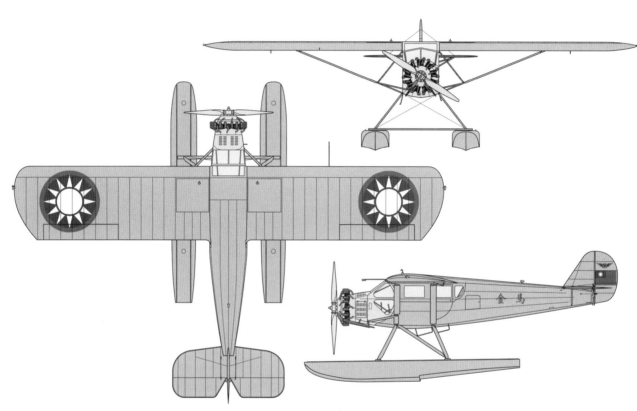

瑞安 B-5 "布魯厄姆馬車" 客機三視圖 ("金馬" 號)

機　　種：　客機

用　　途：　-

乘　　員：　1+6 人

製 造 廠：　瑞安航空公司 (Ryan
　　　　　　　Aeronautical Company)

首　　飛：　1929 年

特　　點：　混合結構 / 上單翼佈局 / 固定式起
　　　　　　　落架

機長 / 翼展 / 機高：　8.63 / 12.9 / 2.67 米

淨重 / 全重：　1020 / 1814 千克

引　　擎：　1 台萊特 J-6-9 "旋風" 型星型
　　　　　　　9 缸氣冷發動機 (Wright J-6-9
　　　　　　　Whirlwind)，300 馬力

最大速度 / 巡航速度：　222 / 193 千米 / 小時

航　　程：　1207 千米

升　　限：　5486 米

裝備範圍：　雲南商業航空籌備委員會

B-5"布魯厄姆馬車"是瑞安公司在 B-3 基礎上推出的改良型,也是"布魯厄姆馬車"系列小型客機中產量僅次於 B-1 的型號。該型飛機的結構和外形與此前生產的"布魯厄姆馬車"系列並無二致,起落架同樣可以快速換裝浮筒,特點是換裝 300 馬力的萊特 J-6-9 型發動機和可在地面調整槳距的金屬螺旋槳,同時擴大客艙容積,可搭載 6 位乘客,並安裝有隔音、通風和加溫等設施,乘坐舒適度提升。B-5 於 1929 年投產,共製造 61 架,每架售價 14350 美元。

雲南商業航空籌備委員會於 1928 年成立,次年通過美信洋行購得 1 架裝有浮筒的 B-5,命名為"金馬"號,計劃與此前購買的"昆明"號 B-1 一起用於開闢商業航線。該機於 1929 年秋季運抵香港,交付雲南代表劉沛泉和陳棲霞。由於雲南商業航空籌備委員會已於 5 月 31 日撤銷,該機遂被移交給雲南空軍。

劉、陳二人接收飛機後並未立即駕機返回昆明,而是效仿廣東空軍"廣州"號進行長途飛行,先是飛往杭州參加全國博覽會,後於 9 月飛抵廣州。恰逢此時,張發奎在廣東與桂系聯合發動反蔣戰爭,廣東當局在徵得雲南方面同意後,借"金馬"號運送一位師長前往梧州前線,降落時因發動機故障墜毀,廣東當局後買下 1 架波泰茨 32 賠償雲南,命名為"碧雞"號。

"金馬"號 B-5 客機

瑞安 PT-22 "新兵"

Ryan PT-22 Recruit

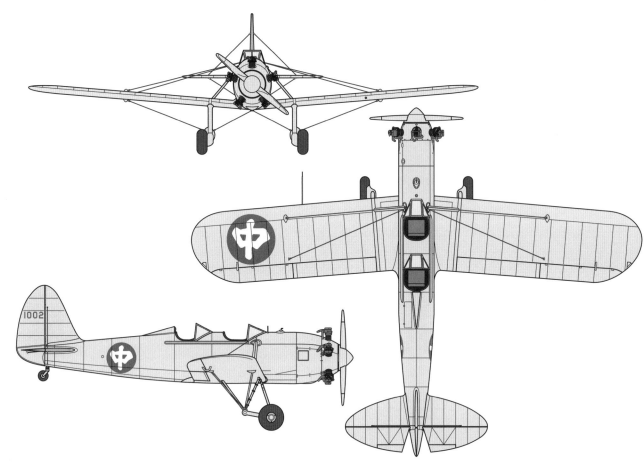

瑞安 PT-22 "新兵" 教練機三視圖（中航 1002 號機）

機　　種：　教練機

用　　途：　訓練

乘　　員：　2 人

製 造 廠：　瑞安航空公司（Ryan
Aeronautical Company）

首　　飛：　1941 年

特　　點：　混合結構 / 下單翼佈局 / 固定式起
落架

機長 / 翼展 / 機高：　6.9 / 9.17 / 2.18 米

淨重 / 全重：　593 / 844 千克

引　　擎：　1 台金納 R-450-1 型星型 5 缸氣
冷發動機（Kinner R-450-1），
160 馬力

最大速度 / 巡航速度：　200 / 160 千米 / 小時

航　　程：　371 千米

升　　限：　4700 米

裝備範圍：　中國航空公司

PT-22 是瑞安公司以 ST 系列民用教練機為基礎研發的軍用教練機，也是 ST 系列中產量最多的一型。該型飛機與 PT-21 非常相似，特點是換裝金納 R-450-1 型發動機。由於二戰爆發後美軍急需大量新的教練機，因此 PT-22 試飛成功後就迅速投入量產，共製造 1023 架，其中 250 架換裝 R-540-3 型發動機改造為 PT-22C。為便於維護，減少故障，後期生產的 PT-22 取消了起落架整流罩。

1943 年 4 月至 8 月，美國根據《租借法案》，共將 70 架 PT-22 (原美軍註冊號 41-15177 至 41-15216、41-15298 至 41-15327) 運至印度，交付中國空軍軍官學校駐印分校用於訓練。抗戰結束後，部分該型飛機移交中國航空公司使用。

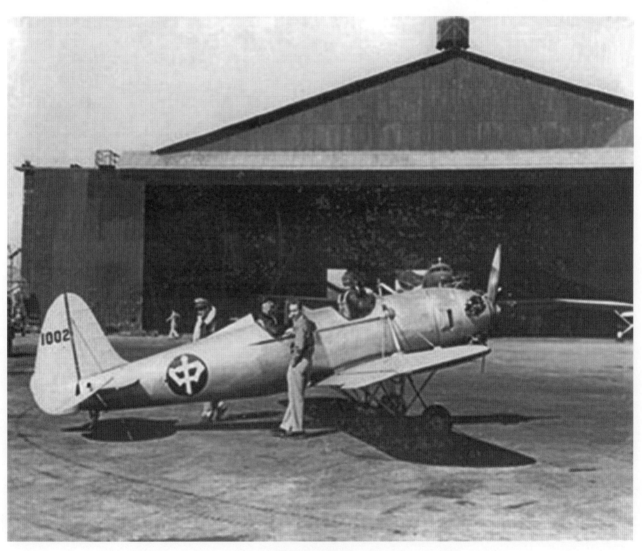

中航 1002 號 PT-22

柯蒂斯"知更鳥"B／C

Curtiss Robin B/C

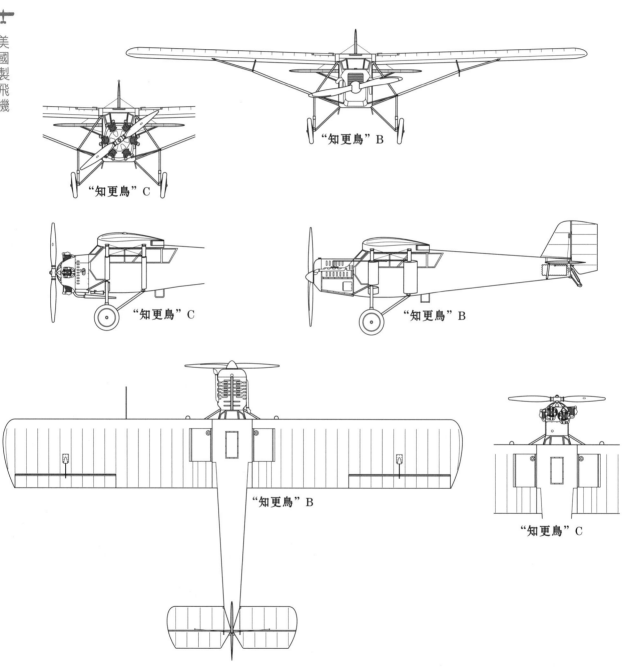

"知更鳥" B

"知更鳥" C

"知更鳥" C

"知更鳥" B

"知更鳥" B

"知更鳥" C

柯蒂斯"知更鳥"B/C 客機三視圖

（"知更鳥"B 參數）

機　　種：	客機	機長 / 翼展 / 機高：	7.83 / 12.5 / 2.37 米
用　　途：	觀光 / 訓練	淨重 / 全重：	668 / 1107 千克
乘　　員：	1+2 人	引　　擎：	1 台柯蒂斯 OX-5 型 V 型 8 缸液冷發動機（Curtiss OX-5），90 馬力
製 造 廠：	柯蒂斯飛機與發動機公司（Curtiss Aeroplane and Motor Company）		
		最大速度 / 巡航速度：	161 / 135 千米 / 小時
首　　飛：	1928 年	航　　程：	772 千米
特　　點：	混合結構 / 上單翼佈局 / 固定式起落架	升　　限：	3109 米
		裝備範圍：	滬蓉航線管理處　中國航空公司

　　1927 年，隨着著名飛行員查爾斯·林白（Charles Lindbergh）成功飛越大西洋，在美國國內掀起一股"飛行熱"，越來越多的人希望駕駛自己的飛機。柯蒂斯公司根據市場需求，推出了"知更鳥"小型客機（柯蒂斯 50）。其原型機於 1928 年 8 月 7 日首飛，同年投入量產，由於價格低廉、結構堅固耐用、操控容易、性能安全可靠而備受私人用戶歡迎，是 1920−1930 年代最成功的私人飛機之一。"知更鳥"B 是最初的量產型，發動機為價格低廉、性能可靠的柯蒂斯 OX-5，共製造約 325 架；"知更鳥"C 是 1929 年推出的改良型，特點是換裝 170−185 馬力"挑戰者"型星型 6 缸氣冷發動機，飛行性能顯著提升，但航程縮短，共製造約 50 架。

　　1929 年 1 月 26 日，柯蒂斯公司將 4 架飛機運至中國上海展銷，其中包括"知更鳥"B（生產序號 84 / 原註冊號 169E）、"知更鳥"C（生產序號 80/ 原註冊號 46E）、柯蒂斯"獵鷹"偵查 / 攻擊機和愛爾蘭 N-2B"海王星"水陸兩棲客機各 1 架。這些飛機於 3 月中旬抵達上海，3 月 27 日，柯蒂斯公司飛行員艾爾·L·斯隆尼格（Eyer L Sloniger）駕駛其中 1 架"知更鳥"在虹橋機場進行了飛行表演，並搭載乘客進行觀光飛行。南京國民政府於 3 月 30 日將這 4 架飛機買下，2 架立即交付，另外 2 架則在數日後飛往南京。其中 1 架"知更鳥"於 1931 年 7 月移交中國航空公司（根據 1935 年 12 月出版的《交通年鑒》記載，該機為滬蓉航線管理處以國幣 24000 元購得），主要充作教練機訓練飛行員使用，另 1 架則編入國民政府空軍駐漢口的第 1 中隊。1934 年 11 月，中航購得 1 架受損的斯蒂爾曼教練機，將"知更鳥"以國幣 21714 元的價格售出。

柯蒂斯 "畫眉鳥" J

Curtiss Thrush J

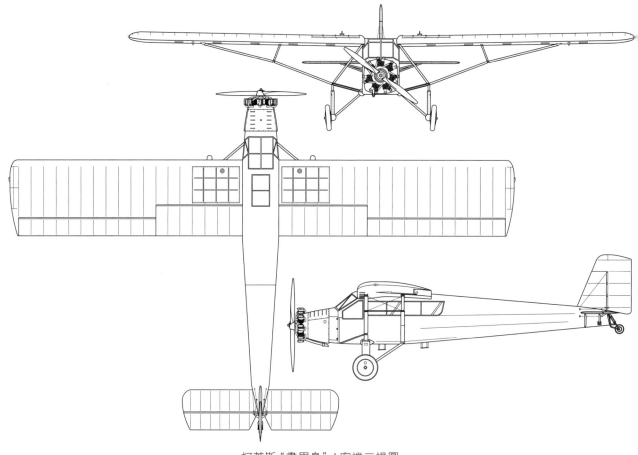

柯蒂斯 "畫眉鳥" J 客機三視圖

機　　種：	客機	機長 / 翼展 / 機高：	9.93 / 14.63 / 2.82 米
用　　途：	-	淨重 / 全重：	1025 / 1724 千克
乘　　員：	（1-2）+6 人	引　　擎：	1 台萊特 J-6-7 "旋風" 型星型
製 造 廠：	柯蒂斯飛機與發動機公司		7 缸氣冷發動機（Wright J-6-7
	（Curtiss Aeroplane and Motor		Whirlwind），225 馬力
	Company）	最大速度 / 巡航速度：	196 / 167 千米 / 小時
首　　飛：	1929 年	航　　程：	1400 千米
特　　點：	混合結構 / 上單翼佈局 / 固定式起	升　　限：	4000 米
	落架	裝備範圍：	中國航空公司

1920 年代末，柯蒂斯公司以"知更鳥"為基礎研發了"畫眉鳥"（柯蒂斯 56）輕型 6 座客機。該型飛機實質上是"知更鳥"的放大型，其結構、外形和佈局與"知更鳥"非常相似，發動機為 1 台與"知更鳥"C 相同的"挑戰者"型。

"畫眉鳥"的原型機於 1929 年首飛後發現存在發動機功率不足的缺陷，為此柯蒂斯公司為後續製造的該型飛機換裝萊特 J-6-7 型發動機，型號改為"畫眉鳥"J。該型飛機產量較少，生產了 3 架原型機和 10 架"畫眉鳥"J，其中 2 架是原型機改造而成。"畫眉鳥"J 投入市場後多作為包機和短程支線客機使用，曾創多個飛行記錄。1933 年 12 月 20-30 日，美國女飛行員海倫·里奇（Helen Richey）和弗朗西絲·瑪莎莉絲（Frances Marsalis）駕駛 1 架"畫眉鳥"J，在 1 架"知更鳥"的空中加油協助下，創造了留空時間 237 小時 42 分鐘的飛行記錄。

1929 年，（前）中國航空公司向柯蒂斯公司訂購了 12 架"畫眉鳥"J，原定於次年 1 月運往中國，但因同時期（前）中航遭遇諸多問題而未交付，僅有 1 架該型飛機於 1930 年運往中國，下落不詳。

"畫眉鳥"J 客機的客艙內部

洛寧 C-2H "空中遊艇"

Loening C-2H Air Yacht

機　　種： 水陸兩棲客機

用　　途： 客運 / 郵運

乘　　員： （1-2）+（6-7）人

製 造 廠： 洛寧航空工程公司（Loening Aeronautical Engineering Corporation）

首　　飛： 1928 年

特　　點： 木製結構 / 等翼展雙翼佈局 / 可收放起落架

機長 / 翼展 / 機高： 10.57 / 13.72 / 3.89 米

淨重 / 全重： 1754 / 2676 千克

引　　擎： 1 台普惠 "大黃蜂" 型星型 9 缸氣冷發動機（Pratt & Whitney Hornet），525 馬力

最大速度 / 巡航速度： 199 / 165 千米 / 小時

航　　程： 885 千米

升　　限： 4300 米

裝備範圍： （前）中國航空公司　中國航空公司

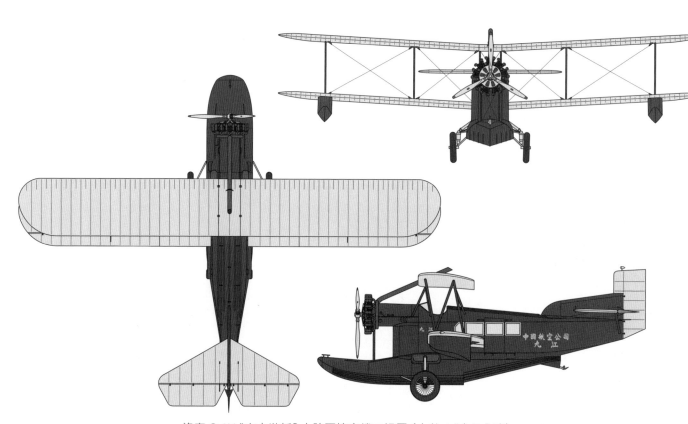

洛寧 C-2H "空中遊艇" 水陸兩棲客機三視圖（中航 4 "九江" 號）

中航 4 "九江" 號客機

　　C-2 "空中遊艇" 是洛寧公司在洛寧 OL 型水陸兩棲偵查 / 觀測機基礎上研發的水陸兩棲客機，於 1928 年首飛成功，其結構、外形和佈局與 OL 非常相似，特點是取消了後部觀察員 / 射擊員艙，前部駕駛艙改為並列雙座式，駕駛艙下增加了 1 個可容納 6 名乘客的封閉式客艙。據稱其乘坐舒適度較差，在水上起飛時客艙門會進水，且發動機噪音較大，飛行時乘客需使用棉球塞耳。C-2H 是安裝普惠 "大黃蜂" 發動機的亞型（H 代表 "大黃蜂"），共製造 14 架，其中 1 架由 C-2C 改造而成。1930 年美國奧克蘭灣大橋竣工前，空中渡輪公司購買了 2 架 C-2H 用於奧克蘭至舊金山的跨海客運，將原需 40 分鐘的渡輪時間縮短至 6 分鐘，極大提高了效率。

　　1929 年，（前）中國航空公司通過柯蒂斯飛機出口公司（Curtiss Airplane Export Corporation）購得 5 架 C-2H，用於開辦上海—成都、上海—北平和上海—廣州航線。這 5 架飛機於同年 9 至 11 月間運抵中國，分別命名為中航 1 "沙市" 號、2 "安慶" 號、3 "漢口" 號、4 "九江" 號、5 "武昌" 號（生產序號依次為 238-242），其中前 3 架於 10 月 12–13 日組裝測試，並進行了上海—漢口航線的試航。10 月 21 日，美籍飛行員比格爾・約翰森（Birger Johnsen）駕駛 "漢口" 號，搭載孫科夫婦和 0.45 千克郵件自上海起飛，正式開通上海—漢口航線。

　　1930 年，（前）中國航空公司、滬蓉航線管理處和中國飛運公司合併為新的中國航空公司，5 架 C-2H 均移交中航，編號和名稱延用。該型飛機和史汀生 SM-1F 是中航最早的兩種機型，也是 1930 年代中航使用時間最長的兩種客機。同年 9 月，中航又購得 1 架 C-2H，編號為中航 6 "重慶" 號（生產序號 220/ 原註冊號 NC9773）。9 月 12 日，"九江" 號開始試航漢口—宜昌—重慶航線，但就在中航試圖拓展航線時，先後遭遇數起事故。12 月 9 日，由美籍飛行員保羅‧貝爾（Paul Baer）駕駛的 1 架 C-2H 自上海龍華起飛後因遭遇亂流下墜，與河中帆船桅桿相撞，機翼折斷，飛機墜河，造成傷亡事故；同月 24 日，國民政府武漢行營向中航預訂了 25 日上午 8 點的漢口—南京航線的全部席位，並要求飛機延遲至 9 點起飛，因美籍機場經理疏忽，導致次日包括蔣介石（蔣在漢口指揮對鄂豫皖蘇區的圍剿行動）在內的官員前來乘機時，飛機已飛離，造成極惡劣的影響；次年 2 月又有 1 架該型飛機墜毀。為此，中航一方面整頓人事，一方面聘請中國航空工業奠基人之一、著名飛機設計師王助擔任總工程師，將墜毀受損的飛機修復。由於上海—漢口航線沿途均為江面起降，王助遂將用於此航線的 C-2H 的陸用起落架拆除，不但減輕了重量，還令飛行性能和搭載量提升。

1931 年 4 月 1 日和 10 月 21 日，上海—漢口航線相繼延伸至宜昌、重慶，次年 1 月 8 日，中航首席飛行員恩斯特‧M‧艾里森（Ernest M Allison）駕駛 1 架 C-2H 試航了漢口—襄陽航線。1934 年，中航曾計劃購買費爾柴爾德 91 型水陸兩棲客機替代 C-2H，因故取消。中航原有的 6 架 C-2H 中，"漢口" 號於 1931 年 8 月 11 日在漢口降落時墜毀沉沒，是中航損失的第 1 架飛機；"九江" 號於 1937 年 9 月 25 日在武陵被日軍飛機炸沉；1938 年漢口撤退時，"武昌" 號被棄置於東湖；剩餘的 3 架飛機編入國民政府空軍後備第 3 中隊待命參戰，1938 年 5 月 20 日開闢了重慶—樂山航線，1941 年 5 月 20 日廢棄出售。

停泊在江邊的中航 6 "重慶" 號客機

洛寧 C-4C／基斯頓 —洛寧 K-85 "空中遊艇"

Loening C-4C/Keystone-Loening K-85 Air Yacht

基斯頓—洛寧 K-85 "空中遊艇" 客機三視圖（中航 14 "宜昌" 號）

機　　種：　水陸兩棲客機

用　　途：　客運 / 郵運

乘　　員：　1+6 人（C-4C），1+7 人（K-85）

製 造 廠：　洛寧航空工程公司
（Loening Aeronautical
Engineering Corporation）
（C-4C），基斯頓─洛寧公司
（Keystone-Loening）（K-85）

首　　飛：　1928 年（C-4C），1931 年（K-85）

特　　點：　-

機長 / 翼展 / 機高：　10.59 / 13.92/-（C-4C），
11.33/14.22 / 4.8 米（K-85）

淨重 / 全重：　1909 / 3311 千克（K-85）

引　　擎：　1 台普惠 "黃蜂" 型星型 7 缸氣冷
發動機（Pratt & Whitney Wasp）
（C-4C），425 馬力；
1 台萊特 "颶風" 型星型 7 缸氣
冷發動機（Wright Cyclone）（K-
85），525 馬力

最大速度 / 巡航速度：　193 / 156 千米 / 小時
（C-4C），209 / 172 千米 / 小時
（K-85）

航　　程：　1046 千米（C-4C），805 千米
（K-85）

升　　限：　4206 米（K-85）

裝備範圍：　中國航空公司

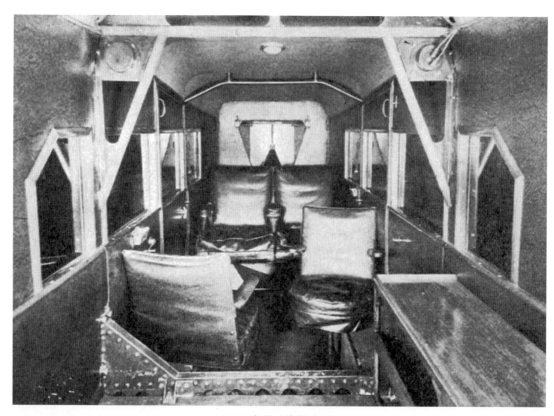

K-85 客機的客艙內部

1928 年，洛寧公司創始人格魯弗·洛寧（Grover Loening）在 C-1 "空中遊艇" 型水陸兩棲客機基礎上研發了 C-4C。該型飛機裝有 1 台 425 馬力的普惠 "黃蜂" 型發動機，可搭載 6 名乘客，機身採用常規的船體型結構，而未採用洛寧公司傳統的 "鞋拔子" 型浮筒設計，共製造 2 架。K-85 是洛寧公司和基斯頓公司合併後在 C-4C 基礎上改良的型號，其機身長度和翼展都有所擴大，換裝 525 馬力的萊特 "旋風" 型發動機，可搭載 7 名乘客，同樣僅製造 2 架，其中 1 架可能是 C-4C 換裝發動機改造而成。

　　1931 年，為保持經營規模，中國航空公司向洛寧公司購得 2 架 K-85，命名為中航 14 "宜昌" 號和 15 "萬縣" 號，這 2 架飛機分別於同年 8 月 3 日、7 日交付，主要用於上海—漢口—重慶航線運營。1932 年 12 月 12 日，"萬縣" 號在漢口不慎焚毀，所幸該機此前曾在美國投保，從而獲得賠償金國幣 120990.2 元。此後，中航於 1933 年 3 月又購入 1 架 C-4C，命名為 16 "成都" 號（生產序號 299/ 原註冊號 NC10588）。1935 年 3 月，"宜昌" 號停用報廢，同年 5 月 18 日，"成都" 號在龍華機場附近墜毀。

中航 15 "萬縣" 號客機，其塗裝為白、綠相間，與 "宜昌" 號不同。

史汀生 SM-1F / SM-1FS "底特律人"

Stinson SM-1F/SM-1FS Detroiter

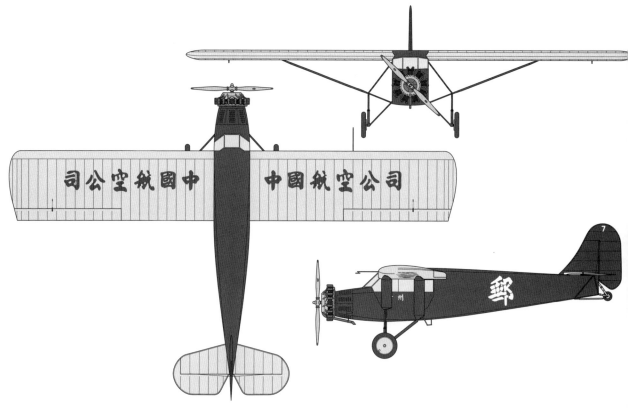

史汀生 SM-1F 客機三視圖（中航 7 "滄州" 號）

（SM-1F 參數）

機　　種： 客機	**全　　重：** 1950 千克
用　　途： 客運／郵運	**引　　擎：** 1 台萊特 J-6-9 "旋風" 型星型
乘　　員： 1+6 人	9 缸氣冷發動機（Wright J-6-9
製 造 廠： 史汀生飛機公司（Stinson Aircraft	Whirlwind），300 馬力
Company）	**最大速度／巡航速度：** 212 / 169 千米／小時
首　　飛： 1929 年	**航　　程：** 1094 千米
特　　點： 混合結構／上單翼佈局／固定式起	**升　　限：** 4876 米
落架	**裝備範圍：** 滬蓉航線管理處　中國航空公司
機長／翼展／機高： 9.95 / 14.22 / 2.74 米	

SM-1 是史汀生公司以 SB-1 "底特律人" 型雙翼客機為基礎研發的 6 座小型客機，其中 S 代表史汀生公司，M 則代表 "單翼機"。該型飛機裝有 1 台與 SB-1 相同的 220 馬力萊特 J-5 型發動機，機身與 SB-1 非常相似，客艙擴大，可容納 6 名乘客，同時保留了 SB-1 的客艙供暖等設施。SM-1 的原型機於 1927 年 4 月 27 日首飛成功，飛行性能良好，投產後主要供美國布蘭尼夫航空公司（Braniff Air Lines）和西北航空公司（Northwest Airways）使用。SM-1F 是 1929 年推出的改良型，特點是換裝 300 馬力的萊特 J-6 型發動機，單架售價 11000-13500 美元；SM-1FS 是在 SM-1F 基礎上換裝浮筒的亞型，售價 15000 美元；SM-1F 和 SM-1FS 共生產約 26 架。

1929 年 3 月 17 日，南京國民政府交通部航空籌備委員會為籌辦上海—南京—成都航線，通過美國駐南京領事購得 4 架 SM-1，其中包括 3 架 SM-1F（生產序號 M510-M512）和 1 架換裝陸用起落架的 SM-1FS（生產序號 M509）。同年 5 月 22 日，這些飛機由史汀生公司飛行員 W·R· 亨德森（W R Henderson）、J·B· 馬歇爾（J B Machle），機械師阿諾德·維爾（Arnold Weier）運至上海，在虹橋機場組裝後交付，命名為 "滬蓉 1"— "滬蓉 4" 號。由於這些飛機是南京國民政府的財產，因此機翼、機身上飾有軍用機徽。

同年 7 月 8 日，亨德森、馬歇爾、阿諾德駕駛 "滬蓉 1" 號開航了上海—南京的郵運航線，8 月 26 日客運航線也開始運營，10 月又開闢了飛往漢口的航線。1929 年 10 月，為擴大經營規模，南京國民政府又訂購了 2 架 SM-1F 和 2 架 SM-2 "朱尼爾" 小型客機，其中 SM-2 供國民政府空軍使用，SM-1F 被空軍短暫徵用後交付滬蓉航線管理處，這 2 架飛機塗裝為紅色，機首裝有發動機整流罩，命名為 "滬蓉 5"、"滬蓉 6" 號。11 月 2 日，管理處又購買了一些配件和 2 套浮筒，以供九江—漢口航線水上起降。12

中航 9 "天津" 號客機，機首裝有發動機整流罩。

中航 12 "蚌埠" 號客機

雲南航空司令劉沛泉與其妻王素貞在空中婚禮後走出 "滬蓉 6" 號客機

月 25 日，雲南航空司令劉沛泉與王素貞在"滬蓉 6"號上舉辦了別開生面的空中婚禮，"滬蓉 5"號則先行起飛盤旋，《申報》、《益世報》、《良友》等報刊均對此進行了報導。

1930 年，滬蓉航線管理處、（前）中國航空公司和中國飛運公司合併為新的中國航空公司後，滬蓉航線管理處的 6 架 SM-1F 併入中航，改名為中航 7"滄州"、8"北平"、9"天津"、10"濟南"、11"徐州"和 12"蚌埠"號。次年 3 月，為試航南京—北平航線，"天津"號機於 3 月 5 日飛抵天津，7 日抵達北平南苑機場，後於 12–13 日飛回南京。南京—徐州—濟南—天津—北平的郵運航線於 4 月 14 日正式運營，但由於飛機發動機頻繁出現故障，航線於 6 月 8 日被迫暫停，直至更換發動機後才於 9 月 12 日再次開航，10 月 15 日又開辦了客運航線。1931 年 11 月 19 日，中航 10"濟南"號自南京飛往北平途中，因大霧撞毀於濟南開山，機上乘員全部罹難，其中包括 2 名駕駛員和著名詩人徐志摩；另有 2 架該型飛機則於 11 至 12 月間受損，南京—北平航線一度被迫停航，直到 1932 年 1 月 10 日才重新開航，但同年 1 月 28 日日軍突襲上海，"一·二八事變"爆發，令航綫再次停運。1933 年 1 月 10 日，中航使用 SM-1F 開航上海—北平航線，同年 6 月 4 日又開辦了漢口—重慶航線。由於該型飛機使用頻繁，而維護保養不足，導致飛機狀態日益下降，1934 年 6 月中航曾計劃購買 2 架洛克希德"伊萊克特拉"取代上海—漢口航線的 SM-1F，因財政原因未成，老舊的"底特律人"仍在堅持服役，並於 1937 年 12 月 3 日開辦了漢口—長沙航線。

1939 年 11 月 4 日，日軍空襲成都，"徐州"號被炸毀，"滄州"號受傷，修復後於 1941 年 1 月 14 日被日軍炸毀，"北平"、"天津"和"蚌埠"號則於 1940 年 1 月 27 日因機庫火災被焚毀。

史汀生 SR "信賴"

Stinson SR Reliant

機　　種：　客機

用　　途：　客運 / 郵運

乘　　員：　1+3 人

製 造 廠：　史汀生飛機公司（Stinson Aircraft
　　　　　　 Company）

首　　飛：　1933 年

特　　點：　混合結構 / 上單翼佈局 / 固定式起
　　　　　　 落架

機長 / 翼展 / 機高：　8.23 / 13.18 / 2.6 米

淨重 / 全重：　939 / 1431 千克

引　　擎：　1 台萊康明 R-680 型星型 9 缸氣
　　　　　　 冷發動機（Lycoming R-680），
　　　　　　 215 馬力

最大速度 / 巡航速度：　214 / 185 千米 / 小時

航　　程：　740 千米

升　　限：　4267 米

裝備範圍：　西南航空公司

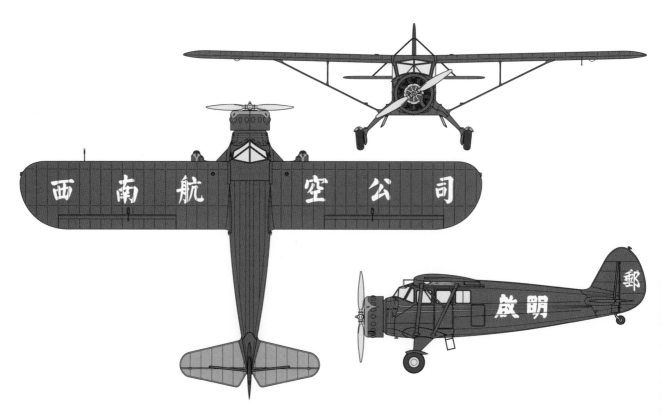

史汀生 SR "信賴" 客機三視圖（西南航空 "啟明" 號）

1930 年代初，為取代因經濟大蕭條而銷量不佳的史汀生 R 型客機，史汀生公司推出了 SR "信賴" 系列小型客機，SR 是該系列飛機的第一種型號。該型飛機以史汀生 S 和史汀生 R 為基礎研發，外觀和佈局與史汀生 R 非常相似，裝有 1 台與其相同的萊康明 R-680 型發動機，製造成本大幅降低，售價由史汀生 R 的 5595 美元 / 架降至 3995 元 / 架，因此頗受小型航空公司歡迎。SR 投產後主要用於客貨運輸或作為公務機使用，共製造 88 架，其中包括 2 架安裝 240 馬力萊康明 R-680 型發動機的 SR 特殊型。

1933 年 9 月 15 日，西南航空公司籌備委員會成立後，計劃購買 11 架 SR "信賴" 系列小型客機開辦廣州—龍州、梧州—貴陽、南寧—雲南府（今昆明）、廣州—福州和廣州—欽州的航線。同年 10 月，籌備委員會通過美國航空公司購得 4 架二手的 SR "信賴" 系列客機，其中包括 3 架 SR（生產序號 8780、8782、8783）和 1 架 SR-5D，第一批 2 架 SR 於同年底或次年 1 月交付，命名為 "啟明" 和 "長庚" 號，另 1 架 SR 和 SR-5D 則於 1934 年 4 月 27 日運抵香港，命名為 "南奎" 和 "北斗" 號。

"啟明" 號客機

1934 年 3 月 7、8 日，西南航空機航組組長胡錦雅率飛行員郭良弼、陳公平駕駛 "啟明" 試航了廣州—梧州—南寧—龍州的航線，之後義務運送了 14 天的郵件、報紙等。該航線後於 5 月 1 日開航，5 月 16 日投入正式郵運，6 月 1 日開始客運。不久後，西南航空又用該型飛機試航了廣州—茂名—瓊州（今海口）—北海—南寧的航線，並於 8 月 9 日和 8 月 29 日分別開通了廣州—梧州—南寧—龍州和廣州—海南島航線。11 月又試航了南寧—貴陽航線。

　　"南奎" 號於 1934 年 10 月前就報廢註銷，是西南航空公司損失的第 1 架飛機；"啟明" 號於 1935 年在地面測試發動機時起火被焚毀，所幸沒有造成人員傷亡；"長庚" 號（一說為 "北斗" 號 SR-5D）於 1937 年 6 月 7 日在廣州石牌跑馬場失事墜毀，機翼折斷，飛行員受傷。

著名女飛行員李霞卿和 "啟明" 號客機

史汀生 SR-5C / SR-5D "信賴"

Stinson SR-5C/SR-5D Reliant

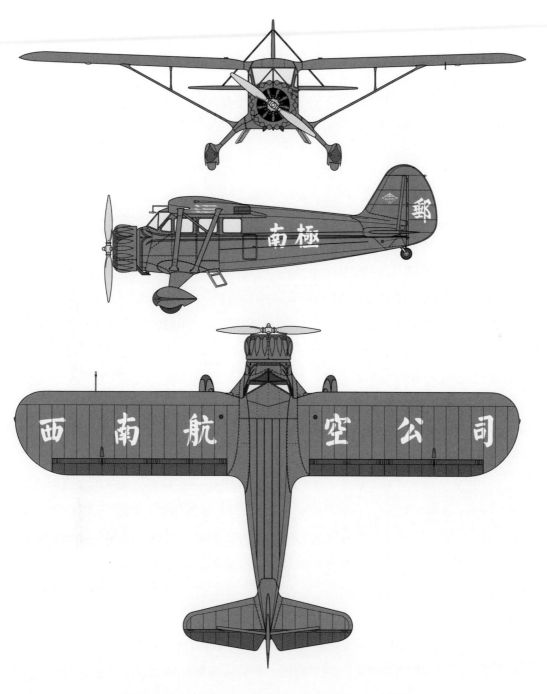

史汀生 SR-5C "信賴" 客機三視圖（西南航空 "南極" 號）

機　　種：客機

用　　途：客運/郵運

乘　　員：1+3 人

製 造 廠：史汀生飛機公司（Stinson Aircraft Company）

首　　飛：1934 年

特　　點：金屬結構/上單翼佈局/固定式起落架

機長/翼展/機高：8.28/12.49/2.56 米（SR-5C），8.23/13.18/- 米（SR-5D）

淨重/全重：998/1610 千克（SR-5C），896/1451 千克（SR-5D）

引　　擎：（SR-5C）1 台萊康明 R-680-5 型星型 9 缸氣冷發動機（Lycoming R-680-5），260 馬力；（SR-5D）1 台萊康明 R-680 型星型 9 缸氣冷發動機（Lycoming R-680），215 馬力

最大速度/巡航速度：212/193 千米/小時（SR-5C），209/185 千米/小時（SR-5D）

航　　程：740 千米

升　　限：4419 米（SR-5C），4267 米（SR-5D）

裝備範圍：西南航空公司

美國製飛機

　　SR-5 是史汀生公司於 1934 年在 SR-4 基礎上推出的改良型，也是"信賴"系列小型客機第一種大量投產的型號。該型飛機的外觀和佈局與此前推出的 SR 系列非常相似，各亞型共製造約 150 架，單價約 5775 美元。SR-5C 是安裝 260 馬力萊康明 R-680-5 型發動機、加裝襟翼的亞型，共製造至少 6 架；SR-5D 是安裝 215 馬力萊康明 R-680 型發動機並換裝小型尾翼、木製螺旋槳的貨運亞型，僅製造 1 架。

　　1933 年 10 月，西南航空公司籌備委員會通過美國航空公司購得 4 架二手的 SR "信賴"系列客機，其中包括 1 架 SR-5D（生產序號 9211A）。次年 4 月 27 日，該機和"南奎"號 SR 一起運抵香港，被命名為"北斗"號。1935 年，因運營航線的需要，西南航空又通過香港魚航空公司（Fish Air Company）購得 3 架 SR-5C（生產序號 9339A、9344A、9347A），分別是同年 5 月 10 日運抵香港的"紫薇"、"南極"和交付時間不詳的"星宿"號。這些飛機交付後主要用於廣州—梧州—南寧—龍州的航線，1936 年 6 月 8 日至 7 月 4 日，曾多次試航龍州至越南河內的航線，並於 7 月 10 日正式開航廣河南線（廣州—梧州—南寧—龍州—河內），1937 年 4 月 4 日又開航了廣州—廣州灣（今湛江）—北海—河內的廣河北線。"星宿"號可能於 1936 年 3 月墜毀；"北斗"號（一說為"長庚"號 SR）於 1937 年 2 月 21 日由飛行員詹道宇駕駛，搭載化學家、汽油專家吳伯藩自廣州飛往桂林，因大霧墜入廣東三水附近的西江，詹道宇和吳伯藩罹難；"紫薇"和"南極"號則在西南航空停業後被南京國民政府的航空委員會接收。

1934 年，廣東省茂名縣縣長繆任仁搭乘 "北斗" 號 SR-5D 客機巡視縣城前留影

"南極" 號 SR-5C 客機

史汀生 SR-9D "信賴"

Stinson SR-9D Reliant

機　種：	客機
用　途：	客運 / 郵運 / 航拍測繪
乘　員：	1+4 人
製 造 廠：	史汀生飛機公司（Stinson Aircraft Company）
首　飛：	1937 年
特　點：	金屬結構 / 上單翼佈局 / 固定式起落架
機長 / 翼展 / 機高：	8.56 / 12.77 / 2.64 米

淨重 / 全重：	1179 / 1837 千克
引　擎：	1 台萊特 R-760-E1 "旋風" 型星型 9 缸氣冷發動機（Wright R-760-E1 Whirlwind），285 馬力
最大速度 / 巡航速度：	244 / 225 千米 / 小時
航　程：	1013 千米
升　限：	4419 米
裝備範圍：	西南航空公司

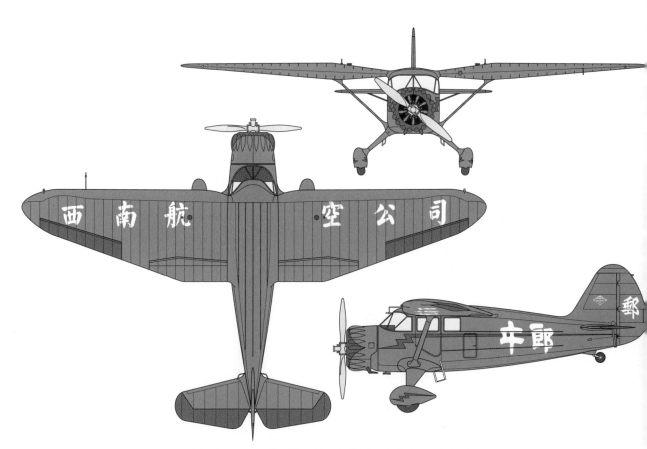

史汀生 SR-9D "信賴" 客機三視圖（西南航空 "牛郎" 號）

SR-9 推出於 1936 年，是"信賴"系列小型客機的最後兩種型號之一。該型飛機延續了自 SR-7 開始採用的新設計"鷗翼"，駕駛艙風擋玻璃改為弧形，機身外形更加簡練，各亞型共製造約 200 架。SR-9D 是 1937 年生產的亞型，特點是在 SR-9C 基礎上換裝萊特 R-760-E1 型發動機，共製造 22 架，每架售價 12000 美元。

1937 年，西南航空公司購得 2 架 SR-9D（生產序號 5220、5221），同年 5 月運抵香港啟德機場，5 月 7 日送至廣州，分別命名為"牛郎"和"織女"號。這 2 架飛機交付後先供廣東省政府用於航拍測繪、地理勘探，任務結束後用於客運、郵運。1938 年西南航空停業後，"牛郎"號被航空委員會接收，"織女"號的機身和殘破的機翼直至 1938 年 8 月仍在香港機庫中，可能是因事故送至香港維修。

"牛郎"號客機

史汀生 A

Stinson Model A

美國製飛機

機　　種：	客機
用　　途：	客運 / 郵運
乘　　員：	2+8 人
製 造 廠：	史汀生飛機公司（Stinson Aircraft Company）
首　　飛：	1934 年
特　　點：	金屬結構 / 下單翼佈局 / 可收放起落架
機長 / 翼展 / 機高：	11.22 / 18.29 / 6.51 米

淨重 / 全重：	3370 / 4636 千克
引　　擎：	3 台萊康明 R-680-5 型星型 9 缸氣冷發動機（Lycoming R-680-5），每台 260 馬力
最大速度 / 巡航速度：	290 / 262 千米 / 小時
航　　程：	790 千米
升　　限：	5180 米
裝備範圍：	西南航空公司

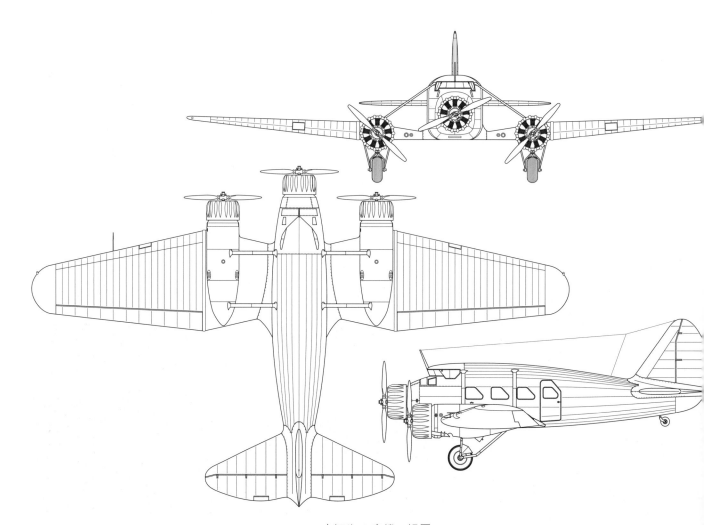

史汀生 A 客機三視圖

1938 年存於香港機庫中的西南航空"天津"號,右側是"織女"號 SR-9D。

史汀生 A 客機客艙內部

史汀生 A 是史汀生公司為取代史汀生 SM-6000 而研發的三發支線客機。該型飛機於 1933 年 11 月開始研發，採用金屬結構，機身後部、尾翼和外部機翼覆以蒙布，是美國最後一種外覆蒙布的客機。史汀生 A 的機翼外形採用頗為獨特的雙錐形，主起落架在收起狀態時仍然半露於發動機艙外，以防飛行員在着陸時忘記放下起落架。其原型機於 1934 年 4 月 27 日首飛成功，具有結構堅固、低速飛行性能優良、可短距起降等特點，客艙內壁裝有隔音材料，可搭載 8 名乘客，並有供暖設施和洗手間。由於當時波音 247 和道格拉斯 DC-2 已試飛，因此史汀生 A 的價格雖非常低廉，每架僅 37500 美元（DC-2 每架 65000 美元），但仍未獲市場青睞，僅生產 31 架，主要供達美航空（Delta Air Lines）、美國航空（American Airlines）和中央航空（Central Airlines）使用，並在不久後即被淘汰轉售。

　　1936 年 4 月，為開闢廣州—龍州—河內航線，西南航空公司計劃購買比"信賴"系列更大的客機，但可能因財政限制而擱置。次年 3 月 13 日，西南航空以香港美國東方航空公司（American Eastern Aviation Company）的名義購得 1 架二手的史汀生 A（生產序號 9105/ 原註冊號 NC15105），命名為"天津"號（"天津"為傳說中天河的渡口）。該機於 1937 年 5 月運抵香港，5 月 25 日由史汀生公司飛行員沃爾特·J·卡爾（Walter J Carr）在啟德機場試飛後飛往廣州，6 月交付西南航空，塗裝為全黃色。該機在西南航空的服役短暫且坎坷，同年 7 月曾因事故嚴重受損，所幸被修復；11 月 24 日自南寧飛往河內時，因遭遇大雨返航，後在龍州附近迫降墜毀，飛行員莊迪華、鄭厚邦被燒傷，明晨光和報務員王炳均被燒死。該機和"織女"號後送往香港維修，但因西南航空於 1938 年停業，二機直至當年 8 月仍存放於香港機庫中。

史汀生 L-5 / L-5C "哨兵"

Stinson L-5/L-5C Sentinel

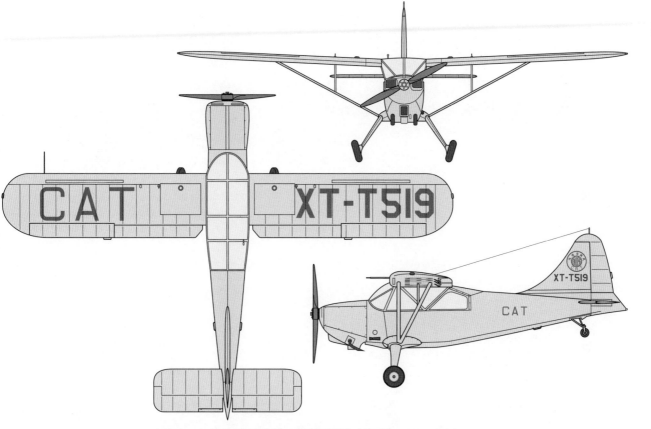

史汀生 L-5 "哨兵" 聯絡機三視圖（民航空運隊 XT-T519 號）

（L-5 參數）

機　　種：	聯絡機	淨重 / 全重：	702 / 916 千克
用　　途：	救援	引　　擎：	1 台萊康明 O-435-1 型對列型 6
乘　　員：	1+1 人		缸氣冷發動機（Lycoming O-435-
製 造 廠：	史汀生飛機公司（Stinson Aircraft		1），185 馬力
	Company）	最大速度 / 巡航速度：	262 / 220 千米 / 小時
首　　飛：	1942 年	航　　程：	603 千米
特　　點：	混合結構 / 上單翼佈局 / 固定式起	升　　限：	4815 米
	落架	裝備範圍：	中央航空運輸公司　民航空運隊
機長 / 翼展 / 機高：	7.34 / 10.36 / 2.41 米		

1948 年 4 月 13 日濰縣撤離行動中民航空運隊的 L-5 聯絡機

拆解後正在裝入 C-46 運輸機的民航空運隊 XT-T519 號 L-5 聯絡機

L-5 以史汀生 105 "旅行者" 為基礎研發，是二戰期間美國生產最多的軍用聯絡機之一，數量僅次於派珀 L-4 "蚱蜢"。該型飛機於 1942 年 12 月投產，具有結構簡單堅固、飛行平穩、容易操控、易於維護等特點，由於其起降性能非常出色，可在未經整修的簡易機場起降，因此也被親切地稱為 "飛行吉普"。二戰後，大量流入民用市場的 L-5 被廣泛運用於航空攝影、廣告宣傳、運輸、飛行訓練、搜索救援、醫療救護、農藥噴灑等領域，部分該型飛機直至 1970 年代仍在使用。L-5 是最初的量產型，也是產量最多的亞型，共製造 1853 架，其中包括 275 架供美軍使用的 O-62、1538 架 L-5 和 40 架供英軍使用的 "哨兵" I。L-5C 是在 L-5B 基礎上加裝 K-20 照相機的偵查型，共製造 200 架。

1946 年，中央航空運輸公司向駐華美軍清理物資委員會購得江灣機場的 150 架飛機和大量器材物資，其中包括 1 架 L-5C。民航空運隊也擁有 1 架 L-5（註冊號 XT-T519），主要利用其良好的起降性能執行救援任務。國共內戰期間，1948 年 3 月 18 日，民航空運隊首席飛行員埃里克·希林（Eric Shilling）駕駛該機前往山西臨汾，在 1 架 C-46 的掩護下救出了 2 名被困城中的民航空運隊人員。同年的山東濰縣撤離行動中，民航空運隊共派出 3 架 L-5 參與，其中除 XT-T519 外，1 架借自美國海軍陸戰隊，另 1 架則由青島當地情報部門提供。美國海軍陸戰隊借出的 L-5 於 4 月 12 日在降落時撞毀；另外 2 架在執行數次疏散任務後，分別於 13、15 日在起降時撞毀。

瓦克 RNF

Waco RNF

機　　種：　運動 / 教練機

用　　途：　**郵運**

乘　　員：　3 人

製 造 廠：　瓦克飛機公司

　　　　　（Waco Aircraft Company）

首　　飛：　1930 年

特　　點：　混合結構 / 不等翼展雙翼佈局 /

　　　　　固定式起落架

機長 / 翼展 / 機高：　6.29 / 8.99 / 2.54 米

淨重 / 全重：　521 / 860 千克

引　　擎：　1 台華納 "聖甲蟲" 型星型 7 缸

　　　　　氣冷發動機（Warner Scarab），

　　　　　125 馬力

最大速度 / 巡航速度：　180 / 153 千米 / 小時

航　　程：　643 千米

升　　限：　4572 米

裝備範圍：　美信洋行

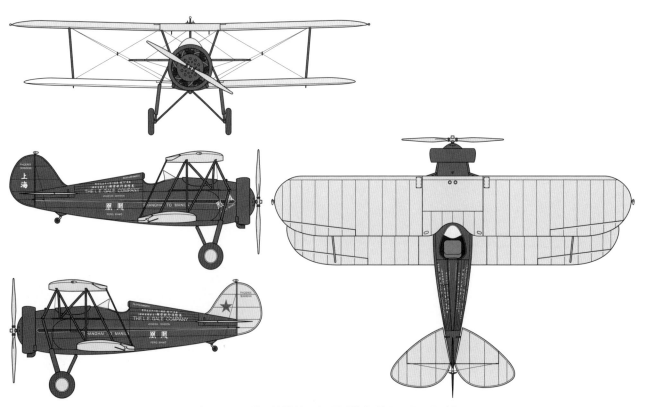

瓦克 RNF 運動 / 教練機四視圖（美信洋行 "鳳凰" 號）

瓦克 F 是瓦克公司研發於 1920 年代末的一系列三座雙翼教練機，主要用於取代瓦克 O 系列。其機身比 O 系列更小，重量減輕，具有良好的飛行性能和承載能力，且使用成本較低，因此迅速成為 1930–1940 年代美國最流行的運動 / 教練機之一，廣受私人用戶和航校歡迎。RNF 是瓦克 F 系列中最初投產的型號之一，單架售價 4195–4450 美元，共製造 150 餘架。

1930 年，美信洋行將 3 架瓦克飛機運往中國展銷，其中包括 1 架 RNF（生產序號 3359）、1 架 MNF 和 1 架 CSO。次年初，美信洋行計劃開辦上海—菲律賓馬尼拉的郵運航線，並派試飛員格倫・沃倫・布羅菲（Glenn Warren Brophy）駕駛 RNF 試航。該機命名為"鳳凰"號，前部座艙改造為油箱，機內增加充氣氣囊、救生筏，以防跨海飛行時墜海沉沒，機身則同時用中、英文書寫飛機名稱、飛行員姓名、發動機馬力、航線等字樣。布羅菲於 1931 年 1 月 17 日駕駛該機自上海起飛，歷經數次波折於 2 月 18 日飛抵廣州，後順利抵達澳門。由於天氣狀況較差，布羅菲在澳門逗留了一周，期間曾三次試圖繼續飛行，均因天氣原因被迫折返。3 月 19 日，布羅菲駕駛 RNF 再次嘗試自澳門飛往菲律賓，機上攜載有來自上海、福州、汕頭、香港和澳門的近千封郵件。不幸的是該機起飛不久後失蹤，美國海軍應美信洋行要求，派出多艘軍艦前往相關海域進行搜救，始終未果。美信洋行開辦郵運航線的計劃也因此失敗。

"鳳凰"號 RNF，機前即為美信洋行試飛員格倫・沃倫・布羅菲。

西科斯基 S-38B / S-38BH

Sikorsky S-38B/S-38BH

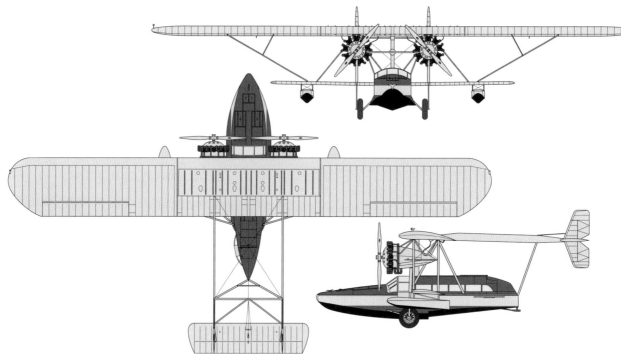

西科斯基 S-38B 水陸兩棲客機三視圖

機　　種： 水陸兩棲客機

用　　途： 客運 / 郵運

乘　　員： 2+10 人

製 造 廠： 西科斯基飛機公司
（Sikorsky Aircraft Corporation）

首　　飛： 1928 年（S-38B），1929 年
（S-38BH）

特　　點： 木製結構 / 不等翼展雙翼雙尾撐
佈局 / 可收放起落架

機長 / 翼展 / 機高： 12.32 / 21.84 / 4.22 米

淨重 / 全重： 2970 / 4753 千克（S-38B）

引　　擎： （S-38B）2 台普惠 R-1340 "黃蜂"
型星型 9 缸氣冷發動機（Pratt &

Whitney R-1340 Wasp），每台
420 馬力；
（S-38BH）2 台普惠 "大黃蜂" B
型星型 9 缸氣冷發動機（Pratt &
Whitney Hornet B），每台 575
馬力

最大速度 / 巡航速度： 201 / 175 千米 / 小時
（S-38B），230 / 193 千米 / 小時
（S-38BH）

航　　程： 1207 千米（S-38B），965 千米
（S-38BH）

升　　限： 5500 米（S-38B）

裝備範圍： 中國航空公司

S-38 客機客艙內部

　　S-38 是西科斯基公司在 S-36 基礎上研發的雙發雙翼水陸兩棲客機，也是該公司第一種大量生產的水陸兩棲飛機。該型飛機在設計中側重於飛行安全性和乘坐舒適性，裝有 2 台大功率發動機，可在 1 台發動機出現故障的情況下持續飛行，並且裝有空中緊急泄油裝置，可在出現意外時釋放燃油避免迫降起火；其零部件的組裝均不使用焊接，而是採用螺栓固定，以增強可靠性；客艙內部寬敞明亮，天花板覆蓋有吸音材料，地面鋪設地毯，並有咖啡桌、櫥櫃、沙發、熱水器和冰箱等設施，乘坐舒適度可與遊艇媲美。

　　S-38 的原型機於 1928 年 6 月底首飛成功，同年投入量產，各亞型共製造 111 架。S-38B 是 1929 年推出的改良型，也是產量最多的亞型，共製造 76 架，單價 50000 美元起，特點是換裝 420 馬力的"黃蜂"發動機，增加了 1 對座椅，可搭載 10 位乘客；S-38BH 是在 S-38B 基礎上換裝普惠"大黃蜂"型發動機的亞型，其中"H"代表"大黃蜂"發動機，共製造 2 架，均為 S-38B 改造而成，每架售價 53000 美元。

　　1933 年，為開闢上海—廣州航線，中國航空公司向泛美航空訂購了 3 架 S-38，其中包括 2 架 S-38BH 和 1 架 S-38B，並向泛美航空聘請 4 名飛行員和 3 位機械師。

編號	飛機型號	生產序號	原註冊號
17	S-38BH	314-20	NC16V
18	S-38BH	414-8	NC17V
19	S-38B	514-4	NC40V

　　這 3 架飛機中有 2 架於 1933 年 6 月運往中國（一說為 1 架），6 月 26 日運抵上海。7 月 1 日，17 號機組裝測試完成，兩天後進行了飛往廣州的試航，回航時應港英當局要求自九龍機場攜載郵件。10 月 24 日，上海—廣州的郵運航線開始試運營，每周往返 2 次；11 月 24 日，上海—溫州—福州—廈門—汕頭—廣州的客運航線由 17 號

機正式開航,不幸的是由於大霧,該機在杭州灣迫降損毀,所幸機上乘客沒有傷亡。
11 月 28 日,中航使用 18 號 S-38BH 重開該航線。1934 年 4 月 10 日,羅伯特·H·加斯特(Robert H Gast)和詹姆斯·弗林克(James Frink)駕駛 18 號機在杭州灣因大霧墜毀,上海—廣州航線被迫再度暫停。為此,中航在增設地面電台預報天氣的同時,強化了飛行員的儀表飛行訓練,後又向泛美航空購買道格拉斯"海豚"客機取代 S-38。1935 年 8 月 13 日,中航僅剩的 19 號機在漢口因遭遇暴風雨沉沒。

中航 S-38 客機,後方是 1 架基斯頓–洛寧 K-85。

停在機庫內的中航 19 號 S-38B 客機(圖左陰影中),機庫門處則為新運抵的"福建"號"海豚"客機機翼(畫面正中)。

西科斯基 S-43W "小飛剪"

Sikorsky S-43W Baby Clipper

機　　種：　水陸兩棲客機

用　　途：　客運 / 郵運

乘　　員：　2+（18-25）人

製 造 廠：　西科斯基飛機公司（Sikorsky Aircraft Corporation）

首　　飛：　1937 年

特　　點：　金屬結構 / 高單翼佈局 / 可收放起落架

機長 / 翼展 / 機高：　15.93 / 26.21 / 5.38 米

淨重 / 全重：　-

引　　擎：　2 台萊特 SGR-1820-F52 "颶風" 型星型 9 缸氣冷發動機（Wright SGR-1820-F52 Cyclone），每台 760 馬力

最大速度 / 巡航速度：　299 / 285 千米 / 小時

航　　程：　1247 千米

升　　限：　5791 米

裝備範圍：　中國航空公司

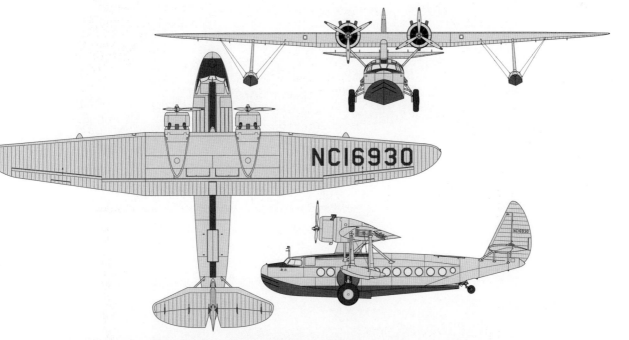

西科斯基 S-43W "小飛剪" 水陸兩棲客機三視圖（中航 30 "浙江" 號）

　　S-43 是西科斯基公司為取代 S-38 和 S-41 而研發的雙發單翼水陸兩棲客機。該型飛機以 S-42 "飛剪" 為基礎研發，實質上是後者的縮小型，因此得名 "小飛剪"。S-43 的原型機於 1935 年首飛成功，有着流線形外觀和優良的飛行性能，可搭載 18–25 名乘客或 450 千克貨物。同年 11 月，該型飛機獲得適航證書並投產，各亞型共製造約 53 架。1937 年 1 月，由鮑里斯·謝爾吉耶夫斯基（Boris Sergievsky）駕駛的 1 架 S-43

曾創造攜載 500 千克貨物飛抵 8519 米高空的飛行記錄。S-43W 和 S-43WB 是 1937 年製造的亞型,特點是換裝萊特 SGR-1820-F52 型發動機,S-43WB 是沒有安裝陸用起落架的水機型,這兩種亞型共製造 4 架。

1936 年 12 月 18 日,中國航空公司通過聯合飛機出口公司(United Aircraft Exports Corporation)購得 2 架 S-43W,第 1 架(生產序號 4320/ 前註冊號 NC16929)於次年 1 月底運抵上海並在龍華機場組裝測試,隨即被國民政府徵用為宋美齡專機;另 1 架(生產序號 4321 / 前註冊號 NC16930)則於 2 月底運抵上海,命名為中航 30 "浙江"號,用於上海—廣州—香港航線。1937 年 8 月 8 日,"浙江"號由埃德·史密斯(Ed Smith)和喬治·奧恩伯格(George Ohrnberger)駕駛,自香港起飛後因天氣惡劣墜海,史密斯和 7 名乘客獲救,奧恩伯格和機上通信員、空乘員失蹤。

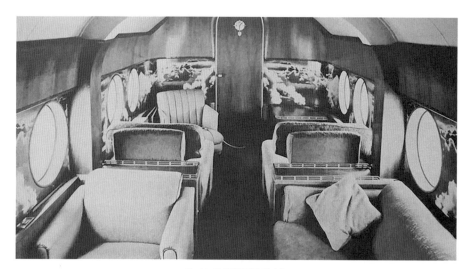

S-43 客機客艙內部

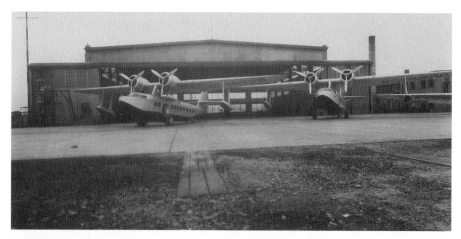

被國民政府徵用的 S-43W 和 "浙江" 號,這 2 架飛機的機翼上仍保有前註冊號,畫面右側可能是 1 架道格拉斯 DC-2。

通用航空 GA-43

General Aviation GA-43

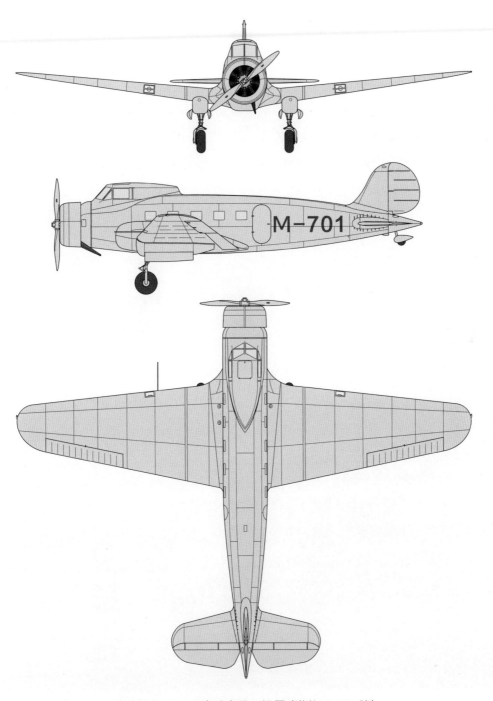

通用航空 GA-43 高速客機三視圖（滿航 M-701 號）

機　種：	客機	淨重／全重：	2581／3969 千克

機　種：　客機
用　途：　客運
乘　員：　2+10 人
製造廠：　通用航空公司（General Aviation）
首　飛：　1932 年
特　點：　金屬結構／下單翼佈局／可收放起落架
機長／翼展／機高：　13.13／16.15／3.89 米

淨重／全重：　2581／3969 千克
引　擎：　1 台萊特 R-1820-F3 "颶風" 型星型 9 缸氣冷發動機（Wright R-1820-F3 Cyclone），700 馬力
最大速度／巡航速度：　312／295 千米／小時
航　程：　680 千米
升　限：　-
裝備範圍：　滿洲航空株式會社

　　GA-43 是通用航空收購的費爾柴爾德公司 "美國朝聖者部門" 研發的高速客機，由維珍紐斯・E・克拉克（Virginius E Clark）設計，因此又稱朝聖者 150（Pilgrim 150）、費爾柴爾德 150（Fairchild 150）或克拉克 GA-43（Clark GA-43）。GA-43 的原型機（註冊號 NX775N）於 1932 年 5 月 22 日首飛，裝有當時非常先進的電子設備，可搭載 10

墜毀於東京羽田機場的 M-701 號客機

名乘客，乘坐舒適，並有 1 個廁所和 3 個存放郵件、行李的隔間。其最初設計採用安裝整流罩的固定式起落架，客艙僅有右側艙門，後改為可收放式起落架，並在左側增加艙門。由於 GA-43 直到 1934 年才投入量產，此時速度更快、性能更先進的 DC-2 和波音 247 均已投產，因此沒有獲得商業成功，僅製造 5 架。

1932 年 9 月，GA-43 的原型機 NX775N 被售予通用航空，後經日本三井物產株式會社轉售日本航空輸送株式會社，註冊號 J-BAEP。1934 年 1 月，又被偽滿的滿洲航空株式會社購得，註冊號改為 M-701。5 月 18 日，該機在日本東京羽田機場進行高速飛行測試，着陸時因飛行員對着陸高度的誤判導致主起落架與混凝土海堤相撞，飛機從機身後部斷為兩截，無法修復，後送交日本東京大學航空研究所用於測試。由於 M-701 未能如約交付滿航，日方將 1 架德・哈維蘭 DH.80A "貓蛾" 作為補償交付。

GA-43 的原型機 NX775N，起落架最初為固定式。

斯蒂爾曼 6H "雲童"

Stearman Model 6H Cloudboy

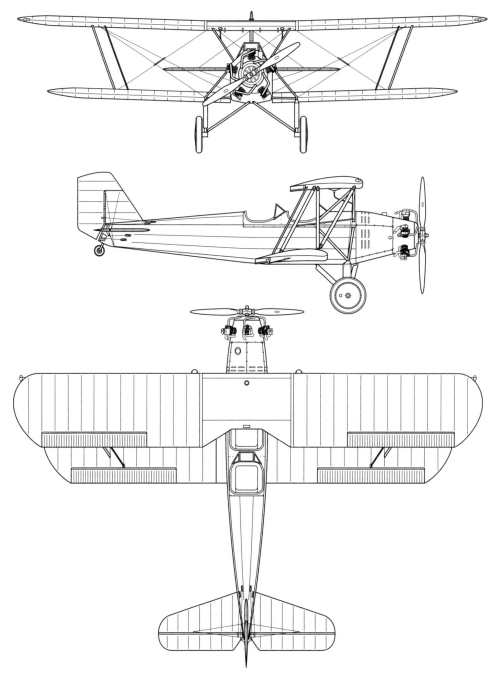

斯蒂爾曼 6H "雲童" 教練機三視圖

機　種：	教練機	機長 / 翼展 / 機高：	7.29 / 9.76 / 2.92 米	
用　途：	訓練	淨重 / 全重：	821 / 1123 千克	
乘　員：	2 人	引　擎：	1 台金納 C-5 型星型 5 缸氣冷發	
製造廠：	斯蒂爾曼飛機公司（Stearman		動機（Kinner C-5），210 馬力	
	Aircraft Corporation）	最大速度：	191 千米 / 小時	
首　飛：	1931 年	航　程：	804 千米	
特　點：	混合結構 / 不等翼展雙翼佈局 / 固	升　限：	4632 米	
	定式起落架	裝備範圍：	中國航空公司	

　　1930 年代初，斯蒂爾曼公司針對軍用和民用市場推出了斯蒂爾曼 6 型教練機。該型飛機即為著名的 "西點軍校生" 系列教練機的前身，美軍型號是 YPT-9。斯蒂爾曼 6 共有 10 多個亞型，每型都僅生產兩三架，多為其他亞型改造而成。斯蒂爾曼 6H 是安裝金納 C-5 型發動機的亞型，共製造 2 架，註冊號分別是 NC564Y、NC786H。由於當時美國正處於經濟大蕭條時期，導致該型飛機銷量較差，僅售出 4 架軍用型和 3 架民用型。

　　1934 年 11 月，中國航空公司從 1 位來華的國外飛行冒險家手中購得 1 架斯蒂爾曼教練機，次年 1 月交付，供中航航校培訓飛行員使用。該機被命名為 "龍華" 號，編號 20，可能是 1 架斯蒂爾曼 6H 或 C3R "商業快車"，1940 年捐贈給中央大學。根據 1935 年 12 月出版的《交通年鑒》記載，這位冒險家此前駕駛該機在福建飛行時曾發生墜機事故，導致飛機嚴重受損，需要大修方可使用，因此才將其以 1200 美元的低价出售。中航購得該機後，即將此前用於訓練的柯蒂斯 "知更鳥" 小型客機賤賣。

斯蒂爾曼 C3R "商業快車"

Stearman C3R Business Speedster

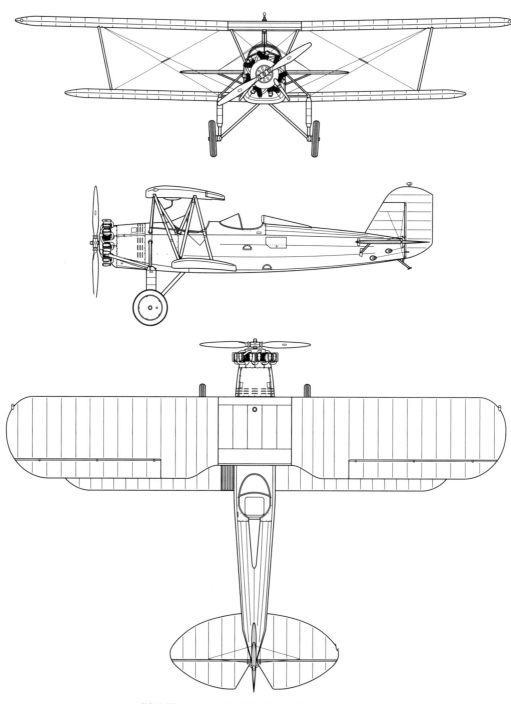

斯蒂爾曼 C3R "商業快車" 教練機三視圖

機　種：	教練機	淨重/全重：	790 / 1249 千克
用　途：	訓練	引　擎：	1 台萊特 J-6-7 "旋風" 型星型
乘　員：	3 人		7 缸氣冷發動機 (Wright J-6-7
製造廠：	斯蒂爾曼飛機公司		Whirlwind)，225 馬力
	(Stearman Aircraft Corporation)	最大速度：	209 千米/小時
首　飛：	1929 年	航　程：	885 千米
特　點：	混合結構/不等翼展雙翼佈局/固	升　限：	5334 米
	定式起落架	裝備範圍：	中國航空公司
機長/翼展/機高：	7.6 / 10.67 / 2.74 米		

　　1928 年首飛的 C3 以 C2 為基礎研發，是斯蒂爾曼公司成立後首個獲得成功的大型項目，也是該公司第一種獲得試航許可證的飛機。該型飛機的結構和外觀與 C2 非常相似，油箱和行李艙的容積擴大，上翼後緣增加切口，具有結構簡單堅固、視野良好、飛行平穩、起落架可換裝浮筒等特點，除用於訓練飛行外，也可用於客運、郵運和商務飛行等。C3R "商業快車" 是最終的亞型共製造 38 架，特點是換裝萊特 J-6-7 型發動機，更適於商務飛行，每架售價 8500 美元。

　　1934 年 11 月，中國航空公司從 1 位來華的國外飛行冒險家手中低價購得 1 架斯蒂爾曼教練機，次年 1 月交付，命名為中航 20 "龍華" 號，可能是架 C3R 或斯蒂爾曼 6H "雲童"，1940 年捐贈給中央大學。

道格拉斯 "海豚" 129

Douglas Dolphin 129

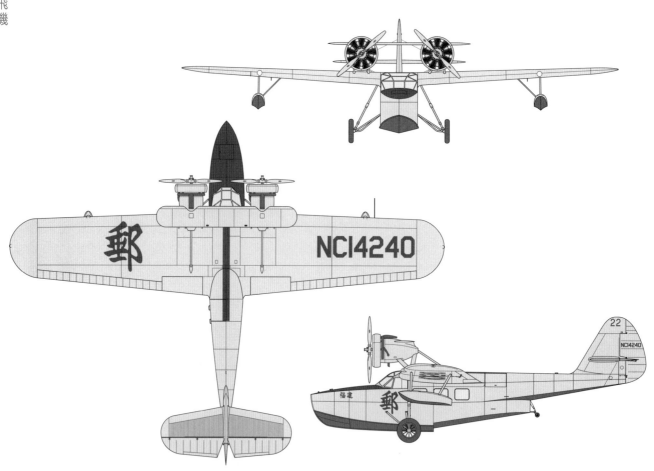

道格拉斯 "海豚" 129 水陸兩棲客機三視圖（中航 22 "福建" 號）

機　　種：水陸兩棲客機

用　　途：郵運 / 客運

乘　　員：2+6 人

製 造 廠：道格拉斯飛機公司
（Douglas Aircraft Company）

首　　飛：1931 年

特　　點：混合結構 / 上單翼佈局 / 可收放起
落架

機長 / 翼展 / 機高： 13.74 / 18.29 / 4.27 米

淨重 / 全重：3175 / 4323 千克

引　　擎：2 台普惠 S3D1 "黃蜂" 型星型 9
缸氣冷發動機（Pratt & Whitney
S3D1 Wasp），每台 450 馬力

最大速度 / 巡航速度：251 / 217 千米 / 小時

航　　程：1159 千米

升　　限：5180 米

裝備範圍：中國航空公司

　　"海豚" 以 "辛巴達" 型水上飛機（Douglas Sinbad）為基礎研發，是道格拉斯公司
的第一種商用客機。該型飛機在 "辛巴達" 基礎上增加了可收放起落架，機身長度延
長，機翼和發動機短艙改良，客艙內可搭載 6 位乘客，具有飛行平穩、性能可靠等特
點。除可作為客機供商業使用外，還可用於執行軍事運輸、搜索救援等任務。由於 "海

停放在上海龍華機場的 "福建" 號 "海豚" 客機

在上海上空飛行的"福建"號，應為初交付或測試期間，其機身、機翼、尾翼上尚未增加中航標識和機名。

豚"客艙豪華舒適，因此也多作為私人飛機使用，美國海軍曾買下 1 架該型飛機作為羅斯福總統（Franklin Delano Roosevelt）專機使用，"海豚"因此成為美國歷史上第 1 架總統專機。該型飛機產量雖僅 58 架，卻有多達 11 種亞型，其中大部分是供美國陸、海軍和海岸警衛隊使用的軍用型號，僅有 11 架為民用。"海豚" 129 是安裝普惠 S3D1 型發動機的亞型，共製造 2 架。

　　1934 年 4 月 10 日，由於中國航空公司的 18 號 S-38BH 客機因大霧墜毀於杭州灣，上海—廣州航線被迫停航，中航通過泛美航空公司購得 2 架"海豚" 129 代替。這 2 架飛機於同年底或次年初交付，分別命名為中航 21"廣東"號（生產序號 1348/ 原註冊號 NC14239）和 22"福建"號（生產序號 1349/ 原註冊號 NC14240），先期主要用於上海—廣州航線，1936 年 11 月 6 日又增設了香港支線。"廣東"號於 1937 年 8 月 14 日被日軍飛機炸毀於黃浦江；1938 年 4 月，"福建"號在重慶珊瑚壩機場因暴風雨和同時停泊的"長沙"號客機相撞沉沒，所幸並未被水流沖走。由於該型飛機的發動機安裝於機翼上方，因此未受損，但左側機翼撕裂，右部浮筒彎曲，機體受損，經修復後直到 1939 年仍在使用，並於 1939 年 2 月 14 日試航了廣州—昆明—河內航線。

道格拉斯 DC-2

Douglas DC-2

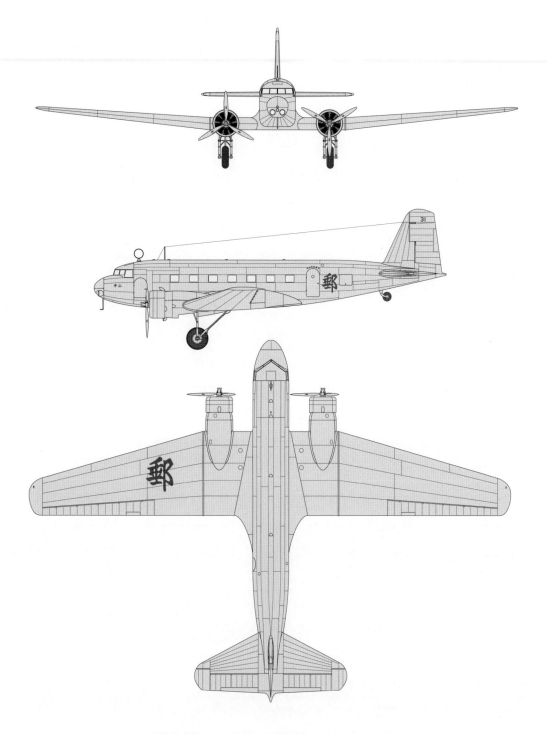

道格拉斯 DC-2 客機三視圖（中航 31 "中山" 號）

機　種：	客機	引　擎：	2 台萊特 GR-1820-F52 "颶風"
用　途：	郵運 / 客運		型星型 9 缸氣冷發動機（Wright
乘　員：	3+14 人		GR-1820-F52 Cyclone），每台
製造廠：	道格拉斯飛機公司		875 馬力
	（Douglas Aircraft Company）	最大速度 / 巡航速度：	338 / 278 千米 / 小時
首　飛：	1934 年	航　程：	1750 千米
特　點：	金屬結構 / 下單翼佈局 / 可收放起	升　限：	6930 米
	落架	裝備範圍：	中國航空公司 偽中華航空股份有
機長 / 翼展 / 機高：	19.1 / 25.9 / 4.8 米		限公司
淨重 / 全重：	5650 / 8420 千克		

　　DC-2（DC 代表"道格拉斯商用"/Douglas Commercial）是道格拉斯公司在 DC-1 型客機基礎上推出的發展型，在航空史上有着劃時代的意義，是著名的 DC-3 前身。

　　1933 年，由於波音公司拒絕將波音 247 出售給除美國聯合航空公司（United Airlines）外的其他航空公司，西部洲際航空公司（Transcontinental and Western Airlines）要求道格拉斯公司開發一款可以和波音 247 競爭的飛機，即為 DC-1。DC-2 在 DC-1 的基礎上加長機身，客艙擴大，可搭載 14 名乘客和 454 千克貨物，乘坐環境舒適，艙內有洗手間和餐廳，座椅可調節角度，並裝有減震裝置，每個座椅都有相對的舷窗，視野良好。其原型機於 1934 年 5 月 11 日首飛，除流線形機體美觀大方、性能安全可靠、乘坐舒適外，更為可貴的是其飛行速度相較同時期的容克 Ju 160、通用 GA-43 等高速客機也毫不遜色，曾創多個飛行記錄，因此一經推出即廣受歡迎，甚至對同時期其他公司客機的銷量產生巨大影響。DC-2 各亞型共製造 198 架，其中包括 21 架軍用型和日本中島公司仿製的 5 架。

　　1935 年，中國航空公司購得 2 架 DC-2，分別於同年 4 月 1 日、10 月 1 日交付，命名為中航 24 "南京"號（生產序號 1369/ 原註冊號 NC14297）和 26 "成都"號（生產序號 1302/ 原註冊號 NC14269）。"南京"號於 5 月 18 日投入上海—北平航線，"成都"號則於 10 月 23 日投入上海—漢口—成都航線。次年，中航又購得 1 架 DC-2，同樣用於上海—漢口—成都航線，該機於 6 月 28 日交付，命名為 28 "四川"號（生產序號 1600）。不幸的是這架飛機加入中航僅不足半年，就在 12 月 25 日墜毀於成都，所幸無人死亡。1937 年，中航又增購了 2 架該型飛機，分別是 6 月 24 日交付的 32 "桂林"號（生產序號 1568）和 7 月 1 日交付的 31 "中山"號（生產序號 1567）。"桂林"號是中航所有 DC-2 中命運最為多舛者，在運輸過程中就受到嚴重損傷，無法在當地修復，直至 1938 年 5 月 25 日才在香港修復，後用於香港—重慶航線。8 月 24 日，美籍飛行員休·L·伍茲

DC-2 客機的客艙內部

（Hugh L Woods）駕駛該機自香港飛往重慶時，在中山附近被 5 架日本海軍的戰鬥機擊傷迫降於河中，在迫降中雖沒有人員傷亡，但日軍戰鬥機對水中求生的機組人員和 14 名乘客進行了毫無人性的攻擊，最終導致 14 人死亡。這條於 1937 年 12 月 16 日由 DC-2 開闢的重慶—桂林—香港航線因此而被迫暫停，後雖於 10 月 11 日重新開航，但僅限於夜間航班，以躲避日軍飛機。"桂林"號後被打撈修復，改名為 39 "重慶"號。

1938 年，國民政府空軍將原廣東當局所購的 1 架 DC-2（生產序號 1598）移交中航，命名為 36 "廣東"號，該機使用 1 年後交還空軍。1938 年的武漢大撤退中，中航的 2 架 DC-2 於 10 月 22 至 25 日參加了疏散撤退行動，共將 296 名政府官員運出。1939 年 3 月 15 日，中航用 DC-2 正式開航了昆明—廣州—河內航線（已於 2 月 14 日用道格拉斯 " 海豚 " 試航成功）。同月，中航通過查爾斯‧H‧巴伯公司（Charles H Babb Company）購得最後 1 架 DC-2，命名為中航 40 "康定"號（生產序號 1586 / 原註冊號 NC16048），5 月 15 日交付。

1940 年 10 月 29 日，沃爾特‧C‧肯特（Walter C Kent）駕駛 "重慶"號自重慶飛往昆明時，在雲南遭遇了日軍戰鬥機，迫降後被擊毀，機組成員和乘客被日機掃射，造成 9 人死亡，2 人受傷。1941 年 2 月 12 日，喬伊‧托恩（Joy Torn）駕駛 "康定"號自香港飛往重慶時，在湖南道縣墜毀。"南京"號和 "成都"號於 1941 年 12 月 8 日在香港被日軍飛機炸毀，"中山"號則於夜間飛離，此後和 2 架 DC-3 一起將至少 275 人撤出香港。在著名的 "DC-2½" 事件中，"中山"號曾用危險的外掛方式，將備用機翼掛載於機身下，自香港運至宜賓，以維修被日軍炸毀的 "峨嵋"號 DC-3。1942 年 3 月 12 日，"中山"號在昆明附近墜毀。

除中國航空公司外，日本與傀儡政權 "合資" 的偽中華航空股份有限公司也有數量不詳的 DC-2，均為大日本航空株式會社提供。

中航 24 "南京" 號

被日軍擊落的中航 32 "桂林" 號殘骸

"DC-2½" 事件中運送機翼的 "中山" 號，機腹下懸掛的機翼另一側幾乎觸及地面。

道格拉斯 DC-3

Douglas DC-3

機　　種：　客機

用　　途：　郵運 / 客運

乘　　員：　2+（21-28）人

製 造 廠：　道格拉斯飛機公司
（Douglas Aircraft Company）

首　　飛：　1935 年

特　　點：　金屬結構 / 下單翼佈局 / 可收放起
落架

機長 / 翼展 / 機高：　19.65 / 28.96 / 5.16 米

淨重 / 全重：　7530 / 11431 千克

引　　擎：　2 台萊特 GR-1820 "颶風" 型星
型 9 缸氣冷發動機（Wright GR-
1820 Cyclone），每台 1000 馬力

最大速度 / 巡航速度：　354 / 312 千米 / 小時

航　　程：　3420 千米

升　　限：　6675 米

裝備範圍：　中國航空公司　偽中華航空股份
有限公司　中蘇航空公司　中央
航空運輸公司

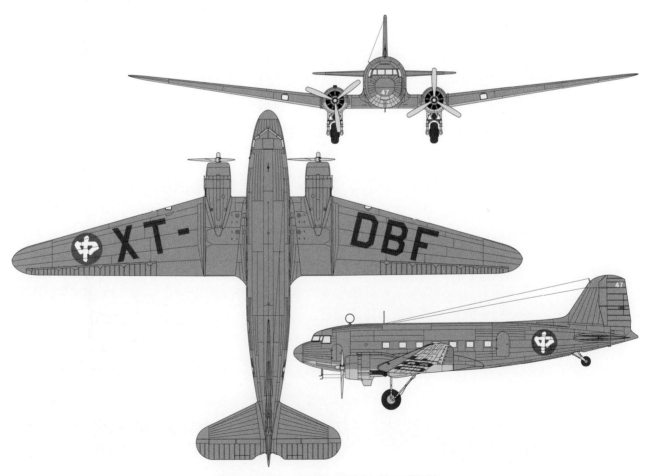

道格拉斯 DC-3 客機三視圖（中航 47 號機）

103

DC-3 是道格拉斯公司在 DC-2 基礎上改良的型號，堪稱航空史上最經典、最著名的客機。該型飛機最初被設計為 DC-2 的臥鋪型，命名為 DST（道格拉斯臥鋪運輸機 / Douglas Sleeper Transport），以取代柯蒂斯－萊特 T-32 "兀鷹" II 雙翼客機。

DST 於 1935 年 12 月 17 日首飛成功，可容納 14-16 張臥鋪，DC-3 是在其基礎上將臥鋪更換為 21 個座椅的型號，具有結構堅固可靠、用途廣泛、乘坐舒適、易於維護、可短距起降等特點，投產後迅速成為美國各大航空公司的首選機種，對 1930-1940 年代的航空業有着持久而巨大的影響，其衍生型 C-47、C-53 及蘇聯、日本仿製的里 -2、零式輸送機更是將 DC-3 的影響推向全世界。DC-3 於 1936 年投產，截至 1942 年停產，各亞型共製造 607 架（一說 455 架，或說多於 775 架），軍用型 C-47、C-53 等的總產量則超過 10000 架。1950 年代後，各大航空幹線上的 DC-3 及其衍生型逐漸被道格拉斯 DC-6、洛克希德 "星座" 等新式客機取代，但直至 1970 年代仍有大量該型飛機活躍於民航領域，甚至到了 1998 年仍有 400 餘架用於商業服務。

1936 年底，中國航空公司訂購了 3 架 DC-3 和 2 架西科斯基 S-43W，但因美國國內的罷工運動，DC-3 沒有交付。1939-1941 年，中航共購得 3 架該型飛機，其中第 1 架是中航 41 "嘉陵" 號（生產序號 2135），於 1939 年 9 月 11 日由挪威商船運往香港，11 月在香港啟德機場測試後交付；第 2 架是 1940 年通過法國航空公司購得的 46 "峨嵋" 號，同年 12 月底運往中國，次年 1 月交付；第 3 架是 1941 年 7 月購買的 47 號機（生產序號 2261/ 原註冊號 NC19971）。1941 年 1 月，中航的 DC-3 試航了重慶—昆明—印度加爾各答航線，為後來的駝峰空運奠定了基礎。1941 年 12 月 8 日，日軍大舉空襲香港時，中航的 1 架 DC-3 也停於香港，但因在機庫內而幸免於難，該機此後與 1 架 DC-2 和另 1 架 DC-3 一起參與了香港的疏散撤退行動，共計飛行了 16 個班次，運出至少 275 人。與此同時，中航開啟了自昆明至印度汀江的 "駝峰" 航線，47 號機即為第 1 架飛越該航線的飛機。

1941 年 5 月 20 日，由休·L·伍茲駕駛的 "峨嵋" 號自重慶飛往成都時因遭遇日軍飛機而緊急降落在宜賓機場，並對機組成員和乘客進行了疏散。由於飛機右翼外側被日機炸毀，無法修復且缺乏備件，為防止該機再次被轟炸，中航維修部經理齊格蒙德·索丁斯基（Zygmund Soldinski）提出了一個大膽的提議——將庫存於香港的 DC-2 機翼備件運至宜賓安裝在 "峨嵋" 號上，飛至香港維修。由於 DC-2 和 DC-3 的翼展、副翼、調整片均不相同，兩翼所產生的升力也相去甚遠，此舉存在着巨大的風險，可能導致飛機墜毀，但當時極難獲取新的飛機，且日軍的轟炸隨時可能到來，因此中航只得冒險嘗試。不久後，DC-2 的備用機翼由哈羅德·斯威特（Harold Sweet）駕駛 "中山" 號 DC-2 採用非常危險的外掛方式自香港運抵宜賓，安裝在 "峨嵋" 號上。

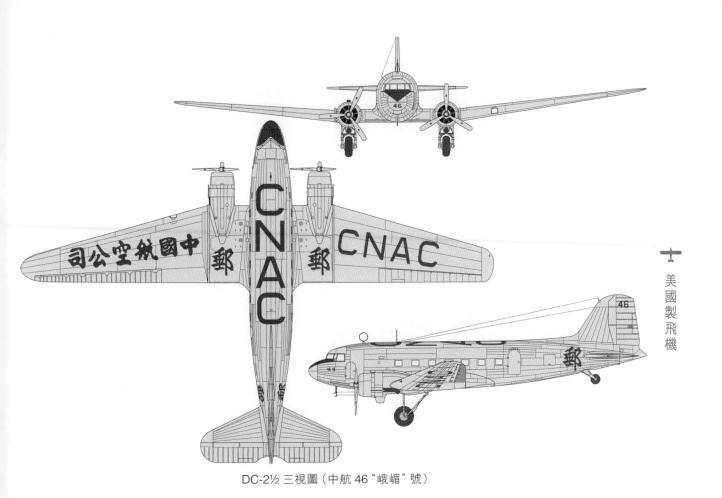

DC-2½ 三視圖（中航 46 "峨嵋" 號）

被炸毀一側機翼的 "峨嵋" 號

首架飛越駝峰航線的飛機 —— 中航 47 號機

右側換上 DC-2 機翼的 "峨嵋" 號

"峨嵋"號隨即由哈羅德駕駛飛抵重慶，自重慶滿載乘客飛往香港維修。該機也因此以 DC-2½ 的名稱記入航空史冊，成為中航抗戰時期的傳奇創舉。

　　"峨嵋"號後於 1943 年 2 月 13 日墜毀，"嘉陵"號和 47 號機則幸運度過了抗戰和內戰期，"嘉陵"號的註冊號先後改為 XT-BTA、XT-91，"兩航事件"（1949 年 11 月 9 日，原國民黨當局的中國航空公司和中央航空公司宣佈起義，共 12 架各型飛機從香港飛抵北京、天津）後改為 N8360C；47 號機的註冊號先後改為 XT-BTB、XT-92，"兩航事件"後改為 N8359C。1946 年 12 月 25 日的"黑色聖誕夜"空難中，詹姆斯・格林伍德（James Greenwood）駕駛中航 140 號 DC-3 飛航重慶—武漢—南京—上海航線，在上海龍華機場因大霧墜毀，駕駛員格林伍德、副駕駛劉林森、報務員金鏗和 17 名乘客當場死亡，另有 10 名受傷乘客被緊急送醫，當中又有 7 人不治。

　　中蘇航空公司成立後，於 1940 年 1 月 8 日使用 2 架俄羅斯航空公司的 DC-3（註冊號分別是 URSS-M136 和 URSS-M137，後改為 URSS-M 和 URSS-N）正式開航了阿拉木圖—伊犁—迪化（烏魯木齊）—哈密航線。1941 年 3 月 6 日，中蘇航空公司增股後，又購買了 1 架 DC-3，註冊號 URSS-M138。1939 年 7 月至 1943 年 4 月，中蘇航空的 3 架 DC-3 在哈密和重慶之間至少飛行了 79 班次。1943 年 6 月 9 日，URSS-N 在迪化和哈密間的沙漠中因天氣惡劣墜毀，機上 32 人全部罹難，另 1 架該型飛機則因使用年限過久、設備陳舊而於 1948 年報廢。同時期運營蘭州—阿拉木圖航線的俄羅斯航空公司使用的機型中也有 DC-3。

　　除中國航空公司和中蘇航空公司外，抗日戰爭期間，傀儡政權的偽中華航空股份有限公司也有數架日本提供的 DC-3 用於營運。

　　1947–1948 年，中央航空運輸公司在美國購得 5 架二手的 DC-3，於 1949 年夏交付，其中 2 架（註冊號 XT-121 和 XT-525）在"兩航事件"中起義，自香港飛往天津。

中航 41 "嘉陵"號

道格拉斯 C-53 "空中突擊隊"

Douglas C-53 Skytrooper

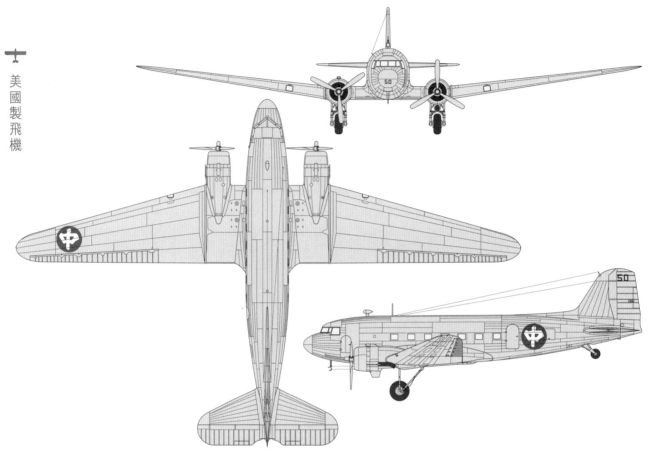

道格拉斯 C-53 "空中突擊隊" 運輸機三視圖（中航 50 號機）

機　種：	運輸機	
用　途：	客運 / 郵運	
乘　員：	3+28 人	
首　飛：	1941 年	
特　點：	金屬結構 / 下單翼佈局 / 可收放起落架	
製造廠：	道格拉斯飛機公司（Douglas Aircraft Company）	
機長 / 翼展 / 機高：	19.66 / 29.11 / 5.18 米	
淨重 / 全重：	7389 / 10886 千克	

引　擎： 2 台普惠 R-1830-92 "雙黃蜂" 型星型 14 缸氣冷發動機（Pratt & Whitney R-1830-92 Twin Wasp），每台 1200 馬力

最大速度 / 巡航速度： 380 / 298 千米 / 小時

航　程： 2100 千米

升　限： 7010 米

裝備範圍： 中國航空公司　中央航空運輸公司

C-53"空中突擊隊"是道格拉斯公司以 DC-3 為基礎研發的兵員運輸機。該型飛機的外觀與構造和 DC-3 非常相似，機身後部沒有安裝大型貨艙門，而是與 DC-3 相同的小型艙門，艙內地板未強化，採用與 DC-3 座椅相同的橫向佈置方式安裝了 28 個小型桶狀金屬座椅，後期的 C-53D 型則採用與 C-47 相同的側壁佈置式。部分該型飛機在使用中拆除了尾部整流錐，加裝拖曳滑翔機的繫纜樁。C-53 於 1940 年 10 月投產，由於其使用範圍不如 C-47 廣泛，因此產量較少，各亞型共製造 402 架，C-53 是最初的量產型，共製造 193 架。在實際使用中，由於 C-53 的重量較輕且艙內供暖系統較好，因此比 C-47 更受飛行員的歡迎。

中航 50 號 C-53 運輸機

1942 年 2 月至 10 月，根據《租借法案》，美國共向中國航空公司提供了 12 架 C-53，它們是：

飛機編號	生產序號	美國陸軍航空隊註冊號	交付日期	服役經歷
48	4852	41-20082	1942 年 2 月 26 日	1943 年 8 月 11 日被日軍擊落
49	4853	41-20083	1942 年 2 月 26 日	1943 年 3 月 13 日失蹤
50	4871	41-20101	1942 年 4 月 12 日	倖存至抗戰勝利，註冊號改為 XT-90，"兩航事件" 後改為 N8367C
51	4879	41-20109	1942 年 5 月 12 日	1944 年 3 月 24 日墜毀
52	4902	41-20132	1942 年 5 月 19 日	1942 年 10 月 10 日墜毀
53	4904	41-20134	1942 年 5 月 25 日	1943 年 3 月 11 日失蹤
54	4927	42-6475	1942 年 5 月 28 日	倖存至抗戰勝利，註冊號改為 XT-45，"兩航事件" 後改為 N8361C
55	4929	42-6477	1942 年 6 月 4 日	倖存至抗戰勝利，註冊號改為 XT-55
56	4881	41-20111	1942 年 6 月 9 日	1944 年 12 月 12 日墜毀
57	4883	41-20113	1942 年 6 月 12 日	1944 年 2 月 18 日墜毀
58	7407	42-15890	1942 年 9 月 18 日	1943 年 4 月 7 日失蹤
59	7406	42-15889	1942 年 10 月 7 日	1943 年 11 月 19 日墜毀

這些飛機主要用於 "駝峰航線"，將各種軍需物資從印度運至昆明、宜賓和柳州。1945 年 6 月，中航又向美軍購買了 3 架 C-53，"兩航事件" 後，滯留於香港的該型飛機由陳納德（Claire Lee Chennault）在美國註冊民航空運公司通過訴訟獲取。

1946 年底，中央航空運輸公司向駐印美軍購買了 1 架 C-53 用於營運，次年又購得 1 架，但具體使用情況不詳。

道格拉斯 C-47 / A / B / D "空中列車"

Douglas C-47/A/B/D Skytrain

美國製飛機

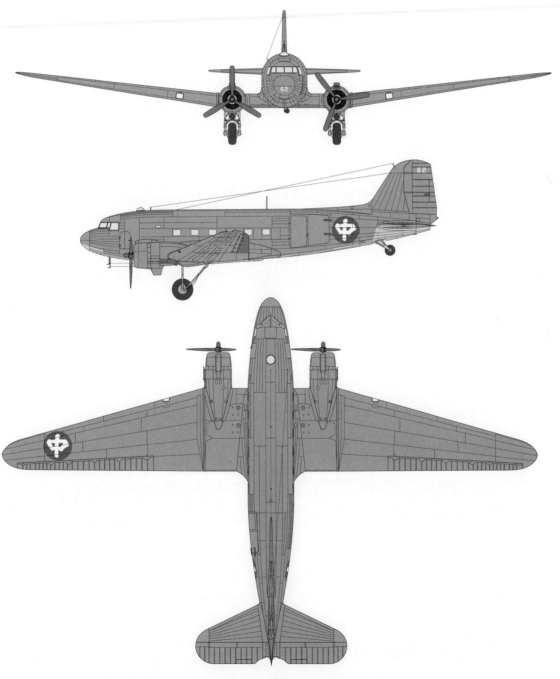

道格拉斯 C-47 "空中列車" 運輸機三視圖（中航 62 號機）

（C-47、C-47A、C-47B 參數）

機　種：　運輸機

用　途：　客運 / 郵運 / 航空噴灑

乘　員：　4+28 人

製 造 廠：　道格拉斯飛機公司
（Douglas Aircraft Company）

首　飛：　1941 年（C-47），1942 年
（C-47A），1943 年（C-47B）

特　點：　金屬結構 / 下單翼佈局 / 可收放起
落架

機長 / 翼展 / 機高：　19.46 / 29.11 / 5.16 米
（C-47），19.43 / 29.11 / 5.16 米
（C-47A），19.43 / 29.11 / 5.18
米（C-47B）

淨重 / 全重：　7650 / 11431 千克（C-47），
8103 / 11793 千克（C-47A），
8226 / 11793 千克（C-47B）

引　擎：　(C-47、C-47A) 2 台普惠
R-1830-92 "雙黃蜂" 型星型 14
缸氣冷發動機（Pratt & Whitney

R-1830-92 Twin Wasp），每台
1200 馬力；
(C-47B) 2 台普惠 R-1830-90 "雙
黃蜂" 型星型 14 缸氣冷發動機
（Pratt & Whitney R-1830-90 Twin
Wasp），每台 1200 馬力

最大速度 / 巡航速度：　380 / 298 千米 / 小時
（C-47），418 / 257 千米 / 小時
（C-47A），360 / 257 千米 / 小時
（C-47B）

航　程：　2076 千米（C-47），2575 千米
（C-47A、C-47B）

升　限：　6797 米（C-47），7315 米
（C-47A），8047 米（C-47B）

裝備範圍：　中國航空公司　中央航空運輸公
司　中蘇航空公司　民營大華航
空股份有限公司　民航空運隊
新綏公司　（西南航空公司）

C-47 "空中列車" 是道格拉斯公司在 DC-3 基礎上研發的軍用運輸機，是二戰期間使用最多、運用範圍最廣的運輸機，也是航空史上最著名的運輸機。C-47 的原型機於 1941 年 12 月 23 日首飛，特點是在 DC-3 的基礎上拆除全部座椅，改為側壁式長凳，可搭載 27–30 名全副武裝的士兵，艙內地板強化，加裝貨艙門和拖曳滑翔機的尾錐。該型飛機於 1942 年初投產，各亞型共製造 10174 架，在二戰期間廣泛運用於運輸、傘降、滑翔機拖曳、空投補給等多種任務，並根據《租借法案》提供給英國、蘇聯、中國等盟國使用，為世界反法西斯戰爭的勝利立下汗馬功勞。二戰後，大量淪為剩餘物資的 C-47 投入民用市場，一時間遍及全球，部分該型飛機直至 2012 年仍在從事商業運營，截至 2020 年仍有部分經升級改造者在役，如中國南極科考隊的 "雪鷹 601" 號巴斯勒 BT-67 即為 1 架經現代化升級改造的 C-47。

C-47 是該型飛機最初的量產型，共製造 965 架；C-47A 是在 C-47 基礎上將電力

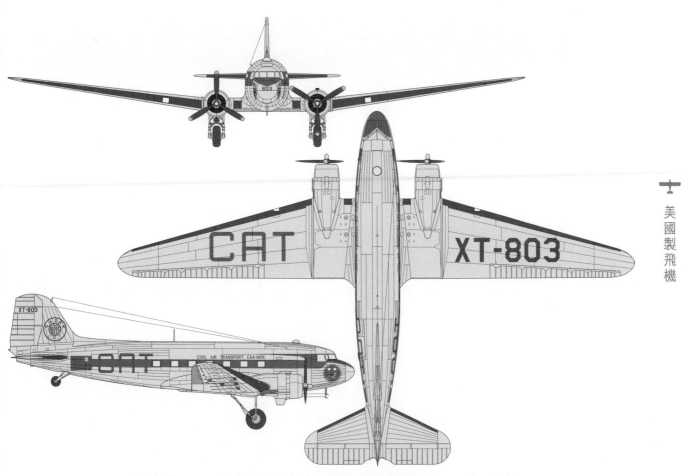

道格拉斯 C-47A "空中列車" 運輸機三視圖（民航空運隊 XT-803 "太原" 號）

系統的電壓由 12 伏升級至 24 伏的改良型，也是產量最多的亞型，共製造 5253 架；C-47B 是針對駝峰航線推出的改良型，換裝 2 台帶有增壓器的發動機，升限大幅提高，同時增加油箱，共製造 3232 架，其中 133 架改造為導航教練機 TC-47B；C-47D 是二戰後在 C-47B 基礎上拆除增壓器的改型。

1942 年 10 月起，中國航空公司開始接收美國根據《租借法案》提供的 C-47，截至二戰結束共接收 54 架，包括 14 架 C-47 和 40 架 C-47A，其中絕大多數用於 "駝峰航線" 的運輸，也有少量用於其他航線運營。1945 年 3 月 28 日，中航使用該型飛機開闢了蘭州—哈密的航線，同年 6 月又購買了 6 架 C-47。1949 年的 "兩航事件" 中，有 6 架 C-47（XT-115、XT-131、XT-123、XT-125、XT-129、XT-139）自香港飛往天津，後成為初創的中國民航主力，其餘 14—15 架 C-47 則滯留香港，有 3 架（XT-111、XT-119 和 XT-127）於 1950 年 4 月 2 日被國民黨特工宋祥雲使用定時炸彈炸傷。滯留香港的中航 C-47 後由陳納德在美國註冊民航空運公司通過訴訟獲取。

中航二戰期間接收的 C-47 狀況見下表：

型號	中航飛機編號	生產序號	美國陸軍航空隊註冊號	交付日期	服役經歷
C-47	60	4681	41-18556	1942 年 10 月 18 日	1942 年 11 月 17 日失蹤
	61	4729	41-38626	1942 年 11 月 26 日	1943 年 10 月 27 日墜毀
	62	4730	41-38627	1942 年 12 月 2 日	倖存至抗戰勝利，註冊號改為 XT-82
	63	6034	41-38651	1943 年 1 月 5 日	1943 年 11 月 19 日焚毀
	64	6035	41-38652	1943 年 1 月 6 日	-
	65	6037	41-38654	1943 年 1 月 10 日	1943 年 1 月 19 日轉交美國陸軍航空隊
	66	6150	41-38691	1943 年 2 月 10 日	-
	67	6151	41-38692	1943 年 2 月 21 日	倖存至抗戰勝利，註冊號先改為 XT-82，"兩航事件"後改為 N8357C
	68	6221	41-38762	1943 年 3 月 4 日	倖存至抗戰勝利，註冊號改為 XT-88
	69	6222	41-38763	1943 年 3 月 4 日	1943 年 10 月 6 日墜毀
	70	9014	42-38788	1943 年 3 月 30 日	1945 年 1 月 14 日墜毀
	71	9013	42-32787	1943 年 4 月 10 日	1944 年 6 月 16 日墜毀
	72	9110	42-32884	1943 年 4 月 17 日	1943 年 10 月 13 日被日軍擊毀
	73	9109	42-32883	1943 年 4 月 20 日	1944 年 8 月 1 日損失
	74	9291	42-23429	1943 年 6 月 25 日	1945 年 1 月 6 日墜毀
	75	9416	42-23554	1943 年 6 月 25 日	1944 年 2 月 20 日失蹤
	76	9417	42-23555	1943 年 7 月 4 日	-
	77	9596	42-23734	1943 年 7 月 15 日	1945 年 1 月 6 日墜毀
	78	9597	42-23735	1943 年 7 月 15 日	-
	79	9760	42-23898	1943 年 8 月 12 日	1943 年 12 月 18 日墜毀
	80	9761	42-23899	1943 年 8 月 13 日	1944 年 11 月 13 日或 11 月 4 日墜毀
	81	9955	42-24093	1943 年 9 月 4 日	1945 年 6 月 15 日墜毀
	82	9956	42-24094	1943 年 9 月 5 日	1944 年 5 月 26 日失蹤
	83	10159	42-24297	1943 年 10 月 3 日	1943 年 12 月 18 日墜毀
	84	10158	42-24296	1943 年 10 月 5 日	1943 年 10 月 17 日墜毀
	85	18902	42-100439	1943 年 11 月 10 日	1944 年 6 月 8 日爆炸
	86	18901	42-100438	1943 年 11 月 17 日	1944 年 3 月 11 日墜毀，修復後倖存至抗戰勝利，註冊號改為 XT-86，"兩航事件"後改為 N8358C

型號	中航飛機編號	生產序號	美國陸軍航空隊註冊號	交付日期	服役經歷
	87	18902	42-100599	1943 年 12 月 7 日	1945 年 6 月墜毀，修復後倖存至抗戰勝利，註冊號改為 XT-51
	88	19061	42-100598	1943 年 12 月 14 日	1945 年 4 月 9 日墜毀
	89	19313	42-100850	1944 年 1 月 21 日	倖存至抗戰勝利，註冊號改為 XT-48，"兩航事件"後改為 N8348C
	90	19314	42-100851	1944 年 2 月 10 日	1944 年 5 月 15 日失蹤
	91	19453	42-100990	未交付	1944 年 3 月 13 日在交付中墜毀
	91	19452	42-100989	1944 年 3 月 15 日	倖存至抗戰勝利，註冊號改為 XT-54，"兩航事件"後改為 N8349C
	92	19620	43-15154	1944 年 4 月 12 日	1944 年 5 月 18 日墜毀
	93	19621	43-15155	1944 年 4 月 14 日	1945 年 1 月 16 日墜毀
	94	19803	43-15337	1944 年 5 月 3 日	1945 年 5 月 9 日墜毀
	95	19804	43-15338	1944 年 5 月 5 日	-
	96	20091	43-15625	1944 年 6 月 13 日	1945 年 11 月 30 日墜毀
	97	20253	43-15787	1944 年 6 月 21 日	1944 年 8 月 31 日墜毀
	無機號	19929	43-15463	未交付	1944 年 5 月 14 日在邁阿密墜毀
	98	20252	43-15786	1944 年 7 月 3 日	-
	-	19062	42-100599	1943 年 12 月後	-
C-47A	99	-	-	1944 年	-
	100	-	-	1944 年	倖存至抗戰勝利，註冊號改為 XT-T-20
	101	-	-	1944 年	1944 年 10 月 7 日墜毀
	102	-	-	1944 年	1945 年 1 月 7 日墜毀
	103	-	-	1944 年	倖存至抗戰勝利，註冊號改為 XT-T-83
	104	-	-	1944 年	1945 年 10 月 20 日墜毀
	105	-	-	1944 年	1945 年 2 月 16 日墜毀
	106	-	-	1944 年	1944 年 11 月 25 日墜毀
	107	-	-	1944 年	-
	108	-	-	1944 年	倖存至抗戰勝利，註冊號改為 XT-T-58
	109—112				具体情況不詳

抗戰期間的中航 82 號 C-47A 運輸機

1943 年，中蘇航空公司接收了 2 架蘇聯通過《租借法案》獲得的 C-47，註冊號分別是 URSS-P（原美國陸軍航空隊註冊號 41-18644）和 URSS-R（原註冊號 41-18607）。二戰結束後，中蘇航空公司仍使用部分該型飛機運營至 1949 年。

1945 年底，中央航空運輸公司自駐印美軍處購得 10 架 C-47，次年又購買了 C-46 和 C-47 共 150 架，但 C-47 中僅有 14 架可用。1946 年 12 月 25 日的"黑色聖誕夜"空難中，湯米·榮（Tommy Wing）駕駛央航 48 號 C-47 自重慶飛往南京，因濃霧改飛上海，在江灣機場附近降落時因大霧墜毀，機上 11 人全部喪生，地面民宅也有 3 人死亡。1949 年 8 月 25 日、10 月 27 日，有 2 架央航的該型飛機起義，其餘 19-21 架則在"兩航事件"後滯留香港，後被陳納德在美國註冊的民航空運公司通過訴訟獲取。

1946 年，西南航空公司復業籌備委員會成立後，擬定由廣東省政府撥款 2 億元、廣西省政府撥款 6000 萬元，自空軍司令部調撥 53 架運輸機，並通過央航轉購 5 架 C-47 用於運營，最終因經費、政治等問題未果。

民營大華航空股份有限公司成立後，以 10 萬美元通過央航向上海駐華美軍剩餘物資委員會購得 5 架 C-47。由於未獲營業許可，大華航空將這些飛機委托央航營運維護，標識和編號則與央航相同。1946 年 7 月 15 日，央航代管的大華航空 C-47 正式投

1 架正在維修的中航 C-47，後方是 1 架 DC-3 或 C-53。

民航空運隊使用的 C-47

入上海—漢口—重慶、上海—廣州—香港航線營運。由於業務糾紛、管理不善等問題，大華航空於同年 10 月被勒令停業，所屬的 5 架飛機始終停泊於上海龍華機場，其中 1 架後被中航的失事飛機撞壞。1948 年，國民政府交通部曾對其餘 4 架飛機的歸屬權登報招領，但因大華航空總經理吳世昌、董事長孔廣曉等人意見不一，最終擱置。1951 年 4 月 27 日，上海市軍事管制委員會和人民政府外事處經詳細調查後，認為這些飛機已殘破不堪，不適飛行，僅可作為備件使用，向外交部呈送報告建議登報公告，逾期無人認領即作為無主物資充公。一說這些飛機被經營新疆—綏遠航線的新綏公司所購。

　　1947 年，民航空運隊自美國在菲律賓出售的戰後剩餘物資中購得 5 架 C-47D，分別是：

第二次為廣州附近噴灑滴滴涕的民航空運隊 C-47

飛機名稱	生產序號	原美國陸軍航空隊註冊號	後改註冊號
天津	20681	43-16215	XT-T501/XT-801/N8421C
太原	20705	43-16239	XT-T502/XT-803
北平	27167	43-49906	XT-T503/XT-805
-	14388 或 25833	43-48572	-
-	26832	43-49571	-

第一批 3 架於同年 1 月 27、28 日飛抵上海龍華機場，31 日飛往廣州。這些飛機除用於運輸救援物資、客貨運輸、包機、空投補給外，還用於藥物噴灑、協助國民政府作戰等。1949 年 4 月 14 日和 6 月 10 日，民航空運隊的 C-47 先後兩次為廣州周邊噴灑滴滴涕（DDT，一種有機氯類殺蟲劑），使廣州的傷寒、痢疾發病率相較 1948 年降低了 50%。原註冊號 43-49571 的飛機可能於 1947 年 3 月拆作備件；原註冊號 43-48572 的 C-47 則於同年 4 月 17 日在北平機場因事故損壞，後拆作備件；"太原"號於 1948 年 10 月 25 日報廢；"北平"號 1949 年 11 月 8 日自雲南蒙自運送錫礦石飛往越南海防時墜毀。

"兩航事件"後，由於民航空運隊的現有飛機不足以應對台灣國民黨當局的運輸需求，民航空運隊向香港航空公司租借了 2 架 C-47（可能是 12019/ 註冊號 VR-HDN、11907/VR-HDO、11921/VR-HDP 中的 2 架）；另有 1 架原央航使用的 C-47 "聖保羅"號（生產序號 19932/ 註冊號 XT-543）是屬於路德教會（Lutheran World Mission）的飛機，"兩航事件"後改由民航空運隊使用，註冊號改為 XT-811。

中央航空運輸公司使用的路德教會 "聖保羅" 號

道格拉斯 C-54B / D "空中霸王" / DC-4

Douglas C-54B Skymaster/DC-4

十　美國製飛機

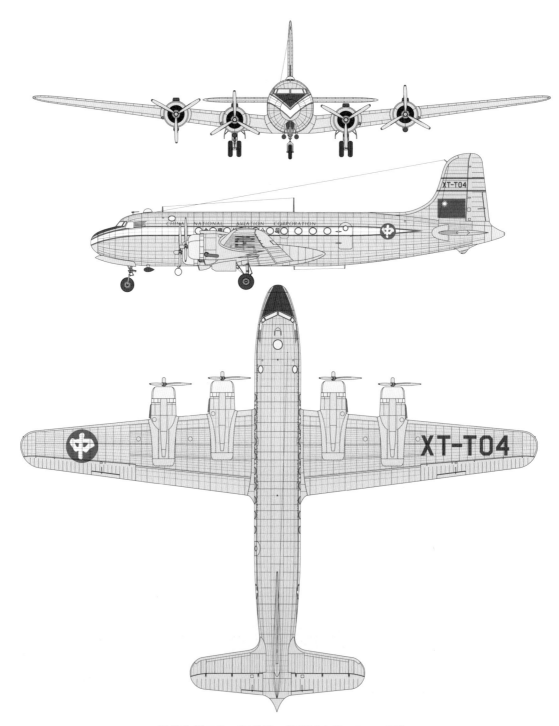

道格拉斯 DC-4 運輸機三視圖（中航 XT-104 號）

機　　種： 運輸機

用　　途： 客運 / 郵運

乘　　員： 4+（40-44）人（DC-4），4+49 人
（C-54B），6+50 人（C-54D）

製 造 廠： 道格拉斯飛機公司（Douglas
Aircraft Company）

首　　飛： 1942 年（DC-4），1943 年
（C-54B），1944 年（C-54D）

特　　點： 金屬結構 / 下單翼佈局 / 可收放起
落架

機長 / 翼展 / 機高： 28.6 / 35.81 / 8.4 米（DC-
4）（C-54D），28.63 / 35.81 /
8.39 米（C-54B）

淨重 / 全重： 20000 / 33140 千克（DC-4），
17327 / 33112 千克（C-54B），
16783 / 33112 千克（C-54D）

引　　擎： （DC-4）4 台普惠 R-2000-25 "雙
黃蜂" 型星型 14 缸氣冷發動
機（Pratt & Whitney R-2000-

25 Twin Wasp），每台 1428 馬
力；（C-54B）4 台普惠 R-2000-
7 "雙黃蜂" 型星型 14 缸氣冷發
動機（Pratt & Whitney R-2000-7
Twin Wasp），每台 1332 馬力；
（C-54D）4 台普惠 R-2000-11 "雙
黃蜂" 型星型 14 缸氣冷發動機
（Pratt & Whitney R-2000-11 Twin
Wasp），每台 1350 馬力

最大速度 / 巡航速度： 450 / 365 千米 / 小時
（DC-4），441 / 385 千米 / 小時
（C-54B），426 / 309 千米 / 小時
（C-54D）

最大航程： 6000 千米（DC-4），6276 千米
（C-54B）

升　　限： 6900 米（DC-4），6705 米
（C-54B、C-54D）

裝備範圍： 中國航空公司　民航空運隊

　　DC-4 是道格拉斯公司於 1930 年代末研發的四發大型客機，主要用於取代 DC-3。該型飛機在研發中吸取了此前 DC-4E 因結構複雜、造價昂貴而被航空公司拒絕的教訓，在設計中側重於降低造價和使用成本。DC-4 的原型機於 1939 年首飛，同年 5 月 5 日獲得適航證書，其特點是取消了加壓機艙，減輕重量，結構簡化，更適合航空公司營運使用。DC-4 是最初的量產型，共製造 80 架。C-54 是在 DC-4 基礎上研製的軍用型，各亞型共製造 1170 架，在二戰和朝鮮戰爭中被廣泛用於執行運輸任務，在 "柏林空運"（1948 年 6 月至 1949 年 5 月蘇聯封鎖西柏林期間，美英以空運方式向西柏林運輸了大量的物資）中曾發揮巨大作用。有部分淪為戰後剩餘物資的 C-54 也曾被改造為 DC-4 投入民用市場。C-54B 是 1943 年在 C-54A 基礎上推出的改良型，特點是拆除機身油箱，並修改外側機翼，以容納一體式油箱，艙內可安置 49 個座位或 16 張擔架，共製造 220 架。C-54D 是在 C-54B 基礎上換裝普惠 R-2000-11 型發動機的亞型，也是產量最多的亞型，共製造 380 架。

　　1946－1947 年，中國航空公司共購得 7 架 DC-4/C-54B 供營運使用，分別是：

註冊號	型號	生產序號	原美軍註冊號	"兩航事件"後註冊號
XT-T01/XT-101	C-54B-1-DC	10529	42-72424	-
XT-T02/XT-108	C-54B-1-DC	10442	42-72337	N8343C
XT-T03/XT-100	C-54B	18370	43-17170	N8344C
XT-T04/XT-104	DC-4	10538	42-72433	N8345C
XT-T05/-	C-54B-5-DO	18348	43-17148	N8342C
XT-T06/XT-105	DC-4	10510	42-72405	N8346C
XT-T07/XT-102	C-54D-10-DC	10748	42-72643	N8347C

　　其中，**XT-T01** 贈與國民政府作為蔣介石專機使用，命名為"中美"號，其"中美"指中航為中美合資公司（一說該機為國民政府所購，其"中美"同時指中國、美國和蔣中正與宋美齡），後轉售中華航空公司，註冊號改為 B-1815，損失於中南半島的戰地包機任務。其餘 6 架飛機主要用於上海—舊金山、上海—馬尼拉和上海—東京等國際航線，有 5 架在"兩航事件"期間滯留香港，後被陳納德在美國註冊民航空運公司通過訴訟獲取。

中航 C-54、C-46 機隊

1949 年的"兩航事件"後，由於民航空運隊的現有飛機不足以應對台灣國民黨當局的運輸需求，民航空運隊向暹羅太平洋國際航空公司（Pacific Overseas Airways Siam）和香港國泰航空（Cathay Pacific Airways）租借了 2 架 C-54 使用，其中租自暹羅太平洋國際航空公司的飛機是 1 架 C-54B-10-DO（生產序號 18368 / 原美軍註冊號 43-17168 / 後改註冊號 HS-PC-204）；租自國泰航空的則是 1 架 C-54A（生產序號為 10310 / 原美軍註冊號 42-72205 / 後改註冊號 VR-HEU），此機後於 1954 年被解放軍空軍拉 -11 型戰鬥機誤擊擊落。同年 12 月 12 日，民航空運隊使用租用的 C-54B 將被困成都的國民黨官員撤往台北。

1948 年的中航 XT-T06 號客機，舷梯上是機械師比爾·桑福德（Bill Sanford）。

費爾柴爾德飛機公司

費爾柴爾德 FC-2

Fairchild FC-2

美國製飛機

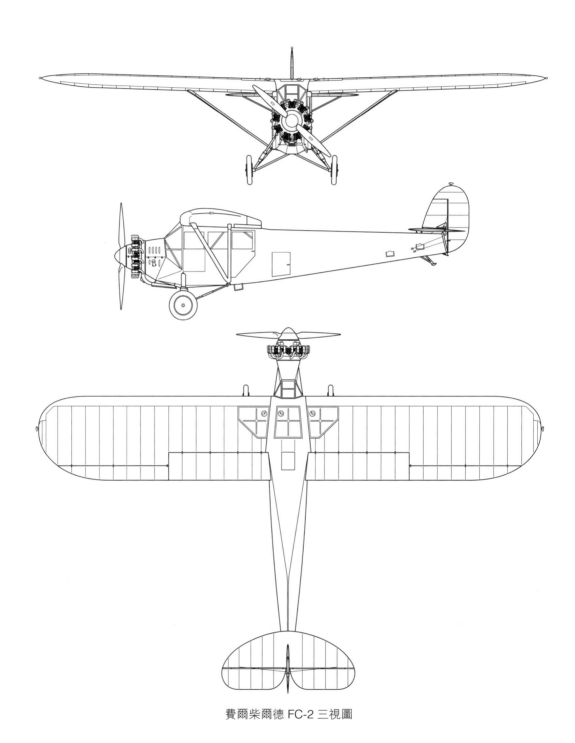

費爾柴爾德 FC-2 三視圖

機　　種： 客機 / 通用飛機　　　　　　淨重 / 全重： 980 / 1633 千克

用　　途： -　　　　　　　　　　　引　　擎： 1 台萊特 J-5 "旋風" 型星型

乘　　員： 1+4 人　　　　　　　　　　　　　　 9 缸氣冷發動機 (Wright J-5

製 造 廠： 費爾柴爾德飛機公司 (Fairchild　　　　　 Whirlwind)，200 馬力

　　　　　 Aircraft Corporation)　　最大速度 / 巡航速度： 196 / 169 千米 / 小時

首　　飛： 1927 年　　　　　　　　　航　　程： 1127 千米

特　　點： 混合結構 / 上單翼佈局 / 固定式起　升　　限： 3500 米

　　　　　 落架　　　　　　　　　　裝備範圍： 滿洲航空株式會社

機長 / 翼展 / 機高： 9.45 / 13.41 / 2.74 米

　　1920 年代初，為獲得更適於航空攝影、測量的飛機，費爾柴爾德航空測量公司 (Fairchild Aerial Surveys) 向多個飛機製造商接洽定製專用的航空測量機。由於報價過高，謝爾曼・米爾斯・費爾柴爾德 (Sherman Mills Fairchild) 決定自行建廠製造飛機，並於 1926 年推出了 FC-1。該型飛機在試飛中暴露出發動機功率過小的缺陷，費爾柴爾德公司為其換裝了 200 馬力的萊特 J-4 型發動機，型號改為 FC-1A，試飛後展現出巨大的商業潛力。FC-2 是 FC-1A 的量產型，結構和佈局與 FC-1A 相同，換裝萊特 J-5 型發動機，客艙容積擴大，可搭載 4 位乘客，起落架可換裝滑橇或浮筒，機翼可向後折疊。該型飛機於 1927 年投產，共製造 118 架，另授權加拿大仿製 12 架。

　　1928 年 5 月美國出版的《百科全書・第 6 卷》(Encyclopedia Vol. VI) 記載，費爾柴爾德公司高管羅賓斯 (Robins) 和上尉格貝爾 (Cpt.Gebel) 將 1 架配備有輪式起落架和浮筒的 FC-2 送至日本展銷，以期獲得日本陸、海軍訂單。該機被日本陸軍購得，送至下志津陸軍飛行學校供訓練使用，後售予偽滿政權的滿洲航空株式會社，交付時間和使用狀況不詳。

福特三發 "錫鵝"

Ford Trimotor Tin Goose

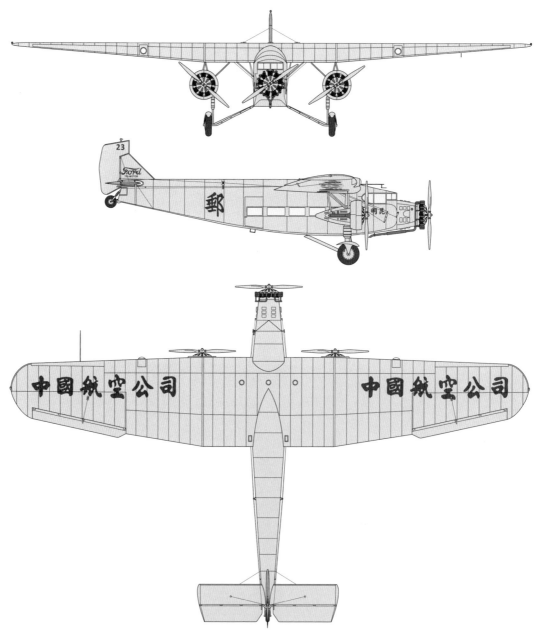

福特 5-AT-D 客機三視圖（中航 23 "昆明" 號）

機　　種：　客機

用　　途：　客運 / 郵運 / 包機

乘　　員：　2+17 人（5-AT-C、5-AT-D），
　　　　　　2+16 人（6-AT-A）

製 造 廠：　福特汽車公司斯托特金屬飛機分部
　　　　　　（Stout Metal Airplane Division of
　　　　　　the Ford Motor Company）

首　　飛：　1929 年（5-AT-C、6-AT-A），
　　　　　　1930 年（5-AT-D）

特　　點：　金屬結構 / 上單翼佈局 / 固定式起
　　　　　　落架

機長 / 翼展 / 機高：　15.32 / 23.72 / 4.5 米
　　　　　　（5-AT-C），15.32 / 23.72 / 3.86
　　　　　　米（5-AT-D），15.39 / 23.72 /
　　　　　　4.29 米（6-AT-A）

淨重 / 全重：　3447 / 6123 千克（5-AT-C），
　　　　　　3556 / 6123 千克（5-AT-D），
　　　　　　3742 / 5670 千克（6-AT-A）

引　　擎：　（5-AT-C）3 台普惠 "黃蜂" 型星型
　　　　　　9 缸氣冷發動機（Pratt & Whitney
　　　　　　Wasp），每台 425 馬力；（5-AT-
　　　　　　D）3 台普惠 "黃蜂" SC 型星型 9
　　　　　　缸氣冷發動機（Pratt & Whitney
　　　　　　Wasp SC），每台 450 馬力；（6-
　　　　　　AT-A）3 台萊特 J-6-9 "旋風" 型星
　　　　　　型 9 缸氣冷發動機（Wright J-6-9
　　　　　　Whirlwind），每台 300 馬力

最大速度 / 巡航速度：　245 / 196 千米 / 小時
　　　　　　（5-AT-C），241 / 196 千米 / 小時
　　　　　　（5-AT-D），193 / 160 千米 / 小時
　　　　　　（6-AT-A）

航　　程：　901 千米（5-AT-C、5-AT-D），
　　　　　　861 千米（6-AT-A）

升　　限：　5639 米（5-AT-C、5-AT-D），
　　　　　　3352 米（6-AT-A）

裝備範圍：　中國航空公司

　　福特三發是福特汽車公司斯托特金屬飛機分部於 1920 年代中期研發的客機，是 1920−1930 年代初美國最著名的客機之一。該型飛機由威廉・布什內爾・斯托特（William Bushnell Stout）設計，以斯托特 3-AT 為基礎研發，佈局和外形與同時期的福克三發非常相似，結構和外部蒙皮近似於德國容克系列運輸機。福特三發的原型機於 1926 年 6 月 11 日首飛成功，具有結構簡單、堅固耐用、性能可靠、價格相對較低，且起落架可換裝滑橇或浮筒，座椅可快速拆除用於貨運等優點，因此一經投產即廣受歡迎，截至 1933 年 6 月 7 日停產，各亞型共製造 199 架。

　　該型飛機對 1920 年代的美國商業航空有着巨大的影響，福特公司飛機分部也因此被譽為 "1920 年代世界上最大的商用飛機製造商"。1930 年代前期，隨着劃時代的客機波音 247 和道格拉斯 DC-2 出現，福特三發逐漸淡出客運市場，多改為貨運使用。5-AT-C 是在 5-AT-A 基礎上推出的改良型，也是福特三發系列客機中產量最多的一種，共製造 51 架，特點是比 5-AT-A 多了 4 個座椅，可搭載 17 名乘客；5-AT-D 是 1930 年推出的改良型，也是福特三發的最後一種量產型，特點是機翼安裝位置向上提高 20 厘米，機艙內部空間增加，同時後部艙門改為方形，共製造 20 架；6-AT-A 是

福特三發客機客艙內部

在 5-AT-A 基礎上換裝 300 馬力萊特 J-6-9 型發動機的亞型，共製造 2 架，其中 1 架將機首的發動機改為普惠"黃蜂"型，型號隨之更改為 7-AT-A，後又將機翼發動機也換為同型，改為 5-AT-C。

1935 年，中國航空公司分 3 次購得 3 架福特 5-AT-D，分別於同年 3 月 5 日、9 月 1 日和 11 月 15 日交付，依次命名為：中航 23 "昆明"號（生產序號 5-AT-115 / 原註冊號 NC9658）、25 "漢口"號（生產序號 5-AT-116 / 原註冊號 NC9659，這是福特三發的最後 1 架量產機）和 27 "上海"號（生產序號 5-AT-101/ 原註冊號 NC15551）。這 3 架飛機中，"昆明"號交付後曾被軍方短暫徵用，將重慶的工作人員和物資運往貴陽，交還中航後於 5 月 4 日正式開航在 1934 年底就已試航的重慶—貴陽—昆明航線。1936 年 2 月，"昆明"號被美國著名探險家約瑟夫・F・洛克博士（Joseph F Rock）租用，後在 3 月 5 日自重慶飛往貴陽時墜毀，所幸沒有人員傷亡。"漢口"號則於 9 月 20 日開始投入上海—漢口航線運營，1936 年 3 月 31 日，美籍飛行員查爾斯・L・夏普（Charles L Sharp）駕駛該機在南京附近因起火迫降，飛機損毀。抗戰爆發後，"上海"號編入航空運輸隊，協助國民政府空軍進行軍事運輸，1937 年 11 月被日軍飛機炸毀。

1937 年 1 月，中航自國民政府空軍又接收 1 架福特三發，命名為中航 29 "貴州"號。該機可能是 1936 年 4 月國民政府空軍通過美國航空（American Airlines）購得的 5-AT-C（生產序號 5-AT-79A / 原註冊號 NC8485，該機即為 6-AT-A 改造而成）或 6-AT-A（生產序號 6-AT-3 / 原註冊號 NC8486），也可能是 1932 年張學良購買的 5-AT-D（生產序號 5-AT-99 / 原註冊號 NC432H），後損失於同年 8 月 18 日。1939 年 12 月，國民政府空軍又將 1 架福特三發移交中航使用，該機可能是國民政府空軍的另外 2 架該型飛機之一，加入中航後編號 42，1941 年 1 月 20 日在江西吉安墜毀。

中航"昆明"號客機

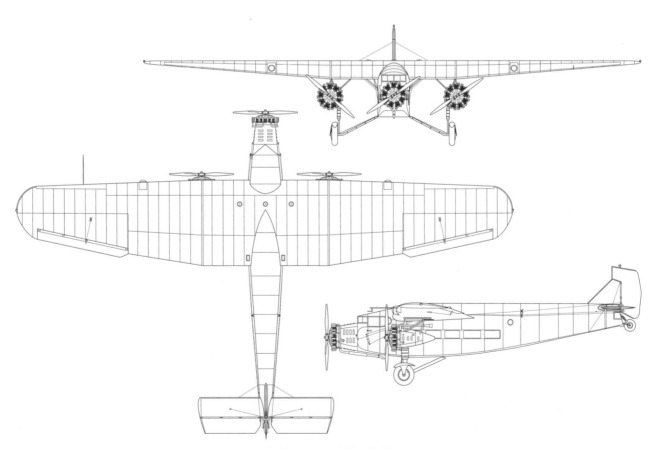

福特 5-AT-C 客機三視圖

斯巴丹 C4-301 / C5-301

Spartan C4-301/C5-301

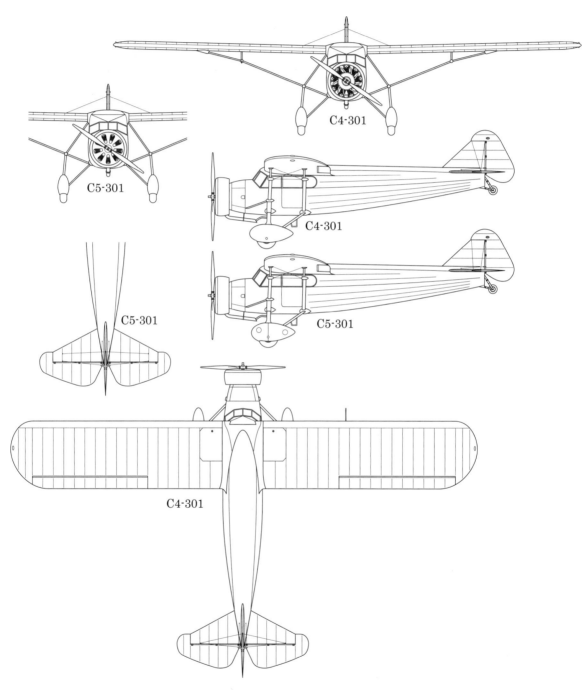

C4-301

C5-301

C4-301

C5-301

C4-301

斯巴丹 C4-301/C5-301 客機三視圖

機　　　種：　客機

用　　　途：　客運／郵運

乘　　　員：　1+3 人（C4-301），1+4 人（C5-301）

製　造　廠：　斯巴丹飛機公司（Spartan Aircraft Company）

首　　　飛：　1930 年（C4-301），1931 年（C5-301）

特　　　點：　混合結構／上單翼佈局／固定式起落架

機長／翼展／機高：　9.93／15.24／2.72 米（C4-301），9.95／15.24／2.72 米（C5-301）

淨重／全重：　1183／1840 千克（C4-301），1196／1898 千克（C5-301）

引　　　擎：　1 台普惠 R-985 "小黃蜂" 型星型 9 缸氣冷發動機（Pratt & Whitney R-985 Wasp Junior），300 馬力

最大速度／巡航速度：　232／200 千米／小時

航　　　程：　982 千米（C4-301），1040 千米（C5-301）

升　　　限：　4420 米（C4-301），4450 米（C5-301）

裝備範圍：　中國航空公司

　　1930 年，為滿足日漸提升的旅客需求，斯巴丹公司推出了 C4 型小型客機。該型飛機在設計中除重視飛行安全性、可操控性、維護運營成本之外，亦致力於舒適性和內飾的豪華，但銷量不佳，其量產型 C4-225 僅售出 5 架。斯巴丹公司於同年推出了改良型 C4-300 和 C4-301（又稱 E4-301），特點分別是換裝萊特 R-975 和普惠 R-985 型發動機，各製造 1 架，其中 C4-301（生產序號 F-1，原註冊號 NC988N）售予南京國民政府空軍。

　　由於 C4 沒有獲得商業成功，1931 年，斯巴丹公司在 C4-301 基礎上又推出了 C5-300，其結構和外觀與 C4-301 非常相似，增加了 1 個乘客座位，同時換裝 300 馬力萊特 J-6 型發動機，共製造 3 架。C5-301（生產序號 F-4，原註冊號可能是 NC986N）是在 C5-300 基礎上換裝普惠 R-985 型發動機的亞型，僅製造 1 架，後被南京國民政府通過中國航空機械貿易公司（China Airmotive Company）購得，供航空測量局使用，編號 "測量 8" 號。

　　抗戰爆發後，由於中國航空公司班機的損失日漸增多，1937 年國民政府空軍將 1 架斯巴丹飛機移交中國航空公司使用，該機編號為 33，可能是 C4-301、C5-301 或 "行政官" 中的 1 架。

斯巴丹 7X / 7W "行政官"

Spartan 7X/7W Executive

美
國
製
飛
機

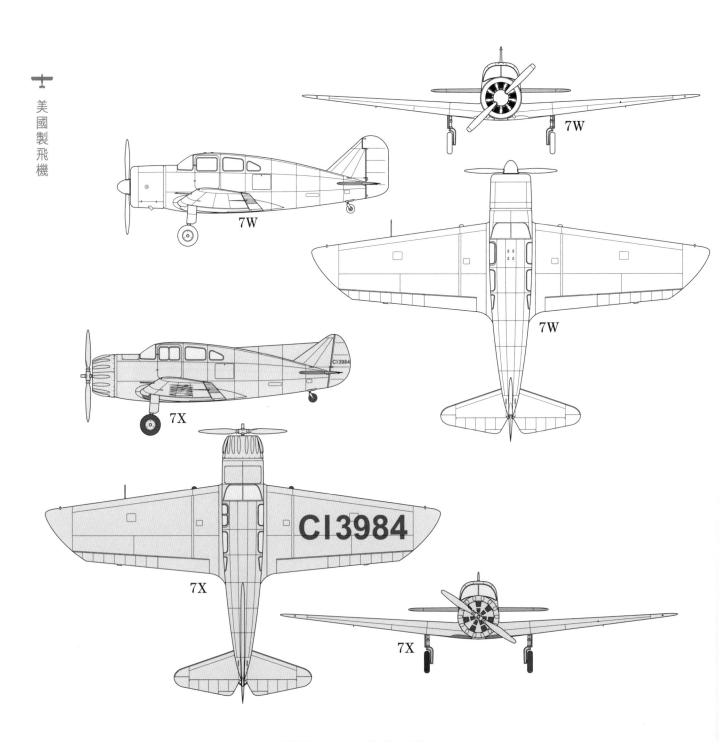

7W

7W

7W

7X

CI3984

7X

7X

斯巴丹 7W/7X 公務機三視圖

機　　種：　公務機

用　　途：　客運 / 郵運

乘　　員：　1+4 人

製 造 廠：　斯巴丹飛機公司
　　　　　　（Spartan Aircraft Company）

首　　飛：　1936 年

特　　點：　金屬結構 / 下單翼佈局 / 可收放起
　　　　　　落架

機長 / 翼展 / 機高：　8.13 / 11.89 / - 米（7X），
　　　　　　8.18 / 11.89 / 2.44 米（7W）

淨重 / 全重：　1545 / 1996 千克（7W）

引　　擎：　（7X）1 台雅克布 L-5 型星型 7 缸
　　　　　　氣冷發動機（Jacobs L-5），285
　　　　　　馬力；（7W）1 台普惠 R-985 "小
　　　　　　黃蜂" SB 型星型 9 缸氣冷發動
　　　　　　機（Pratt & Whitney R-985 Wasp
　　　　　　Junior SB），450 馬力

最大速度 / 巡航速度：　257 / 241 千米 / 小
　　　　　　時（7X），414 / 346 千米 / 小時
　　　　　　（7W）

航　　程：　1287 千米（7X），1610 千米
　　　　　　（7W）

升　　限：　7315 米（7W）

裝備範圍：　中國航空公司

　　1935 年，應斯巴丹公司創始人威廉・G・史凱利（William G Skelly）要求，工程師詹姆斯・B・福特（James B Ford）領銜設計了 7W "行政官" 型公務機。其原型機 7X（生產序號 0 / 註冊號 NC13984）於 1936 年 3 月 8 日首飛成功，由於安裝的雅克布 L-5 型發動機功率較小，飛行性能強差人意，後售予墨西哥；第 2 架原型機 7W-P（生產序號 P-1，註冊號 X13986）換裝了普惠 R-985 型發動機和 2.55 米直徑的螺旋槳，取消背鰭，垂直尾翼增大，飛行性能顯著提升，後售予國民政府空軍。7W 為量產型，共製造 34 架，其設計採用先進的全金屬結構和可收放起落架，飛行性能優良、堅固耐用，且艙內空間寬敞、光線充足、設施豪華，因此深受各國富豪歡迎，截止 2018 年 8 月仍有 17 架該型飛機在美國聯邦航空管理局註冊備案。

　　1937 年，國民政府空軍將 1 架未知型號的斯巴丹飛機移交中國航空公司，編號 33。該機是此前通過中國航空機械貿易公司自墨西哥的私人擁有者轉購，可能是 "行政官" 的原型機 7X 或量產型 7W，也可能是此前購得的 C4-301、C5-301。

聯合 16-1 "准將"

Consolidated Model 16-1 Commodore

美國製飛機

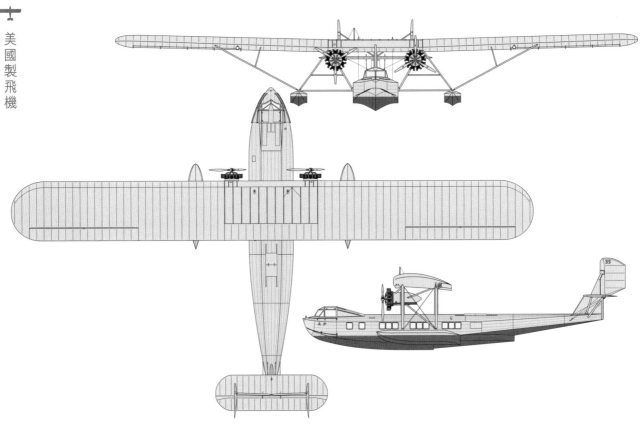

聯合 16-1 "准將" 水上客機三視圖（中航 35 "長沙" 號）

機　　種： 水上客機

用　　途： 郵運 / 客運

乘　　員： 3+22 人

製 造 廠： 聯合飛機公司（Consolidated
　　　　　 Aircraft Corporation）

首　　飛： 1929 年

特　　點： 金屬製船身型結構 / 高單翼佈局

機長 / 翼展 / 機高： 18.75 / 30.48 / 4.78 米

淨重 / 全重： 4760 / 7980 千克

引　　擎： 2 台普惠 R-1860 "大黃蜂" B 型
　　　　　 星型 9 缸氣冷發動機（Pratt &
　　　　　 Whitney R-1860 Hornet B），每
　　　　　 台 575 馬力

最大速度 / 巡航速度： 206 / 174 千米 / 小時

航　　程： 1600 千米

升　　限： 3050 米

裝備範圍： 中國航空公司

　　1920 年代後期，為取代老舊的柯蒂斯 F-5L 型水上巡邏機，美國海軍對研發新的水上飛機進行了招標，要求新飛機可以在不着陸的情況下自美國大陸直飛巴拿馬、阿拉斯加或夏威夷群島，XPY-1 "上將" 即為聯合公司的投標型號。由於在競標中敗於馬丁 XP2M，未獲海軍合同，聯合公司遂將其改造為民用飛機，命名為 "准將"。其艙內由著名裝飾設計師弗雷德里克·J·派克（Frederick J Pike）設計，光線充足、座椅舒適，可搭載 18 名乘客，是當時尺寸最大、裝飾最豪華的客機。該型飛機於 1929 年首飛，同年投產，各亞型共製造 14 架，主要供泛美航空用於加勒比海地區和南美洲沿海地區航線，被泛美航空飛行員馬里烏斯·洛德森（Marius Lodeesen）評價為 "1930 年代初期泛美機隊中最可靠、最值得信賴的飛機"。此機型後被西科斯基 S-42 "飛剪" 取代。聯合 16-1 是在聯合 16 基礎上增加 4 個座位的亞型，也是產量最多的亞型，共製造 9 架。

停泊於江中的中航 "准將"

　　早在 1934 年 6 月，中國航空公司就計劃購買"准將"以替代在上海—廣州航線運營的西科斯基 S-38，但可能因財政限制未成。1937 年 12 月 12 日，中航通過泛美航空自菲律賓購得 2 架二手的聯合 16-1、1 對備用螺旋槳、2 台"大黃蜂"T2D1 型發動機、1 個備用浮筒，共花費 78000 美元。這 2 架飛機分別命名為中航 34 號"梧州"（生產序號 7/ 原註冊號 NC663M）和 35 號"長沙"（生產序號 9 / 原註冊號 NC665M），次年 1 月運抵香港交付，主要用於重慶—宜昌—漢口航線。1938 年 10 月，當日軍突破中國守軍的外圍防線逼近武漢時，2 架"准將"曾參與疏散撤退行動，先後進行 15 次飛行，蔣介石自漢陽撤往重慶時搭乘的即是該型飛機。武漢淪陷後，中航的"准將"主要用於四川省內航線。1938 年 4 月，"長沙"號在重慶珊瑚壩機場因暴風雨與臨近停泊的"福建"號"海豚"客機相撞沉沒，所幸並未被沖走，且發動機因安裝位置較高而未被水淹沒，但機身、機翼、浮筒、支撐則受到嚴重損壞，至少需要 3 周的時間才能修復。由於備件短缺，中航除使用重慶和香港庫存的部分備件外，甚至還打撈了 1935 年 3 月報廢的"宜昌"號 K-85 的鉸鏈托架以修復"長沙"號。1939 年 2 月 1 日，"梧州"號在萬縣受損沉沒，"長沙"號則於 1940 年 9 月 16 日被日軍空襲炸毀。

1938 年 4 月沉沒於重慶珊瑚壩機場的"長沙"號客機

聯合 PBY-5A "卡塔琳娜"

Consolidated PBY-5A Catalina

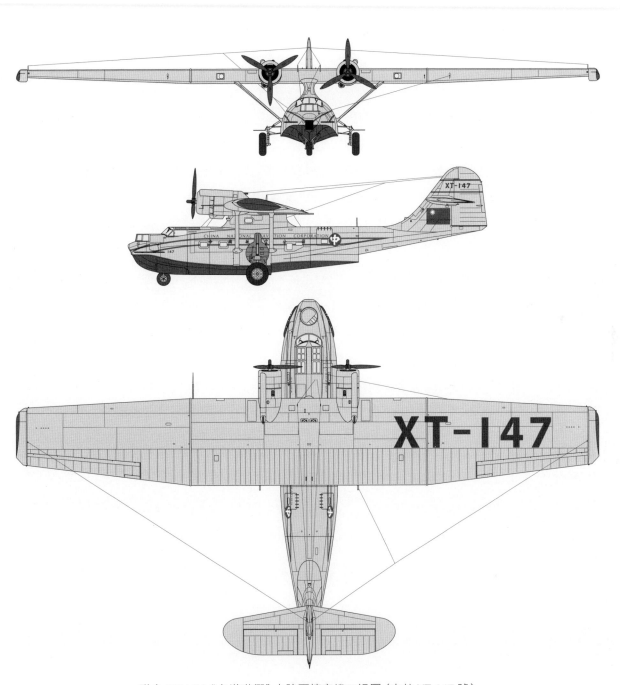

聯合 PBY-5A "卡塔琳娜" 水陸兩棲客機三視圖 (中航 XT-147 號)

機　種：	水陸兩棲巡邏 / 轟炸機
用　途：	郵運 / 客運
乘　員：	2+30 人
製造廠：	聯合飛機公司（Consolidated Aircraft Corporation）
首　飛：	1941 年
特　點：	金屬結構 / 高單翼佈局 / 可收放起落架
機長 / 翼展 / 機高：	19.46 / 31.7 / 6.15 米

淨重 / 全重：	9485 / 16066 千克
引　擎：	2 台普惠 R-1830-92 "雙黃蜂" 型星型 14 缸氣冷發動機（Pratt & Whitney R-1830-92 Twin Wasp），每台 1200 馬力
最大速度 / 巡航速度：	314 / 201 千米 / 小時
航　程：	4030 千米
升　限：	4815 米
裝備範圍：	中國航空公司

　　研發於 1930 年代中期的 PBY "卡塔琳娜" 是聯合公司生產的知名度最高的水上飛機，也是二戰期間使用範圍最廣的水上飛機之一，其中 PB 代表 "巡邏轟炸機"，Y 是美國海軍為聯合公司分配的代號，"卡塔琳娜" 代表卡塔琳娜島（Catalina Island）。

　　PBY 以 XP3Y-1 為基礎研發，原型機 XPBY-1 於 1936 年 5 月 19 日首飛成功，同年投入量產，各亞型共製造 3305 架，二戰期間被廣泛用於執行反潛、海上巡邏、夜間襲擊、搜索救援、貨物運輸、轟炸等任務，二戰後則多供民間作為運輸機、消防飛機使用。由於該型飛機結構堅固、性能可靠、飛行性能優良，在拆除武備、無線電等軍用設施後具有較大的載荷能力，且可在水面起降，因而廣受民用市場歡迎，部分改為消防飛機的 PBY 直至 2014 年仍在使用。PBY-5A 是 PBY-5 基礎上加裝液壓驅動的前三點陸用起落架的亞型，共製造 803 架。

　　抗戰結束後，中國航空公司有 1 架 PBY-5A 用於營運，註冊號為 XT-147，獲得方式及使用狀況不詳，"兩航事件" 後滯留香港。在台灣當局與民航空運公司所簽協議中不包括這架 PBY，據此分析，該機可能係中航租用，"兩航事件" 後交還原公司。

1949 年 10 月 9 日停放於香港啟德機場的中航 PBY 客機，機身後部的水泡狀偵查 / 射擊艙已被拆除。

"兩航事件"後滯留香港的中航機群，最近處即為 XT-147 號 PBY，其尾翼上漆飾的中華民國國旗已被五星紅旗覆蓋。

洛克希德 14-WG3B "超伊萊克特拉"

Lockheed Model 14-WG3B Super Electra

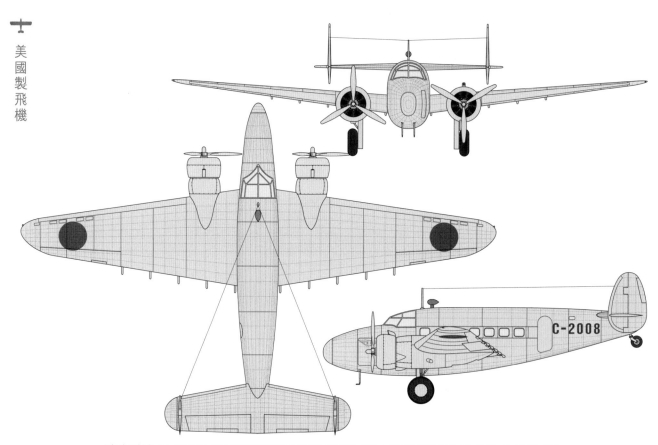

洛克希德 14-WG3B "超伊萊克特拉" 客機三視圖（偽中華航空股份有限公司 C-2008 號）

機　　種： 客機

用　　途： 客運 / 郵運

乘　　員： 2+（12-14）人

製 造 廠： 洛克希德飛機製造公司
（Lockheed Aircraft
Manufacturing Company）

首　　飛： 1937 年

特　　點： 金屬結構 / 中單翼佈局 / 可收放起
落架

機長 / 翼展 / 機高： 13.51 / 19.96 / 3.48 米

淨重 / 全重： 4876 / 7099 千克

引　　擎： 2 台萊特 GR-1820-G3B "颶風"
型星型 9 缸氣冷發動機（Wright
GR-1820-G3B Cyclone），每台
900 馬力

最大速度 / 巡航速度： 402 / 346 千米 / 小時

航　　程： 1370 千米

升　　限： 7500 米

裝備範圍： 偽中華航空股份有限公司
滿洲航空株式會社

1930 年代後期，為了和道格拉斯 DC-2、波音 247 競爭民用航空市場，洛克希德公司在洛克希德 10 "伊萊克特拉" 基礎上推出了洛克希德 14 "超伊萊克特拉"。該型飛機由洛克希德公司工程師唐・帕爾默（Don Palmer）領銜設計，實質上是 "伊萊克特拉" 的放大型，特點是換裝大功率發動機，乘客搭載量增加至 14 人，艙內空間擴大，乘坐舒適度提升。洛克希德 14 的原型機於 1937 年 7 月 29 日首飛成功，飛行速度和載貨量均表現出色，但飛行穩定性較差，低速飛行時容易失速。該型飛機於同年投入量產，由於其性能不如 DC-3，且在 1938 年連續失事，因此未獲美國民用航空市場青睞，銷量較差，多用於出口。洛克希德 14-WG3B 是換裝萊特 GR-1820-G3B 型發動機的出口型，共製造 34 架，其中 4 架售予羅馬尼亞，其餘則出口日本，日本在其基礎上仿製了 119 架立川口式輸送機和 121 架川崎一式貨物輸送機。

1938 年 12 月，"中日合資" 的偽中華航空股份有限公司正式成立後，自大日本航空株式會社接收了 2 架洛克希德 14-WG3B 和 3 架中島－福克 "超級通用"，次年 2 月 10 日開通了北平—新京航線，3 月 14 和 15 日又開航了北平—上海和北平—大同航線。1941 年 12 月太平洋戰爭爆發後，關東軍曾徵用 3 架滿洲航空株式會社的 Ju 86 Z-2 將轟炸機部隊的維修人員運往緬甸，其中有 1 架因發動機故障降落在南京，機上乘員改乘偽中華航空股份有限公司的 "超伊萊克特拉" 飛往緬甸。滿洲航空株式會社也有數量不詳的該型飛機用於營運。1945 年 8 月 9 日，蘇聯出兵中國東北，位於佳木斯的滿航成員向哈爾濱撤退，滿航飛行員瀧澤三代（Takizawa Mikiyo）駕駛 1 架立川口式輸送機滿載人員和行李飛往哈爾濱，由於瀧澤此前並未駕駛過該型飛機，因此只能一邊查閱飛機手冊一邊飛行，也算一個創舉。

停放於北平機場的偽中華航空股份有限公司 C-2008 客機

洛克希德 A-29 "哈德遜"

Lockheed A-29 Hudson

美國製飛機

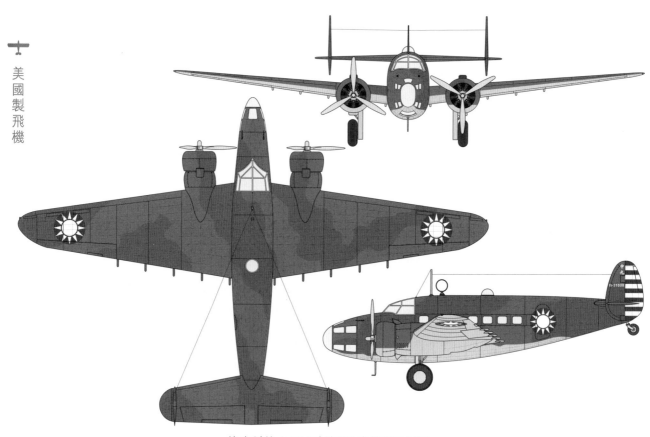

洛克希德 A-29 "哈德遜" 轟炸機三視圖

機　　種：	巡邏 / 轟炸機	淨重 / 全重：	5817 / 9299 千克
用　　途：	客運 / 郵運	引　　擎：	2 台萊特 R-1820-87 "颶風" 型
乘　　員：	2+（12-14）人		星型 9 缸氣冷發動機（Wright
製 造 廠：	洛克希德飛機製造公司		R-1820-87 Cyclone），每台 1200
	（Lockheed Aircraft		馬力
	Manufacturing Company）	最大速度 / 巡航速度：	407 / 330 千米 / 小時
首　　飛：	1938 年	航　　程：	2495 千米
特　　點：	金屬結構 / 中單翼佈局 / 可收放起	升　　限：	8077 米
	落架	裝備範圍：	中央航空運輸公司
機長 / 翼展 / 機高：	13.51 / 19.96 / 3.61 米		

"哈德遜"是洛克希德公司於二戰前為英國研發的海岸巡邏／轟炸機，是該公司研發的首款軍用飛機，也是自其成立以來承接的第一筆大型交易。該型飛機以洛克希德14"超伊萊克特拉"型客機為基礎研發，結構和佈局與L-14相同，機首增加導航／轟炸觀察窗，機腹地板下增加炸彈艙，同時加裝自衛機槍和通訊設施。由於"哈德遜"的基礎設計是客機，因此有着飛行速度慢、防禦力差、自衛火力弱、機動性不足等先天缺點，但作為防禦圈內的巡邏／轟炸機卻頗為稱職，各亞型共生產2941架，在二戰期間廣泛用於海岸警戒、偵查、巡邏、反潛、運輸、訓練等任務。二戰結束後，大量淪為戰後剩餘物資的"哈德遜"改裝為客機銷往民用市場，部分該型飛機直到1972年仍在使用。A-29是美國陸軍使用的型號，特點是換裝萊特R-1820-87型發動機，共製造416架。

　　1944年6月26日，國民政府空軍將10架A-29移交中央航空運輸公司，改造為民航客機，編號為"中六"—"中十二"、"中十四"、"中十五"和"中十七"（註冊號依次為：XT-ATF、XT-ATG、XT-ATH、XT-ATI、XT-ATJ、XT-ATK、XT-ATL、XT-ATM、XT-ATN、XT-ATO）。由於這些飛機缺乏備件，且曾在戰爭中受損，性能不佳，因此在短短數月後，就出現了"中六"、"中七"分別於10月20和11月20日墜毀的事故，其餘A-29停用。抗戰結束後，中航序列中僅有3架該型飛機在冊。

中央航空運輸公司"中九"號，機身上仍為國民政府空軍塗裝，僅垂直尾翼上漆有"中九"編號。

柯蒂斯－萊特 T-32C / AT-32A / AT-32D "兀鷹" II

Curtiss-Wright T-32C/AT-32A/AT-32D Condor II

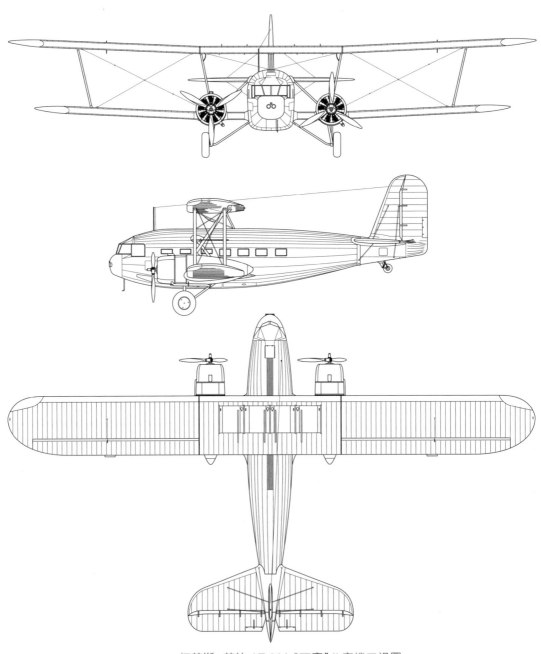

柯蒂斯－萊特 AT-32A "兀鷹" II 客機三視圖

機　　種：　客機
用　　途：　貨運
乘　　員：　3+（12-15）人
製 造 廠：　柯蒂斯−萊特公司
　　　　　（Curtiss-Wright Corporation）
首　　飛：　1934 年
特　　點：　混合結構 / 不等翼展雙翼佈局 / 可
　　　　　收放起落架
機長 / 翼展 / 機高：　14.9 / 24.99 / 4.98 米
　　　　　（T-32C），15.09 / 24.99 / 4.98 米
　　　　　（AT-32A、AT-32D）
淨重 / 全重：　5550 / 7938 千克（T-32C）

引　　擎：　2 台萊特 SGR-1820-F3 "颶風"
　　　　　型星型 9 缸氣冷發動機 2 台萊特
　　　　　SGR-1820-F3 "颶風" 型星型 9 缸
　　　　　氣冷發動機（Wright SGR 1820-
　　　　　F3 Cyclone），每台 710 馬力
最大速度 / 巡航速度：　291/257 千米 / 小時
　　　　　（T-32C、AT-32A）
航　　程：　1046 千米（T-32C），1287 千米
　　　　　（AT-32A）
升　　限：　7010 米（T-32C）
裝備範圍：　中國航空公司

　　1930 年代初，柯蒂斯−萊特公司為了使負債停產的密蘇里州聖路易分廠恢復運營，決定快速研發一種低成本的客機推向市場，即為 T-32。該型飛機由柯蒂斯−萊特公司首席設計師喬治‧A‧佩季（George A Page）設計，為減少研發成本並快速生產，佩季在設計中沒有採用先進的全金屬結構和單翼佈局，而是大量沿用此前生產的 B-2 "兀鷹" 型雙翼轟炸機的成熟技術，T-32 也因此而得名 "兀鷹" II。其原型機 TX-32 於 1933 年 1 月 30 日首飛成功，飛行平穩、操作靈便，即使滿載情況下也可使用單台發動機維持飛行。除飛行性能外，佩季在研發中非常注重乘坐舒適度，客艙內可安裝 15 個沙發座椅或 12 張臥鋪，內壁覆有吸音材料，且每個座位都安裝單獨的冷氣和供暖設施。該型飛機於 1933 年投產，各亞型共製造 45 架。T-32 是最初的量產型，共製造 21 架，其中包括 2 架美國陸軍航空隊使用的 YC-30。

　　AT-32 是 1934 年推出的改良型，特點是換裝 NACA 整流罩和哈密爾頓變距螺旋槳，共五種亞型，其中 AT-32A 換裝 710 馬力 SGR-1820-F3 型發動機的亞型，共製造 3 架；AT-32D 是安裝 720 馬力 SGR-1820-F3 型發動機的亞型，共製造 4 架；T-32C 是在 T-32 基礎上以 AT-32 標準改造的改良型，共改造 10 架。

　　"兀鷹" II 在投產後主要供美國航空和東方航空使用，由於道格拉斯 DC-2 和 DC-3 的出現，"兀鷹" II 先被改為夜間航班，後全部轉售國外，多銷往中南美洲的中小型航空公司。

畫面遠端是 2 架中航"兀鷹" II 和 1 架 DC-2，近處是"峨嵋"號 DC-2½。

　　1939 年，為開辦雲南昆明—越南河內的鎢、錫貨運航線，中國航空公司通過美國著名二手飛機推銷員查爾斯·H·巴布（Charles H Babb）購得 6 架二手的"兀鷹" II。巴布原計劃是將這些飛機售予西班牙共和軍，在墨西哥存放一年多後，因被扣押而未成，遂於 1939 年 1 月運回美國加利福尼亞改造為貨機。1940 年初，這 6 架飛機運抵香港，其中包括 2 架 T-32C（生產序號 25/ 註冊號 NX12365、生產序號 40/ 註冊號 NX12383），1 架 AT-32A（生產序號 43/ 註冊號 NX12391），3 架 AT-32D（生產序號 48/ 註冊號 NX12396、生產序號 50/ 註冊號 NX12398、生產序號 51/ 註冊號 NX12399），但 6 架飛機最初僅有 3 架可以正常飛行，因此中航可能將其中 1 架作為備件使用，其餘 5 架的編號為 F1 至 F5。

被日軍擄獲的中航 F3 號 "兀鷹" II

　　"兀鷹" II 最初主要用於昆明—河內的鎢運輸，1940 年 9 月該航線暫停後，中航又用其開闢了香港—廣東南雄的鎢、錫運輸航線，業務繁忙時甚至每晚要往返 2 次。1941 年 10 月 28 日，由 3 位機組成員駕駛的 F2 號在香港九龍灣墜毀。同年 12 月 8 日，F1、F4、F5 號在香港被日軍飛機炸毀。F3 號則因在機庫中維修幸免於難，12 月 10 日夜間，該機曾試圖飛往菲律賓馬尼拉，但因發動機故障被迫折返，後被日軍擄獲。

柯蒂斯－萊特 C-46A / D / F "突擊隊員"

Curtiss-Wright C-46A/D/F Commando

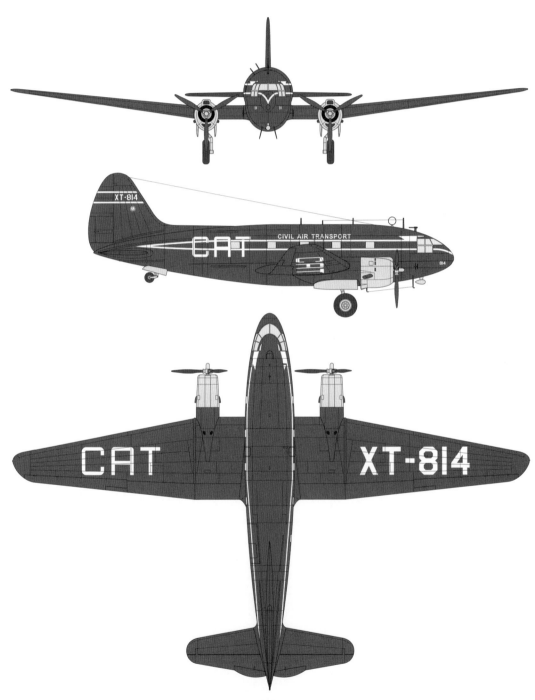

柯蒂斯－萊特 C-46A "突擊隊員" 運輸機三視圖（1949 年 11 月的民航空運隊 XT-814 號）

機　種： 運輸機

用　途： 客運 / 郵運 / 包機

乘　員： 4+40 人（C-46A），4+50 人
（C-46D），4+48 人（C-46F）

製造廠： 柯蒂斯－萊特公司（Curtiss-
Wright Corporation）

首　飛： 1940 年（C-46A），1944 年
（C-46D），1945 年（C-46F）

特　點： 金屬結構 / 下單翼佈局 / 可收放起
落架

機長 / 翼展 / 機高： 23.27 / 32.92 / 6.63 米
（C-46A/D），23.27 / 32.92 / 6.71
米（C-46F）

淨重 / 全重： 13608 / 20412 千克（C-46A），
14696 / 20412 千克（C-46D）

引　擎： 2 台普惠 R-2800-51 "雙黃蜂"
型星型 14 缸氣冷發動機（Pratt
& Whitney R-2800-51 Twin
Wasp），每台 2000 馬力

最大速度 / 巡航速度： 435 / 278 千米 / 小時
（C-46A），435 / 301 千米 / 小
時（C-46D），407 / - 千米 / 小時
（C-46F）

航　程： 1609 千米（C-46A），4748 千米
（C-46D），1931 千米（C-46F）

升　限： 8199 米（C-46A），8412 米
（C-46D），8382 米（C-46F）

裝備範圍： 中國航空公司　中央航空運輸公
司　民航空運隊

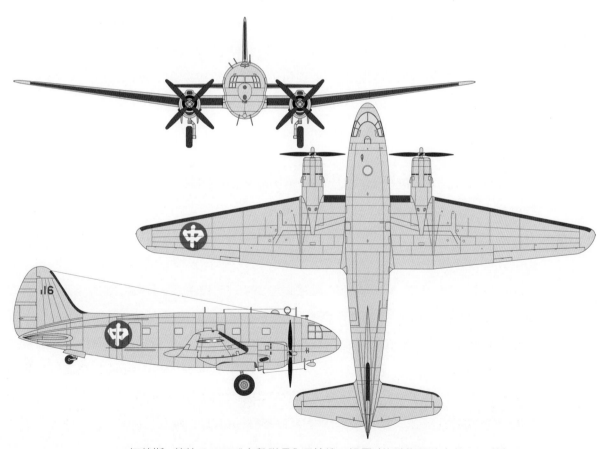

柯蒂斯－萊特 C-46D "突擊隊員" 運輸機三視圖（抗戰期間的中航 116 號）

C-46 是 CW-20 型高空客機的軍用型，在投產時是世界上尺寸最大、運載能力最強的雙發飛機，在二戰、朝鮮戰爭和越南戰爭期間廣泛運用於運輸任務，是"駝峰"航線主力運輸機。該型飛機由柯蒂斯－萊特公司首席設計師喬治・A・佩季設計，各亞型共製造 3181 架。C-46 的機身採用獨特的"雙泡形"截面設計，以適應高海拔地區的氣壓差，艙內空間巨大，運載能力幾乎比 C-47 高 1 倍，發動機為 2 台功率高達 2000 馬力的普惠"雙黃蜂"，在僅有單台發動機運行的情況下也可承載大量貨物，相較 4 台發動機佈局可大幅降低運營成本。

C-46 雖有運載量大的優點，但卻有耗油量大、結構複雜、維護困難、事故率高等缺點，因此有"柯蒂斯災難"、"水管工的噩夢"、"飛行棺材"等惡名。截至 1943 年 11 月，C-46 因應發現的問題共進行了多達 721 次改良。二戰後，由於油耗問題和維護成本高，C-46 並未像 C-47 一樣廣泛運用於民航客運，而是多供商業貨運或偏遠地區的運營，在南美等山地較多的地區頗受歡迎。

C-46A（CW-20B）是 C-46 投產後第一種大量生產的亞型，也是產量最多的亞型，共製造 1491 架。特點是使用 2 台普惠 R-2800-51 型發動機取代了 C-46 的 R-2800-43，後機身左側裝有大型兩扇式貨艙門，地板結構強化，設有 40 個可折疊的帆布座椅，最多可容納 40 名全副武裝的士兵。前期生產的 C-46A 安裝的是哈密爾頓三葉螺旋槳，後期型則換裝柯蒂斯四葉電變距螺旋槳。C-46D（CW-20B-2）是 1944 年推出的改良型，機身後部右側增加小型艙門，主要用於運輸、空投傘兵，產量僅次於 C-46A，共製造 1410 架，其中部分改造為 TC-46D 型教練機；C-46F 是在 C-46E 基礎上改良的亞型，於 1945 年推出，特點是翼尖改為方形，後機身兩側均裝有貨艙門，共製造 234 架，主要用於貨運。

1944 年 12 月，根據《租借法案》，美國開始向中國航空公司提供 C-46，截至抗戰結束共交付 23 架，編號為中航 113-135 號，主要用於"駝峰"航線的運輸。1946 年 4 月，國民政府向美國購得 182 架淪為戰後剩餘物資的 C-46（包括了 A、D 和 F 型），由美方負責將其飛至上海江灣機場，部分交付國民政府空軍，其餘則供中航使用，有 1 架於 1948 年 1 月 20 日在雲南紅河墜毀。1946 年 12 月 25 日的"黑色聖誕夜"空難中，中航 115 號 C-46 自重慶經武漢飛往上海，在江灣機場因大霧無法降落，當晚 9 點能見度有所提高，該機在飛往龍華機場降落的過程中墜入附近的一所學校，副駕駛譚興錚和 20 名乘客身亡，駕駛員羅爾夫・勃蘭特・普魯斯（Rolf Brandt Preus）、報務員王孝德和 6 名乘客倖存，地面無人傷亡。1949 年的"兩航事件"中，中航共有 3 架 C-46 自香港飛往天津，註冊號分別是 XT-154、XT-172 和 XT-144，這些飛機與解放軍此前獲得的部分該型飛機共同構成了解放軍空軍和初創的中國民航主力，並於 1950

"黑色聖誕夜" 空難中墜毀的中航 115 號殘骸

抗戰期間的中航 135 號 C-46 客機

年開闢了進入康藏高原的航線，最後 14 架直至 1982 年才退役。

1946 年，中央航空運輸公司從駐印美軍處購得約 150 架 C-46 和 C-47，其中 C-46 僅有 27 架可用，其餘則於 1947 年報廢處理。"兩航事件"後，央航的 18 架 C-46 和中航的 31 架該型飛機滯留香港，後由陳納德在美註冊民航空運公司通過訴訟獲取，其中 4 架中航的 C-46（註冊號分別為 XT-112、XT-116、XT-136 和 XT-120）於 1950 年 4 月 2 日被國民黨特工宋祥雲使用定時炸彈炸傷。

1947 年，民航空運隊通過美國戰爭資產管理局（War Assets Administration）自夏威夷購得 17 架 C-46D，這些飛機於同年 2 月至 5 月陸續交付，構成了民航空運隊的主力，其中 15 架的基本信息如下：

命名	生產序號	美軍註冊號	民航空運隊註冊號	1949 年後註冊號
哈密	22215	44-78392	XT-T504/XT-802	N8406C
-	22218	44-78395	XT-T505/XT-804	N8407C
漢口	22228	44-78405	XT-T506/XT-806	N8408C
-	22232	44-78409	XT-T507/XT-808	N8409C
蘭州	22236	44-78413	XT-T508/XT-810	N8410C
汕頭	22345	44-78522	XT-T509/XT-812	-
上海	22347	44-78524	XT-T510/XT-814	-
-	22351	44-78528	XT-T511/XT-816	N8412C
-	22353	44-78530	XT-T512/XT-818	N8413C
-	22354	44-78531	XT-T513/XT-820	-
-	22355	44-78532	XT-T514/XT-822	-
-	22359	44-78536	XT-T515/XT-824	N8414C
青島	22362	44-78539	XT-T516/XT-826	N8415C
南京	22363	44-78540	XT-T517/XT-828	N8416C
成都	22366	44-78543	XT-T518/XT-830	N8417C

民航空運隊最初計劃使用其中 14 架營運，另外 3 架則作為備件，由於運力的缺乏，這些飛機交付後僅有 2 架用作備件。1947 年 7 月 5 日，"哈密"號在北平機場被國民政府空軍的 C-47 撞傷，造成運力進一步受損。所幸同年 4 月，聯合國善後救濟總署又出資 183000 美元在菲律賓購買了 25 架 C-46D 供民航空運隊使用，使民航空運隊不再受備件缺乏困擾，同時進一步增強了運力，其中 1 架於 1948 年中期捐獻給廣州國立中山大學。這些飛機基本信息為：

生產序號	美軍註冊號	組裝後註冊號	1949 年後新註冊號
30535	42-101080		
30538	42-101083		
30583	42-101128		
30596	42-101141		
30597	42-101142		
30618	42-101163		
32746	44-77350		
32755	44-77359		
32761	44-77365		
32768	44-77372		
32775	44-77379		
32781	44-77385		
32878	44-77482		
32879	44-77483		
33128	44-77732		
33132	44-77736	XT-834	N8419C
33152	44-77756	XT-832	N8418C
33153	44-77757	XT-836	N8420C
33173	44-77777		
33174	44-77778		
33185	44-77789		
33189	44-77793		
33322	44-77926		
33324	44-77928		
22342	44-78519		

1948 年 5 月 15 日，民航空運隊又向國民政府民航局租借了 6 架 C-46F（一說為在日本購買了 6 架 C-46F），分別是：

生產序號	美軍註冊號	新註冊號
22502	44-78679	XT-44
22461	44-78638	XT-46
22510	44-78687	XT-48
22526	44-78703	XT-50
22466	44-78643	XT-52
22370	44-78547	XT-54

1940 年代後期的中航 XT-T44 號 C-46 客機

民航空運隊 XT-810 號客機客艙內部

民航空運隊使用的 C-46 客機

民航空運隊的 C-46 除供商業客貨運輸、包機和運輸救援物資外，也用於協助國民政府進行運輸、搜索、空投補給、疏散撤離、低強度轟炸等任務，在山西空運、濰縣撤退和瀋陽撤退中非常活躍。淮海戰役期間（1948 年 11 月—1949 年 1 月），民航空運隊的 C-46 執行軍用任務的次數更是遠超過商業任務。

1948 年 9 月，民航空運隊用該型飛機開航了自雲南飛往中南半島的錫運輸航線，次年 6 月又開闢了雲南蒙自—越南海防的錫運輸航線。1948 年 7 月 29 日，註冊號 XT-822 的 C-46D 在青島起飛時墜毀，機上 3 名機組成員和 16 名士兵喪生；同年 12 月 10 日，XT-820 在太原機場起飛時因爆胎撞毀，所幸無人員傷亡；1949 年 3 月 17 日，"上海"號因發動機鬆動在蘭州墜毀，修復後於同年 12 月 10 日在海口再度墜毀，機上 40 人中有 17 人罹難；"汕頭"號於 12 月 5 日在柳州迫降後被解放軍俘虜。其餘飛機則隨民航空運隊遷往台灣，經營島內至香港、馬尼拉、海防等地的航線。

"兩航事件"後，有 8 架未在香港的中航 C-46 被移交民航空運隊使用，其中 5 架原為中航所購，另外 3 架則為中航向國民政府民航局租借，分別為：

飛機型號	生產序號	美軍註冊號	中航註冊號（舊／新）	移交後註冊號	權屬性質
C-46F	22451	44-78628	XT-T15/XT-132		購買
C-46F	22449	44-78626	XT-T16/XT-134		購買
C-46A	427	43-47356	XT-T41/XT-138	XT-814	購買
C-46D	33372	44-77976	XT-156		購買
C-46D	32950	44-77554	XT-158	XT-822	購買
C-46F	22379	44-78556	XT-30		租借
C-46F	22465	44-78642	XT-36	XT-56	租借
C-46F	22500	44-78677	XT-38		租借

比奇 C17E "交錯翼"

Beech C17E Staggerwing

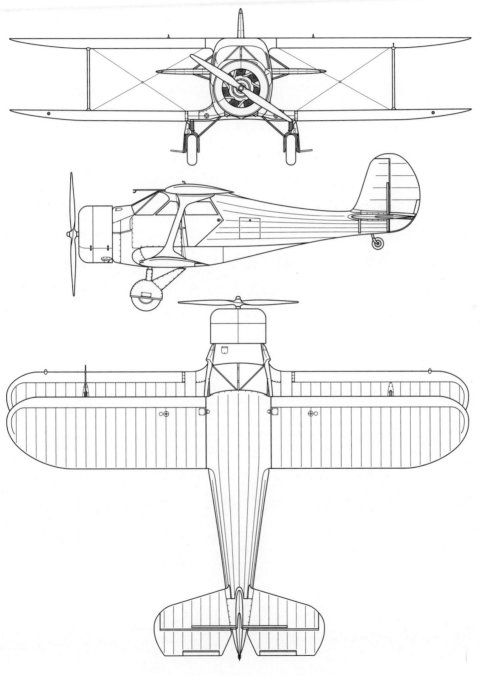

美
國
製
飛
機

比奇 C17E "交錯翼" 客機 / 公務機三視圖

機　　種：	客機 / 公務機	機長 / 翼展 / 機高：	-
用　　途：	客運 / 郵運	淨重 / 全重：	-
乘　　員：	1+4 人	引　　擎：	1 台萊特 R-760-E1 "旋風" 型
製 造 廠：	比奇飛機公司（Beech Aircraft		星型 9 缸氣冷發動機（Wright
	Company），立川飛行機株式會		R-760-E1 Whirlwind），285 馬力
	社（Tachikawa Hikōki Kabushiki	最大速度 / 巡航速度：	297 / 265 千米 / 小時
	Kaisha）	航　　程：	1392 千米
首　　飛：	1936 年	升　　限：	-
特　　點：	混合結構 / 等翼展雙翼佈局 /	裝備範圍：	偽中華航空股份有限公司
	可收放起落架		

　　比奇 17 是 1930 年代初比奇公司研發的一系列小型客機 / 公務機，包括 A17 至 G17 等多種型號，均採用獨特的 "交錯翼" 佈局，下翼在前，上翼在後，可大幅增加飛行員的視界，同時減弱機翼之間的氣流干擾。該系列飛機最初研發時適逢美國經濟大蕭條，但比奇公司並未效法同時期其他飛機公司為降低售價而壓低製造成本、降低飛機性能的做法，而是反其道而行之，在研發中注重飛行性能和乘坐舒適度。雖然單機價格高至 14000–17000 美元，但由於美觀的流線形外觀、豪華的內部裝飾、優良的飛行性能，銷量逐年穩步上升，二戰前已售出 424 架。C17 是 1936 年 3 月至 1937 年 3 月間生產的型號，C17E 是換裝萊特 R-760-E1 型發動機的亞型，共製造 3 架。日本立川公司購得其中 2 架和仿製權，1938–1940 年共製造 20 架。

　　偽中華航空股份有限公司正式成立後，自大日本航空株式會社接收了 3 架立川公司製造的比奇 C17E 用於營運。

比奇 D17R "交錯翼"

Beech D17R Staggerwing

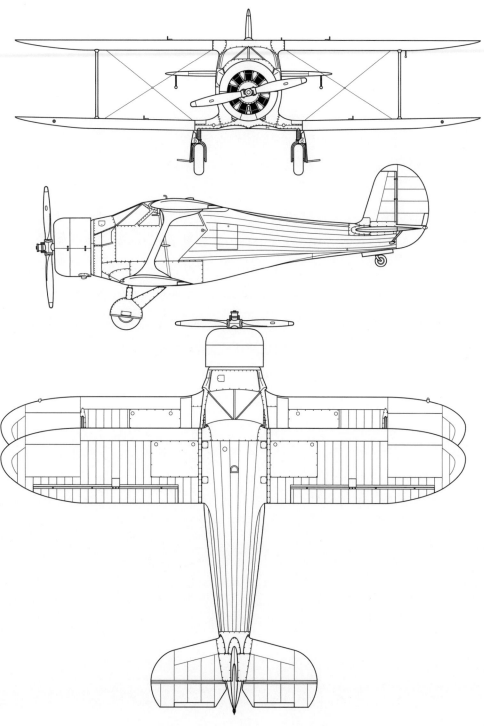

比奇 D17R "交錯翼" 客機 / 公務機三視圖

機　　種：	客機 / 公務機
用　　途：	客運 / 郵運
乘　　員：	1+4 人
製 造 廠：	比奇飛機公司（Beech Aircraft Company）
首　　飛：	1936 年
特　　點：	混合結構 / 等翼展雙翼佈局 / 可收放起落架
機長 / 翼展 / 機高：	7.98 / 9.75 / 3.12 米

淨重 / 全重：	1400 / 2132 千克
引　　擎：	1 台萊特 R-975-E3 "旋風" 型星型 9 缸氣冷發動機（Wright R-975-E3 Whirlwind），450 馬力
最大速度 / 巡航速度：	319 / 274 千米 / 小時
航　　程：	805 千米
升　　限：	6096 米
裝備範圍：	中國航空公司　偽中華航空股份有限公司

D17 "交錯翼" 是比奇 17 系列小型客機 / 公務機中產量最多的型號，也是生產時間最久的一型。該型飛機以 C17 為基礎改良，特點是加長了機身，以改善操縱性能和制動性能，同時將副翼移至上翼，減輕對襟翼的干擾。D17 於 1937 年 3 月投產，截至 1945 年停產，各亞型共製造 516 架。D17R 是安裝萊特 R-975-E3 型發動機的亞型，售價 18870 美元，共製造 30 架，其中 2 架由 D17W 改造而成。

1939 年 1 月，國民政府空軍將 1 架 1938－1939 年間購買的 D17R 移交中國航空公司使用，編號 37。2 月 21 日，該機進行了重慶—緬甸仰光航線的試航，因故未成功，後於同年 10 月 30 日經雲南昆明、緬甸臘戍成功飛抵仰光。

1940 年 6 月 10 日，國民政府空軍空運隊的 1 架 D17R 由譚世昌駕駛，自重慶叛逃至南京汪偽政權，後移交偽中華航空股份有限公司使用。

伏爾梯 V-1A

Vultee V-1A

機　　種：　客機

用　　途：　客運 / 郵運

乘　　員：　2+8

製 造 廠：　飛機開發公司
　　　　　　（Airplane Development
　　　　　　Corporation）

首　　飛：　1933 年

特　　點：　金屬結構 / 下翼展佈局 / 可收放起
　　　　　　落架

機長 / 翼展 / 機高：　11.28 / 15.24 / 3.1 米

淨重 / 全重：　2424 / 3864 千克

引　　擎：　1 台萊特 R-1820-F2 "颶風" 型
　　　　　　星型 9 缸氣冷發動機（Wright
　　　　　　R-1820-F2 Cyclone），735 馬力

最大速度 / 巡航速度：　378 / 346 千米 / 小時

航　　程：　1610 千米

升　　限：　6100 米

裝備範圍：　中國航空公司　中央航空運輸
　　　　　　公司

美國製飛機

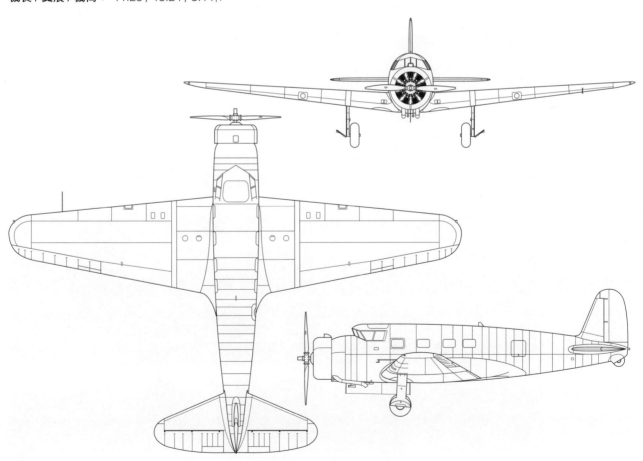

伏爾梯 V-1A 高速客機三視圖

　　1930 年代初，民航市場上興起了"高速客機熱"，如美國的洛克希德"獵戶座"、通用航空 GA-43，德國的亨克爾 He 70、容克 Ju 160 等，伏爾梯 V-1A 則是這些高速客機中飛行速度最快的之一。該型飛機由飛機開發公司創始人傑拉德‧伏爾梯（Gerard Vultee）設計，1933 年 2 月 19 日首飛，裝有 1 台 650 馬力的萊特 SR-1820-F2 型發動機，可搭載 6 名乘客，量產型 V-1A 則換裝 735 馬力的萊特 R-1820-F2 型發動機，機身長度和翼展都有所增加，艙內容積加大，可搭載 8 名乘客。由於著名的波音 247 和道格拉斯 DC-2 的出現，V-1A 產量不多，僅製造 18 架。1936 年，美國航空局嚴格限制使用單發客機後，該型飛機被迫從航空公司退役，多作為行政機或專機使用，部分轉售國外。

　　1940 年，國民政府將同年 2 月 3 日購得的 2 架原供委員長侍從室使用的 V-1A 移交中國航空公司，編號分別是中航 44（生產序號 23 / 原註冊號 NC16000）和 45 號（生產序號 26 / 原註冊號 NC17326），並於同年 7 月開始用於營運。1941 年 12 月 8 日，日軍空襲香港，其中 1 架 V-1A 因在機庫中而躲過一劫，12 月 10 日飛回南雄。

　　1943 年 6 月 25 日，中央航空運輸公司自國民政府空軍接收了 4 架飛機，其中包括 2 架 V-1A。這 2 架飛機編號分別為"中三"（註冊號 XT-ATD）和"中四"（註冊號 XT-ATE），可能是此前中航使用的 2 架。"中四"號於 1943 年 9 月 25 日墜毀。

中航 45 號 V-1A 客機，其機背豎向漆有 "CNAC" 字樣。

北美 AT-6D / AT-6F "德州人"

North American AT-6D/AT-6F Texan

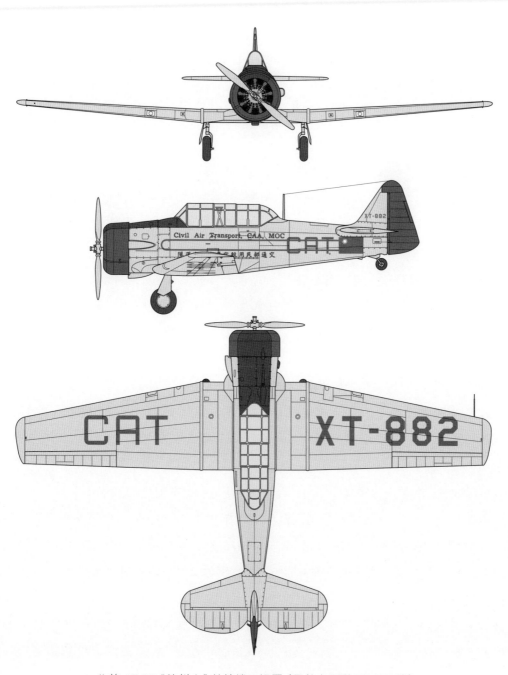

北美 AT-6D "德州人" 教練機三視圖（民航空運隊 XT-882 號）

機　　種：　教練機

用　　途：　訓練 / 氣象觀測 / 空投 / 航空噴灑

乘　　員：　2 人

製 造 廠：　北美航空公司（North American
　　　　　　Aviation）

首　　飛：　1942 年（AT-6D），1944 年
　　　　　　（AT-6F）

特　　點：　金屬結構 / 下單翼佈局 / 可收放起
　　　　　　落架

機長 / 翼展 / 機高：　8.84 / 12.81 / 3.57 米

淨重 / 全重：　1852 / 2404 千克（AT-6D），
　　　　　　1886 / 2548 千克（AT-6F）

引　　擎：　1 台普惠 R-1340-AN-1 "黃蜂"
　　　　　　型星型 9 缸氣冷發動機（Pratt &
　　　　　　Whitney R-1340-AN-1 Wasp），
　　　　　　600 馬力

最大速度 / 巡航速度：　334 / 274 千米 / 小時
　　　　　　（AT-6D），334 / 233 千米 / 小時
　　　　　　（AT-6F）

航　　程：　1174 千米

升　　限：　7376 米（AT-6D），7400 米（AT-
　　　　　　6F）

裝備範圍：　中國航空公司　中央航空運輸公
　　　　　　司　民航空運隊

美國製飛機

AT-6（1948 年改稱 T-6，北美公司代號 NA-59）是北美公司研發的最著名的教練機，也是除蘇聯波利卡波夫波 -2 之外運用範圍最廣的教練機。該型飛機以 BC-1 型教練機（NA-26-54）為基礎研發，是 1935 年首飛的 NA-16 系列教練機的後續，主要作為高級教練機訓練戰鬥機飛行員。AT-6 的設計非常現代化，採用全金屬結構半硬殼式機身，起落架可收放，具有易於操控、結構堅固耐用、飛行性能優良、機動性好、可搭載各種戰鬥機裝備等特點，在二戰中為盟軍訓練飛行員解了燃眉之急。其各亞型總產量高達 15495 架，部分該型飛機直至 1990 年代仍在服役。

AT-6D（後改稱 T-6D，北美公司代號 NA-88、NA-119、NA-121）是在 AT-6B（NA-84）、AT-6C（NA-88）基礎上改良的亞型，修改了 AT-6C 因海運封鎖而將部分部件改為木製的設計，改為全金屬結構，電力系統由 12 伏提升到 24 伏，其餘均與 AT-6B 相同，共製造 4388 架，其中包括 675 架美國海軍使用的 SNJ-5。AT-6F（後改稱 T-6F，北美公司代號 NA-121）是 1944 年推出的改良型，特點是機翼結構強化，座艙蓋後部改良，共製造 956 架，其中包括 931 架美國海軍使用的 SNJ-6。

1945 年底，中央航空運輸公司向駐印美軍購得 2 架 AT-6F，次年又購得 1 架 AT-6D，主要用於飛行訓練。1946−1947 年，中國航空公司也購有 5 架 AT-6F 用於氣象觀測和培訓飛行員，其中 1 架在 1949 年的 "兩航事件" 中滯留香港，後由陳納德在美國註冊民航空運公司通過訴訟獲取，1952 年 11 月 19 日移交民航空運公司。民航空運隊也擁有 1 架 AT-6，註冊號最初可能是 XT-T5，後改為 XT-882。1948 年 5 月，該機由民航空運隊飛行員埃里克·希林（Eric Shilling）駕駛，在上海附近噴灑滴滴涕以預防傷寒和痢疾。1949 年初，馬歇爾·斯坦納（Marshall Stayner）曾駕駛該機在寧夏、西寧、蘭州執行空投任務。

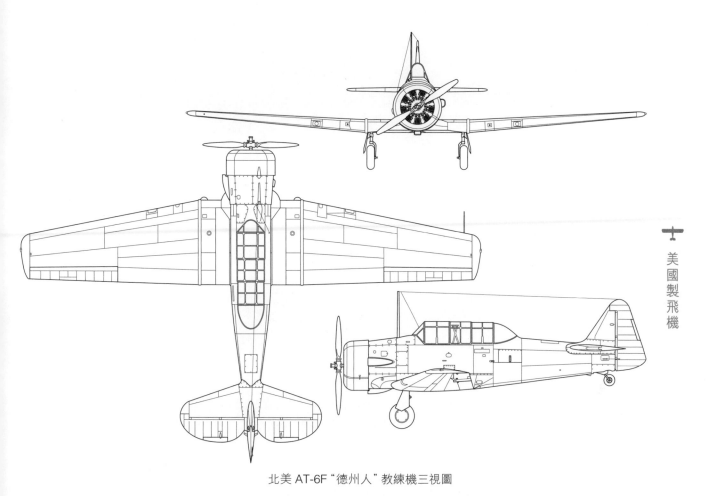

北美 AT-6F "德州人" 教練機三視圖

中央航空運輸公司的 AT-6D 教練機

派珀 J-3 "小熊"

Piper J-3 Cub

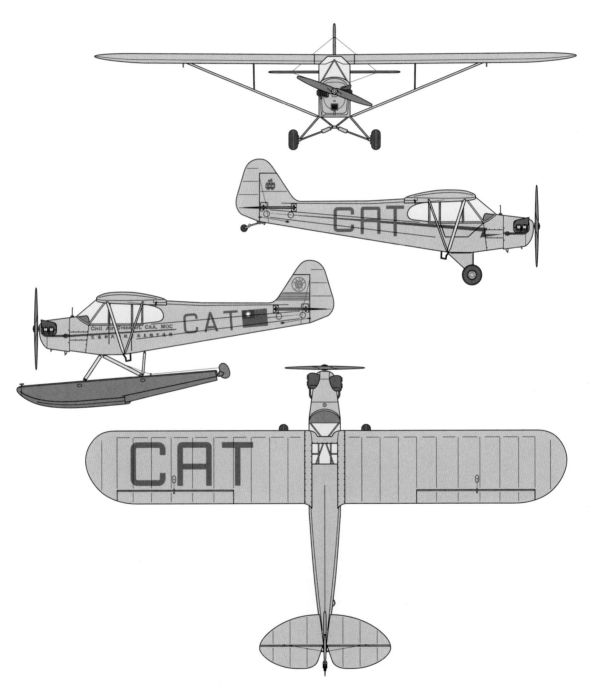

派珀 J-3 "小熊" 通用飛機三視圖（民航空運隊塗裝，安裝浮筒的側視圖為不同時期的塗裝）。

（J-3C-65 參數）

機　　種：	通用飛機
用　　途：	觀光 / 水位觀測
乘　　員：	1+1 人
製 造 廠：	派珀飛機公司
	（Piper Aircraft, Inc.）
首　　飛：	1938 年
特　　點：	混合結構 / 上單翼佈局 / 固定式起落架
機長 / 翼展 / 機高：	6.83 / 10.74 / 2.03 米

淨重 / 全重：	345 / 550 千克
引　　擎：	1 台大陸 A-65-8 型對列型 4 缸氣冷發動機（Continental A-65-8），65 馬力
最大速度 / 巡航速度：	140 / 121 千米 / 小時
航　　程：	354 千米
升　　限：	3500 米
裝備範圍：	中國航空公司　民航空運隊

　　J-3 以泰勒 E-2 "小熊" 型通用飛機（Taylor E-2 Cub）為基礎研發，是派珀公司產量最高、最著名的飛機，其軍用型即為著名的 L-4 "蚱蜢" 型聯絡機。該型飛機於 1938 年首飛，具有結構簡單輕便、低速飛行性能優良、易於操控、可短距起降、用途廣泛、價格低廉等特點，單價僅 995－1249 美元，因此一經投產即廣受歡迎，並在二戰期間美國的 "平民飛行員培訓計劃"（CPTP）中發揮了不可或缺的作用。

　　J-3 各亞型共製造 14125 架，另有 5687 架軍用型 L-4、L-14 和 O-59。二戰結束後，大量淪為戰後剩餘物資的 L-4 以 J-3 的型號流入民用市場，其座艙後部和上部均有大面積視窗，與原始型 J-3 不同。

　　1947 年，民航空運隊購得 1 架配備有浮筒的 J-3，註冊號 XT-883。該機曾參與 1948 年 4 月 12－15 日的濰縣撤離行動，並曾協助國民政府抗洪。1949 年 10 月，民航空運隊總部搬遷至香港後，曾使用這架飛機在香港港口開展觀賞海鳥的觀光飛行，後隨民航空運隊前往台灣。此外，中國航空公司也有至少 1 架 "小熊"。

濰縣撤離行動中的民航空運隊"小熊"

中國航空公司的"小熊"

康維爾 CV-240

Convair CV-240

機　　種：	客機
用　　途：	客運 / 郵運
乘　　員：	（2-3）+40 人
製 造 廠：	聯合−伏爾梯飛機公司
	（Consolidated Vultee Aircraft
	Corporation）
首　　飛：	1947 年
特　　點：	金屬結構 / 下單翼佈局 / 可收放起
	落架

機長 / 翼展 / 機高： 22.76 / 27.97 / 8.2 米

淨重 / 全重：	13381 / 19278 千克
引　　擎：	2 台普惠 R-2800-CA3 "雙黃蜂"
	型星型 18 缸氣冷發動機（Pratt
	& Whitney R-2800-CA3 Twin
	Wasp），每台 2400 馬力
最大速度 / 巡航速度：	507 / 451 千米 / 小時
航　　程：	1931 千米
升　　限：	4900 米
裝備範圍：	中央航空運輸公司

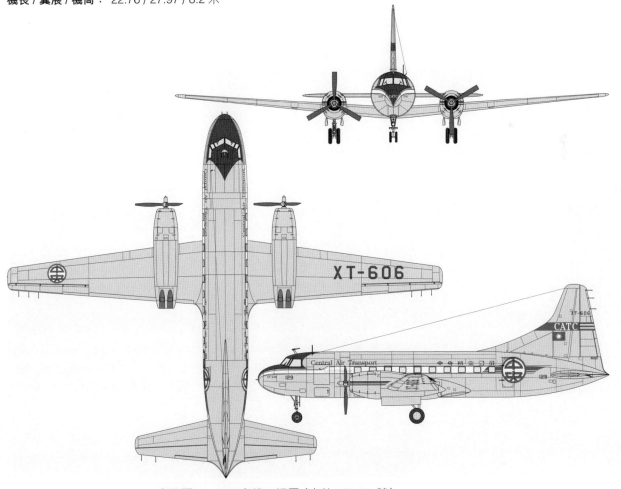

康維爾 CV-240 客機三視圖（央航 XT-606 號）

CV-240 是聯合–伏爾梯公司（又稱康維爾公司）應美國航空（American Airlines）要求研發的雙發客機，也是“康維爾班機”系列中的第一種型號。該型飛機為取代老舊的道格拉斯 DC-3 而研發，其原型機 CV-110 於 1946 年 7 月 8 日首飛成功，可搭載 30 名乘客。由於美國航空要求飛機擁有加壓客艙並提高載客數量，康維爾公司對 CV-110 進行了大幅改良，載客數增加至 40 人，型號改為 CV-240。改造後的飛機於 1947 年 3 月 16 日首飛成功，次年 2 月 23 日加入美國航空機隊服役，各亞型共製造 176 架，其中 153 架是民用客機型，單架售價 316000–495000 美元。康維爾公司後在 CV-240 基礎上又推出了 CV-340、CV-440、CV-580 等著名客機。1960 年，約翰·F·肯尼迪（John F Kennedy）在競選總統期間使用了名為卡羅琳（Caroline）的 CV-240，該型飛機因此成為美國總統競選中使用的第一種私人飛機。

CV-240 客機客艙內部

1947 年 7 月，中央航空運輸公司為開闢國際航線和維持西北航線，以單架 31.5 萬美元向康維爾公司購得 6 架 CV-240，連同相關備件、設備等，總計約 211 萬美元。這些飛機於 1948 年交付，註冊號為 XT-600、XT-602、XT-604、XT-606、XT-608 和 XT-610。作為 1912–1949 年間中國所購買的最先進的民用飛機，其客艙裝飾非常豪華現代，因此而得名"空中行宮"。1949 年的"兩航事件"中，XT-610 號由潘國定駕駛自香港啟德機場飛回北京西郊機場，1950 年 7 月 27 日被中央軍委民用航空局命名為"北京"號，7 月 29 日在北京西郊機場舉行命名儀式，並由毛澤東親筆題寫"北京"二字。該機後於 8 月 1 日由潘國定、閔傳麟、卞模然等開闢了天津—漢口—廣州航線，1956 年 5 月 25–29 日又試航了北京—重慶—成都—拉薩和拉薩—印度的航線，1958 年 12 月退役，現存於中國航空博物館。其餘 5 架 CV-240 則滯留香港，後由陳納德在美國註冊民航空運公司通過訴訟獲取。

1948 年 10 月 26 日在加利福尼亞降落的央航 XT-608 號

美國製飛機

塞斯納 195 "商務班輪"

Cessna 195 Businessliner

美
國
製
飛
機

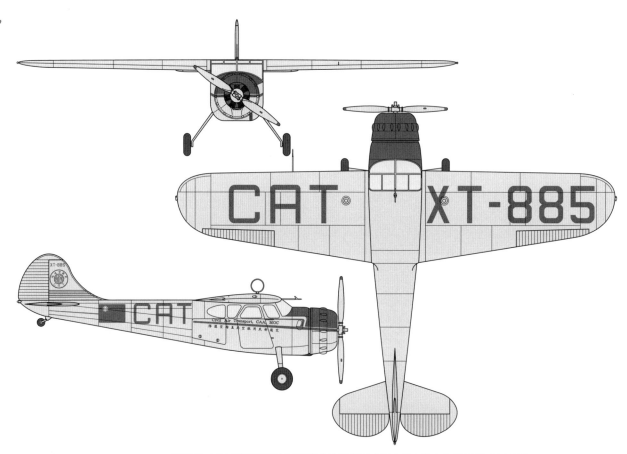

塞斯納 195 "商務班輪" 客機 / 公務機三視圖（民航空運隊 XT-885 號）

機　種：	客機 / 公務機	淨重 / 全重：	921 / 1520 千克
用　途：	客運 / 郵運 / 包機	引　擎：	1 台雅克布 R-755-A2 型星
乘　員：	1+4 人		型 7 缸氣冷發動機（Jacobs
製造廠：	塞斯納飛機公司（Cessna Aircraft		R-755-A2），300 馬力
	Company）	最大速度 / 巡航速度：	278 / 249 千米 / 小時
首　飛：	1945 年	航　程：	1207 千米
特　點：	金屬結構 / 上單翼佈局 / 固定式起	升　限：	4875 米
	落架	裝備範圍：	民航空運隊
機長 / 翼展 / 機高：	8.33 / 11.02 / 2.18 米		

塞斯納 195 "商務班輪" 是塞斯納公司研發的小型客機 / 公務機。其原型機 P-780 早在 1944 年就開始研發，次年首飛成功，但因顧及戰後剩餘物資過多，大批軍用飛機轉入民用市場的影響，塞斯納 195 直至 1947 年 6 月才投入量產，總產量 446 架。該型飛機外形美觀，結構堅固耐用，飛行速度、航程和操控性都非常優異，艙內最多可搭載 5 名乘客或 454 千克貨物，但售價高昂，單機高達 23500 美元，且使用成本高，耗油量較大，因此多作為商務飛機使用。截至 2017 年 7 月，美國仍有 225 架該型飛機註冊在案。

隨着國共內戰局勢的發展，為了在中國西北、東南地區開發新業務，1948 年 11 月，民航空運隊以 9 萬美元向塞斯納公司訂購了 6 架塞斯納 195（見附表），用於建設西北地區的支線客貨運航線。其中 4 架於次年 5 月 1 日運抵香港，主要用於西北地區，另外 2 架則在東南地區使用。5 月 9 日，由菲利克斯・史密斯（Felix Smith）和斯特林・貝米斯（Sterling Bemis）駕駛的塞斯納 195 開始將羊毛運出西寧，5 月 15 日正式

1949 年 5 月運抵香港的民航空運隊 XT-885 號，該機尚未塗飾民航空運隊標識，僅在機翼、尾翼上漆以註冊號。

投入寧夏—蘭州的航線運營，主要用於運送人員、郵件、貨物、錢幣、出口商品等。隨着中國國內局勢的進一步發展，1949 年 8 月，民航空運隊使用該型飛機先後投入廈門—汕頭—長汀航綫和飛往台灣的航線，1950 年 3 月 2 日又開通了台北—台南的往返航線。除航線營運外，該型飛機還用於包機和協助政府事務。1949 年 6 月 6 日，國民政府曾租用 1 架塞斯納 195 用於洞庭湖地區的堤壩巡查和水位監測；同年 8 月底開始協助西北地區的官員撤離；9 月 1 日，國民黨當局第 12 兵團司令胡璉曾租用 1 架該型飛機視察東南地區。

　　註冊號 XT-887 的塞斯納 195 於 1949 年 6 月 19 日在蘭州附近因沙塵暴墜毀，飛行員埃迪・諾威奇（Eddie Norwich）和 2 名乘客身亡；XT-885 可能在 1949 年 10 月 11 日廣州疏散期間被棄置，也可能拆作備件；另外 4 架該型飛機於 1952 年 4 月轉售日本。

附表：民航空運隊的 6 架塞斯納 195

生產序號	註冊號	後改註冊號
7296	XT-884	N8422C
7292	XT-885	-
7297	XT-886	N8424C
7312	XT-887	-
7314	XT-888	N8425C
7315	XT-889	N8423C

福克 F.VIIb / 3M

Fokker F.VIIb/3M

機　　種：	客機
用　　途：	客運 / 郵運
乘　　員：	2+10 人
製 造 廠：	福克公司（Fokker），美國大西洋飛機公司（Atlantic Aircraft Corporation）
首　　飛：	1927 年
特　　點：	混合結構 / 上單翼佈局 / 固定式起落架
機長 / 翼展 / 機高：	14.5 / 21.71 / 3.9 米
淨重 / 全重：	3049 / 5300 千克

引　　擎：	1 台萊特 J-6 "旋風" 型星型 7 缸氣冷發動機（Wright J-6 Whirlwind），225 馬力和 2 台萊特 R-760 "旋風" 型星型 7 缸氣冷發動機（Wright R-760 Whirlwind），每台 200 馬力
最大速度 / 巡航速度：	207 / 170 千米 / 小時
航　　程：	1200 千米
升　　限：	-
裝備範圍：	惠通航空公司　滿洲航空株式會社

荷蘭製飛機

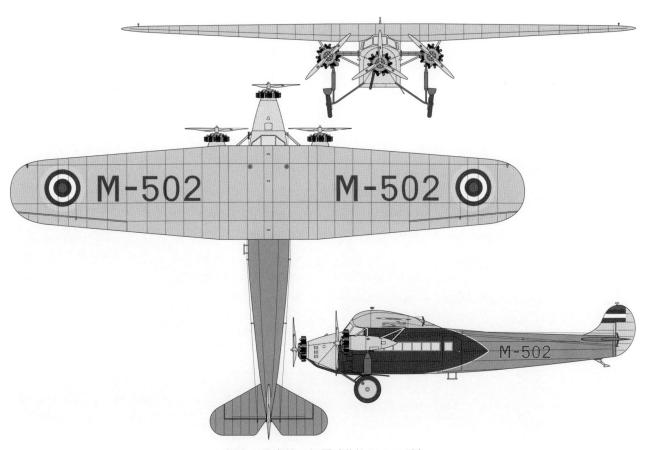

福克三發客機三視圖（滿航 M-502 號）

研發於 1920 年代前期的福克 F.VII/3M（又稱福克三發）是 1920 年代最成功的客機，也是同時代最著名的客機。該型飛機由福克公司工程師沃爾特·瑞瑟爾（Walter Rethel）設計，原型機 F.VII 於 1924 年 4 月 11 日首飛，採用單發佈局，共製造 5 架，主要供荷蘭皇家航空公司使用。1925 年，福克公司為提高其可靠性，將發動機由 1 台 360 馬力的勞斯－萊斯"鷹"改為 3 台 200 馬力的萊特"旋風"，即使在 2 台發動機失效的情況下仍可保持飛行，因此一經推出即廣受歡迎，成為美國和歐洲許多早期航空公司的首選飛機。福克三發除供航空公司和軍方使用外，也廣受飛行探險家的喜愛，曾創造多個飛行記錄，對航空業的發展有着深遠影響，在 1920–1930 年代大量的三發飛機上都可看到福克三發的影子。F.VIIb/3M 是 1927 年推出的增大翼展的改良型，也是產量最多的一種，由荷蘭福克公司和其子公司美國大西洋飛機公司同時生產，共製造 154 架。

1932 年 9 月 26 日，滿洲航空株式會社成立後，向日本航空輸送株式會社租用 2 架 F.VIIb/3M 和 4 架福克"超級通用"，其中第 1 架福克三發註冊號為 J-BBYO；第 2 架則為同年 10 月 1 日租用，註冊號為 J-BBTU，後於 10 月 31 日買下。這 2 架福克三發被滿航買下後，註冊號分別是 M-501（原 J-BBYO）、M-502（原 J-BBTU）。

由於該型飛機的載客量相較"超級通用"沒有明顯優勢，但三台發動機卻增加了維護的困難，提高了養護成本，因此多用於臨時的特殊航班。其中 M-501 一度命名為"三

滿航自日本航空輸送株式會社租用的 J-BBYO 號福克三發，後成為 M-502。

江"號，主要用於佳木斯—富錦航線，每周飛行 3 次，使兩地之間的通郵速度大為增強，三江省（偽滿洲國在黑龍江東南部設置的行政區域）省長特地在富錦建造了一個木製機庫。M-502 則主要用於運輸發動機，不久後因事故報廢。1935 年 8 月 3 日，海拉爾（今內蒙古呼倫貝爾轄區）因洪水導致鐵路停運，滿航的 2 架福克三發和 3 架"超級通用"曾用於該地區的救濟運輸，並用於奉天—大連航線的客運服務。1938 年，滿航曾報告稱"已累積飛行 2414 小時的 M-503 號福克三發正在更換發動機"，證實滿航曾有 3 架福克三發，但 M-503 的具體狀況不詳。

滿航的福克三發除用於民航外，也供日軍用於運輸、偵查拍照。1932 年 11 月 9 日，這 2 架飛機曾搭載偽滿洲國和日本談判小組成員飛抵齊齊哈爾與抗日將領蘇炳文部談判，次日飛返。1933 年 1 月 15 日，M-501 搭載了 3 名日本陸軍軍官自哈爾濱機場起飛，前往黑龍江流域執行拍照偵查任務，返回時因大風撞上機場圍欄，導致右側機翼和螺旋槳損壞，3 天後才修復。熱河戰役期間，應關東軍總部要求，滿航於 1933 年 2 月 13 日成立了由 M-501 和 6 架"超級通用"組成的運輸隊，由關東軍直接指揮，向前線運輸彈藥、給養，並按飛行時間支付酬勞，後於 3 月 21 日解散。

日本人實際控制的惠通航空公司於 1936 年 11 月 7 日成立後，也有 1 架由滿航提供的福克三發用於天津—大連航線，後來又增加了 1 架。據稱這 2 架飛機即為滿航 M-502 和 M-504，由於 M-502 早已報廢，因此相應飛機可能是 M-501 或 M-503。

滿航 M-502 號客機

柯蒂斯－里德 "漫步者" III

Curtiss-Reid Rambler Mk.III

加拿大製飛機

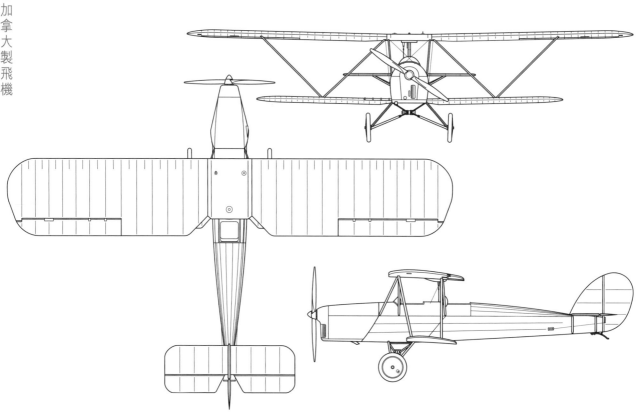

柯蒂斯－里德 "漫步者" III 運動 / 教練機三視圖

機　　種：	運動 / 教練機
用　　途：	訓練 / 郵運
乘　　員：	2 人
製 造 廠：	柯蒂斯－里德飛機公司
	（Curtiss-Reid Aircraft Company）
首　　飛：	1931 年
特　　點：	混合結構 / 不等翼展雙翼佈局 / 固定式起落架
機長 / 翼展 / 機高：	7.32 / 10.05 / 2.44 米

淨重 / 全重：	488 / 748 千克
引　　擎：	1 台德・哈維蘭 "吉普賽" III 型倒置直列型 4 缸氣冷發動機（De Havilland Gipsy III），120 馬力
最大速度 / 巡航速度：	180 / 172 千米 / 小時
航　　程：	-
升　　限：	4420 米
裝備範圍：	西南航空公司

"漫步者"是里德公司於 1920 年代後期研發的雙翼運動 / 教練機,在里德公司被柯蒂斯公司收購後改稱柯蒂斯－里德"漫步者"。該型飛機由里德公司創始人威爾弗里德·T·里德(Wilfrid T. Reid)設計,機翼可向後折疊以便拖運或存儲,起落架可換裝浮筒或滑橇。"漫步者"的原型機於 1928 年 9 月 23 日首飛成功,但在着陸時因副翼被卡住而險些釀成事故,此問題後通過修改副翼控制連杆而改善。該型飛機投產後主要供加拿大民間的飛行俱樂部使用,加拿大軍方也購買部分作為初級教練機使用。各亞型共製造 45 架,"漫步者"III 是 1931 年推出的改良型,特點是換裝了大功率的"吉普賽"III 型發動機,飛行性能提升。

　　1932 年 3 月中旬,柯蒂斯－里德公司總裁麥科迪(McCurdy)和飛行員愛德華·L·柯蒂斯(Edward L Curtis)將 1 架"漫步者"III(生產序號 1031 / 註冊號 CF-ALL)送至香港展銷,3 月底飛往廣州,後於 1934 年被西南航空公司購得,命名為"天狼"號。同年 5 月 5 日,西南航空計劃用該機試航南寧—南舟—獨山—貴陽航線,並打算在 6 月 15 日正式開航,但因故未成。該機除供訓練外,也用於廣州—龍州航線,1935年,西南航空公司機械長黃朝政駕駛"天狼"號帶飛政教秘書梁朋時,飛機起火焚毀,二人被燒傷。

命名儀式上的西南航空機隊,右側最近端為"天狼"號,向遠端依次為"長庚"、"啟明"和"北斗"號。

諾頓 UC-64A "挪威人"

Noorduyn UC-64A Norseman

加拿大製飛機

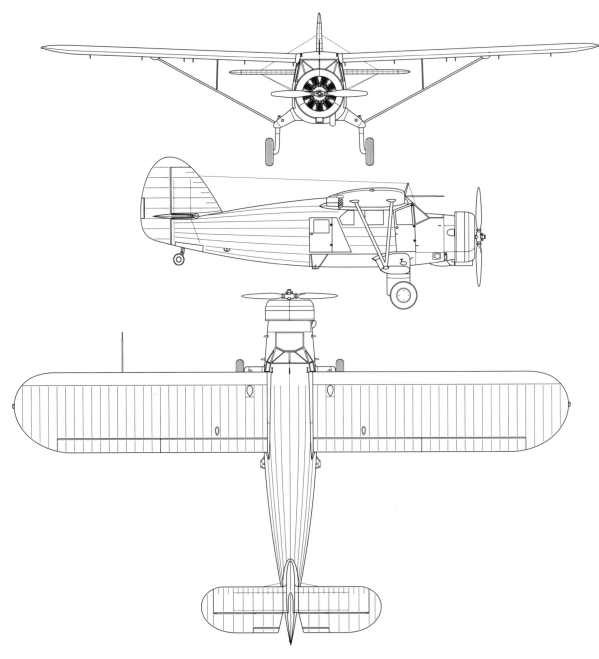

諾頓 UC-64A "挪威人" 運輸機三視圖

機　　種：	運輸機		引　　擎：	1 台普惠 R-1340-AN-1 "黃蜂" 型星型 9 缸氣冷發動機（Pratt & Whitney R-1340-AN-1 Wasp），600 馬力
用　　途：	-			
乘　　員：	1+9 人			
製 造 廠：	諾頓航空（Noorduyn Aviation）			
首　　飛：	1937 年		最大速度 / 巡航速度：	261 / 238 千米 / 小時
特　　點：	混合結構 / 上單翼佈局 / 固定式起落架		航　　程：	1851 千米
			升　　限：	5180 米
機長 / 翼展 / 機高：	9.75 / 15.7 / 3.2 米		裝備範圍：	中央航空運輸公司
淨重 / 全重：	2123 / 3357 千克			

　　"挪威人"研發於諾頓公司成立之前，由諾頓公司創始人羅伯特·B·C·諾頓（Robert B C Noorduyn）親自設計，主要用來應對加拿大冬季的嚴酷氣候，並可以在各種粗糙地面、雪地、水面起降。由於加拿大湖泊眾多，因此"挪威人"最初以浮筒作為主要起降方式設計，可換裝滑橇或陸用起落架，機翼採用上單翼佈局，以便在碼頭裝載貨物或上下乘客。該型飛機的原型機"挪威人"MkI 於 1935 年 11 月 14 日以水上飛機的形式首飛成功，具有結構堅固耐用、飛行平穩等特點，投入市場後廣受歡迎，並衍生出多種亞型，前後共有近 70 個國家使用該型飛機，直到 2019 年仍有部分可飛。UC-64A（最初型號為 C-64A）是在"挪威人"Mk IV 基礎上生產供美國陸軍航空隊使用的型號，特點是加裝 2 個機身油箱，燃油容量增至 914 升，同時可加裝 145 升容量的機艙油箱，美軍共訂購 749 架。

　　1946 年，中央航空運輸公司向駐華美軍清理物資委員會購得江灣機場的 150 架飛機和大量器材物資，其中包括 2 架 UC-64A。

滿飛 MT-1 "隼"

Manshū MT-1 Hayabusa

機　　種： 客機

用　　途： 客運 / 郵運

乘　　員： 1+5 人（原型），1+6 人（量產型）

製 造 廠： 滿洲飛行機製造株式會社
（Manchuria Airplane
Manufacturing Company）

首　　飛： 1936 年

特　　點： 混合結構 / 下單翼佈局 / 固定式起
落架

機長 / 翼展 / 機高： 8.88 / 13.6 / 3.65 米（原
型），9.38 / 13.6 / 3.6 米（量產型）

淨重 / 全重： 1700 / 2640 千克（原型），1700 /
2700 千克（量產型）

引　　擎： 1 台中島 Ha-1 "壽" 2 改 1 型星型
9 缸氣冷發動機（Nakajima Ha-1
Kotobuki 2 Kai1），460-570 馬力

最大速度 / 巡航速度： 241 / 201 千米 / 小時

航　　程： 900 千米

升　　限： 6000 米

裝備範圍： 滿洲航空株式會社　偽中華航空
股份有限公司

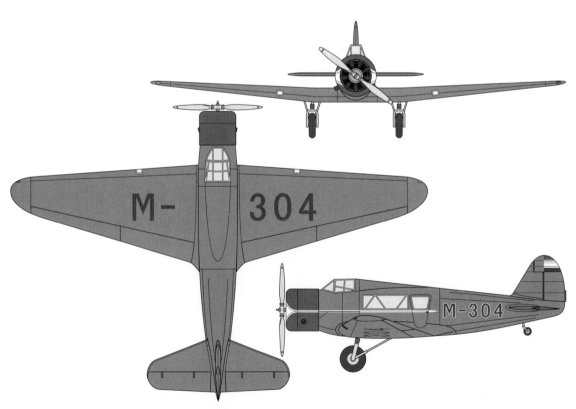

滿飛 MT-1 "隼" 三視圖（原型機）

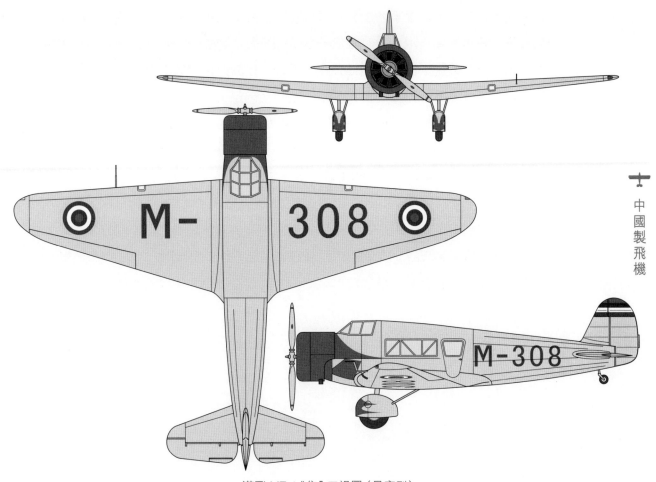

滿飛 MT-1 "隼" 三視圖（量產型）

MT-1 "隼" 是滿洲飛行機製造株式會社研發的單發小型客機，主要用於取代老舊的中島－福克 "超級通用"。該型飛機於 1935 年開始研製，設計中參考了容克 Ju 160 和洛克希德 "奧利安" 型高速客機，外形與 "奧利安" 非常相似，結構設計則與 "超級通用" 相同，機身由焊接鋼管結構組成，前部覆以鋁製蒙皮，後部則用蒙布覆蓋，機翼、尾翼採用木製，佈局更加緊湊，起落架為手動可收放式，客艙裝有大型窗戶，可搭載 5 名乘客。

MT-1 的原型機 M-304 於 1936 年 12 月完工，同月 20 日在奉天西機場首飛成功，飛行測試的結果整體令人滿意，但手動式可收放起落架操作繁瑣且不可靠 —— 飛行員需連續旋轉數十次曲柄才可將起落架完全收放。為此，滿航為其換裝了裝有整流罩的固定式起落架，並於次年 4 月再次試飛。M-305 是 MT-1 的第 2 架原型機，特點是將駕駛艙艙蓋由 M-304 的側開式改為向後滑動打開，飛行員進入駕駛艙的方式改善，但

量產後則取消了原型機駕駛艙蓋可單獨打開的設計，飛行員需通過客艙進入駕駛艙，此改變令飛行員在出現意外時難以逃生。機身長度增加，可搭載 6 名乘客，客艙內增加冷氣和供暖設施，客艙窗戶框架改為垂直，尾翼改良，同時改善了駕駛艙後部的流線形構造，具有易於操控、飛行平穩、起降性能優良、維護方便、乘坐舒適等特點，但飛行性能和速度相較"超級通用"沒有明顯提升，且前向視野較差，冷氣、供暖設施可靠性不佳。部分後期生產的 MT-1 換裝了結構更為緊湊且帶有凸起的發動機整流罩，並增加了 2 個進氣口，駕駛艙蓋下增加 2 個小窗戶，方向舵改為牛角配重式。

MT-1 於 1938 年投入使用，共製造約 35 架，註冊號 M-304 至 M-338，日本國際航空工業也製造了 15-20 架該型飛機。滿飛製造的該型飛機僅供滿洲航空株式會社使用，由於設計並不完善，在使用中先後出現多起事故。1940 年 1 月 30 日，M-312 自奉天西機場起飛後起火，迫降於郊區，1 名飛行員和乘客被嚴重燒傷，另 1 名飛行員

MT-1 的第 2 架原型機 M-305，其駕駛艙為向後打開，便於駕駛員在發生意外時逃生。

在跳機時被機尾撞死。同年 3 月 19 日，M-307 自北平飛往奉天，途徑三河市上空時，因供暖系統發生故障，導致機上人員一氧化碳中毒，飛機墜毀，機組成員和乘客全部喪生，機內搭載的郵件被盜走；在偽滿洲國北部使用的該型飛機也發生過類似事件。滿航為此將 MT-1 全部退役停用。1944 年，應日本關東軍要求，滿飛將 1 架該型飛機拆除發動機，機首延長 60 厘米並增加了 50 千克壓載物，改造為滑翔機，隨後由 Ju 86 Z-2 拖曳，成功進行了奉天—新京的試航，但並未有進一步發展。1945 年 8 月 9 日，蘇聯出兵中國東北，位於佳木斯的滿航成員向哈爾濱撤退，有 1 架搭載滿航人員的 MT-1 迷航墜毀，機上乘員全部喪生。二戰結束後，滿航殘存的 4 架該型飛機被蘇軍擄獲，由於蘇軍對其毫無興趣，因此全部拆毀。

據稱，偽中華航空股份有限公司也有部分日本國際航空工業製造的 MT-1 用於運營，但沒有資料證實。

量產型的 MT-1 客機（M-318 號）

中島－福克 "超級通用" / 滿航一式 / 二式

Nakajima-Fokker Super Universal/Manko Type 1/Type 2

機　　種：	客機 / 運輸機
用　　途：	客運 / 郵運 / 航拍 / 測繪 / 搜救 / 觀光
乘　　員：	2+6 人
製 造 廠：	中島飛行機株式會社（Nakajima Hikōki Kabushiki Kaisha），滿洲航空株式會社（Manchukuo National Airways）
首　　飛：	1931 年
特　　點：	混合結構 / 上單翼佈局 / 固定式起落架

機長 / 翼展 / 機高：	11.09 / 15.43 / 2.82 米
淨重 / 全重：	1720 / 3000 千克
引　　擎：	1 台中島 Ha-1 "壽" 二改一型星型 9 缸氣冷發動機（Nakajima Ha-1 Kotobuki 2 Kai1），460 馬力
最大速度 / 巡航速度：	242 / 171 千米 / 小時
航　　程：	900 千米
升　　限：	6000 米
裝備範圍：	滿洲航空株式會社　惠通航空公司　偽中華航空股份有限公司

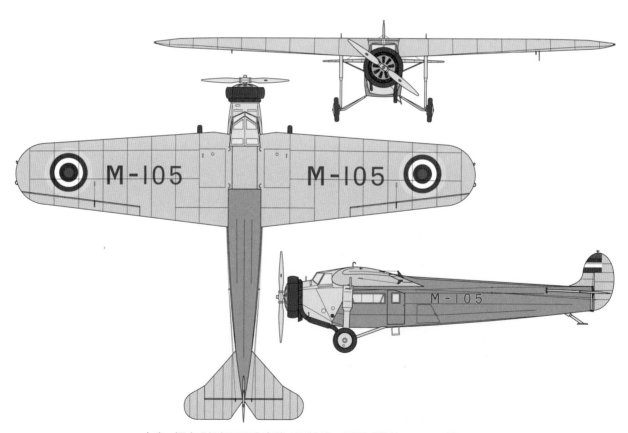

中島－福克 "超級通用" 客機 / 運輸機三視圖（滿航 M-105 號）

"超級通用"是荷蘭福克公司的美國子公司 —— 美國大西洋飛機公司（Atlantic Aircraft Corporation）在福克"通用"型客機基礎上推出的改良型。該型飛機在"通用"基礎上擴大尺寸，駕駛艙改為封閉式，客艙容量增大，起落架改良，可搭載 6 名乘客。其原型機於 1928 年 3 月首飛，投產後廣受市場歡迎，銷量超過大西洋公司此前的任何產品，共製造約 80 架，並授權加拿大維克斯公司、日本中島公司仿製。中島公司於 1931 年開始仿製，仿製機先後換裝了 450 馬力的中島−布里斯托"木星"型發動機（Nakajima-Bristol Jupiter）和 460 馬力的"壽"發動機，除供日本航空輸送株式會社使用外，也供日本軍方使用。

　　早在 1929 年 4 月，日本航空輸送株式會社就使用"超級通用"開通了東京—大連的商業航線。1932 年 9 月 26 日，滿洲航空株式會社成立後，自日本航空輸送株式會社租借了 4 架該型飛機（註冊號 J-CBKO、J-EJBO、J-BBWO、J-CBUO）。這 4 架飛機後被滿航買下，註冊號 M-114 至 M-117；10 月 1 日，滿航又通過日本航空輸送株式會社購得 4 架，其中 3 架立即交付，註冊號 M-101 至 M-103；同時滿航直接向中島公司訂購了 10 架"超級通用"，其中第 1 架（註冊號 M-104）於 10 月 24 日交付，其餘 9 架則於次年 10 月前陸續交付，註冊號 M-105 至 M-113。這些"超級通用"中，除滿航直接向中島公司訂購的飛機安裝的是"壽"型發動機外，其餘均為布里斯托"木星" VI（Bristol Jupiter VI）型發動機，其中安裝"壽"發動機的飛機每架 62415 日元，安裝"木星"發動機的飛機價格則為 63825 日元。由於滿航認為中島公司交付飛機的

滿航 M-105 號"超級通用"

速度難以滿足發展需求，因此未經中島或福克公司許可，開始自行仿製“超級通用”。
1933年10月2日，滿航自製的2架該型飛機（註冊號M-118、M-119）正式交付使
用，此後滿航新獲得的“超級通用”均為自製而成，至少製造40架（一說81架），其
中大部分是用於客運的“滿航一式”，另有6、7架為機身結構改造、安裝拍照攝影裝
置的“滿航二式”。

　　“超級通用”和“滿航一式”、“滿航二式”是滿洲航空株式會社使用時間最久、使
用範圍最廣的飛機。1932年11月3日7：47，M-102自奉天起飛，飛往朝鮮新義州，
是滿航首次商業飛行；當天9：04，M-104從奉天起飛，於10：20飛抵新京，自此開
航了齊齊哈爾—哈爾濱—新京—奉天—新義州的商業航線，乘客可搭乘滿航飛機到達
朝鮮新義州，再轉乘日本航空輸送株式會社的航班飛往日本東京。

　　1933年，為穩固偽滿政權的統治，鎮壓抗日勢力，經日本關東軍批准，滿航於11
月開辦了攝影部，使用滿航二式和滿航三式進行航拍、測繪、航空勘探等任務。1934
年5月，日本王子製紙公司曾委托滿航對長白山附近進行航空林業調查。1936年1月
9日，一群京都大學學生在大興安嶺附近因降雪失聯，滿航派M-108前往附近執行搜

“超級通用”客機客艙內部

索救援任務，因天氣惡劣未果，次日成功尋獲。同年 5 月 24 日起，滿航使用該型飛機開闢了大連—奉天的周末觀光航線，M-107 每周日 10 點搭載 6 名乘客由大連出發，沿滿鐵路線飛往奉天，當日 17 點 15 分乘客再搭乘滿鐵"亞細亞"號列車返回大連。該航線備受乘客歡迎，美中不足的是"超級通用"噪音過大，甚至會影響乘客間的交談。

由於日本陸軍航空隊的運輸能力非常薄弱，因此滿航自成立起就始終擔負着商業運輸和協助作戰的雙重角色。1933 年，滿航曾組織了一支隊伍對偽蒙古軍總司令李守信進行空中支援。1933 年 2 月至 3 月間的熱河戰役（熱河抗戰）期間，應日本關東軍總部要求，滿航於 2 月 13 日成立了 1 個由 6 架"超級通用"（註冊號 J-CBKO、J-EJBO、M-101、M-106、M-107、M-109）和 1 架福克三發組成的運輸隊，由關東軍直接指揮，負責運輸彈藥、給養至前線，並將前線受傷的士兵運回，關東軍按飛行時間向滿航支付酬勞。3 月 15 日後，M-104、M-105、M-110、M-111 也加入行動，戰役結束後，運輸隊於 3 月 21 日解散。1935 年 12 月下旬，由 4—10 架滿航"超級通用"和福克三發組成的第一川田中隊曾協助親日的內蒙古王公德王（即德穆楚克棟魯普親王，後任傀儡政權偽蒙疆聯合自治政府主席）作戰，執行偵查和轟炸任務。

滿航自行仿製的第 1 架"滿航一式"M-118

在 1936 年初偽滿與蒙古邊界衝突中，滿航於 2 月 20 日派出 12 架 "超級通用" 駐紮於海拉爾機場對陸軍進行空中支援 (一說為 3 架 "超級通用" 和 2 架 DH.80 通用飛機)，並在機場附近練習掃射轟炸。同年歲末的百靈廟戰役 (綏遠抗戰) 期間，滿航又組建了包括 6 架 "超級通用"、1 架 DH.80、4 架中島九一式戰鬥機、2 架川崎八八式偵察機的第二川田中隊協助德王和李守信部作戰。1937 年 6 月，日蘇兩國在黑龍江乾岔子島爆發武裝衝突 (乾岔子島事件)，日軍曾包機 3 架 "超級通用" 運載潛水員和相關設備前往衝突地區。同年，滿航還應關東軍要求對偽滿洲國與蒙古邊境，黑龍江上、中游，哈巴羅夫斯克，偽滿洲國與蘇聯東部交界處進行偵查拍照。1937 年全面抗戰爆發後，滿航於 7 月 11 日組建了由 9 架 "超級通用" 組成的運輸隊協助日軍作戰。1939 年 5 月至 9 月的 "諾門罕戰役" 期間，滿航組建了運輸隊前往海拉爾協助日軍作戰，自 5 月 11 日起，滿航參戰的飛機每天至少飛行 6 架次，7 月 1 日滿航又派 8 架 "超級通用" 前往前線。整個戰役期間，共有 3 架 "超級通用" 被蘇軍擊毀。

M-103 是滿航損失的第一架 "超級通用"，也是滿航自成立以來損失的第 1 架飛機，該機於 1932 年 9 月 28 日飛往海拉爾時，因遭遇地面戰鬥而改飛齊齊哈爾，後因燃料不足迫降損毀，機上乘員被蘇軍或當地抗日武裝殺死。M-105 於 1933 年 9 月 20 日被關東軍徵用，自哈爾濱飛往富錦時，因超載墜毀。M-139 於 1935 年 7 月 8 日贈與內蒙的德王作為專機，另有部分 "超級通用" 租借給偽滿洲國陸軍航空隊使用。1937 年 6 月 22 日，1 架自朝鮮新義州起飛的該型飛機在安東 (今遼寧丹東) 附近墜毀，機上 2 人死亡，7 人重傷。M-101 於 1937 年 8 月 14 日自新京飛往張家口時，因天氣惡劣在熱河 (今內蒙古、河北、遼寧的部分地區) 邊界墜毀。9 月 24 日，M-120 在北平密雲附近被地面炮火擊落，機上乘員全部喪生。1938 年 3 月 4 日，M-127 在濟南附近執行偵查拍照任務時被地面抗日武裝擊落，機上 6 人中有 3 人喪生，1 人重傷，死者的骨灰後由偽中華航空股份有限公司的 "天津" 號 AT-2 運回。1939 年 7 月 15 日，M-143 在飛離海拉爾機場時被 3 架蘇軍波利卡波夫伊-16 戰鬥機擊落。

1945 年 8 月 9 日，蘇聯出兵中國東北，位於熱河的滿航成員向奉天撤退，由於 "超級通用" 大多機齡老舊、不適飛行，只有少量該型飛機於 8 月 12-14 日自佳木斯飛往錦州，8 月 15 日飛往奉天。日本投降後，8 月 28 日，滿航曾派出 1 架 "超級通用" 前往搜尋 1 支未投降的日軍部隊；其餘 13 架尚可飛行的該型飛機則應蘇軍要求飛往蒙古的溫都爾汗。

惠通航空公司於 1936 年 11 月 7 日成立後，也有 6 架自滿航獲得的 "超級通用"，主要用於北平—天津—山海關、天津—北平—張家口—張北航線，惠通航空解散後移交新組建的偽中華航空股份有限公司使用。

中島 LB-2 "曉"

Nakajima LB-2 Akatsuki-go

機　　種：　轟炸機

用　　途：　搜索 / 運輸

乘　　員：　4+6 人

製 造 廠：　中島飛行機株式會社（Nakajima
Hikōki Kabushiki Kaisha）

首　　飛：　1936 年

特　　點：　金屬結構 / 中單翼佈局 / 可收放起
落架

機長 / 翼展 / 機高：　19.33 / 26.69 / 5.45 米

淨重 / 全重：　5750 / 9630 千克

引　　擎：　2 台中島 "光" 二型星型 9 缸氣冷
發動機（Nakajima Hikari 2），每
台 800 馬力

最大速度 / 巡航速度：　328 / 240 千米 / 小時

航　　程：　6000 千米

升　　限：　-

裝備範圍：　滿洲航空株式會社

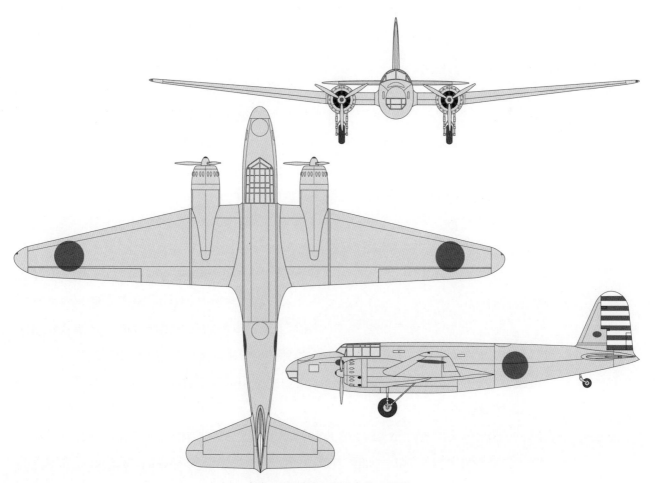

中島 LB-2 "曉" 遠程客機三視圖

在奉天東機場測試發動機的 LB-2

1934 年，由於三菱重工的八試特殊偵察機（G1M）表現優異，日本海軍將研發新一代陸基轟炸機的任務交給了三菱重工。為此，中島公司於同年自發研製 LB-2 型遠程轟炸機和三菱競爭，其中 LB 代表"遠程轟炸機"（Long-range Bomber），中島公司內部則稱其為"中島式中型陸上攻擊機"。該機由工程師松村健一設計，大幅參考了道格拉斯 DC-2，結構、外觀和尺寸與 DC-2 非常相似，機翼改為中單翼佈局，自衛武器為 2 挺 7.7 毫米九二式機槍，可搭載 800 千克炸彈。LB-2 僅製造 1 架，於 1936 年 3 月製成並交日本海軍測試，代號為九試陸上攻擊機。由於日本海軍更青睞三菱九六式陸上攻擊機，對該機興趣不大。

1936 年夏初，滿洲航空株式會社董事長永淵三郎訪問日本大田市中島公司，免費獲得了 LB-2 和 1 架諾斯羅普"伽馬"5A。該機隨即被中島公司改造為客機，其原有的武備被拆除，艙體改為可搭載 6 位乘客的客艙，炸彈艙改為輔助油箱，機首轟炸瞄準艙改為貨艙，機組成員由 6 人減少至 4 人。次年 3 月 22 日，該機在奉天機場進行試飛，註冊號 M-505。6 月 25-27 日，由於 1 輛日軍補給車在偽蒙疆聯合自治政府轄區區域內的沙漠中失蹤，滿航派遣 LB-2 前往搜索，並運送了一批人員和物資飛往商都（內蒙古烏蘭察布市轄縣），是該機僅有的一次實用飛行任務。

滿航原計劃利用該機的超遠航程，與 2 架亨克爾 He 116A-0 一起建立經蘇聯飛往德國的亞歐航線，但由於 LB-2 的起落架強度不足，在機場停放時需在機翼下增加支撐，且着陸性能較差，加上日蘇"諾門罕戰役"以及中國國內全面抗戰的爆發等因素的影響，滿航開闢亞歐航線的計劃被迫取消。LB-2 廢置於奉天北部機場，1941 年作為研究設備拆解。

中島 九七式輸送機 / AT-2

Nakajima Army Type 97 Transport/AT-2

機　　種： 客機 / 運輸機

用　　途： 客運 / 郵運 / 觀光

乘　　員： 3+8 人

製 造 廠： 中島飛行機株式會社（Nakajima
　　　　　Hikōki Kabushiki Kaisha）

首　　飛： 1936 年

特　　點： 金屬結構 / 下單翼佈局 / 可收放起
　　　　　落架

機長 / 翼展 / 機高： 15.3 / 19.95 / 3.9 米（AT-
　　　　　2），15.3 / 19.92 / 4.15 米（キ 34）

淨重 / 全重： 3500 / 5250 千克

引　　擎： （AT-2）2 台中島 "壽" 41 型星
　　　　　型 9 缸氣冷發動機（Nakajima

Kotobuki 41），每台 710 馬力；
（キ 34）2 台中島ハ 1 乙型星型
9 缸氣冷發動機（Nakajima Ha-
1b），每台 650 馬力

最大速度 / 巡航速度： 360 / 300 千米 / 小時
　　　　　（AT-2），365 / 310 千米 / 小時（キ
　　　　　34）

航　　程： 1200 千米

升　　限： 7000 米

裝備範圍： 滿洲航空株式會社　惠通航空公
　　　　　司　偽中華航空股份有限公司
　　　　　中央航空運輸公司

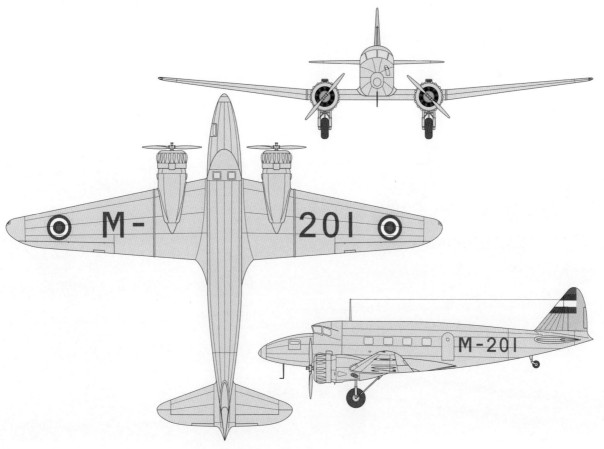

中島 AT-2 客機三視圖（滿航 M-201）

AT-2 研發於 1930 年代中期，是日本自行生產的第一種現代化客機。該型飛機以道格拉斯 DC-2 為基礎研發，實質上是 DC-2 的縮小型，結構和佈局與 DC-2 相同，駕駛艙玻璃採用反常規的前向傾斜，以減弱惡劣天氣對飛行員視野的影響。AT-2 的原型機 AT-1 於 1936 年 9 月 12 日首飛，裝有 2 台 580 馬力的 "壽" 2-1 型發動機，飛行性能出色，量產型換裝了 "壽" 41 型發動機，共製造 32 架，主要供大日本航空株式會社和偽滿洲國使用。九七式輸送機（キ 34）是 AT-2 的軍用型，特點是用八 1 乙型發動機取代了 "壽" 41 型，飛行穩定性和可操控性改良，後期還換裝了光滑無凸起的發動機整流罩。該型飛機於 1937 年 11 月通過日本陸軍檢測，根據日本皇紀（以日本傳說中第一代天皇神武天皇即位的公元前 660 年為元年，1937 年為皇紀 2597 年）命名為九七式輸送機，簡稱九七輸，盟軍代號 "索拉"（Thora）。九七輸由中島公司和立川公司同時生產，截至 1942 年停產共製造 319 架，在二戰期間主要供日本陸軍、海軍用於運輸、通訊聯絡、傘降訓練和空投補給任務。

　　1936 年 9 月 30 日，滿洲航空株式會社自日本航空輸送株式會社接收了 1 架 AT-2（即 AT-2 的第 1 架原型機，註冊號 M-201），用於試航奉天—新京航線，並於同年 12 月 15 日正式投入商業運營。這是滿航投入使用的第一種可收放起落架的飛機，相較其此前的主力客機 "超級通用"，M-201 無論速度、乘坐舒適度還是飛行性

停泊於北平機場的偽中航的 AT-2 客機

AT-2 客機客艙內部

能都有着質的提高。滿航對該機的表現非常滿意，隨即增購了 5 架（註冊號 M-202 至 M-206）。截至同年 5 月，滿航共有 12 架 AT-2 投入運營。與滿航的其他飛機相同，這些飛機同時也供日軍使用。1941 年 9 月，滿航成立了 2 支運輸隊，各裝備 6 架 AT-2，供日軍投入太平洋戰爭，這些飛機均於 1944 年 9 月 21 日在馬尼拉被美軍空襲炸毀。

1937 年，惠通航空公司自滿航獲得 2 架 AT-2 用於營運，其中第 1 架命名為 "北平號"，同年 2 月交付，最初曾用於觀光飛行；第 2 架命名為 "天津號"，3 月交付。惠通航空計劃增購 2 架該型飛機，其中至少有 1 架交付，命名為 "上海" 號，另 1 架狀況不詳。這 4 架飛機可能就是滿航 M-201 至 M-204。同年 6 月 1 日，惠通航空使用 AT-2 開航了天津—大連—漢城（首爾）—福岡—東京航線，但主要用於運輸郵件和贈送給日本政府、航空界官員的金魚，南京國民政府對此曾提出抗議，但惠通航空未予理會。惠通航空解散後，這些飛機移交新組建的偽中華航空股份有限公司使用。

1943 年 6 月 25 日，中央航空運輸公司自國民政府空軍接收了 4 架飛機，其中包括 1 架俘獲的日軍九七式輸送機，編號為 "中一"（註冊號 XT-ATB）。該機移交央航後，為便於維護換裝了萊特 "颶風" 型發動機。由於央航飛機短缺，1944 年初，"中一" 一度成為唯一可用的飛機。1944 年 3 月 26 日，該機因缺乏配件、年久失修墜毀。

滿航使用的第一架 AT-2 客機 M-201

三菱 "雛鶴" 式

Mitsubishi Hinazuru-type

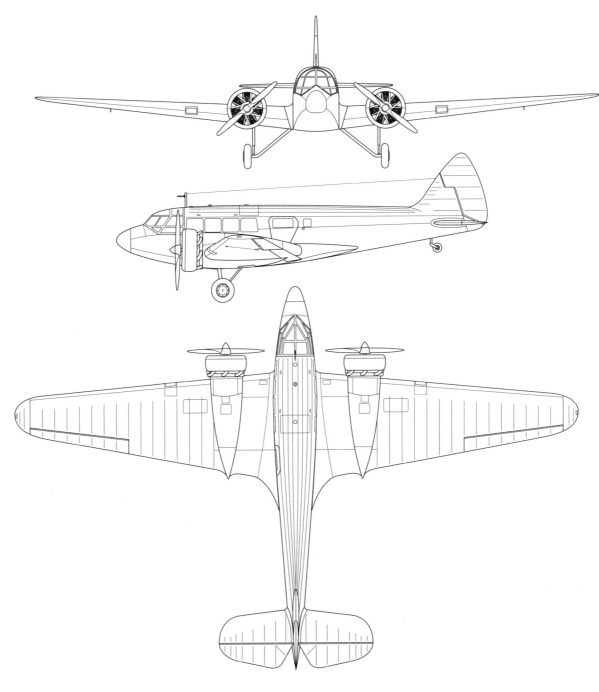

三菱 "雛鶴" 客機三視圖

機　　種：	客機		引　　擎：	2 台阿姆斯特朗‧西德利 “山貓” IV C 型星型 7 缸氣冷發動機（Armstrong Siddeley Lynx IV C），每台 225 馬力或 2 台沃爾斯利 “白羊座” Mk.III 型星型 7 缸氣冷發動機（Wolseley Aries Mk.III），每台 225 馬力
用　　途：	-			
乘　　員：	（1-2）+（6-8）人			
製 造 廠：	三菱重工業株式會社（Mitsubishi Heavy Industries, Ltd.）			
首　　飛：	1936 年			
特　　點：	木製結構 / 下單翼佈局 / 可收放起落架		最大速度 / 巡航速度：	-
機長 / 翼展 / 機高：	-		航　　程：	1027 千米
淨重 / 全重：	1776 / 2664 千克		升　　限：	-
			裝備範圍：	滿洲航空株式會社

　　AS.6 “使者” 是英國空速公司在 AS.5 “信使” 基礎上研發的雙發單翼小型客機，價格較低，主要供財力有限的小型航空公司使用。其原型機於 1934 年 6 月 26 日首飛成功，各亞型共製造 52 架，頗受小型航空公司歡迎，其發展型 AS.10 “牛津” 的總產量高達 8751 架。

　　1935 年 6 月，日本三菱重工向英國空速公司購買了 AS.6 的仿製權和 2 架樣機，仿製的飛機稱為 “雛鶴” 式（ひなづる型旅客輸送機）。為便於生產，三菱重工為仿製的飛機換裝了日本自產的瓦斯電 “神風” 型發動機（Gasuden Jimpu），但在試飛中因發動機艙阻力過大而墜毀，隨機工程師榊原死亡。為此，三菱重工為後續製造的 “雛鶴” 安裝了仿製的阿姆斯特朗‧西德利 “山貓” IV C 或沃爾斯利 “白羊座” Mk.III 型發動機，共製造 11 架，供日本航空輸送株式會社使用，其中至少 1 架移交滿洲航空株式會社，交付時間、註冊號、使用狀況不詳。

三菱 一〇〇式輸送機 / MC-20

Mitsubishi Army Type 100 Transport/MC-20

（キ 57-I、キ 57-II 參數）

機　　種： 客機 / 運輸機

用　　途： 客運 / 郵運

乘　　員： 4+11 人

製 造 廠： 三菱重工業株式會社
（Mitsubishi Heavy Industries,
Ltd.）

首　　飛： 1940 年（キ 57-I），1942 年（キ
57-II）

特　　點： 金屬結構 / 下單翼佈局 / 可收放起
落架

機長 / 翼展 / 機高： 16.1 / 22.6 / 4.86 米

淨重 / 全重： 5522 / 7860 千克（キ 57-I），
5585 / 8173 千克（キ 57-II）

引　　擎：（キ 57-I）2 台中島ハ 5 改型星型
14 缸氣冷發動機（Nakajima Ha-

5KAI），每台 1080 馬力；（キ 57-
II）2 台三菱ハ 102 "瑞星" 型星型
14 缸氣冷發動機（Mitsubishi Ha-
102 Zuisei），每台 1080 馬力

最大速度 / 巡航速度： 430 / 320 千米 / 小時
（キ 57-I），470 / 360 千米 / 小時
（キ 57-II）

航　　程： 1400 千米（キ 57-I），1500 千米
（キ 57-II）

升　　限： 7000 米（キ 57-I），8000 米（キ
57-II）

裝備範圍： 滿洲航空株式會社　偽中華航空
股份有限公司　偽中華航空公
司　中央航空運輸公司

三菱 MC-20-I 客機三視圖（偽中華航空股份有限公司 C-5105 號）

一〇〇式輸送機（簡稱一〇〇輸，キ番號キ 57）是三菱重工應日本陸軍要求研發的雙發運輸機，是中島九七式輸送機的後繼機，主要用於人員運輸。該型飛機以三菱九七式重爆擊機為基礎研發，採用新設計的機身，機翼改為下單翼佈局，尾翼、發動機和起落架則沿用九七重爆。其原型機於 1940 年 8 月首飛，同年以一〇〇式輸送機一型（キ 57-I）的型號投產，盟軍代號"托布斯"（Topsy）。由於其基礎設計大多來自九七重爆，因此繼承了九七重爆優良的飛行性能和可操控性，但運載量較低，艙內沿艙壁兩側佈置有可折疊的木座椅，最多僅可搭載 14–15 名全副武裝的士兵，或 1.5 噸貨物。MC-20-I 是一〇〇輸一型的民用型號，區別是以橫向佈置的 11 個座椅取代折疊式木座椅，其應用範圍非常廣泛，大日本航空株式會社、朝日新聞等日本著名企業均有使用，以至於日本軍方內部通常都將一〇〇輸稱為"MC 輸送機"。MC-20-I 和一〇〇輸一型共製造 101 架。一〇〇輸二型（キ 57-II）是 1942 年推出的改良型，換裝了與九七重爆二型相同的ハ 102"瑞星"型發動機、發動機短艙和螺旋槳，機翼結構強化並加裝除冰設備，貨艙擴大，部分零件改良，後期型還增加了拖曳滑翔機設施。MC-20-II 是一〇〇輸二型的民用型，二者共製造 406 架。

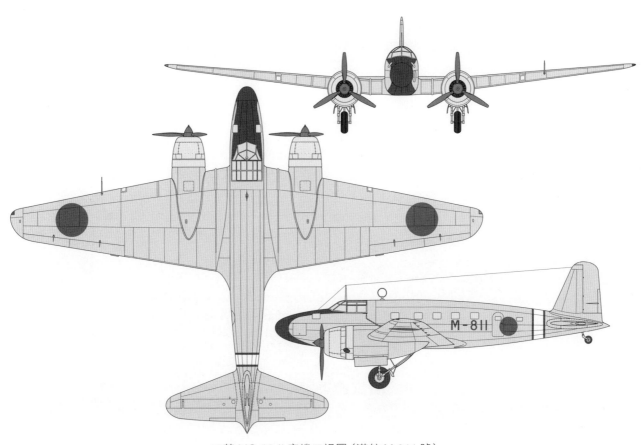

三菱 MC-20-II 客機三視圖（滿航 M-811 號）

　　1941 年 4 月 1 日，滿洲航空株式會社在日本東京接收至少 6 架 MC-20，並於同年 12 月 3 日試航了東京—新京的直達航線。1943 年滿航又接收了至少 3 架一〇〇輸，同年底，滿航的 MC-20/ 一〇〇輸大多拆除了乘客座椅，改造為運輸機。截至抗戰勝利，滿航先後共有至少 15 架 MC-20/ 一〇〇輸用於運營，其註冊號分別為 M-601、M-602、M-604、M-606 至 M-609、M-611、M-613、M-614、M-616、M-619 至 M-621，其中 M-604 於 1941 年 6 月 21 日墜毀。

　　滿航的 MC-20/ 一〇〇輸除商業用途外，也供日軍作戰之用。1943 年 3 月 8 日，應日本關東軍要求，滿航組建了 1 支由 6 架三菱九七式重爆擊機組成的偵查拍照隊前往西南太平洋新不列顛島的拉包爾市（今屬巴新，太平洋戰爭期間，日軍在此設有司令部，駐屯重兵）西南的瓦納卡努機場，並由 6 架 MC-20 負責運輸任務，其中 2 架九七重爆於 8 月 17 日被美軍空襲炸毀，1 架 MC-20 於次年 1 月 31 日在印尼的安汶機場被 1 架日本陸軍的川崎二式複座戰鬥機撞毀了左側機翼，無法維修。1943 年 12 月 23 日，滿航又組織了 1 支由 3 架中島一〇〇式重爆擊機組成的偵查拍照隊，並由 1 架 MC-20 擔任通訊任務，這架飛機於次年 1 月初在飛往台灣途中墜毀。1944 年 10 月 26 日，有 1 架滿航 MC-20 在運載日本陸軍人員和補給物資飛往福岡時因天氣原因迫降於海面。

　　二戰後，滿航倖存的該型飛機被蘇軍和東北民主聯軍繳獲，據蘇聯著名試飛員 V‧維尼特斯基（V Vinitsky）稱，MC-20 是類似大小的運輸機中飛行性能最好的，明顯優於 C-47 和里 -2。

　　偽中華航空股份有限公司和 1943 年 12 月成立的偽中華航空公司也使用 MC-20，主要用於北平—大連、北平—上海和北平—大同航線。抗戰結束後，有 3 架該型飛機被中央航空運輸公司接收，由於其結構老化、年久失修，僅作為配件使用。

偽中航 "白鶴" 號 MC-20II 客機

立川 一式雙發高等練習機 丙型

Tachikawa Army Type 1 Transport Model C

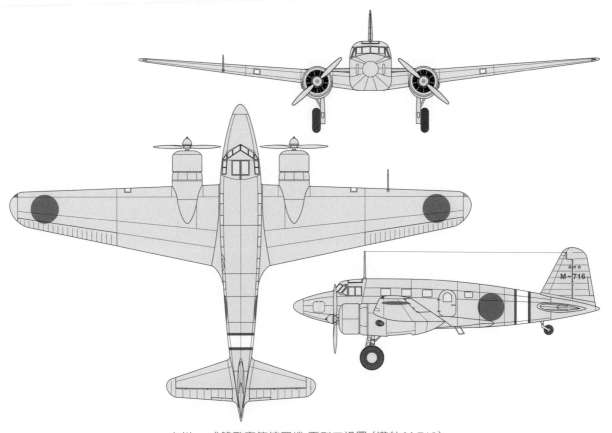

立川 一式雙發高等練習機 丙型三視圖（滿航 M-716）

機　　種：	運輸機	**淨重 / 全重：**	2954 / 3897 千克
用　　途：	客運 / 郵運	**引　　擎：**	2 台日立八 13 甲型星型 9 缸氣冷
乘　　員：	2+8 人		發動機（Hitachi Ha-13a），每台
製 造 廠：	立川飛行機株式會社		510 馬力
	（Tachikawa Hikōki Kabushiki	**最大速度 / 巡航速度：**	375 / 240 千米 / 小時
	Kaisha）	**航　　程：**	960 千米
首　　飛：	1940 年	**升　　限：**	7180 米
特　　點：	金屬結構 / 下單翼佈局 / 可收放起	**裝備範圍：**	滿洲航空株式會社　偽中華航空
	落架		公司
機長 / 翼展 / 機高：	11.94 / 17.9 / 3.58 米		

一式雙發高等練習機（キ番號キ54）是立川公司應日本陸軍要求研發的高級教練機，又稱一式雙發高練、一式雙高練、雙發高練，盟軍代號"希科里"（Hickory）。該型飛機由工程師品川信次郎設計，主要作為九五式二型練習機的後繼機，除用於培訓飛行員外，還用於訓練導航員、通訊員、轟炸員、射擊員等，相當於美國的比奇AT-7、AT-11型高級教練機。其原型機於1940年6月24日首飛，次年7月服役，因具有良好的操控性和飛行性能，且駕駛艙視野良好，機身結構堅固耐用，故產量遠遠超過了立川公司最初的計劃，截至1945年6月停產，各亞型共製造1342架。雙發高練丙型是用於運輸的亞型，可搭載8名乘客，配備有洗手間和行李艙。

1943年8月至1944年，汪偽政權自日軍接收3架雙發高練丙型，分別命名為"淮海"號、"和平"號和"建國"號，供日偽官員作為專機使用。1944年底汪偽的"國府專機班"取消後，這3架飛機移交偽中華航空公司使用，1945年8月20日，周致和（周仕仁）等人駕駛"建國"號起義，飛往延安。滿洲航空株式會社在二戰期間也有數量不詳的雙發高練，主要用於新京—牡丹江—東安（今黑龍江密山）航線。滿航的雙發高練註冊號可能是由M-701開始，具體註冊號和數量不詳，其中1架註冊號為M-716。

滿航 M-716 客機

昭和 零式輸送機二二型

Shōwa Navy Type 0 Transport Model 22

機　　種：　運輸機

用　　途：　客運 / 包機

乘　　員：　4+21 人

製 造 廠：　昭和飛行機工業株式會社
（Showa Aircraft Industry
Co.Ltd.）

首　　飛：　1942 年

特　　點：　金屬結構 / 下單翼佈局 / 可收放起
落架

機長 / 翼展 / 機高：　19.51 / 20.96 / 7.46 米

淨重 / 全重：　7125 / 12500 千克

引　　擎：　2 台三菱 "金星" 五三型星型 14
缸氣冷發動機（Mitsubishi Kinsei
53），每台 1200 馬力

最大速度 / 巡航速度：　393 / 240 千米 / 小時

航　　程：　3000 千米

升　　限：　7280 米

裝備範圍：　偽中華航空公司　中央航空運輸
公司　西南航空公司

日本製飛機

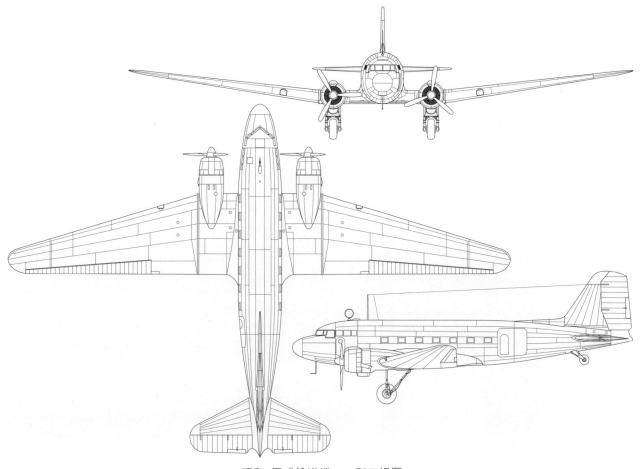

昭和 零式輸送機二二型三視圖

零式輸送機（機體略番 L2D）是昭和公司應日本海軍要求，在道格拉斯 DC-3 基礎上仿製的，是二戰期間日本海軍的主力運輸機之一。1938 年 2 月 28 日，由三井物產株式會社組建的昭和公司向美國道格拉斯公司購得 DC-3 的仿製權和 5 架樣機，仿製的飛機於 1941 年 7 月 15 日首飛成功，同年投入量產，盟軍代號為"塔比"（Tabby）。由於昭和公司產能不足，中島公司也參與製造，各亞型共製造約 486 架，其中 71 架是中島公司所製。零式輸送機二二型（L2D3）是 1942 年推出的改良型，最初稱為"D2型輸送機改"，特點是換裝"金星"五一、五二或五三型發動機，機身結構強化，增設機翼油箱和機械師座位，機艙內部簡化，座艙兩側各增加 3 個觀察窗。

抗戰期間，日本至少將 3 架零式二二型提供給汪偽國民政府，供偽中華航空公司使用。抗戰勝利後，這 3 架飛機移交中央航空運輸公司，但由於其結構老化、年久失修，且央航於戰後購得大量的 C-47，因此僅作為配件使用。與此同時，西南航空公司成立復業籌備委員會，向國民政府交通部申請備案，並曾進行一些非正式的航線飛行，但他們僅有 3 架殘機（日軍戰敗後留在廣州）和 1 架零式輸送機（在台灣接收），且僅零式可用。西南航空使用該機先後開航廣州—北海、廣州—汕頭的客運航線，但在廣州交通銀行包機運送鈔票的任務中，該機在海口着陸後即損壞無法修理，未能飛返。

零式輸送機客艙內部

抗戰勝利後停放於北平機場的零式輸送機和中航飛行員，右側是中航美籍飛行員山姆・特里（Sam Terry）和比爾・紐波
特（Bill Newport）。

日國 一式輸送機

Kokusai Army Type 1 Transport

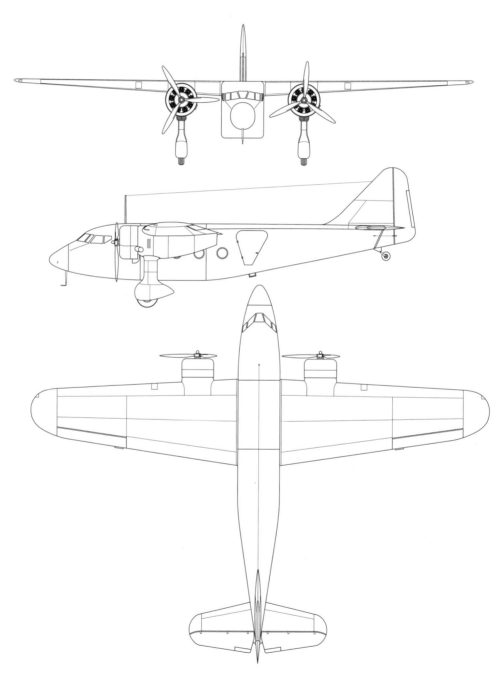

日國一式輸送機三視圖

機　種：	運輸機		淨重 / 全重：	2880 / 4400 千克
用　途：	-		引　擎：	2 台八 13 甲型星型 9 缸氣冷發動
乘　員：	3+8 人			機（Hitachi Ha-13a），每台 450
製造廠：	日本國際航空工業（Nippon			馬力
	Kokusai Koku Kogyo K.K）		最大速度 / 巡航速度：	307 / 276 千米 / 小時
首　飛：	1941 年		航　程：	800 千米
特　點：	混合結構 / 上單翼佈局 / 固定式起		升　限：	-
	落架		裝備範圍：	滿洲航空株式會社
機長 / 翼展 / 機高：	13.4 / 16.79 / 3.05 米			

　　1938 年，應大日本航空株式會社要求，日本國際航空工業研發了 TK-3 型雙發客機以取代老舊的中島－福克"超級通用"和三菱"雛鶴"。該型飛機雖因自重超重且運載能力差而未能通過審查，但卻獲得日本陸軍的關注，要求日國航空以 TK-3 為基礎研發一種輕型運輸 / 聯絡機來取代中島九七式輸送機。日國航空在 TK-3 基礎上換裝了新設計的機身、垂直尾翼和大功率發動機，從而使飛行速度、運載量和爬升能力都獲得顯著提高，並且易於生產。

　　經改良的飛機於 1941 年首飛成功，同年投入量產，根據日本皇紀命名為一式輸送機，キ番號為キ 59，盟軍代號"甘德"（Gander）。由於該型飛機的設計並不先進，因此產量不多，截至 1943 年停產共製造 20 架（一説 59 架），後被立川一式雙發高等練習機取代。二戰期間，至少有 1 架該型飛機移交滿洲航空株式會社使用，交付時間和使用狀況不詳。

第二章　中國民用航校使用飛機

阿弗羅 504J / K

Avro 504J/K

機　種：教練機

用　途：訓練 / 觀光

乘　員：2 人

製 造 廠：阿弗羅公司（A.V. Roe and Company）

首　飛：1916 年（Avro 504J），1917 年（Avro 504K）

機體特點：木製結構 / 等翼展雙翼佈局 / 固定式起落架

機長 / 翼展 / 機高：8.97 / 10.97 / 3.18 米

淨重 / 全重：-/771 千克（Avro 504J），558 千克 /830 千克（Avro 504K）

引　擎：（Avro 504J）1 台羅納型 9 缸轉缸發動機（Le Rhône），110 馬力；（Avro 504K）1 台 "土地神" 莫洛索佩季型 9 缸轉缸發動機（Gnome Monosoupape），100 馬力

最大速度 / 巡航速度：145 / 121 千米 / 小時（Avro 504K）

航　程：402 千米（Avro 504K）

升　限：4876 米（Avro 504K）

裝備範圍：籌辦航空事宜處訓練班　北京政府航空署　舍特勒爾（私人用戶）

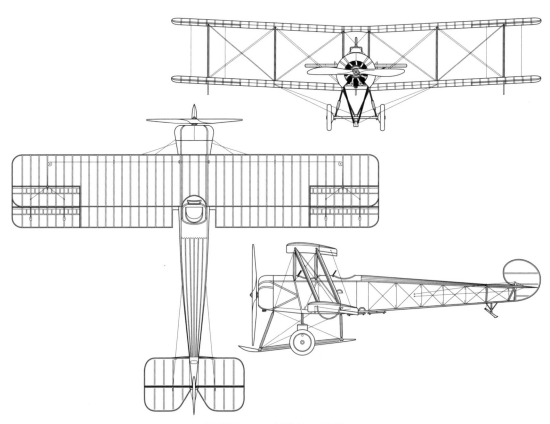

阿弗羅 504J 教練機三視圖

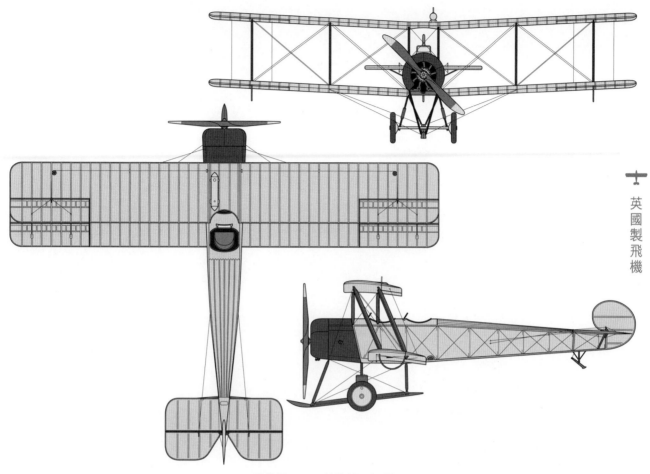

阿弗羅 504K 教練機三視圖

　　阿弗羅 504 是阿弗羅公司研發的最著名的教練機之一，也是一戰期間產量最高的飛機。該型飛機以阿弗羅 500 為基礎研發，原型機於 1913 年 9 月 18 日首飛成功，具有結構簡單、堅固耐用、飛行平穩、易於操控等特點，同年投入量產，先後衍生出超過 20 個亞型，可擔負多種任務，並有多個國家在其基礎上仿製，共製造超過 11000 架。一戰結束後，大量阿弗羅 504 型教練機投入民用市場，用於訓練、觀光飛行、特技表演、私人飛機、拖曳廣告橫幅等，直到 1930 年代仍在民間使用。

　　阿弗羅 504J 是 1916 年推出的教練機亞型，沒有安裝任何武備，發動機為 100 馬力的“土地神”9B-2 型或 80 馬力的羅納 9C 型，裝有雙套控制系統和通話軟管，非常適合作為初級教練機使用，因此投產後立即獲得英國皇家飛行隊的青睞，成為英軍標準教練機，共生產 1850 架。阿弗羅 504K 是 1917 年推出的改良型，結構和功能與阿弗羅 504J 相同，特點是裝有通用發動機支架，可換裝 90-220 馬力的多種發動機，投產後迅速取代了阿弗羅 504J 的地位，直到一戰結束後仍在生產，總產量高達 6300 架左右，是所有阿弗羅 504 中產量最高的亞型，1925 年後被阿弗羅 504N 取代。

1919 年 2 月 24 日，民國北京政府（北洋政府）交通部通過英商福公司購得安裝 110 馬力羅納發動機的阿弗羅 504J 和漢德利‧佩季 O/7 型客機各 6 架，並附帶備用零件、器材和修理工具等，用於開辦北京—庫倫航線。這 6 架阿弗羅 504J 是中國首批具有現代意義的教練機，同年 8、9 月間隨第二批 O/7 一起運往中國，在南苑組裝測試後，於次年 4、5 月間由英籍教官開展培訓，其中 2 架命名為"哈密"和"包頭"號。

1919 年 8 月 12 日，北洋政府陸軍部和英國維克斯公司經反復協商後，簽訂了總

畫面左側居前的是南苑航校的阿弗羅 504K 教練機，右側為大維梅運輸機。

維克斯公司銷往中國的首架阿弗羅 504K，機前為英籍教官 C‧帕特森（C Patteson）和南苑航校學員。

後售予浙江軍閥的阿弗羅 504K

額約 180.32 萬英鎊的《中英航空貸款合同》，計劃購買 20 架阿弗羅 504K、40 架維克斯 "商用維梅" 運輸機和 25 架維克斯 "維梅" 高級教練機及相關備件，以開辦國內航線。次年 6 月 13 日，又將阿弗羅 504K 的訂購數量增至 60 架（每架 1450 英鎊），同時購買 10 台 "土地神" 莫洛索佩季型發動機作為備件。這些飛機於 1920 年 3 月 20 日起分批運往中國，首批於 7 月運抵北京南苑航校組裝測試，其餘 40 架則於 1921 年春運抵。此前南苑航校使用的法製高德隆系列教練機早已老舊過時，且僅有 1 套控制系統，不利於教學。此番引進的阿弗羅 504J、K 不但性能先進，且均裝有雙套控制系統，令航校的培訓效果和教學效率都獲得了巨大提升。

1920 年 7 月直皖戰爭結束後，北洋政府先前購買的 2 批飛機被直系、奉系軍閥瓜分，其中 14–16 架阿弗羅 504K 和 2 架阿弗羅 504J 被奉系軍閥擄往東北，後有 4 架經談判歸還南苑航校，其餘則多被直系軍閥運往保定航校。1922 年，北洋政府航空署使用該型飛機開辦遊覽飛行業務，以南苑航校畢業學員作為義務駕駛員，搭載 1 名乘客自南苑起飛，在空中遊覽北京故宮，每次收費 15 元，由於顧客較少，不久後即宣告結束，計劃中的長城空中遊覽也因此放棄。

1920 年 7 月，上海中央公司（Central Garage Company）通過英國漢伯里公司（Hanbury & Company）的普羅布斯特（Probst）轉購 1 架安裝 80 馬力雷諾發動機的阿弗羅 504K。該機運往中國後被海關扣留，1922 年被浙江督軍盧永祥聘請的德籍工程師費迪南德·利奧波德·舍特勒爾（Ferdinand Leopold Schoettler）買下用作私人飛機，後轉售盧永祥供浙江航空隊使用。

維克斯 "教學器" (小維梅)

Vickers Instructional Machine (VIM)

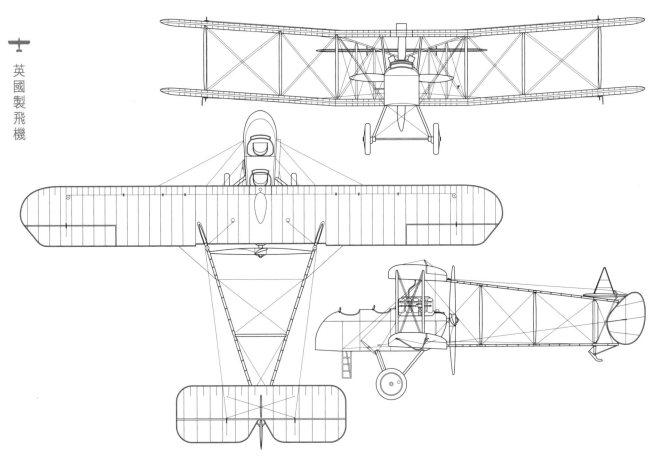

維克斯 "教學器" 高級教練機三視圖

機　　種：　教練機

用　　途：　訓練

乘　　員：　2 人

製 造 廠：　維克斯有限公司

　　　　　　（Vickers Limited）

首飛時間：　1920 年

機體特點：　混合結構 / 等翼展雙翼佈局 / 固定

　　　　　　式起落架

機長 / 翼展 / 機高：　9.86 / 14.53 / 3.76 米

淨重 / 全重：　1341 千克 /1661 千克

引　　擎：　1 台勞斯－萊斯 "鷹" VIII 型 V 型

　　　　　　12 缸液冷發動機（Rolls-Royce

　　　　　　Eagle VIII），360 馬力

最大速度 / 巡航速度：　161 千米 / - / 小時

航　　程：　-

升　　限：　3960 米

裝備範圍：　北京政府航空署　直隸航空處

"教學器"高級教練機是維克斯公司為"商用維梅"型運輸機量身定製的高級教練機。該型飛機並非維克斯公司研發機種,而是以皇家飛機製造廠的 F.E.2D 型戰鬥機(Royal Aircraft Factory F.E.2d)為基礎改造,因此未獲得維克斯公司機型型號序列,僅命名為"教學器"。為使學員更快地了解"商用維梅"的特性,"教學器"換裝了與"商用維梅"相同的勞斯-萊斯"鷹"VIII 型發動機,同時採用全新設計的機身短艙,裝有雙套控制系統,而原有的武器掛載能力則予以保留。該型飛機共改造 35 架,全部售予中國。

1919 年 8 月 12 日,為開辦國內航線,北京政府(北洋政府)陸軍部與維克斯公司於簽訂了總額約 180.32 萬英鎊的《中英航空貸款合同》,其中包括 25 架"教學器"高級教練機、40 架"商用維梅"運輸機、20 架阿弗羅 504K 初級教練機及相關備件,次年6 月 13 日又將"教學器"的訂購數量增至 35 架。由於"教學器"的音譯與"商用維梅"相似,因此通常稱為"小維梅"。這 35 架小維梅(生產序號 X41-X75)於 1920 年 9 月全部製成,但由於直皖戰爭的影響,直至次年 1、2 月間才交付。這些飛機經清河飛機工廠組裝測試後,於 1921 年 4 月起在清河機場成立訓練小組,由趙雲鵬主持的直隸航空處大維梅訓練班也於同年 10 月 1 日成立。這兩處訓練班均由英籍教官施訓,主要用於阿弗羅 504K 與大維梅之間的過渡飛行。截至 1923 年 11 月,仍有 8 到 10 位學員在清河機場訓練,並進行了一些夜航培訓。第一次直奉戰爭(1922 年 4 月 28 日至 5 月5 日)後,直系軍閥把持了北京政府,將 4 架小維梅劃撥保定航空隊,此後其他該型飛機也逐步被軍閥收歸己用,殘存者最終併入奉系軍閥的東北空軍。

刊登於 1921 年 1 月 6 日《飛行》雜誌第 5 頁的"教學器"教練機

亞歷山大 "鷹石" A-2

Alexander Eaglerock A-2

美
國
製
飛
機

機　種： 運動 / 教練機

用　途： 訓練

乘　員： 3 人

製 造 廠： 亞歷山大飛機公司（Alexander Aircraft Company）

首　飛： 1926 年

特　點： 混合結構 / 不等翼展雙翼佈局 / 固定式起落架

機長 / 翼展 / 機高： 7.6 / 11.18 / 2.94 米

淨重 / 全重： 662 / 1018 千克

引　擎： 1 台柯蒂斯 OX-5 型 V 型 8 缸液冷發動機（Curtiss OX-5），90 馬力

最大速度 / 巡航速度： 159 / 136 千米 / 小時

航　程： 724 千米

升　限： 3718 米

裝備範圍： 福建民用航空學校

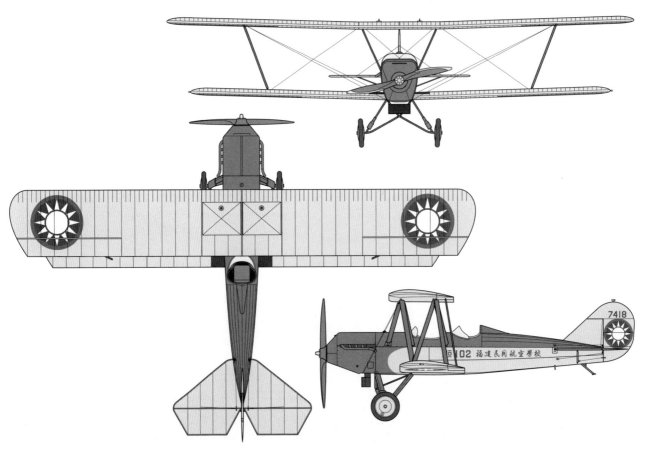

亞歷山大 "鷹石" A-2 運動 / 教練機三視圖（福建民用航空學校 102 號機）

"鷹石"是亞歷山大公司於 1920 年代中期研發的一系列三座運動／教練機，也是該公司生產的最著名的飛機。該系列飛機於 1925 年開始設計，次年投產，結構和佈局與美國同時期流行的其他運動／教練機並無二致，機身採用焊接鋼管結構，機翼為木製。"鷹石"系列飛機的用途非常廣泛，涵蓋了飛行訓練、特技飛行、運輸郵件或小型貨物、農藥噴灑、航空攝影、航空旅行等，一經推出即廣受歡迎，截至 1932 年停產，各型共製造 895 架，區別多為發動機的不同。"鷹石"A-2 是 1926 年推出的改良型，特點是採用當時產量巨大、價格低廉的柯蒂斯 OX-5 型發動機，因此售價極低，初期售價僅 2475 美元／架，後期則降至 2000 美元。該型飛機的飛行性能良好，但在進行特技飛行時發動機功率不足，因此部分"鷹石"A-2 換裝了 100 馬力的柯蒂斯 OXX-6 型發動機。

1928 年，福建民用航空學校通過舊金山太平洋商業公司（Pacific Commercial Co, San Francisco）購得 2 架"鷹石"A-2（生產序號 606 ／原註冊號 7196、生產序號 616 ／原註冊號 7418）。這 2 架飛機於同年 9 月運往中國，但在海運途中受損，其中生產序號 616 的飛機後被修復，編號 102，另 1 架狀況不詳。1930 年初，福建航校因資金不足停辦，員工、學生和 5 架飛機被廣東航校接收，2 架"鷹石"A-2 編入廣東空軍第 5 中隊，編號 505、506。

福建民用航空學校的 102 號機

伏立特 10

Fleet 10

機　　種： 運動 / 教練機

用　　途： 訓練

乘　　員： 2 人

製 造 廠： 伏立特飛機公司（Fleet Aircraft）

首　　飛： 1930 年

特　　點： 混合結構 / 等翼展雙翼佈局 / 固定
式起落架

機長 / 翼展 / 機高： 6.64 / 8.53 / 2.36 米

淨重 / 全重： 509 / 908 千克

引　　擎： 1 台金納 B-5R 型星型 5 缸氣冷發
動機（Kinner B-5R），125 馬力

最大速度 / 巡航速度： 167 千米 / - / 小時

航　　程： 483 千米

升　　限： 3200 米

裝備範圍： 中國航空協會中國飛行社

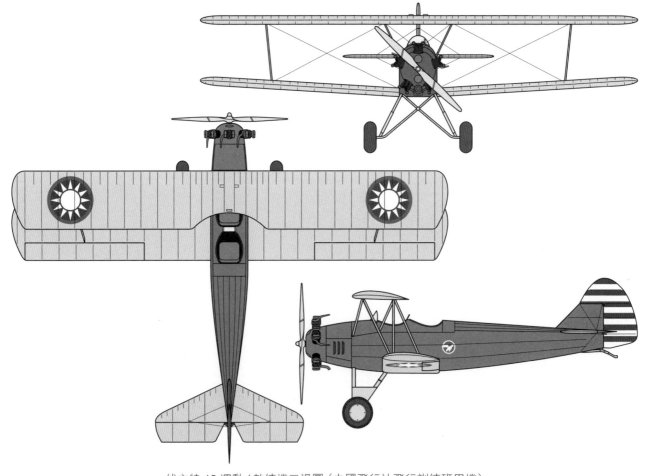

伏立特 10 運動 / 教練機三視圖（中國飛行社飛行訓練班用機）

中國飛行社的伏立特 10，機前為李霞卿。

　　伏立特教練機是加拿大伏立特飛機公司和美國聯合公司於 1920−1930 年代同時生產的一系列教練機，該系列飛機均採用相同的結構和佈局，外形大同小異，有着結構簡單、維護方便、飛行性能良好、可自由換裝同等級發動機等特點。由於該系列飛機同時在美國和加拿大生產，因此部分飛機雖設計相同，但型號不同。伏立特 10 是伏立特 7 的改良型，共有 8 個亞型，其共同特點是垂直尾翼為三角形，起落架主輪採用中心鉸接式，區別多為發動機的不同。中國空軍在 1930 年代曾大量購置該型飛機用於訓練，這些飛機的美國型號是伏立特 10，加拿大型號則為伏立特 10B。

　　1934 年 12 月 11 日，南京國民政府向伏立特公司購得 30 架伏立特 10B 和 20 架散件，於次年 5 月自加拿大運往中國，散件交由上海海軍製造飛機處組裝。中國航空協會主辦的中國飛行社為了培訓飛行員，曾向海軍製造飛機處訂購 2 架該型飛機，但僅交付 1 架。1936 年 6 月 18 日，中國飛行社開學典禮時，女飛行員李霞卿曾駕駛這架飛機進行飛行表演。中國飛行社第一期訓練班均使用該機訓練，同年 12 月 21 日，第一期訓練班學員畢業，36 人中有 30 人完成課程。

金納 P "轎車"

Kinner P Sedan

機　　種：　通用飛機

用　　途：　訓練 / 觀光

乘　　員：　2 人

製 造 廠：　金納飛機和發動機公司（Kinner
　　　　　　Airplane & Motor Corporation）

首　　飛：　1932 年

特　　點：　混合結構 / 不等翼展雙翼佈局 / 固
　　　　　　定式起落架

機長 / 翼展 / 機高：-

淨重 / 全重：-

引　　擎：　1 台金納 C-5 型星型 5 缸氣冷發
　　　　　　動機（Kinner C-5），210 馬力

最大速度 / 巡航速度：-

航　　程：-

升　　限：-

裝備範圍：　中國航空協會中國飛行社

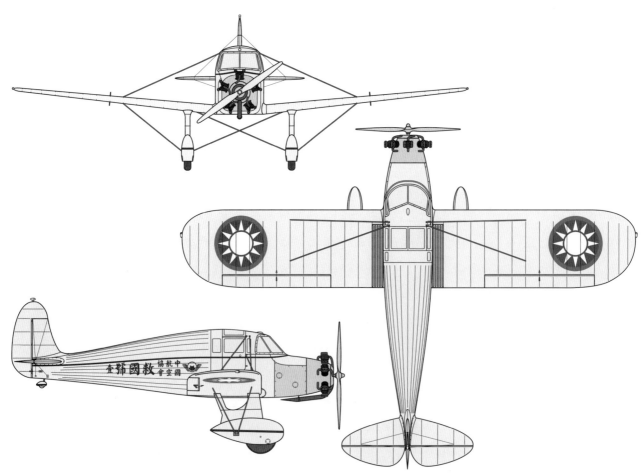

金納 P "轎車" 運動飛機三視圖（中國航空協會航空救國壹號）

交付中國之前的金納 P，右側依次是金納 R 和金納 K。

　　金納 P"轎車"是金納公司以金納 K"運動者"型雙座輕型通用飛機為基礎，為公司負責人羅伯特・波特（Robert Porter）和莉莉安・波特（Lillian Porter）夫婦量身打造的通用飛機。該機實質上是金納 K 的豪華型，結構和佈局與後者非常相似，特點是換裝金納 C-5 型發動機，機身直徑和座艙擴大，起落架加裝整流罩。金納 P 僅製造 1 架，註冊號 X/NC12257，生產序號 1。

　　1935 年 10 月 10 日，中國航空協會主辦的中國飛行社在上海龍華成立，次年初通過美信洋行（L E Gale Company）購得金納 P。該機機翼漆有軍用機徽，機身後部兩側漆有"中國航空協會"和"航空救國壹號"。1936 年 5 月，為慶祝中國航空協會的新總部大樓"飛機樓"在上海建成，該機曾用於航空協會提供的免費觀光飛行。

克萊姆輕型飛機製造有限公司

克萊姆 L 25 d VII / L 25 Ia

Klemm L 25 d VII/L 25 Ia

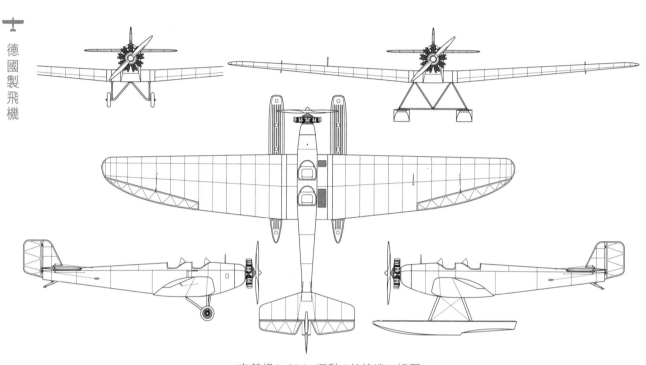

克萊姆 L 25 Ia 運動 / 教練機三視圖

機　　種：運動 / 教練機

用　　途：訓練 / 滑翔機拖曳

乘　　員：2 人

製 造 廠：克萊姆輕型飛機製造有限公司
（Klemm Leichtflugzeugbau
GmbH）

首　　飛：1928 年

特　　點：木製結構 / 下單翼佈局 / 固定式起
落架

機長 / 翼展 / 機高：7.5 / 13 / 2.05 米（L 25 d
VII），7.7 / 13 / 1.75 米（L 25 Ia）

淨重 / 全重：285 / 500 千克（L 25 d VII），
420 / 720 千克（L 25 Ia）

引　　擎：（L 25 d VII）1 台西斯 HM 60 R
型倒置直列型 4 缸氣冷發動機
（Hirth HM 60 R），80 馬力；
（L 25 Ia）1 台薩爾姆森 AD.9 型
星型 9 缸氣冷發動機（Salmson
AD.9），40 馬力

最大速度 / 巡航速度：160 / 140 千米 / 小時（L
25 d VII），140 / 125 千米 / 小時
（L 25 Ia）

航　　程：650 千米

升　　限：4800 米（L 25 d VII），6500 米（L
25 Ia）

裝備範圍：福建民用航空學校　滿洲飛行協
會 / 滿洲空務協會

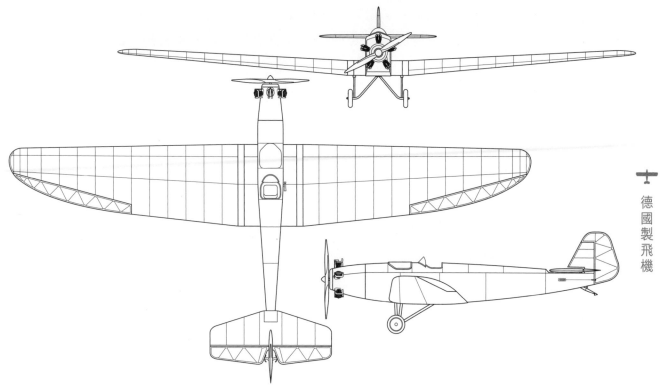

克萊姆 L 25 d VII 運動 / 教練機三視圖

滿洲空務協會使用的 L 25 d VII

L 25（後改稱 Kl 25）是克萊姆公司在 L 20 型教練機基礎上推出的發展型，也是該公司研發的最成功的飛機之一。該型飛機由羅伯特・盧瑟（Robert Lusser）於 1927 年開始設計，次年首飛成功，延續了 L 20 結構簡單、裝配容易、翼載荷低、飛行性能優良等特點，起落架可換裝浮筒或滑橇以適應不同環境的起降。L 25 於 1928 年投產，截至 1939 年停產，各亞型共製造約 600 架，除供應航校、飛行俱樂部、私人外，也作為德國空軍的初級教練機使用，英國、美國共仿製約 150 架。L 25 d VII 是安裝西斯 HM 60 R 發動機的亞型；L 25 Ia 是安裝薩爾姆森 AD.9 發動機的亞型。

　　1928 年 9 月，福建民用航空學校通過香港進口 2 架 L 25 Ia 用於培訓學員，其中 1 架配備有浮筒。1930 年初，福建航校因資金不足停辦，員工、學員、器材和殘存的 5 架飛機被廣東航校接受，其中包括至少 1 架 L 25 Ia。

　　偽滿政權的滿洲空務協會成立初期，有 1 架 L 25 用於拖曳滑翔機以培養滑翔機教練員。該機曾參加 1936 年的滑翔表演，根據照片分析可能是 L 25 d VII。

勒普・卡森斯坦 KI 1c "燕子"

Raab-Katzenstein KI 1c Schwalbe

機　　種： 運動 / 教練機

用　　途： 訓練

乘　　員： 2 人

製 造 廠： 勒普・卡森斯坦飛機公司（Raab-Katzenstein-Flugzeugwerke GmbH）

首　　飛： 1926 年

特　　點： 混合結構 / 不等翼展雙翼佈局 / 固定式起落架

機長 / 翼展 / 機高： 6.25 / 8 / 2.54 米

淨重 / 全重： 490 / 740 千克

引　　擎： 1 台西門子－哈斯基 SH 12 型 9 缸星型氣冷發動機（Siemens-Halske SH 12），125 馬力

最大速度 / 巡航速度： 149 / 130 千米 / 小時

航　　程： 500 千米

升　　限： 3500 米

裝備範圍： 福建民用航空學校

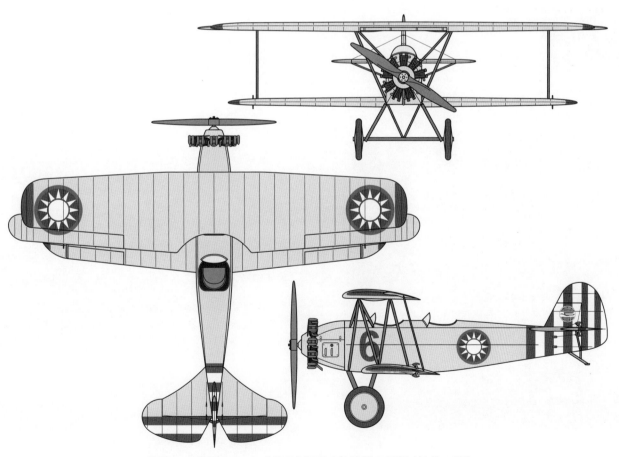

勒普・卡森斯坦 KI 1c "燕子" 運動 / 教練機三視圖（航校 6 號）

　　1925 年 11 月，由於迪特里希–戈比飛機公司（Dietrich-Gobiet Flugzeugbau AG）陷入財務危機，該公司的試飛員安東尼斯・勒普（Antonius Raab）和工程師卡森斯坦（Katzenstein）創建了勒普・卡森斯坦公司，Kl 1（後改稱 RK 1）即為該公司研發的第一種飛機。該型飛機實質上是迪特里希–戈比 DP VI 型雙翼教練機的發展型，也是勒普・卡森斯坦公司研發的最著名的飛機。Kl 1 的原型機於 1926 年 1 月 16 日首飛成功，同年投產，各亞型共製造 42 架。Kl 1c 是換裝西門子–哈斯基 SH 12 型發動機的亞型，共製造 10 架。1928 年，德國著名特技飛行員吉哈德・菲澤勒（Gerhard Fieseler）駕駛 1 架 Kl 1c 創造了倒飛的世界記錄，從而獲得了德國特技飛行冠軍。

　　福建民用航空學校成立後，購得 1 架 Kl 1c 用於訓練飛行員。該機與 1 架 RK 9 "鶯" 於 1929 年春運抵中國，Kl 1c 編號為 6。1930 年初，福建航校因資金不足停辦，包括該機在內的飛機、器材、員工、學生被廣東航校接收。

畫面右側的機尾即為福建航校 6 號機，其左側是廈門海軍航空處的阿弗羅 594 教練機，再左即為完成跨國飛行的 "廈門" 號。

勒普・卡森斯坦 RK 2a "鵜鶘"

Raab-Katzenstein RK 2a Pelikan

機　　種： 運動／教練機

用　　途： 訓練

乘　　員： 2 人

製 造 廠： 勒普・卡森斯坦飛機公司（Raab-Katzenstein-Flugzeugwerke GmbH）

首　　飛： 1926 年

特　　點： 混合結構／不等翼展雙翼佈局／固定式起落架

機長／翼展／機高： 7.89 / 10.9 / 2.7 米

淨重／全重： 570 / 840 千克

引　　擎： 1 台西門子－哈斯基 SH 11 型星型 5 缸氣冷發動機（Siemens-Halske SH 11），90 馬力

最大速度／巡航速度： 140 / 120 千米／小時

航　　程： 560 千米

升　　限： 3200 米

裝備範圍： 福建民用航空學校

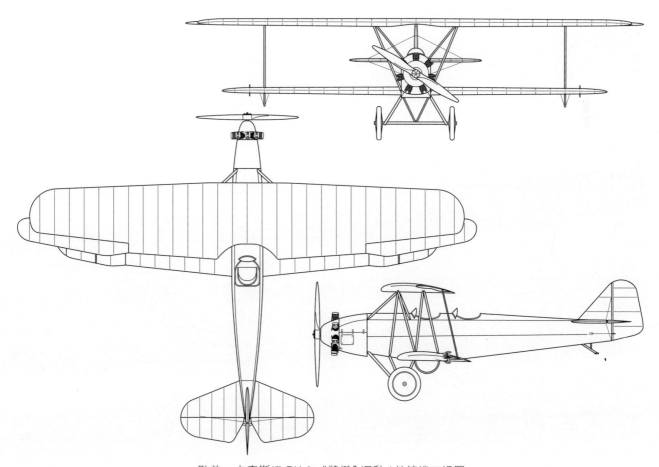

勒普・卡森斯坦 RK 2a "鵜鶘" 運動／教練機三視圖

RK 2 "鸕鶘" 是勒普・卡森斯坦公司研發的第二種飛機，由保羅・約翰・霍爾 (Paul John Hall) 設計，作為 Kl 1 的後繼機，其結構和佈局與 Kl 1 非常相似，實質上是 Kl 1 的放大型。RK 2 的原型機於 1926 年 8 月 30 日首飛成功，飛行性能良好，具有飛行平穩、安全性高、易於操控、可短距起降、降落速度慢等特點，但轉向靈敏性較差。RK 2 投產後主要作為航校教練機使用，也有飛行特技表演、廣告宣傳、觀光飛行等用途。由於其價格相對便宜，每架售價 15500 英鎊（包括發動機和註冊費在內），因此頗受歡迎，截至 1929 年停產，各亞型共製造 24 架。RK 2a 是最初的量產型，也是產量最多的亞型，特點是換裝西門子－哈斯基 SH 11 型發動機，共製造 16 架。

1929 年，福建民用航空學校購得 1 架 RK 2a 供訓練使用。該機於同年 11 月前運抵中國，是福建航校成立後組裝完成的第 1 架飛機，後在一次着陸事故中損毀，駕機演示的教官因此被辭退。

福建航校的 RK 2a 教練機

勒普 · 卡森斯坦 RK 9 "鶯"

Raab-Katzenstein RK 9 Grasmücke

機　種：　運動 / 教練機

用　途：　訓練

乘　員：　2 人

製造廠：　勒普 · 卡森斯坦飛機公司（Raab-Katzenstein-Flugzeugwerke GmbH）

首　飛：　1928 年

特　點：　混合結構 / 不等翼展雙翼佈局 / 固定式起落架

機長 / 翼展 / 機高：　6.85 / 8.96 / 2.3 米

淨重 / 全重：　250 / 450 千克

引　擎：　1 台安贊尼型 W 型 3 缸氣冷發動機（Anzani），35 馬力

最大速度 / 巡航速度：　120 / 100 千米 / 小時

航　程：　400 千米

升　限：　3000 米

裝備範圍：　福建民用航空學校

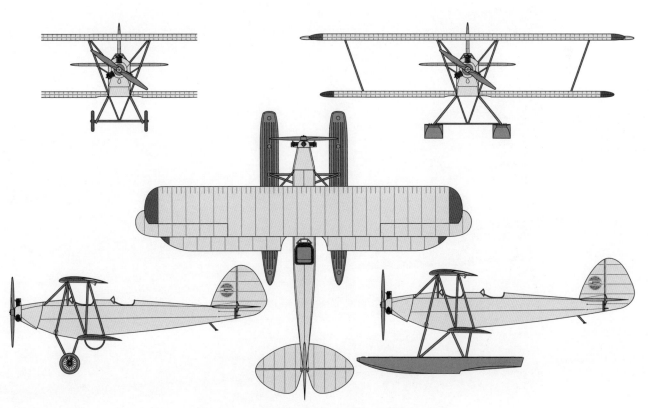

勒普 · 卡森斯坦 RK 9 "鶯" 運動 / 教練機三視圖

RK 9 教練機座艙內部

RK 9"鶯"是勒普·卡森斯坦公司應德國航空協會要求研發的輕型運動／教練機，也是該公司破產前研發的最後一種飛機。該型飛機由保羅·約翰·霍爾和埃里希·加梅林（Erich Gammelin）共同設計，側重於降低成本，以滿足德國航空協會要求的"為所有人飛行的廉價全民飛機"，同時也是為了應對 Kl 1 和 RK 2 佔有市場後造成的需求飽和。RK 9 於 1928 年 10 月的柏林航空展首次亮相，具有爬升速度快、翼載荷低、降落速度慢、可短距起降、載重量大等特點，非常適合航校訓練、廣告宣傳、飛行旅行等用途，且價格低廉，每架售價僅 6900 德國馬克，因此投產後頗受歡迎，其購買者多為私人用戶或飛行俱樂部，各亞型共製造 24 架。RK 9 是最初的量產型，裝有 1 台 35 馬力的安贊尼型發動機，共製造 16 架。

1929 年春，福建民用航空學校購得的 1 架附帶浮筒的 RK 9，與 1 架 Kl 1c "燕子"一起運抵中國，由於福建航校條件較差，機庫有限，因此該機組裝完成後只能露天停放。福建航校曾計劃為 RK 9 換裝浮筒，但沒有成功。航校停辦後，包括該機在內的飛機、器材、員工、學員被廣東航校接收。

運往中國之前的 RK 9 教練機

容克 A 50

Junkers A 50

德國製飛機

機　　種：　運動 / 教練機

用　　途：　訓練

乘　　員：　2 人

製　造　廠：　容克飛機與發動機製造公司
（Junkers Flugzeug-und
Motorenwerke AG）

首　　飛：　1929 年

特　　點：　金屬結構 / 下單翼佈局 / 固定式起
落架

機長 / 翼展 / 機高：　7.12 / 10.02 / 2.4 米

淨重 / 全重：　360 / 600 千克

引　　擎：　1 台阿姆斯特朗・西德利 "香
貓" 型星型 5 缸氣冷發動機
（Armstrong Siddeley Genet），
88 馬力

最大速度 / 巡航速度：　172 / 145 千米 / 小時

航　　程：　600 千米

升　　限：　4600 米

裝備範圍：　中國飛行協會上海飛行社

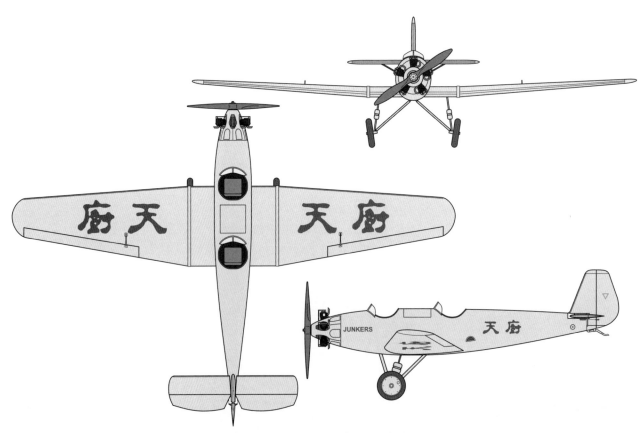

容克 A 50 運動 / 教練機三視圖（天廚附號）

1920 年代後期，容克公司認為全金屬結構的教練機比流行的木製結構教練機具有更強的性能和競爭力，因此推出了 A 50 型運動 / 教練機。該型飛機最初命名為 EF 31，由容克公司的首席設計師赫爾曼·波爾曼（Hermann Pohlmann）設計，採用與同時期的容克運輸機相似的結構，表面為波紋狀金屬蒙皮。其原型機於 1929 年 2 月 13 日首飛，有着簡潔的流線形外觀以及易於操控、飛行性能良好等特點，特別是留空時間可長達 5 個小時，非常適合航校培訓、運動飛行和特技飛行，也可供私人航空旅行使用。容克公司對 A 50 的預計產量高達 5000–6000 架，因此於 1930 年進行了數次創紀錄的飛行來宣傳預熱，然而因價格過於高昂，該型飛機銷量不佳，各亞型共製造 69 架，僅售出 50 架。

1930 年 6 月，山西當局通過禪臣洋行向容克公司訂購了 3 架飛機供山西航空隊使用，其中包括 1 架 A 50（生產序號 3531）。這些飛機自德國運往中國的途中，8 月 2 日因獲悉中原大戰爆發而改運日本。1933 年，上海天廚味精廠員工集資購得 1 架容克 K 47 戰鬥機捐贈國民政府，在同年 7 月 15 日的捐贈典禮上，因德方失誤導致飛機受損，德方將這架 K 47 運回德國修復後，將 1 架 A 50 附贈中國作為補償。這架 A 50 即為 1930 年山西當局訂購的飛機。1934 年 3 月 18 日，該機在上海龍華機場舉辦的捐獻暨命名典禮上被命名為"天廚附號"，後贈與中國飛行協會創辦的上海飛行社。

交付前的 A 50 教練機，遠處是 1 架容克 A 35 高速郵機。

貝克爾 Bü 131B "英格曼"

Bücker Bü 131B Jungmann

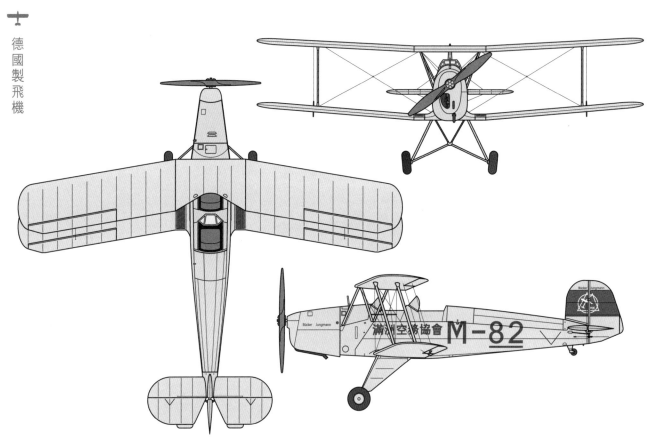

貝克爾 Bü 131B "英格曼" 運動 / 教練機三視圖（滿洲空務協會 M-82）

機　種：	運動 / 教練機	
用　途：	訓練 / 滑翔機拖曳	
乘　員：	2 人	
製 造 廠：	貝克爾飛機製造有限公司	
	（Bücker-Flugzeugbau GmbH）	
首　飛：	1936 年	
特　點：	混合結構 / 等翼展雙翼佈局 / 固定 式起落架	
機長 / 翼展 / 機高：	6.62 / 7.4 / 2.28 米	

淨重 / 全重：	380 / 670 千克
引　擎：	1 台西斯 HM 504A-2 型直列型 倒置 4 缸氣冷發動機（Hirth HM 504A-2），100 馬力
最大速度 / 巡航速度：	183 / 170 千米 / 小時
航　程：	628 千米
升　限：	4050 米
裝備範圍：	滿洲飛行協會 / 滿洲空務協會

Bü 131"英格曼"（"英格曼"代表"年輕人"）研發於 1930 年代前期，是貝克爾公司成立後量產的第一種飛機，也是德國最後一種投產的雙翼機。該型飛機由貝克爾公司工程師安德斯·J·安德森（Anders J Andersson）設計，原型機 Bü 131V-1 於 1934 年 4 月 27 日首飛成功，裝有 1 台 80 馬力的西斯 HM 60R 型發動機，具有結構簡單、堅固耐用、操縱靈敏、機動性好等優點。Bü 131 於 1935 年投產，各亞型共製造約 4200 架，主要供德國空軍作為標準初級教練機，同時也供德國民間航校使用，由於其機動性和操控性都非常出色，因此常用於特技表演。Bü 131B 是 1936 年推出的改良型，也是產量最多的亞型，特點是換裝大功率的西斯 HM 504R 型發動機，飛行性能提高。

1938 年 3 月，偽滿政權的滿洲飛行協會向貝克爾公司購得 5 架 Bü 131B，主要用於訓練飛行員和拖曳滑翔機。這些飛機於同年 3 月 20 日全部交付，並在奉天東機場公開展示，其中 4 架的註冊號是 M-81 至 M-84。

滿洲空務協會 M-82 號 Bü 131B

戈平根・馬丁・申普運動飛機製造公司

戈平根 Gö 1 "狼"

Göppingen Gö1 Wolf

機　種：	高級滑翔機	特　點：	混合結構 / 上單翼佈局 / 固定式起落架
用　途：	訓練		
乘　員：	1 人	機長 / 翼展 / 機高：	6.3 / 14 / 1.4 米
製 造 廠：	戈平根・馬丁・申普運動飛機製造公司（Sportflugzeugbau Göppingen Martin Schempp）	淨重 / 全重：	145 / 220 千克
		滑翔速度：	45 千米 / 小時
		裝備範圍：	滿洲飛行協會 / 滿洲空務協會 新民國運動促進委員會滑翔機講習會
首　飛：	1935 年		

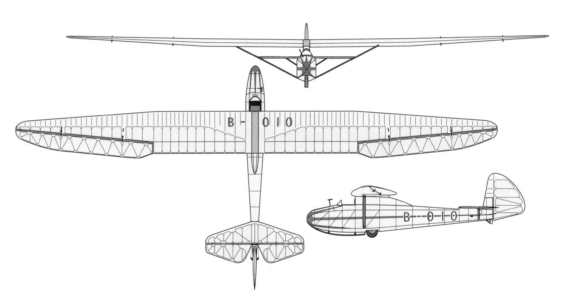

戈平根 Gö 1 "狼" 滑翔機三視圖（"新民國運動促進委員會滑翔機講習會" B-010）

　　Gö 1 "狼" 研發於 1930 年代中期，是戈平根公司成立後生產的第一種飛機，由沃爾夫・西斯（Wolf Hirth）和萊因霍爾德・塞格（Reinhold Seeger）於 1934 年開始設計，主要用來同格魯瑙嬰兒型滑翔機（Grunau Baby）競爭市場。Gö 1 於 1935 年投產，截至 1940 年停產共製造約 100 架。1939 年，在巴黎附近的聖日耳曼舉行的首屆國際滑翔機特技飛行比賽中，1 架參賽的該型飛機獲得了銀牌。

　　偽滿的滿洲空務協會成立後，設立了奉天、新京、安東、撫順、哈爾濱、吉林和齊齊哈爾 7 個支部，其中撫順支部擁有 10 架初級滑翔機和 18 架中、高級教練機，就包括 2 架 Gö 1，其他支部狀況不詳。1940 年 1 月 4 日，滿洲空務協會的飛行員弘中正利在大連附近駕駛 1 架 Gö 1 創造了飛行 3 小時 25 分鐘的記錄。

　　1943 年 5 月 27 日至 7 月 10 日，應汪偽國民政府和大東亞省（日本政府於 1942 年 9 月設置的內閣機構，負責統籌管理其在東亞的佔領區）的要求，日方在中國南京、上海和蘇州舉辦了"新民國運動促進委員會滑翔機講習會"，日本《每日新聞》社向其捐贈了 3 架具體型號不詳的初級滑翔機和 1 架 Gö 1，並由該社航空部成員志鶴忠夫、加藤幾太郎、島本真、小川健爾進行培訓。講習會結束後又進行了南京—上海的"空中列車"滑翔機拖曳表演。

《每日新聞》向汪偽政府提供的 Gö 1 滑翔機

1943 年 7 月"新民國運動促進委員會滑翔機講習會"後進行的南京—上海"空中列車"表演，拖曳機為汪偽空軍裝備的空技 三式陸上初步練習機。

波泰茨 36 / 1

Potez 36/1

法
國
製
飛
機

機　　種：	通用飛機
用　　途：	訓練
乘　　員：	2 人
製 造 廠：	亨利・波泰茨飛機公司
	（Aéroplanes Henry Potez）
首　　飛：	1927 年
特　　點：	木製結構 / 上單翼佈局 / 固定式起
	落架

機長 / 翼展 / 機高： -

淨重 / 全重： -

引　　擎：　1 台雷諾 4Pa 型直立型 4 缸氣冷
發動機（Renault 4Pa），70 馬力

最大速度 / 巡航速度： -

航　　程： -

升　　限： -

裝備範圍：　中國飛行協會上海飛行社

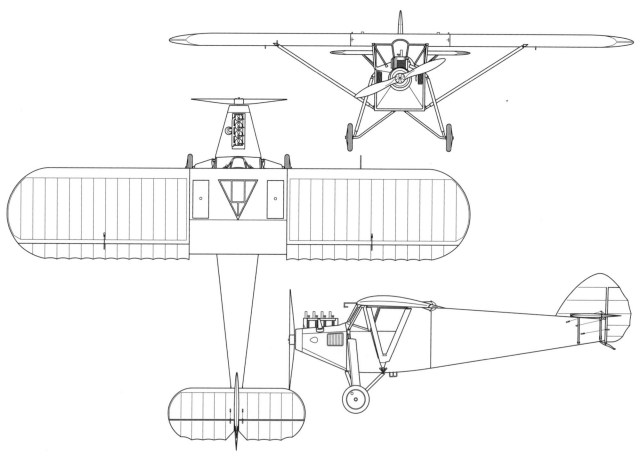

波泰茨 36/1 通用飛機三視圖

研發於 1920 年代後期的波泰茨 36 被譽為是真正催生 1930 年代航空旅行的飛機。該型飛機主要供私人運動飛行或航空旅行,在設計中充分考慮了私人用戶使用的方便性,機翼可向後折疊,以便存儲或拖運。其原型機於 1927 年首飛,具有易於操控、飛行安全性高等特點,同年投產,各亞型共製造約 300 架,很受私人用戶、小型航空公司和飛行俱樂部的歡迎。波泰茨 36/1 是安裝雷諾 4Pa 型發動機的亞型,共製造 2 架。

1934 年 3 月,中國飛行協會上海飛行社籌備成立,杜月笙捐贈了 1 架安裝 70 馬力雷諾發動機的波泰茨 36 供其作為教練機使用。3 月 18 日,該機在上海龍華機場舉辦的捐獻暨命名典禮上被命名為"月文"號。根據照片分析,這架波泰茨 36 沒有安裝前緣襟翼,可能是 1 架波泰茨 36/1。

波泰茨 36/1 客艙內部

捐贈給中國飛行協會上海飛行社的"月文"號,機前為杜月笙和單人駕機跨國飛行的孫桐崗。

立川 九五式一型練習機

Tachikawa Army Type 95-1 Medium Grade Trainer

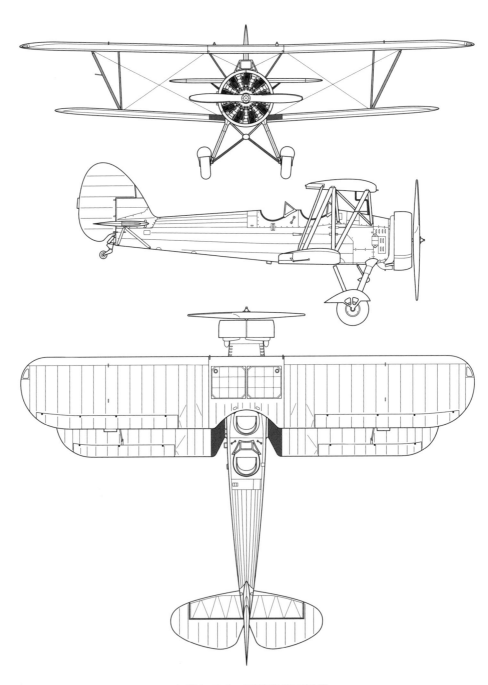

立川九五式一型練習機三視圖

機　　種：	教練機	機長 / 翼展 / 機高：	7.52 / 10.32 / 3 米
用　　途：	訓練	淨重 / 全重：	1015 / 1425 千克
乘　　員：	2 人	引　　擎：	1 台日立ハ 13 甲型星型 7 缸氣冷
製 造 廠：	株式會社石川島飛行機製作所		發動機（Hitachi Ha-13a），350
	（Ishikawajima Aircraft		馬力
	Manufacturing Company）	最大速度 / 巡航速度：	240 / 150 千米 / 小時
首　　飛：	1935 年	航　　程：	840 千米
特　　點：	混合結構 / 不等翼展雙翼佈局 / 固	升　　限：	5500 米
	定式起落架	裝備範圍：	滿洲航空株式會社

　　九五式一型練習機是株式會社石川島飛行機製作所（立川公司的前身）於 1930 年代中期應日本陸軍要求研發的雙翼中級教練機。1934 年 4 月，日本陸軍要求石川島飛行機製作所研發一種 "階梯機"，可通過換裝不同功率的發動機作為初級教練機和中級教練機使用。其第 1 架原型機於同年 9 月製成，裝有 1 台 150 馬力的中島 NZ 型發動機，主要作為初級教練機；第 2、3 架原型機則是安裝大功率日立ハ 13 型發動機的中級教練機。在試飛過程中，由於初級教練機型存在發動機功率不足和重心問題，飛行性能較差，其研發方案被取消；中級教練機型則於 1935 年 7 月投產，キ番號為キ 9，盟軍代號為 "雲杉"（Spruce）。該型飛機由立川公司和日本國際航空工業同時生產，各亞型共製造 2618 架，除供日本陸軍使用外，也提供給泰國、偽滿洲國和汪偽政府使用，二戰後期還曾用於神風特攻。此外，日本通信省航空機成員養成所等民用機構也使用九五式一型訓練飛行員。

　　1938 年 3 月，滿洲航空株式會社開辦了一所航校以訓練飛行員，使用的教練機即為九五式一型（一說為九五式三型 / キ 17，但キ 17 於 1938 年 12 月方才定型投產，因此該說為誤）。

日本式 鳶型

Nihon Tohi Type

（日本式鳶3型參數）

機　　種：	中級滑翔機	特　　點：	混合結構 / 上單翼佈局 / 固定式起落架
用　　途：	訓練		
乘　　員：	1 人	機長 / 翼展 / 機高：	6.4 / 10.6 / 2.5 米
製 造 廠：	日本小型飛行機株式會社	淨重 / 全重：	110 / 175 千克
	（Nihon Kogata Hikōki Kabushiki Kaisha）	滑翔速度：	50 千米 / 小時
		裝備範圍：	滿洲飛行協會 / 滿洲空務協會
首　　飛：	-		

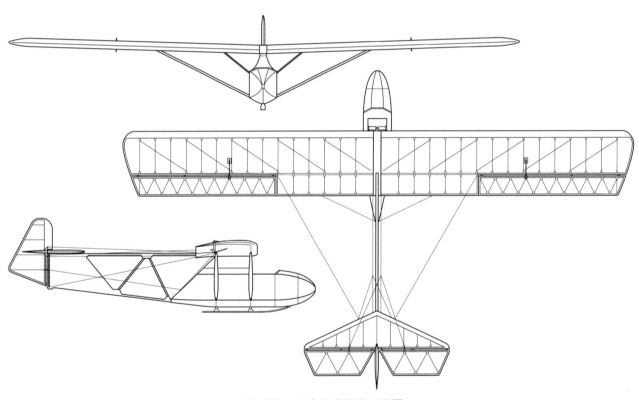

日本式鳶3型中級滑翔機三視圖

　　日本式鳶型由日本小型飛行機株式會社董事兼總工程師宮原旭設計，機艙為流線形鰻型，其餘部分則是和初級教練機相同的框架式，具有結構簡單、堅固耐用的特點。偽滿的滿洲空務協會成立後，最初使用的中級滑翔機即為日本式鳶型。

日本式 鳩型

Nihon Hato Type

機　種：　初級滑翔機
用　途：　訓練
乘　員：　1 人
製造廠：　日本小型飛行機株式會社
　　　　　（Nihon Kogata Hikōki Kabushiki
　　　　　Kaisha）
首　飛：　-

特　點：　混合結構 / 上單翼佈局 / 固定式起
　　　　　落架
機長 / 翼展 / 機高：　5.8 / 10 / 2.115 米
淨重 / 全重：　91.2 / 151.2 千克
滑翔速度：　50 千米 / 小時
裝備範圍：　滿洲飛行協會 / 滿洲空務協會

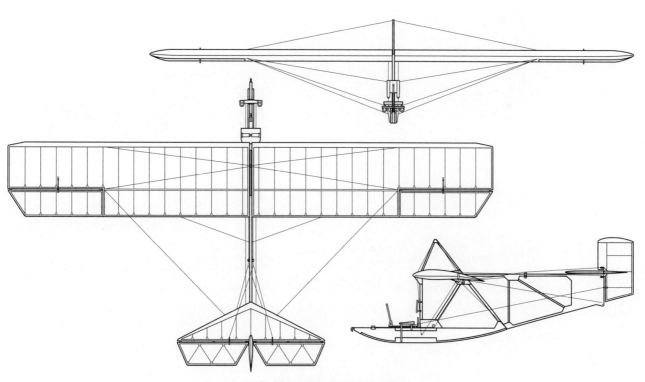

日本式鳩型初級滑翔機三視圖

日本式鳩型是日本小型飛行機株式會社研發的初級滑翔機,由宮原旭設計,又稱霧峰式(霧ケ峰)式鳩型,與二戰期間研發的霧峰式 K-14 "鳩" 是不同的飛機。偽滿的滿洲空務協會成立後,最初使用的初級滑翔機即為日本式鳩型。

滿洲空務協會使用的日本式鳩型滑翔機

前田航研工業

前田式 703

Maeda 703

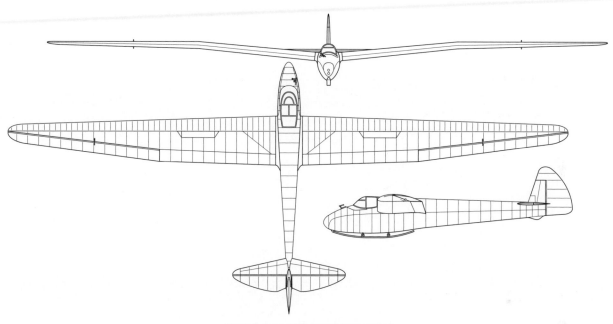

前田式 703 型高級滑翔機三視圖

機　種：	高級滑翔機	**特　點：**	木製結構 / 中單翼佈局 / 固定式起落架	
用　途：	訓練			
乘　員：	1 人	**機長 / 翼展 / 機高：**	6.7 / 14.98 / 1.1 米	
製 造 廠：	前田航研工業（Maeda Aviation Research Industry Co.）	**淨重 / 全重：**	153 / 230 千克	
		滑翔速度：	55 千米 / 小時	
首　飛：	1940 年	**裝備範圍：**	滿洲飛行協會 / 滿洲空務協會	

　　前田式 703 型高級滑翔機由前田航研工業創始人前田健一設計，是日本早期自行設計的性能最好的滑翔機之一。其原型機於 1940 年首飛，具有良好的飛行性能和可操控性，其中前 2 架原型機為鷗翼設計，第 3 架則為水平翼。在滿洲空務協會下設的奉天、新京、安東、撫順、哈爾濱、吉林和齊齊哈爾 7 個支部中，撫順支部擁有 10 架初級滑翔機和 18 架中、高級教練機，其中包括 2 架前田式 703，其他支部狀況不詳。

伊藤式 A-2

Ito Model A-2

日本製飛機

機　　種：	初級滑翔機
用　　途：	訓練
乘　　員：	1 人
製 造 廠：	伊藤飛行機株式會社（Itouhikouki K.K）
首　　飛：	-
特　　點：	混合結構 / 上單翼佈局 / 固定式起落架

機長 / 翼展 / 機高： 5.45 / 10.04 / 2.165 米

淨重 / 全重： 84 / 144 千克

滑翔速度： 38 千米 / 小時

裝備範圍： 東亞青年航空聯盟漢口分社　滿洲飛行協會 / 滿洲空務協會

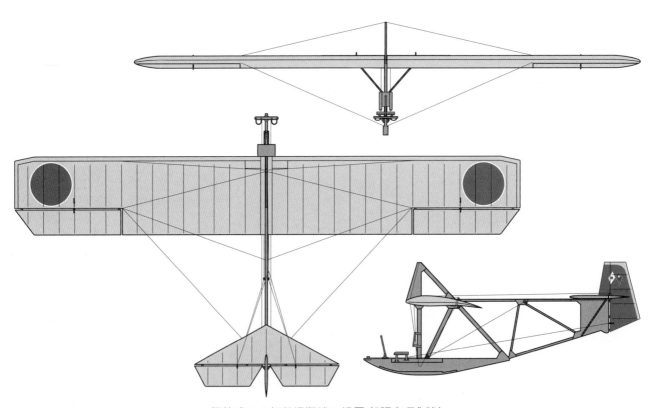

伊藤式 A-2 初級滑翔機三視圖（"張市長"號）

伊藤式 A-2 是伊藤飛行機株式會社研發的輕型滑翔機，由山崎好雄（Yosio Yamasaki）設計，主要供民間飛行社培訓初級飛行員。1940 年 12 月上旬，為宣傳並加強所謂"中日友誼"，東亞青年航空聯盟漢口分社（Hankou branch of the Towa Seinen Koku Renmei）購得 2 架伊藤式 A-2，在武漢跑馬場交付，其中 1 架名為"張市長號"，可能與汪偽政權的武漢特別市市長張仁蠡有關。偽滿的滿洲空務協會也有購自日本的伊藤式 A-2，用於訓練飛行員。

東亞青年航空聯盟漢口分社"張市長"號滑翔機

伊藤式 C-2

Ito Model C-2

機　　種：　高級滑翔機

用　　途：　訓練

乘　　員：　1 人

製 造 廠：　伊藤飛行機株式會社（Itouhikouki K.K）

首　　飛：　-

特　　點：　混合結構 / 上單翼佈局 / 固定式起落架

機長 / 翼展 / 機高：　6.232 / 14.21 / 1.406 米

淨重 / 全重：　145 / 220 千克

滑翔速度：　49 千米 / 小時

裝備範圍：　滿洲飛行協會 / 滿洲空務協會

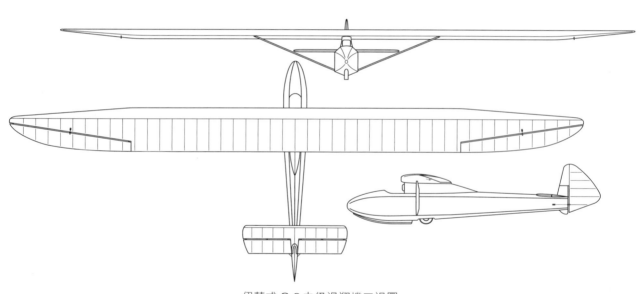

伊藤式 C-2 中級滑翔機三視圖

　　伊藤式 C-2 以伊藤式 C-1 為基礎研發。偽滿的滿洲空務協會成立後，有數量不詳的該型飛機用於訓練。1939 年 4 月 1 日，滿洲飛行協會哈爾濱支部的飛行員益井駕駛 1 架伊藤式 C-2 創造了在 2500 米高空滑翔 1 小時 45 分的記錄。

滿航 MG-1 / MG-2 / MG-3

Manko MG-1/MG-2/MG-3

參　　數：不詳

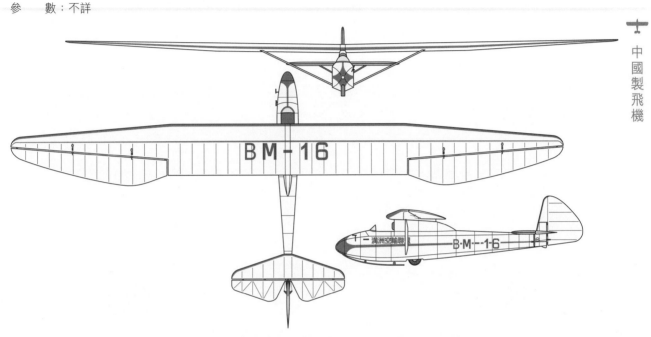

滿航 MG-3 高級滑翔機三視圖（滿洲空務協會 BM-16 號）

　　1936 年 8 月 29 日，偽滿政權的滿洲飛行協會在新京（長春）成立，1939 年 8 月 1
日改組為滿洲空務協會。協會最初使用的滑翔機是從日本購買的日本式鳩型、日本式
鳶型，後改為滿洲航空株式會社製造的 MG-1、MG-2 和 MG-3。MG-1、MG-2 具
體狀況不詳，MG-3 是在戈平根 Gö 1 "狼" 基礎上改良的高級教練機，於 1939 年 11
月投產。

滿洲空務協會的 MG-3 滑翔機

第三章

中國政府和部分部門
使用飛機

費爾雷 III F Mk. III B

Fairey III F Mk. III B

機　　種：	艦載偵查機	

機　　種：　艦載偵查機

用　　途：　訓練

乘　　員：　3 人

製　造　廠：　費爾雷航空有限公司
（Fairey Aviation Company
Limited）

首　　飛：　1926 年

特　　點：　金屬結構 / 不等翼展雙翼佈局 / 固
定式起落架

機長 / 翼展 / 機高：　11.2 / 13.95 / 4.32 米

淨重 / 全重：　1779 / 2858 千克

引　　擎：　1 台納皮爾 "獅子" IX A 型 W 型
12 缸液冷發動機（Napier Lion IX
A），570 馬力

最大速度 / 巡航速度：　209 / 174 千米 / 小時

航　　程：　2432 千米

升　　限：　6095 米

武　　備：　1 挺固定式 7.7mm 維克斯機槍
（機首左側），1 挺可旋轉 7.7mm
劉易斯機槍（後座），227 千克
炸彈

裝備範圍：　救濟水災委員會

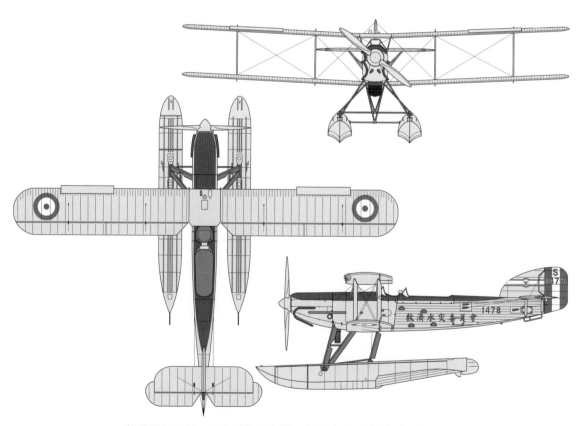

費爾雷 III F Mk. III B 艦載偵察機三視圖（"救濟水災委員會" 號）

費爾雷 III 是英國使用時間最久的雙翼艦載偵察機，也是兩次世界大戰之間英國使用範圍最廣的艦載機，部分型號直至 1941 年仍在服役。該型飛機的原型機 N.10 於 1917 年 9 月 14 日首飛成功，其後推出了費爾雷 IIIA、B、C、D、E、F、M 等多種亞型，其中大部分可換裝輪式起落架或浮筒以供不同環境的起降，機翼可向後折疊，便於儲存。費爾雷 III F 是根據英國航空部 "19/24 規範" 研發的改良型，於 1926 年 4 月 20 日首飛，也是產量最多的型號，下轄 Mk.I-Mk. VI 等多種亞型，共製造約 622 架。費爾雷 III F Mk.III 是其中產量最多的亞型，共製造 291 架，特點是將機翼由 Mk.II 的金屬與木製混合結構改為全金屬結構，Mk.IIIB 是在 Mk.III 基礎上強化機身，可供彈射使用的亞型，總產量 79 架。

1930 年 4 月，英商安利洋行 (Arnhold & Co) 將 1 架安裝 450 馬力納皮爾 "獅子" IX A 型發動機的費爾雷 III F Mk. III M (生產序號 F1129 / 註冊號 G-AABY) 送至中國展銷，但在首次起飛時就因故障墜毀，後送返英國。1931 年夏季，武漢三鎮因長江流域普降暴雨而發生特大洪災，南京國民政府特設了救濟水災委員會，英國也派遣了 "競技神" 號航空母艦 (HMS Hermes) 前往漢口附近協助中國政府調查災情，搭載於該艦的第 440 航空隊有 1 架費爾雷 III F Mk.III B (生產序號 F1321 / 註冊號 S1478) 可能借給救濟水災委員會使用，機身兩側漆有 "救濟水災委員會" 字樣。著名飛行員查爾斯‧林白 (Charles Lindbergh) 和安妮‧莫羅‧林白 (Anne Morrow Lindbergh) 夫婦也以 "競技神" 號為基地，駕駛 1 架洛克希德 "天狼星" (Lockheed Sirius) 水上飛機協助調查災情。

從 "競技神" 號航母吊向江面的 "救濟水災委員會" 號

派珀 PA-11 "小熊特別版"

Piper PA-11 Cub Special

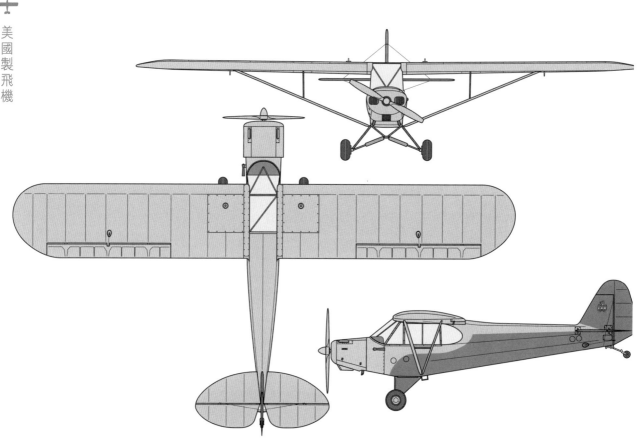

派珀 PA-11 "小熊特別版" 通用飛機三視圖

機　　種：	通用飛機	淨重 / 全重：	290 / 544 千克
用　　途：	警用 / 水位觀測	引　　擎：	1 台大陸 A65-8 型對列型 4 缸氣
乘　　員：	1+1 人		冷發動機（Continental A65-8），
製 造 廠：	派珀飛機公司		65 馬力
	（Piper Aircraft, Inc.）	最大速度 / 巡航速度：	161 / 139 千米 / 小時
首　　飛：	1946 年	航　　程：	483 千米
特　　點：	混合結構 / 上單翼佈局 / 固定式起	升　　限：	4200 米
	落架	裝備範圍：	廣東省政府
機長 / 翼展 / 機高：	6.79 / 10.75 / 2.03 米		

PA-11 是派珀飛機公司在 J-3 "小熊" 基礎上研發的輕型多用途通用飛機。二戰後，由於大量淪為戰後剩餘物資的軍用飛機充斥着民用市場，因此派珀公司設計 PA-11 時側重於減少成本、降低售價，每架售價僅 2445 美元，雖然價格仍高於老舊的軍機，但因機齡全新，因此有非常強的競爭力。

　　PA-11 的結構、佈局和外觀與 J-3 非常相似，發動機支架角度較低，發動機整流罩為完全封閉式，機身重量減輕，飛行性能更加出色，並可短距起降。其原型機於 1946 年 8 月首飛，次年投產，截至 1949 年停產共製造 1428 架，另製造了 105 架換裝 95 馬力大陸 C90-8F 型發動機的軍用型 L-18B。

　　1948 年 6 月，廣東省政府向派珀飛機公司購得 6 架 PA-11（生產序號 11-1508、11-1509、11-1510、11-1525、11-1544、11-1549），同年 8 月 13-18 日，由民航空運隊的機械師組裝完成，其中 1 架裝有浮筒，用於在珠江起降。廣東省政府用這 6 架 PA-11 擔負市政和警用任務，也用於觀測河流水位，其中生產序號 11-1544 的該型飛機後在台灣註冊為 B-11103。

廣東省政府訂購的 PA-11 通用飛機

第四章 中國私人飛機

高須式 5 號

Takasou No.5

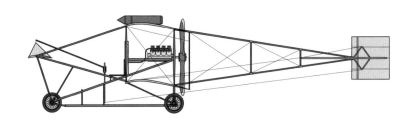

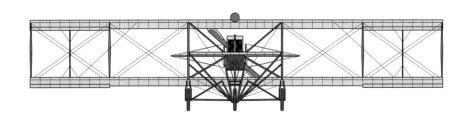

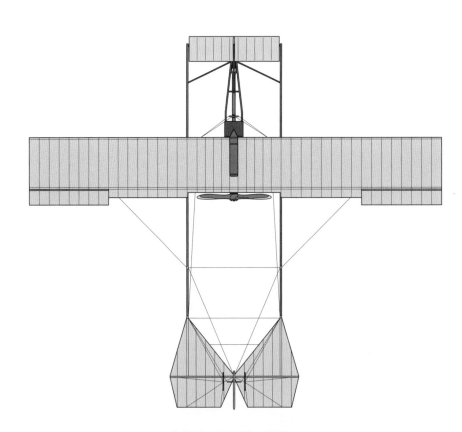

高須式 5 號飛機三視圖

機　　種：	通用飛機	機長/翼展：	9.62 / 11 米
用　　途：	私人飛機	全　　重：	530 千克
乘　　員：	1 人	引　　擎：	1 台豪爾-斯考特型 V 型 8 缸液
製造者：	高須孝之（Takayuki Takasou）		冷發動機（Hall-Scott），60 馬力
首　　飛：	1915 年	最大速度：	96 千米 / 小時
特　　點：	木製結構 / 等翼展雙翼佈局 / 固定	航　　程：	-
	式起落架	升　　限：	-

　　高須式 5 號是日本人高須孝之製造的單座單發雙翼推進式飛機。該機以高須式 4 號為基礎研發，與此前製造的高須式 1、2、3、4 號一樣，均為美製柯蒂斯 D 型推進機的仿製品。高須式 5 號裝有 1 台與高須式 4 號相同的豪爾-斯考特型發動機，特點是將原本位於上下翼之間的副翼移至下翼，與上翼副翼通過連杆聯動，油箱位於機翼上方，與中國航空先驅馮如製造的改良型推進機非常相似。

　　高須式 5 號僅製造 1 架，1915 年 3 月在大阪首飛成功，高須孝之曾駕駛其在沖繩、台灣飛行表演，並於同年 12 月參加了在日本鳴門市舉辦的第二次日本民間飛行會，獲得飛行速度獎冠軍和飛行高度獎亞軍。比賽次日，該機因發動機故障迫降於武庫川河，修復後，高須孝之將機身售予一位中國買家，發動機則留下用於製造高須式 6 號飛機。

展覽中的高須式 5 號推進機

阿姆斯特朗・惠特沃斯 F.K.8

Armstrong Whitworth F.K.8

機　　種：	偵察機	機長 / 翼展 / 機高：	9.58 / 13.26 / 3.33 米
用　　途：	私人飛機	淨重 / 全重：	869 / 1275 千克
乘　　員：	2 人	引　　擎：	1 台比爾德莫爾型直列型 6 缸
製 造 廠：	阿姆斯特朗・惠特沃斯飛機		液冷發動機（Beardmore），
	公司（Armstrong Whitworth		160 馬力
	Aircraft）	最大速度 / 巡航速度：	153 / 120 千米 / 小時
首　　飛：	1916 年	航　　程：	-
特　　點：	木製結構 / 等翼展雙翼佈局 / 固	升　　限：	3962 米
	定式起落架	所 有 者：	W・麥克貝恩（W McBain）

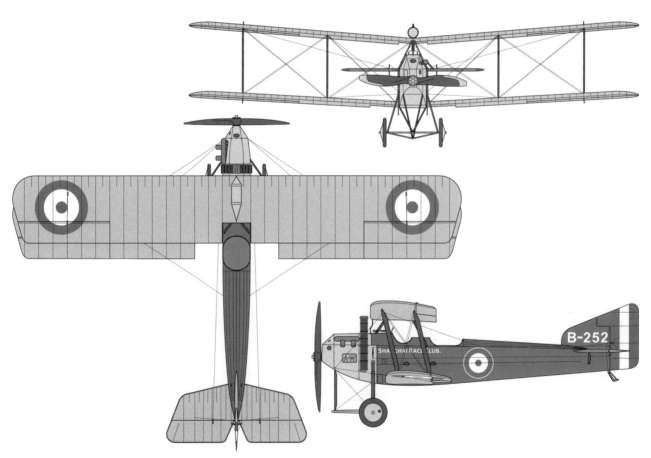

阿姆斯特朗・惠特沃斯 F.K.8 偵察機三視圖（麥克貝恩所屬機）

昵稱為"大阿克"（Big Ack）的 F.K.8 以 F.K.3"小阿克"為基礎研發，主要用於取代 F.K.3 和皇家飛機製造廠的 B.E.2c。該型飛機由荷蘭飛機設計師弗雷德里克·庫霍芬（Frederick Koolhoven）設計，最初命名為 F.K.7。F.K.8 的原型機於 1916 年 5 月首飛，結構和外形與 F.K.3 基本相同，尺寸擴大，換裝大功率發動機，飛行性能提升，同時配備有雙套駕駛系統，可在危急時由後座偵查員／射擊員駕駛返回，因此也可作為教練機使用。F.K.8 於 1916 年秋季投產，以結構堅固耐用、飛行平穩、性能可靠而廣受飛行員歡迎，在一戰中擔負多種軍事任務，總產量 1650 架。一戰後，有 8 架該型飛機投入民用市場，澳大利亞昆士蘭州和北領地航空服務公司（Queensland and Northern Territory Aerial Services）曾購買 2 架用於郵運，是澳大利亞最早的郵運飛機。

1920 年，英國少校 W·麥克貝恩（W McBain）將 1 架編號 B-252 的 F.K.8 運至上海，作為私人飛機使用。這架飛機座艙側面寫有英文 "Shanghai Race Club"（上海跑馬場），在 1920 年曾飛行數次，後於 1921 年 11 月 11 日墜毀。1922 年，該機被送至龍華飛機製造廠修理，其後可能售予浙江督軍盧永祥。

座艙側面寫有"上海跑馬場"的 F.K.8

德·哈維蘭 DH.60M "金屬蛾"

De Havilland DH.60M Metal Moth

機　種：　運動 / 教練機

用　途：　**私人飛機**

乘　員：　2 人

製 造 廠：　德·哈維蘭飛機有限公司

（De Havilland Aircraft Company Limited）

首　飛：　1928 年

特　點：　混合結構 / 等翼展雙翼佈局 / 固定式起落架

機長 / 翼展 / 機高：　7.29 / 9.14 / 2.68 米

淨重 / 全重：　436 / 635 千克

引　擎：　1 台德·哈維蘭 "吉普賽" I 型直列型 4 缸氣冷發動機（De Havilland GipsyI），100 馬力或 1 台德·哈維蘭 "吉普賽" II 型直列型 4 缸氣冷發動機（De Havilland GipsyII），120 馬力

最大速度 / 巡航速度：　169 / 137 千米 / 小時

航　程：　515 千米

升　限：　5486 米

所 有 者：　馮庸

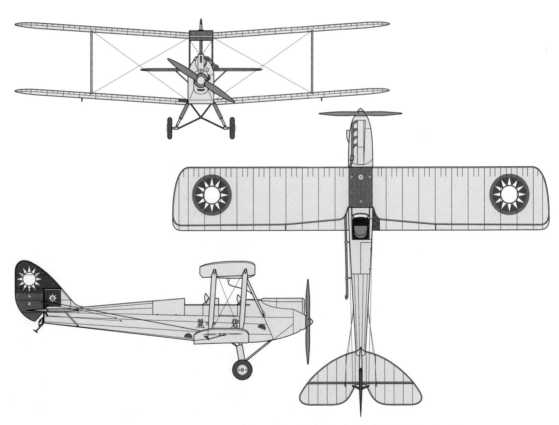

德·哈維蘭 DH.60M "金屬蛾" 運動 / 教練機三視圖（馮庸 "碧麗" 號）

研發於 1920 年代的 DH.60 是德·哈維蘭公司研發的知名度最高的教練機之一，也是著名的"蛾"系列飛機的鼻祖。該型飛機以 DH.51 為基礎研發，原型機 DH.60 "捲雲蛾"於 1925 年 2 月 22 日首飛成功，裝有 1 台 60 馬力的 ADC "捲雲"型發動機，具有結構簡單、價格低廉、易於維護、飛行平穩、安全性好、座艙舒適、機翼可折疊等特點，一經投產即廣受歡迎，並衍生多種亞型，先後創造多個飛行記錄，是同時期飛行俱樂部、航校和私人使用最多的機種之一，直到二戰後才被大量湧入民用市場的 DH.82 "虎蛾"型軍用教練機取代。DH.60M "金屬蛾"是在 DH.60G 基礎上換裝金屬結構機身的亞型，維護更加簡便，主要供海外用戶使用，共製造 755 架，其中 539 架是德·哈維蘭公司所製。

1929 年 11 月，時在東北航空處任職的馮庸購得"北風"號波泰茨 32 之後，感覺該機沒有甚麼用處。經張學良同意，便用"北風"號換得 1 架東北航空隊的 DH.60M 教練機，命名為"碧麗"號（一說該機由馮庸的妹妹馮碧君、馮麗君捐款所購，因此得名）。這架 DH.60M 即為同年東北航空處通過安利洋行（Arnhold & Co）訂購的 10 餘架飛機之一，原東北航空隊編號為 6 號。馮庸對該機非常喜愛，1930 年 9 月初，曾駕駛該機飛往哈爾濱（途中曾在長春降落），抵達後受到熱烈歡迎。1931 年 3 月，馮庸還計劃駕駛該機飛往天津，並電詢傅作義是否有地點可以降落，後因天津東局子機場雜草過多，無法使用而作罷。同年 8 月 5 日，英國女飛行家艾梅詹森駕機訪問日本，途經瀋陽，馮庸曾駕駛"碧麗"號前往歡迎。

馮庸的"碧麗"號

康珀 CLA.7 "雨燕"

Comper CLA.7 Swift

機　　種： 運動機

用　　途： 私人飛機

乘　　員： 1 人

製 造 廠： 康珀飛機有限公司
（Comper Aircraft Company Ltd）

首　　飛： 1930 年

特　　點： 混合結構 / 上單翼佈局 / 固定式起落架

機長 / 翼展 / 機高： 5.4 / 7.32 / 1.61 米

淨重 / 全重： 245 / 447 千克

引　　擎： 1 台鮑博伊 R 型星型 7 缸氣冷發動機（Pobjoy R），75 馬力

最大速度 / 巡航速度： 225 / 190 千米 / 小時

航　　程： 611 千米

升　　限： 6705 米

所 有 者： 馮庸

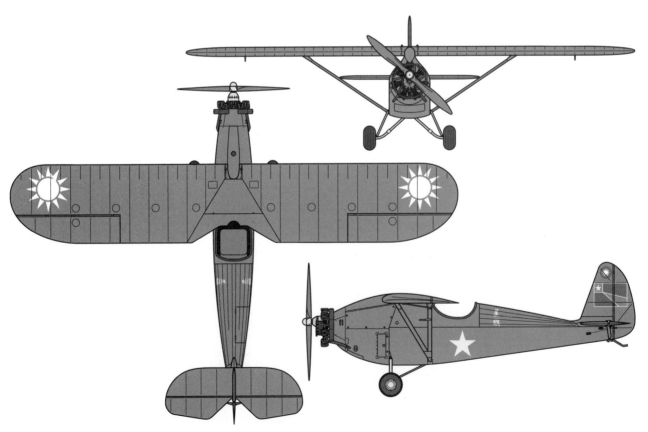

康珀 CLA.7 "雨燕" 運動機三視圖（馮庸 "星旗" 號）

CLA.7"雨燕"是康珀公司在 1920 年代末研發的單座輕型運動飛機,也是該公司成立後生產的第一種飛機。由公司創始人尼古拉斯・康珀(Nicholas Comper)設計,原型機於 1930 年 1 月首飛成功,裝有 1 台 40 馬力的 ABC"蠍子"發動機,同年投入量產,共製造 45 架。其中前 7 架量產型安裝的是 40 馬力的"薩爾姆森"AD.9 發動機,後 3 架安裝的是 120-130 馬力的德・哈維蘭"吉普賽"發動機,其餘均為鮑博伊 R 型發動機。"雨燕"的用戶多為私人和航空俱樂部,英國國王愛德華八世(1936 年 1 月—1936 年 12 月在位)曾擁有 1 架該型飛機,並在 1932 年的國王杯大賽上獲得第二名。

1927−1931 年,中國第一所私立大學馮庸大學(校址在瀋陽)自國外訂購了 7 架飛機,其中有 2 架安裝鮑博伊 R 型發動機的 CLA.7,命名為"遼鶴"、"星旗"號。"遼鶴"號購買狀況不詳,塗裝與"星旗"號相同,僅座艙後部文字不同。這 2 架飛機與"赤馬"號 C7A 常停於馮庸大學中庸樓西側的小型機場中。"遼鶴"號曾在杭州南湖墜毀,但損傷較小,後可能被修復。據稱,1928 年馮庸在瀋陽舉辦"東三省聯合運動會",張學良在出席開幕式後,為避開日方監視,曾駕駛"遼鶴"號自馮庸大學飛返東北航空處,但當時 CLA.7 尚未研發,因此所駕飛機可能是"迅雷"、"疾風"號 U 12a。

據西方資料記載,1933 年 5 月,遠東航空公司將 1 架 CLA.7(生產序號 S30/12、原註冊號 EC-AAT)送至上海展銷,後被奉系軍閥吳俊升之子吳泰勛(又名吳幼權)購得,並聘請原東北空軍飛行員聶恒裕擔任飛行教練。根據 1 張聶恒裕與聶偉廉在"吳幼權的私人飛機"前拍照的照片以及康珀公司"雨燕"的銷售序列表判斷,該機可能就是馮庸的"星旗"號,"遼鶴"號的生產序號可能是 S31/4 或 S31/11。

聶恒裕和聶偉廉與"吳幼權的私人飛機",該機塗裝與馮庸所擁有的飛機相同,可能就是"星旗"號。

高德隆 G.III

Caudron Type G.III

法國製飛機

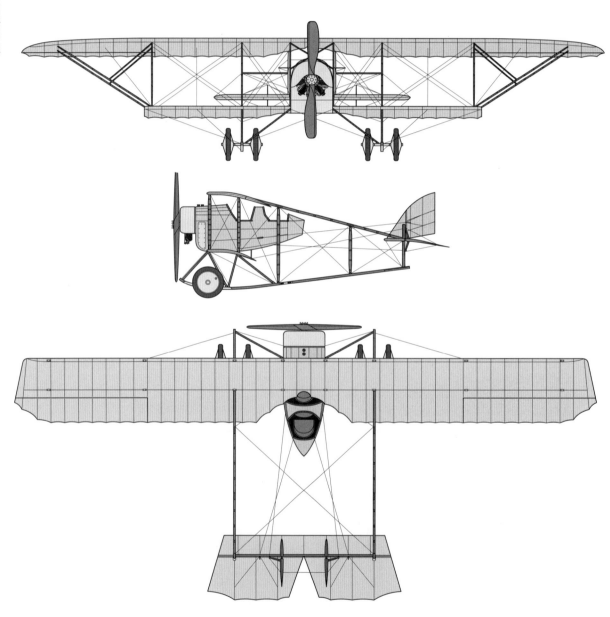

高德隆 G.III 偵查 / 教練機三視圖

機　　種： 偵查 / 教練機
用　　途： 私人飛機
乘　　員： 2 人
製 造 廠： 高德隆飛機公司（Société des Avions Caudron）
首　　飛： 1914 年
特　　點： 木製結構 / 不等翼展雙翼佈局 / 固定式起落架
機長 / 翼展 / 機高： 6.4 / 13.4 / 2.5 米

淨重 / 全重： 420 / 710 千克
引　　擎： 1 台羅納 9C 型 9 缸轉缸發動機，80 馬力（Le Rhône 9C）
最大速度 / 巡航速度： 108 / 86 千米 / 小時
航　　程： -
升　　限： 4300 米
所 有 者： 羅克斯（Roques）和馬斯（Masse）

高德隆 G.III（又稱 G.3）是芮納・高德隆（René Caudron）和加斯頓・高德隆（Gaston Caudron）兄弟以 G.II 型教練機為基礎研發的軍用偵查 / 教練型。該型飛機於 1914 年 5 月首飛，結構和外觀與 G.II 非常相似，特點是以通用標準型副翼取代傳統高德隆教練機的軟邊後緣副翼，上翼後緣增加切口。由於 G.III 加裝了雙套操控系統，培訓飛行員的效率和飛行性能都獲得了顯著提升，同時保留傳統高德隆教練機結構簡單、飛行平穩、易於操控、安全性好等優點，因此很受飛行員歡迎，在一戰期間曾用於多種軍事任務，各亞型共製造 2800 多架。

1921 年，高德隆公司將 1 架 G.III 贈予中國政府，同年 10 月，該機由法國空軍參贊羅克斯和飛行教官馬斯運抵北京，但並未立即移交北京政府（北洋政府），而是作為二人的私人飛機使用，次年 8 月 26 日移交。

亨利・波泰茨飛機公司

波泰茨 32

Potez 32

法
國
製
飛
機

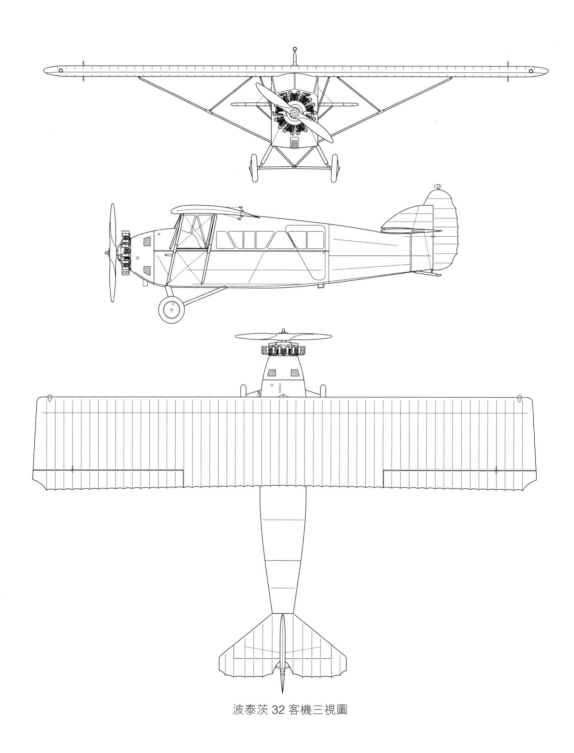

波泰茨 32 客機三視圖

機　種：	客機
用　途：	私人飛機
乘　員：	2+4 人
製造廠：	亨利・波泰茨飛機公司
	（Aéroplanes Henry Potez）
首　飛：	1927 年
特　點：	木製結構 / 上單翼佈局 / 固定式起
	落架

機長 / 翼展 / 機高： 10.15 / 14.5 / 4 米

淨重 / 全重：	950 / 1750 千克
引　擎：	1 台薩爾姆森 9AB 型星型 9 缸氣
	冷發動機（Salmson 9AB），230
	馬力
最大速度 / 巡航速度：	190 / 160 千米 / 小時
航　程：	670 千米
升　限：	4500 米
所有者：	馮庸

波泰茨 32 是波泰茨公司在波泰茨 29 型雙翼客機基礎上研發的單翼小型客機，沿用了波泰茨 29 的機身、尾翼和起落架，換裝薩爾姆森 9AB 型發動機，客艙內可容納 4 名乘客，客艙後部有盥洗間和衣帽櫃，行李艙位於地板下。波泰茨 32 的原型機於 1927 年 9 月 22 日首飛成功，次年投入量產，截至 1930 年停產，各亞型共製造約 55 架，區別多為發動機的不同。由於該型飛機從側面看來外觀輪廓碩大，機身前後高度幾乎等齊，所以中國飛行員也根據其音譯稱之為"大肚包台茲機"。

1929 年，馮庸通過天津中央公司（Central Garage）購得 1 架波泰茨 32，命名為"北風"號。該機於同年 11 月運抵奉天，通常由東北空軍飛行員聶恒裕駕駛。1930 年，馮庸用其與東北空軍交換了 1 架 DH.60M 教練機，命名為"碧麗"號。

四川當局於 1929 年購得該型飛機和波泰茨 33/2 共 4 架，並計劃用這些飛機中的 3 架和 2 架 DH.60G "吉普賽蛾"、3 架布雷蓋 Br.14 一起經營上海—成都航線，後因該航線被中國航空公司承接而取消。

烏戴特 U 12a "火烈鳥"

Udet U 12a Flamingo

機　種：　運動 / 教練機

用　途：　私人飛機

乘　員：　2 人

製造廠：　烏戴特飛機製造有限公司（Udet
Flugzeugbau GmbH）

首　飛：　1925 年

特　點：　木製結構 / 等翼展雙翼佈局 / 固定
式起落架

機長 / 翼展 / 機高：　7.47 米 /9.96 / 2.8 米

淨重 / 全重：　525 / 800 千克

引　擎：　1 台西門子－哈斯基 SH 11 型
星型 7 缸氣冷發動機（Siemens-
Halske SH 11），96 馬力

最大速度 / 巡航速度：　140 / 115 千米 / 小時

航　程：　450 千米

升　限：　3350 米

所有者：　馮庸

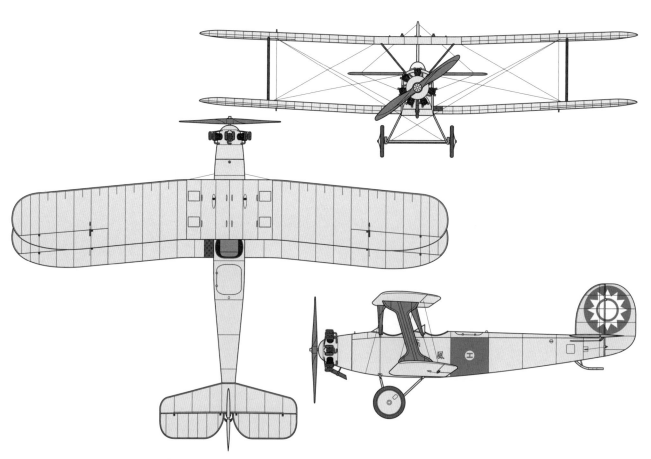

烏戴特 U 12a "火烈鳥" 運動 / 教練機三視圖（馮庸 "疾風" 號）

U 12 研發於 1920 年代中期，由烏戴特公司首席設計師漢斯·亨利·赫爾曼 (Hans Henry Herrmann) 設計，1925 年 4 月 7 日首飛，次年投產，並授權奧地利、匈牙利和拉脫維亞仿製，各亞型共製造約 240 架，是德國 1920−1930 年代最受航校歡迎的運動 / 教練機之一。烏戴特公司的創始人恩斯特·烏戴特 (Ernst Udet) 多次駕機進行非常精彩且危險的飛行表演——疾速俯衝並用翼尖揀起機場地面上的手帕，該型飛機因此而名噪一時。1926 年，烏戴特公司因財政困境破產，U 12 由巴伐利亞飛機製造公司接管生產，因此又稱 BFW U 12。U 12a 是最初的量產型，裝有 1 台西門子−哈斯基 SH 11 型發動機，主要用作航校初級教練機。

1927−1931 年，馮庸大學自國外訂購了 7 架飛機，其中有 2 架 U 12a，分別命名為 "迅雷" 和 "疾風" 號。這 2 架飛機的購買狀況不詳，可能與 1927 年山東軍閥張宗昌通過德商禮和洋行 (Carlowitz & Co) 購買的 3 架同型飛機有關。1929 年的 "中東路事件"（為收回蘇聯在中國東北鐵路的特權而發生的中蘇軍事衝突，中方主要由張學良麾下的東北軍參戰）期間，馮庸大學曾組織義勇軍前往邊境，並用火車將 "迅雷" 號運至邊境，馮庸曾 2 次駕駛該機搭載邊防軍軍官飛越中蘇邊境進行偵查。

馮庸的 "疾風" 號

費爾柴爾德 22 C7A

Fairchild 22 C7A

機　　種：　運動 / 教練機

用　　途：　私人飛機

乘　　員：　2 人

製 造 廠：　費爾柴爾德飛機公司（Fairchild
Aircraft Corporation）

首　　飛：　1931 年

特　　點：　混合結構 / 高單翼佈局 / 固定式起
落架

機長 / 翼展 / 機高：　6.6 / 10 / 2.41 米

淨重 / 全重：　-

引　　擎：　1 台美國 "捲雲" III 高配型倒置直
列型 4 缸氣冷發動機（American
Cirrus III Hi-drive），95 馬力

最大速度 / 巡航速度：　183 / 151 千米 / 小時

航　　程：　467 千米

升　　限：　4572 米

所 有 者：　馮庸

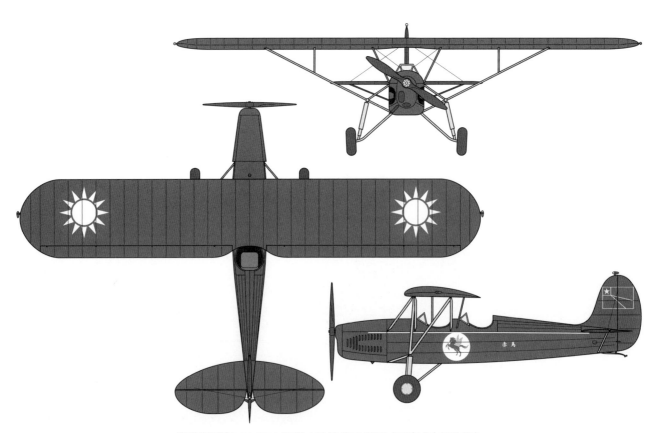

費爾柴爾德 22 C7A 運動 / 教練機三視圖（馮庸 "赤馬" 號）

費爾柴爾德 22 研發於 1930 年代初，由克雷德·里斯納（Kreider-Reisner）設計，側重於減少製造成本以降低售價，以應對美國經濟大蕭條帶來的銷售困境。其原型機於 1931 年首飛成功，同年投產，有 C7、C7A 至 C7G 等多個亞型。隨着經濟大蕭條的結束，用戶們轉而青睞飛行性能和乘坐舒適性更佳，具有封閉式駕駛艙的新型飛機，費爾柴爾德 22 隨之停產，各亞型共製造 127 架。費爾柴爾德 22 C7A 是產量最多的亞型，共製造 58 架，單架售價 2775 美元，1933 年降價至 2275 美元。

1927–1931 年，馮庸大學自國外訂購了 7 架飛機，其中有 1 架費爾柴爾德 22 C7A，命名為"赤馬"號。該機購買狀況不詳，可能與 1931 年張學良以"中國國家航空公司"名義通過豪斯根貿易公司（Hosken Trading Company）購買的同型私用飛機有關。"赤馬"號被馮庸塗飾為通體紅色，前座艙兩側繪有飛翔的天馬圖樣，後座艙兩側寫有"赤馬"二字，常停於馮庸大學中庸樓西側的小型機場中，除供馮庸練習飛行技術外，也供馮大的學生觀察飛機構造和試坐，但試坐飛機需經馮庸批准，並且採取每分鐘付費 1 角的方式來限制乘坐時間。1932 年，馮庸曾駕駛該機拜訪時任熱河省主席的奉系元老湯玉麟。

馮庸的"赤馬"號，左側是 1 架中國航空公司洛寧客機。

布倫納–溫克爾 "小鳥" CK

Brunner-Winkle Bird CK

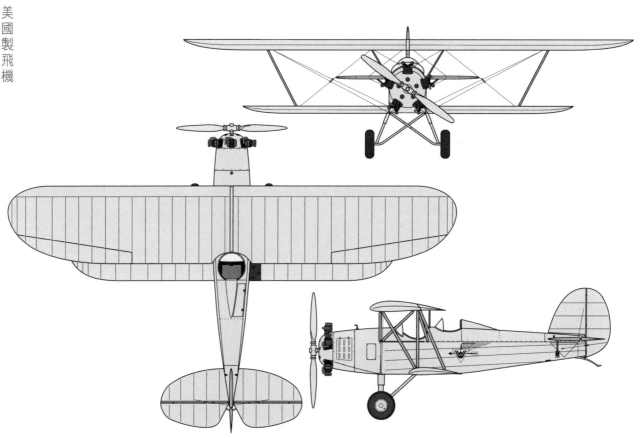

布倫納–溫克爾 "小鳥" CK 教練機三視圖（吳幼權 "飛鳥" 號）

機　　種：	運動 / 教練機	機長 / 翼展 / 機高：	6.9 / 10.36 / 2.64 米
用　　途：	私人飛機	淨重 / 全重：	-
乘　　員：	3 人	引　　擎：	1 台金納 B-5 型星型 5 缸氣冷發
製 造 廠：	布倫納–溫克爾公司（Brunner-Winkle）		動機（Kinner B-5），125 馬力
		最大速度 / 巡航速度：	190 / 161 千米 / 小時
首　　飛：	1930 年	航　　程：	853 千米
特　　點：	混合結構 / 不等翼展雙翼佈局 / 固定式起落架	升　　限：	-
		所 有 者：	吳幼權

"小鳥"是布倫納–溫克爾公司於 1928–1931 年間生產的三座運動 / 教練機。其原型機"小鳥"A 於 1928 年 9 月首飛，採用當時流行的金屬與木製混合結構，裝有 1 台價格低廉、性能可靠的柯蒂斯 OX-5 型發動機，具有易於操控、維護簡便、安全性好、價格較低等特點，各亞型共製造約 240 架。"小鳥"CK 是 1930 年推出的改良型，特點是換裝金納 B-5 型發動機，共製造 45 架，每架售價 4395 美元。

1931 年，1 架"小鳥"CK（生產序號 4034 / 原註冊號 N919M）被送至上海的卡爾·納姆馬赫（Carl Nahmmacher）處展銷，納姆馬赫所屬的中國航空機械貿易公司（China Airmotive Company）是布倫納–溫克爾公司在中國的代理。據西方資料稱，該機後為張學良所購；根據 1932 年 9 月 13 日出版的《北洋畫報》稱，這架"小鳥"CK 為吳幼權所購，命名為"飛鳥"號，並聘請原東北空軍飛行員聶恒裕擔任飛行教練。吳幼權曾駕駛該機自北平飛往天津，在東局子機場降落，並在天津搭載趙道生夫人、朱海光夫人體驗飛行。

吳幼權和"飛鳥"號

戴-A

Day-A

機　　種：教練機

用　　途：私人飛機

乘　　員：2 人

製 造 者：查爾斯・希利・戴（Charles Healy Day）

首　　飛：1931 年

特　　點：混合結構 / 不等翼展雙翼佈局 / 固定式起落架

機長 / 翼展 / 機高：7.54 / 10.36/ - / 米

淨重 / 全重：-

引　　擎：1 台馬丁 D-333 型倒置直列型 4 缸氣冷發動機（Martin D-333），120 馬力

最大速度 / 巡航速度：185 / 136 千米 / 小時

航　　程：-

升　　限：-

所 有 者：查爾斯・希利・戴

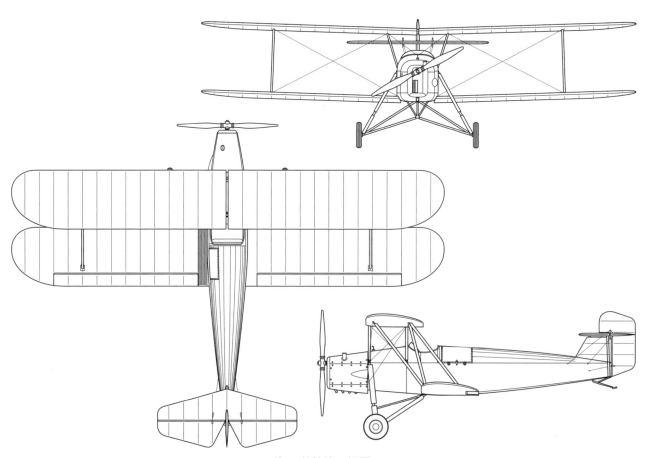

戴-A 教練機三視圖

戴-A（又稱戴–特別版 / Day Special）是新標準飛機公司（New Standard Aircraft Corporation）前總裁查爾斯·希利·戴辭職後，以個人名義研發、製造的用於環遊世界的小型教練機。該機在設計上側重於飛行安全性和乘坐舒適性，且易於操控，非常適合經驗較少的新手飛行員，但油箱容量較小，僅可容納 24 加侖燃料。為了環球飛行，查爾斯為該機又加裝了 24 加侖油箱，但仍無法飛越海洋。

戴-A 於 1931 年春製成，同年 5 月 6 日拆解，2 天後從美國經海運運往倫敦。5 月 18 日，查爾斯夫婦駕駛該機自倫敦赫斯頓機場起飛，在 7 個月內飛越歐洲和亞洲 27 個國家，訪問 74 個城市，總航程超過 25749 千米，最終於 12 月 20 日回到美國新澤西洲紐瓦克市。

1934 年，查爾斯受蔣介石邀請擔任韶關飛機修理廠總工程師，同年 2 月以 "亞洲探險飛行" 的名義將戴-A 自美國運至廣州，作為私人飛機使用。抗戰爆發後，戴-A 被日軍飛機空襲炸毀，查爾斯於 1940 年離開中國返回紐約。

查爾斯·希利·戴夫婦和戴-A 教練機

波特菲爾德 35-70 "飛翔"

Porterfield 35-70 Flyabout

美
國
製
飛
機

機　　種：	通用飛機
用　　途：	私人飛機
乘　　員：	1+1 人
製 造 廠：	波特菲爾德飛機公司（Porterfield Aircraft Corporation）
首　　飛：	1935 年
特　　點：	金屬結構 / 上單翼翼佈局 / 固定式起落架
機長 / 翼展 / 機高：	6.17 / 9.75 / 2.01 米

淨重 / 全重：	366 / 594 千克
引　　擎：	1 台勒布朗 5DE 型星型 5 缸氣冷發動機（LeBlond 5DE），70 馬力
最大速度 / 巡航速度：	185 / 161 千米 / 小時
航　　程：	360 千米
升　　限：	4570 米
所 有 者：	A‧L‧帕特森（A L Patterson）和萊斯利‧A‧劉易斯（Leslie A Lewis）

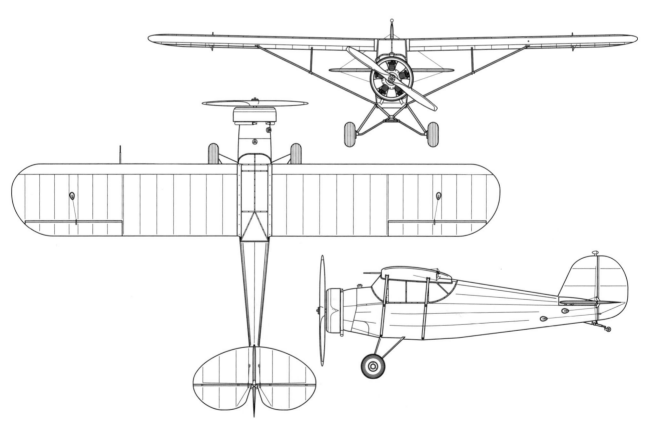

波特菲爾德 35-70 "飛翔" 通用飛機三視圖

波特菲爾德 35 是由諾埃爾・霍卡迪（Noel Hockaday）設計，美國堪薩斯城懷恩多特高中的學生們集體製造的輕型通用飛機，最初名為"懷恩多特小狗"（Wyandotte Pup）。該型飛機的設計方案後被波特菲爾德公司收購並投產，主要作為私人飛機使用，具有尺寸較小、價格低廉、易於操控、堅固耐用等特點，各亞型共製造超過 240 架，最低配置的價格僅 1695 美元。波特菲爾德 35-70 是安裝勒布朗 5DE 型發動機的亞型，其中 "70" 代表發動機功率。

1936 年，波特菲爾德公司駐華代表 A・L・帕特森和萊斯利・A・劉易斯將 1 架波特菲爾德 35-70（生產序號 245）進口至中國作為私人飛機使用。抗戰爆發後，該機是最後 1 架離開上海龍華機場的民用飛機，於 8 月 13 日在上海跑馬場降落時受損，修復後歸屬阿奇博爾德・劉易斯（Archibald Lewis）所有，後在香港註冊為 VR-HCY，1941 年 10 月 22 日註銷。

1939 年 3 月 23 日，中國著名女飛行員顏雅清與李霞卿在美國開展環美飛行募捐，為中國抗戰籌集捐款。4 月 3 日，羅斯科・特納上校（Col. Roscoe Turner）在華盛頓機場將 1 架註冊號為 NC-20706 的紅色波特菲爾德 35W 型飛機（安裝 90 馬力華納小聖甲蟲型發動機的豪華型，又稱波特菲爾德 90）贈與顏雅清，機身兩側和機翼下方寫有 "Spirit of New China"（新中國精神）英文字樣。同年 5 月 1 日，顏雅清駕駛該機在阿拉巴馬州因迷航迫降，飛機損壞，顏雅清受傷，環美飛行計劃被迫取消。

羅斯科・特納上校贈與顏雅清的"新中國精神"號

布雷達 Ba.19ter

Breda Ba.19ter

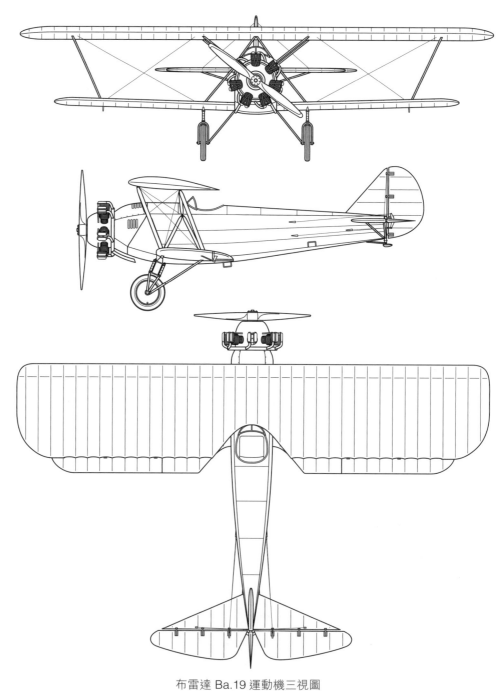

布雷達 Ba.19 運動機三視圖

機　　種：　運動 / 教練機

用　　途：　私人飛機

乘　　員：　**1** 人

製 造 廠：　埃內斯托・布雷達公司（Società Italiana Ernesto Breda）

首　　飛：　1930 年

特　　點：　混合結構 / 不等翼展雙翼佈局 / 固定式起落架

機長 / 翼展 / 機高：　6.6 / 9/2.2 米

淨重 / 全重：　750 / 910 千克

引　　擎：　1 台阿姆斯特朗・西德利"獵豹" IIA 發動機（Armstrong Siddeley Cheetah IIA），260 馬力

最大速度 / 巡航速度：　240 / 200 千米 / 小時

航　　程：　840 千米

升　　限：　7500 米

所 有 者：　約瑟夫・福克斯（Joseph Fuchs）

　　研發於 1928 年的 Ba.19 是 1930 年代意大利最著名的特技飛機之一，由布雷達公司工程師凱撒・帕拉維奇諾（Caesar Palavichchino）和朱塞佩・潘塞里（Giuseppe Panzeri）設計，主要用於競賽、訓練、空中表演和特技飛行。Ba.19 投產後主要供意大利空軍使用，曾多次參加國際航展，並連續打破倒飛世界記錄，意大利空軍特技飛行隊使用該型飛機表演的編隊特技飛行曾名噪一時。Ba.19ter 是安裝阿姆斯特朗・西德利"獵豹" IIA 型發動機的雙座教練型，係由單座型改造而成。

　　1933 年 10 月，德國紐倫堡的約瑟夫・福克斯博士購買了 1 架漆有醒目圖案的 Ba.19ter（生產序號 1843）運至中國，作為私人飛機使用。

第五章
香港、澳門地區民用飛機

波音 C

Boeing Model C

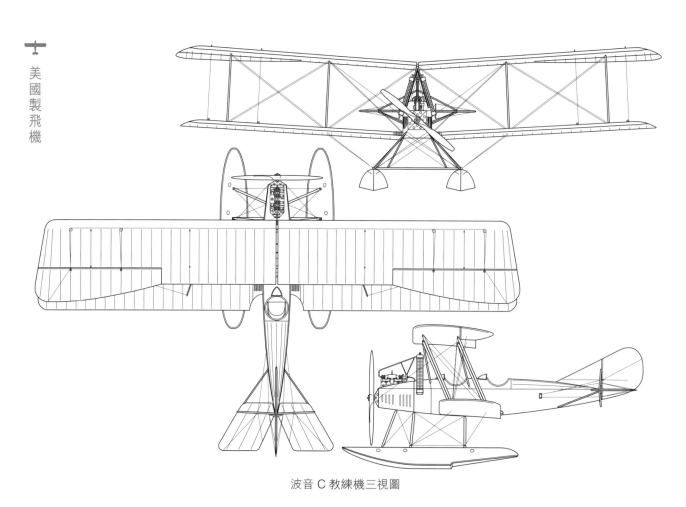

波音 C 教練機三視圖

機　種：	教練機	淨重 / 全重：861 / 1086 千克
用　途：	-	引　擎：1 台豪爾－斯考特 A-7 型直列型 4
乘　員：	2 人	缸液冷發動機（Hall-Scott A-7），
製 造 廠：	波音飛機公司（Boeing Airplane	100 馬力
	Company）	最大速度 / 巡航速度：117 / 105 千米 / 小時
首　飛：	1916 年	航　程：322 千米
特　點：	木製結構 / 等翼展雙翼佈局 /	升　限：1981 米
	雙浮筒	裝備範圍：澳門航空運輸公司
機長 / 翼展 / 機高：8.23 / 13.36 / 3.84 米		

1915 年下半年，波音公司的前身太平洋航空製品公司（Pacific Aero Products Co）開始研發波音 C 型教練機（又稱波音 2）。該型飛機由波音公司首任工程師、中國航空工業奠基人之一的王助設計，是波音公司的首款"全波音"設計。1916 年 5 月，波音 C 在麻省理工學院進行風洞測試，11 月 15 日首飛成功。1917 年 4 月，美國海軍向波音公司購買了 50 架波音 C 和 1 架改為單浮筒設計並換裝柯蒂斯 OX-5 發動機的波音 C-1F，波音 C 也因此成為波音公司首個獲得商業成功的項目。1919 年 3 月 3 日，威廉·E·波音（William E. Boeing）和埃迪·哈伯德（Eddie Hubbard）駕駛 1 架裝載 60 封郵件的波音 C-700（波音 C 的郵運型）從加拿大溫哥華飛抵美國西雅圖，是航空史上首次國際郵運。

1919 年，澳門航空運輸公司創始人查爾斯·德·里庫（Charles de Ricou）在美國購買了一批戰後剩餘物資供澳門航空運輸公司使用，其中包括 1 架波音 C、5 架柯蒂斯 H-16、2 架柯蒂斯 HS-2L 和 3 架艾爾馬林 39B，這些飛機於次年 3 月 2 日經紐約運抵香港，次日運往澳門。波音 C 後因火災焚毀，殘骸被棄置。

焚毀後被棄置的澳門航空運輸公司波音 C 殘骸

艾爾馬林飛機與發動機公司

艾爾馬林 39B

Aeromarine 39B

美國製飛機

機　　種：	水陸交換教練機
用　　途：	觀光
乘　　員：	2 人
製 造 廠：	艾爾馬林飛機與發動機公司（Aeromarine Plane and Motor Company）
首　　飛：	1917 年
特　　點：	木製結構 / 不等翼展雙翼佈局 / 單浮筒

機長 / 翼展 / 機高：	9.25 / 14.32 / 4.01 米
淨重 / 全重：	880 / 931 千克
引　　擎：	1 台柯蒂斯 OXX-6 型 V 型 8 缸液冷發動機（Curtiss OXX-6），100 馬力
最大速度 / 巡航速度：	117 / 103 千米 / 小時
航　　程：	439 千米
升　　限：	1524 米
裝備範圍：	澳門航空運輸公司

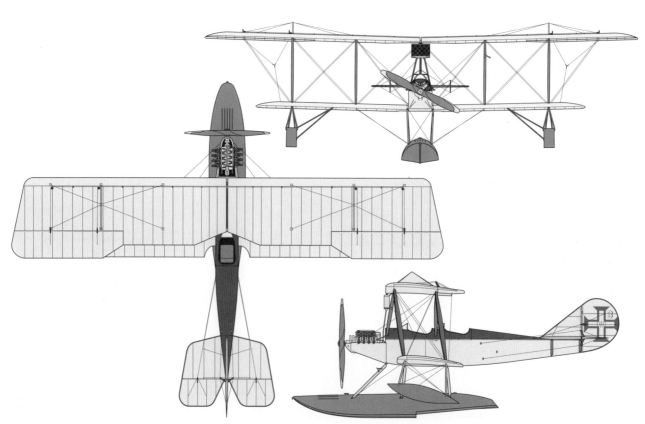

艾爾馬林 39B 水陸交換教練機三視圖（澳門航空運輸公司 3 號機）

艾爾馬林 39 是艾爾馬林公司於 1917 年應美國海軍要求研發的水陸交換教練機，主要供美國海軍執行訓練、偵查任務。該型飛機共有兩種亞型，其中艾爾馬林 39A 安裝的發動機是豪爾–斯考特 A-7 型，並配備雙浮筒，垂直尾翼為圓形，共製造 50 架；艾爾馬林 39B 則採用柯蒂斯 OXX-6 型發動機和單浮筒，垂直尾翼改為三角形，共製造 150 架。這兩種亞型均可將浮筒換裝陸用起落架或滑橇。

1922 年，戈弗雷‧德庫爾切爾斯‧謝瓦利耶（Godfrey DeCourcelles Chevalier）駕駛 1 架艾爾馬林 39B 成功降落於美國"蘭利"號航空母艦上，是首架在航行中的航母上成功降落的飛機。

1919 年，查爾斯‧德‧里庫在美國購得 3 架艾爾馬林 39B、5 架柯蒂斯 H-16、2 架柯蒂斯 HS-2L 和 1 架波音 C。這些飛機於 1920 年 3 月 2 日由"達克雷堡"號貨輪經紐約運抵香港，次日運往澳門，3 架艾爾馬林 39B 的編號分別為 2、3、4。同年 6 月，3 架艾爾馬林 39B 和 1 架 HS-2L 在香港開展了觀光飛行。1921 年，澳門航空運輸公司因未獲開航許可和財務問題倒閉，2 架艾爾馬林 39B 於次年 12 月售予澳門當局，另 1 架則已於 1920 年賣給中國廣東革命政府（一說有 2 架該型飛機於 1922 年 1 月賣給孫中山），並參加了 1920 年爆發的第一次粵桂戰爭。

1920 年 6 月"航空日"中，停泊在香港淺水灣海灘的澳門航空運輸公司 3 號機。

美國製飛機

287

柯蒂斯飛機與發動機公司

柯蒂斯 HS-2L

Curtiss HS-2L

美國製飛機

機　　種：	水上巡邏機
用　　途：	觀光
乘　　員：	1+4 人
製 造 廠：	柯蒂斯飛機與發動機公司
	（Curtiss Aeroplane and Motor
	Company）
首　　飛：	1918 年
特　　點：	木製船身型結構 / 不等翼展雙翼
	佈局

機長 / 翼展 / 機高： 11.88 / 22.58 / 4.44 米

淨重 / 全重： 1950 / 2917 千克

引　　擎： 1 台自由 L-12 型 V 型 12 缸液冷
發動機（Liberty L-12），360 馬力

最大速度 / 巡航速度： 133 / 112 千米 / 小時

航　　程： 832 千米

升　　限： 1590 米

裝備範圍： 澳門航空運輸公司　艾伯特航空
學校

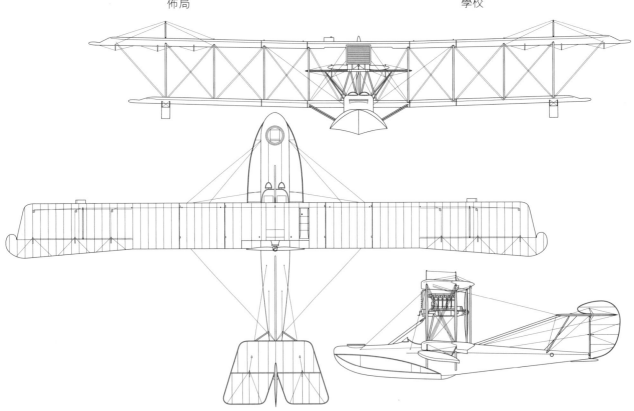

柯蒂斯 HS-2L 水上巡邏機三視圖

　　一戰期間，為應對德國潛艇的威脅，柯蒂斯公司在 H-14 型雙發水上飛機基礎上
研發了 HS 系列水上巡邏機，其中 "H" 代表水上飛機（hydroplane），"S" 代表單發動

機（single）。HS-1L 是第一種投產的型號，"L"代表自由型發動機。由於該型飛機載彈量較小，所掛載的 80 千克炸彈無法一擊重創潛艇，柯蒂斯公司於 1918 年在其基礎上推出改良型 HS-2L。該型飛機的特點是翼展大幅擴展，發動機安裝位置提高並換裝大槳距螺旋槳，方向舵改良。HS-2L 的飛行速度雖相較 HS-1L 有所減緩，但失速速度也隨之降低，同時可掛載威力更強的 100 千克炸彈，美國海軍對其性能非常滿意，下令將原 HS-1L 訂購合同中未出廠的飛機全部按 HS-2L 標準修改，已出廠的 HS-1L 則僅用於訓練，各廠共生產 HS-2L 超過 1000 架。一戰結束後，大量 HS 系列水上飛機淪為戰後剩餘物資銷往民用市場，多改造為客機或運輸機使用。

查爾斯・德・里庫 1919 年在美國所購得的 11 架飛機中，包括 2 架 HS-2L。這些飛機於次年 3 月 2 日運抵香港，3 月 3 日運往澳門。HS-2L 被改造為可搭載 4 名乘客的客機，其中 1 架於 6 月 3 日和 3 架艾爾馬林 39B 一起抵達香港開展觀光飛行，另 1 架則未組裝。有 1 架該型飛機被售予中國廣東革命政府，並參加了 1920 年爆發的第一次粵桂戰爭。1921 年，澳門航空運輸公司倒閉後，包括 HS-2L 在內的多架飛機被廣東革命政府購得（一說 2 架 HS-2L 於 1922 年 1 月售予孫中山）。

1925 年 3 月，香港艾伯特航空學校自菲律賓購得 1 架柯蒂斯 F-5L 和 3 架"較小的柯蒂斯雙翼機"。據稱，這些飛機是大約 3 年前自美國運往中國途中被海關扣留的 6 架飛機中的一部分，可能是直系軍閥吳佩孚以"大中華航空公司"名義向柯蒂斯公司代表詹姆斯・塞爾文所訂購的，其中 3 架"較小"的飛機可能是 2 架 HS-2L 和 1 架"金鶯"。因經營困難，艾伯特航校於 1925 年 8 月將 2 架 HS-2L 轉售荷蘭飛行員赫爾汀（Helting）。

1920 年 6 月"航空日"中，停泊在香港淺水灣海灘的澳門航空運輸公司 HS-2L（左）和艾爾馬林 39B（右）。

柯蒂斯 H-16 "大美洲"

Curtiss H-16 Large America

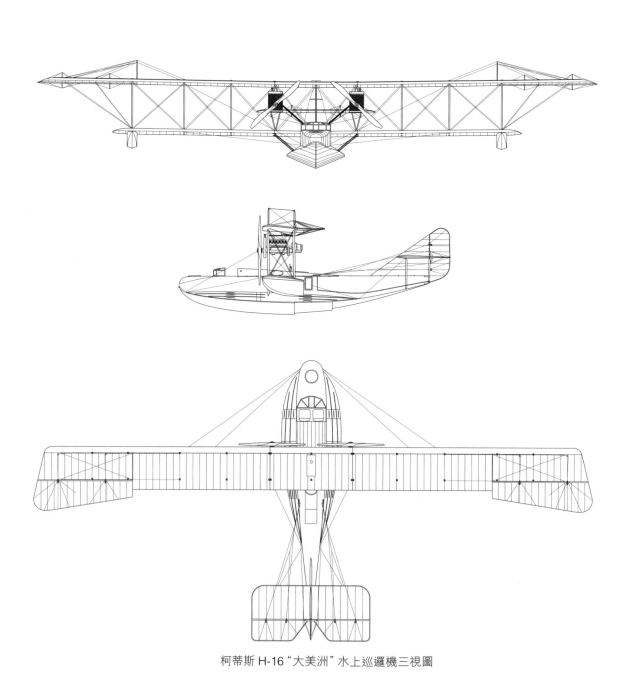

柯蒂斯 H-16 "大美洲" 水上巡邏機三視圖

機　　種:	水上巡邏機	機長 / 翼展 / 機高:	14.06 / 28.98 / 5.4 米
用　　途:	-	淨重 / 全重:	3340 / 4840 千克
乘　　員:	1+14 人	引　　擎:	2 台自由 L-12 型 V 型 12 缸液冷
製 造 廠:	柯蒂斯飛機與發動機公司		發動機（Liberty L-12），每台 360
	（Curtiss Aeroplane and Motor		馬力
	Company）	最大速度 / 巡航速度:	157 / 112 千米 / 小時
首　　飛:	1917 年	航　　程:	832 千米
特　　點:	木製船身型結構 / 不等翼展雙翼	升　　限:	3810 米
	佈局	裝備範圍:	澳門航空運輸公司

　　H-16 "大美洲"（柯蒂斯 6C）以 H-12（柯蒂斯 6A）為基礎研發，是柯蒂斯 H 系列水上飛機的最終型號。該型飛機在 H-12 基礎上強化了機身結構，翼展擴大，換裝自由 L-12 型發動機，主要用於執行偵查、巡邏等任務。H-16 的原型機於 1917 年首飛，同年投入量產，主要供美國海軍和英國海軍用於反潛巡邏、遠程偵查及反齊柏林飛艇巡邏等任務。一戰後，美國海軍將部分留用的 H-16 換裝 400 馬力的 L-12A 型發動機，其餘則以 11053 美元 / 架的低價銷往民用市場，僅相當於最初購買價格的三分之一。

　　1919 年，查爾斯‧德‧里庫在美國購得包括 5 架 H-16 在內的 11 架飛機，供澳門航空運輸公司使用。這些飛機於 1920 年 3 月 2 日由 "達克雷堡" 號貨輪經紐約運抵香港，次日運往澳門。其中第 1 架 H-16 於同年 7 月組裝完成並改造為可搭載 14 名乘客的客機，其餘 4 架中有 2 架在海運中損壞而註銷，1 架受損待修。8 月 14 日，里庫乘坐 1 架 H-16 飛往上海進行開航測試，9 月 16 日又飛往越南海防，計劃開闢香港—上海和香港—福州航線。由於遲遲未獲得開航許可和財務問題，澳門航空運輸公司於 1921 年倒閉，剩餘飛機被里庫轉賣，5 架 H-16 中除了 1 架棄置外，其餘分 2 批於 1921 年 3 月和 1922 年 1 月售予中國廣東革命政府。

柯蒂斯"海鷗"

Curtiss Seagull

美
國
製
飛
機

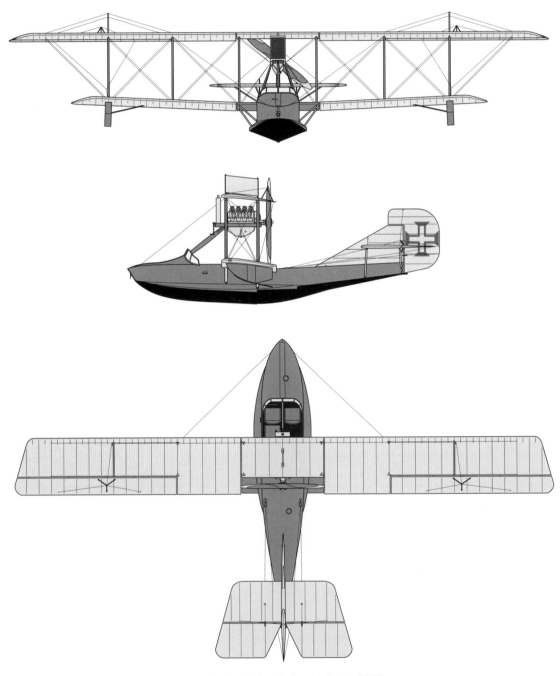

柯蒂斯"海鷗"水上教練機三視圖

機　　種： 水上教練機

用　　途： -

乘　　員： 1+2 人

製 造 廠： 柯蒂斯飛機與發動機公司
（Curtiss Aeroplane and Motor
Company）

首　　飛： 1918 年

特　　點： 木製船身型結構 / 不等翼展雙翼
佈局

機長 / 翼展 / 機高： 8.78 / 15.16 / 3.53 米

淨重 / 全重： 839 / 1128 千克

引　　擎： 1 台柯蒂斯 OXX-3 型 V 型 8 缸液
冷發動機（Curtiss OXX-3），100
馬力

最大速度 / 巡航速度： 116 / 95 千米 / 小時

航　　程： 555 千米

升　　限： 1250 米

裝備範圍： 澳門航空運輸公司

澳門航空運輸公司的 "海鷗"

柯蒂斯 F 是柯蒂斯公司早期研發的一系列單發小型船身型水上飛機,其研發時間可追溯至一戰前。MF(柯蒂斯 18)是 1918 年推出的改良型,實質上是柯蒂斯 F 的現代化型號,特點是採用不等翼展雙翼佈局,原本位於上下翼之間的副翼移至上翼兩端,機身結構強化並改善了水上操作性。該型飛機共生產 102 架,其中包括美國海軍飛機工廠製造的 80 架,主要供美國海軍訓練使用。"海鷗"(柯蒂斯 25)是一戰後投入民用市場的 MF 的新名稱,共售出約 16 架。

1920 年,澳門航空運輸通過遠東航空公司(Far Eastern Aviation Company)購得 1 架"海鷗"。同年 2 月 16 日,該機由柯蒂斯遠東公司(Curtiss Far East Company)的羅伯特·約翰遜(Robert Johnson)負責自菲律賓馬尼拉運往香港。次日,柯蒂斯遠東公司代表史蒂文特(J E H Stevenot)駕駛這架"海鷗"搭載里庫飛往澳門,將原本需 4 小時的乘船時間縮短至 23 分鐘。1921 年澳門航空運輸公司倒閉後,該機下落不明。

查爾斯·德·里庫和澳門航空運輸公司的飛行員、機械師們與"海鷗",站立者左起第四人即為里庫。

柯蒂斯 JN-4D "珍妮"

Curtiss JN-4D Jenny

機　　種：　教練機

用　　途：　訓練 / 觀光 / 飛行表演

乘　　員：　2 人

製 造 廠：　柯蒂斯飛機與發動機公司
（Curtiss Aeroplane and Motor
Company）

首　　飛：　1917 年

特　　點：　木製結構 / 不等翼展雙翼佈局 / 固
定式起落架

機長 / 翼展 / 機高：　8.33 / 13.3 / 3.01 米

淨重 / 全重：　630 / 871 千克

引　　擎：　1 台柯蒂斯 OX-5 型 V 型 8 缸液
冷發動機（Curtiss OX-5），90
馬力

最大速度 / 巡航速度：　121 / 97 千米 / 小時

航　　程：　412 千米

升　　限：　1981 米

裝備範圍：　（艾伯特）商業航空公司　艾伯特
航空學校

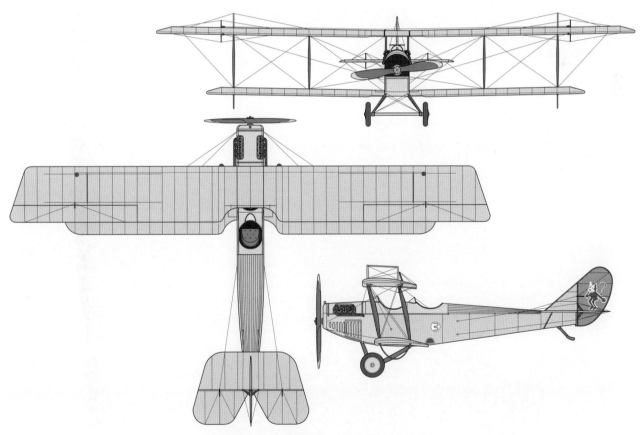

柯蒂斯 JN-4D 教練機三視圖（艾伯特航校）

JN"珍妮"是柯蒂斯公司結合 J、N 兩種飛機的優點研發的一系列初級教練機，堪稱一戰中美國最著名的飛機。JN-4 是 JN 系列飛機中產量最多的型號，具有結構簡單、易於操控、堅固可靠、飛行平穩、機動性好、使用成本低等特點，非常適合訓練飛行員，經過簡單改造後也可用於醫療救護、運輸、偵查巡邏等任務，各亞型共製造 6813 架。JN-4D 是 1917 年 6 月推出的亞型，也是 JN 系列產量最高、最著名的型號。該型飛機由 6 家不同的廠商同時生產，共製造 2812 架，特點是採用與加拿大製 JN-4Can 相同的操縱杆式控制系統。

一戰後，大量淪為戰後剩餘物資的"珍妮"機以極低廉的價格投入民用市場，售價最低時僅 50 美元 / 架，因此廣受飛行俱樂部、小型航空公司和私人的歡迎，多用於航空旅行、測繪勘探、農業噴灑、廣告宣傳、特技飛行表演、訓練飛行員等領域，對 1920 年代美國航空業的發展起到巨大的推動作用。由於 1920 年代初美國航空法對私人和商業航空的約束處於空白期，因此許多飛行員利用"珍妮"機飛行速度慢且飛行平穩的特性表演航空雜技，從而名噪一時。

1924 年 10 月，原廣東革命政府空軍飛行員哈利・W・艾伯特（Harry W Abbott）自菲律賓馬尼拉的國民警衛隊購得 1 架 JN-4D，命名為"菲利克斯"號（Felix），供商業航空公司用於飛行表演和飛行訓練。同年 10 月底，艾伯特使用該機和 1 架"金鶯"一起在澳門舉辦了航空展。

1925 年 1 月 25 日，艾伯特航校在香港啟德成立，使用"菲利克斯"和"金鶯"培訓飛行員，同時開展觀光飛行業務。航校開辦當天，艾伯特和機械師雷金納德・恩肖（Reginald Earnshaw）駕駛其中 1 架飛機進行了空中點爆竹和跳傘表演，但在跳傘時，雷金納德因右腿被降落傘的繩索纏繞不幸溺亡，為初辦的航校蒙上一層陰影。同年 8、9 月間，航校因經營困難而停業，JN-4D 轉售給荷蘭飛行員赫爾汀。

艾伯特航校的 JN-4D 教練機和"金鶯"

柯蒂斯 "金鶯"

Curtiss Oriole

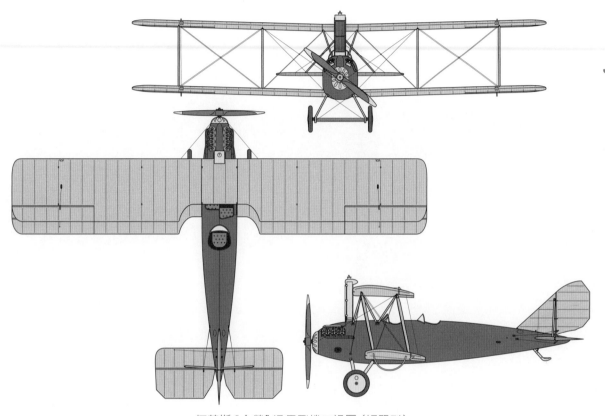

柯蒂斯 "金鶯" 通用飛機三視圖（短翼型）

機　種：　通用飛機

用　途：　訓練 / 觀光 / 私人飛機

乘　員：　1+2 人

製造廠：　柯蒂斯飛機與發動機公司
　　　　　（Curtiss Aeroplane and Motor
　　　　　Company）

首　飛：　1919 年

特　點：　木製結構 / 等翼展雙翼佈局 / 固定
　　　　　式起落架

機長 / 翼展 / 機高：　7.62 / 10.97 / 3.07 米（短
　　　　　翼型），7.95 / 12.19 / 3.12 米（長
　　　　　翼型）

淨重 / 全重：　648 / 924 千克（短翼型），786 /
　　　　　1154 千克（長翼型）

引　擎：　（短翼型）1 台柯蒂斯 OX-5 型 V
　　　　　型 8 缸液冷發動機（Curtiss OX-
　　　　　5），90 馬力；（長翼型）1 台柯蒂
　　　　　斯 K-6 型直列型 6 缸液冷發動機
　　　　　（Curtiss K-6），150 馬力

最大速度 / 巡航速度：　138 / 111 千米 / 小時
　　　　　（短翼型），156 / 124 千米 / 小時
　　　　　（長翼型）

航　程：　937 千米（短翼型），624 千米（長
　　　　　翼型）

升　限：　2400 米（短翼型），3915 米（長
　　　　　翼型）

裝備範圍：　（艾伯特）商業航空公司　艾伯特
　　　　　航空學校　哈利・羅（私人用戶）

柯蒂斯"金鶯"通用飛機三視圖（長翼型）

　　"金鶯"（柯蒂斯 17）是柯蒂斯公司於一戰後研發的通用飛機，也是柯蒂斯公司第一種以鳥類名稱上市的飛機。該型飛機的設計目的主要是作為私人飛機開闢民用市場，原型機於 1919 年 6 月製成，裝有 1 台當時非常流行的柯蒂斯 OX-5 型發動機，流線形的木製機身中有 2 個艙室，後部為駕駛艙，前部可交錯容納 2 名乘客。該型飛機投入量產後，部分換裝了 160 馬力的柯蒂斯 C-6 型發動機，翼展增大，飛行性能提升。由於柯蒂斯公司未對戰後的民用市場做出合理預期，因此"金鶯"的產量不多，僅製造不足 50 架，主要供私人和小型航空公司使用，在 1920 年代曾多次參加空中競賽並獲獎。該型飛機最初售價高達 9850 美元 / 架，1921 年降至 3000 美元，以期與湧入民用市場的戰後剩餘軍機競爭，與此同時，其許多零件被售予其他公司用於飛機研發，如皮特凱恩公司的 PA-3 等。

　　1924 年 8 月，哈利·W·艾伯特自菲律賓馬尼拉的國民警衛隊購得 1 架安裝柯蒂斯 K-6 型發動機的"金鶯"供商業航空公司用於飛行教學。同年 10 月底，艾伯特使用該機和 10 月購得的"菲利克斯"號 JN-4D 在澳門舉辦了航空展。1925 年 1 月 25 日，艾伯特又使用這 2 架飛機在香港啟德成立了艾伯特航校訓練飛行員，並提供觀光飛行服務。同年 3 月，艾伯特航校又向菲律賓政府購得 1 架 F-5L 水上巡邏機和 3 架"較小的柯蒂斯雙翼機"，其中 3 架"較小"者可能是 2 架 HS-2L 和 1 架"金鶯"。1925 年 5 月，艾伯特航校最初的"金鶯"墜毀，不久後航校因經濟困難，將 2 架分別安裝柯蒂斯 OXX-6 型發動機和 150 馬力柯漢 K-6 型發動機（Kirkham K-6）的該型飛機轉售與荷蘭飛行員赫爾汀（Helting）。

　　1924 年，香港和九龍出租車公司（Hong Kong and Kowloon Taxicab Company）的創始人哈利・羅（Harry Rowe）自菲律賓國民警衛隊購得 1 架"金鶯"，並在同年 10 月的澳門航空展時與艾伯特同時進行飛行表演。在此前的 1923 年 11 月，美國飛行員查爾斯・肯納（Charles Kenner）從位於菲律賓馬尼拉的柯蒂斯學校購買了 1 架該型飛機，但在飛往廣州的途中墜毀於香港。

艾伯特（左）和雷金納德與艾伯特航校的短翼型"金鶯"

柯蒂斯 F-5L

Curtiss F-5L

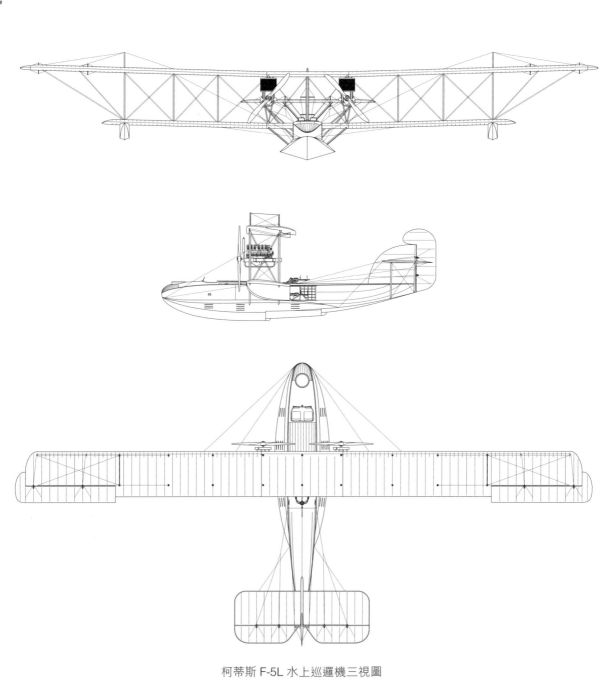

柯蒂斯 F-5L 水上巡邏機三視圖

機　　種： 水上巡邏機

用　　途： 訓練

乘　　員： 2+（12-14）人

製 造 廠： 柯蒂斯飛機與發動機公司
（Curtiss Aeroplane and Motor Company）

首　　飛： 1918 年

特　　點： 木製船身型結構 / 不等翼展雙翼佈局

機長 / 翼展 / 機高： 15.04 / 31.62 / 5.72 米

淨重 / 全重： 3955 / 6508 千克

引　　擎： 2 台自由 L-12A 型 V 型 12 缸液冷發動機（Liberty L-12A），每台 360 馬力

最大速度 / 巡航速度： 145 / 112 千米 / 小時

航　　程： 1335 千米

升　　限： 1676 米

裝備範圍： 艾伯特航空學校

1917 年，英國水上飛機實驗站（Seaplane Experimental Station）指揮官約翰·西里爾·波特（John Cyril Porte）中校在費利克斯托 F.3 基礎上研發了 F.5 型水上巡邏機。該型飛機的設計目的是結合 F.2A 和 F.3 的優點，製造出飛行性能、航程、載彈量俱佳的新型水上巡邏機。F.5 的原型機 N90 於同年 11 月首飛，飛行性能相較 F.3 有了巨大改善，但因生產成本所限，量產型的 F.5 大量使用了 F.3 的零件，導致實際性能不如 F.2A 和 F.3。F-5L（又稱 F-5-L，其中 L 代表自由型發動機）是柯蒂斯公司製造的 F.5，特點是以自由型發動機取代 F.5 原有的勞斯－萊斯"鷹"VIII 型發動機。柯蒂斯公司共製造 60 架該型飛機，除作為美國海軍一戰後的標準巡邏機服役外，也改造為民用飛機銷售。

1925 年 3 月，香港艾伯特航空學校向菲律賓政府購得 4 架飛機，其中包括 1 架柯蒂斯 F-5L 和 3 架"較小的柯蒂斯雙翼機"。F-5L 於同年 4 月運抵香港，由於航校不久後就遇到了經濟問題，同年 8、9 月間，該機和 2 架 HS-2L 被轉售荷蘭飛行員赫爾汀。

柯蒂斯 JN-4 "加納克"

Curtiss JN-4 Canuck

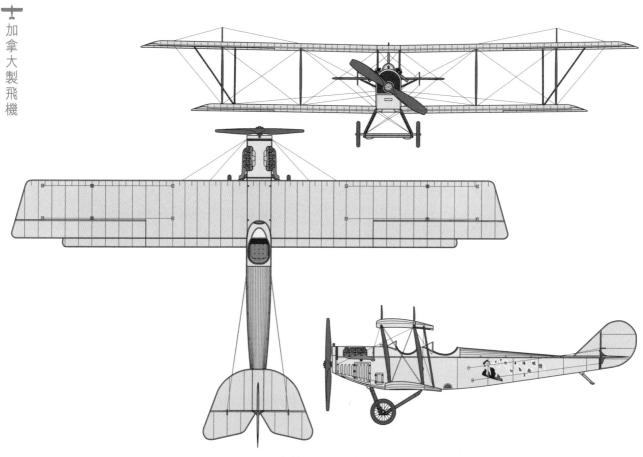

JN-4Can 教練機三視圖（利姆·昂）

機　　種：	教練機	
用　　途：	訓練 / 飛行表演 / 私人飛機	
乘　　員：	2 人	
製 造 廠：	加拿大飛機有限公司	
	（Canadian Aeroplanes Ltd.）	
首　　飛：	1917 年	
特　　點：	木製結構 / 不等翼展雙翼佈局 / 固	
	定式起落架	
機長 / 翼展 / 機高：	8.3 / 13.3 / 3 米	

淨重 / 全重： 630 / 875 千克

引　　擎： 1 台柯蒂斯 OX-5 型 V 型 8 缸液
冷發動機（Curtiss OX-5），90
馬力

最大速度 / 巡航速度： 119 / 97 千米 / 小時

航　　程： 250 千米

升　　限： 3350 米

裝備範圍： （艾伯特）商業航空公司　利姆·
昂（私人用戶）

JN-4"加納克"又稱 JN-4Can（縮寫為 JN-4C），是加拿大飛機有限公司以 JN-3 為基礎研發的教練機，與柯蒂斯公司生產的 JN-4、JN-4C 是不同的型號。JN-4Can 結合了柯蒂斯 JN-4 和 JN-3 的優點，機身重量減輕，上下翼均裝有副翼，方向舵為圓形，水平尾翼外形改良，共製造 1260 架。

1920 年，加拿大商人利姆・昂（Lim On）將同年 3 月購得的 1 架 JN-4Can 帶至香港使用，1922 年 4 月 17 日墜毀，飛機受損。1924 年，原廣東革命政府空軍飛行員哈利・W・艾伯特來港發展，購得利姆・昂的 JN-4Can 並將其修復，後註冊了商業航空公司以開展飛行教學和表演。同年 4 月 20 日，艾伯特駕駛該機首次進行飛行表演，並將部分表演收入捐贈香港東華醫院。6 月 20 日，艾伯特駕駛該機表演時因發動機故障墜毀，所幸因飛行高度較低而無人員傷亡。

兩側繪有南洋兄弟煙草廣告的 JN-4Can 教練機，艾伯特購買該機後又在垂直尾翼兩側繪製龍形圖案，座艙兩側也增加了艾伯特商業航空公司標誌。

加拿大維克斯有限公司

維克斯 PBV-1A "坎索"

Vickers PBV-1A Canso

加拿大製飛機

機　　種：　水陸兩棲巡邏 / 轟炸機

用　　途：　郵運 / 客運

乘　　員：　2+30 人

製 造 廠：　加拿大維克斯有限公司
　　　　　　（Canadian Vickers Limited）

首　　飛：　1941 年

特　　點：　金屬結構 / 高單翼佈局 / 可收放起
　　　　　　落架

機長 / 翼展 / 機高：　19.46 / 31.7 / 6.15 米

淨重 / 全重：　9485 / 16066 千克

引　　擎：　2 台普惠 R-1830-92 "雙黃蜂"
　　　　　　型星型 14 缸氣冷發動機（Pratt
　　　　　　& Whitney R-1830-92 Twin
　　　　　　Wasp），每台 1200 馬力

最大速度 / 巡航速度：　314 / 201 千米 / 小時

航　　程：　4030 千米

升　　限：　4815 米

裝備範圍：　澳門航空運輸有限公司

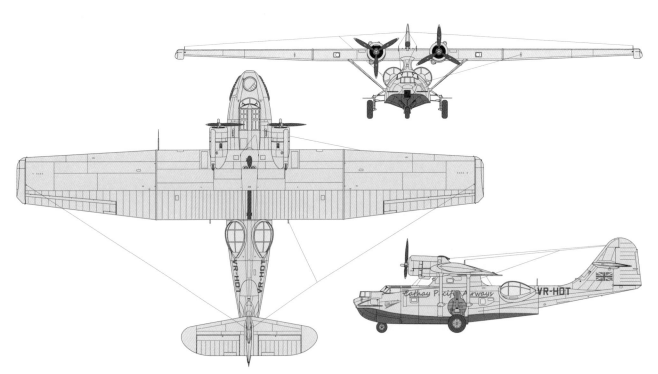

維克斯 PBV-1A "坎索" 水陸兩棲客機三視圖（"澳門小姐" 號）

PBV-1A"坎索"是加拿大維克斯公司在聯合 PBY-5A"卡塔琳娜"水陸兩棲巡邏 / 轟炸機基礎上仿製的型號。該型飛機與 PBY-5A 並無二致,共製造 380 架,其中 150 架供加拿大空軍使用,型號為"坎索"-A,其餘供美國陸軍航空隊使用,型號為 OV-10A。

1948 年 4 月,國泰航空的子公司澳門航空運輸有限公司在香港註冊成立後,使用 2 架 PBV-1A 經營港澳航線,註冊號分別為 VR-HDT、VR-HDH,其中的 VR-HDT 命名為"澳門小姐"號。這 2 架飛機均為國泰航空於 1946 年 11 月自加拿大空軍購得,在二戰期間曾先後在美國陸軍、海軍服役。港澳航線於 4 月 9 日正式開航,當月每周開航 4 天,共飛 8 個班次,5 月後增加為每周飛行 21 個班次,將原需 3 個半小時的乘船時間縮短至 20 分鐘。同年 7 月 16 日,"澳門小姐"號遭遇劫機事件,墜毀於九洲洋海面,機上駕駛員、乘客和 3 名劫機罪犯遇難,只有 1 名劫機罪犯黃裕生還。本案是航空史上首次劫機案,港澳航線因此而停運。註冊號為 VR-HDH 的 PBV-1A 後轉售澳大利亞航空公司(Trans Australia Airlines),1966 年退役,後作為消防飛機教練機使用至 1975 年,1976–1986 年作為新西蘭奧克蘭運輸技術博物館的展品展出,1987 年後被新西蘭皇家空軍博物館收藏。

澳門航空運輸有限公司的 VR-HDH 號客機,其機身後部的水泡狀偵查 / 射擊艙已被拆除,與中航 XT-147 號機非常相似。

阿弗羅 616 "飛鳥" IV M

Avro 616 Avian IV M

英國製飛機

機　　種：	教練機
用　　途：	觀光 / 訓練
乘　　員：	2 人
製 造 廠：	阿弗羅公司
	（A.V. Roe and Company）
首　　飛：	1929 年
特　　點：	混合結構 / 等翼展雙翼佈局 / 固定式起落架
機長 / 翼展 / 機高：	7.39 / 8.53 / 2.59 米
淨重 / 全重：	456 / 691 千克

引　　擎：	1 台 A.D.C "捲雲競技神" I 型直列型 4 缸氣冷發動機（A.D.C Cirrus Hermes I），105 馬力
最大速度 / 巡航速度：	169 / 145 千米 / 小時
航　　程：	579 千米
升　　限：	3800 米
裝備範圍：	遠東航空公司　香港飛行俱樂部　遠東飛行訓練學校　亞瑟·V·哈維（私人用戶）

阿弗羅 616 "飛鳥" IV M 教練機三視圖（遠東航校 VR-HAA）

阿弗羅 616 是在阿弗羅 594 "飛鳥" IV 基礎上改良的型號，其外觀和佈局與 "飛鳥" IV 相差不大，裝有 1 台 "捲雲競技神" I 型或阿姆斯特朗·西德利 "大香貓" 型發動機（Armstrong Siddeley Genet Major），也可以換裝同級別的其他品牌發動機，特點是機身由 "飛鳥" IV 的木製結構改為焊接鋼管結構，以便偏遠地區的國家和用戶維護修理，與德·哈維蘭 DH.60M 的設計思路非常相似。由於同時期的 DH.60 已成功搶佔了市場，阿弗羅 "飛鳥" 系列機的銷量並不大，阿弗羅 616 "飛鳥" IV M 是其中產量最多的一種，共製造約 190 架，主要供民間航空旅行、訓練飛行員和出口使用。

1930 年初，遠東航空公司（The Far East Aviation Company）將 2 架 "飛鳥" IV M（生產序號 361／出口許可證日期 1930 年 1 月 13 日、生產序號 362／出口許可證日期 1929 年 12 月 4 日）運至中國展銷。這 2 架飛機於 1930 年 1、2 月間運抵香港，註冊號依次為 VR-HAA 和 VR-HAB，是香港最初註冊的 2 架民用飛機，其中 VR-HAA 配備有浮筒，曾派往福州向國民政府海軍展銷。其後，遠東航空公司又陸續進口數十架該型飛機銷往中國，並於同年 11 月在啟德機場開展觀光飛行服務。1932 年 12 月，遠東航空公司華南地區經理亞瑟·V·哈維（Arthur Vere Harvey）也購買了 1 架 "飛鳥" IV M（生產序號 612／出口許可證日期 1932 年 10 月 28 日／註冊號 VR-HBR）自用。

1930 年 3 月，香港飛行俱樂部自遠東航空公司購得 VR-HAA 和 VR-HAB 供訓練使用，其中 VR-HAA 於 8 月 6 日墜毀受損，俱樂部於 11 月又購買了 1 架 "飛鳥" IV M（生產序號 475／出口許可證日期 1930 年 9 月 30 日／註冊號 VR-HAE）替代。由於啟德機場地處山區，無論機場還是飛行的空間都頗為狹小，因此俱樂部為 VR-HAB 配備了浮筒供水上起降。VR-HAB 後於 1931 年 2 月 10 日的訓練中嚴重受損，俱樂部僅剩 1 架 VR-HAE 可以使用。同年 5 月 2 日，VR-HAA 和 VR-HAB 均因火災焚毀，加之資金枯竭，香港飛行俱樂部最終於 1932 年底停業。1935 年 4、5 月間，VR-HAE 轉售遠東飛行訓練學校（遠東航校），1939 年墜毀。

VR-HAA 是遠東飛行訓練學校首架教練機

阿弗羅 626 "高級訓練者"

Avro 626 Advanced Trainer

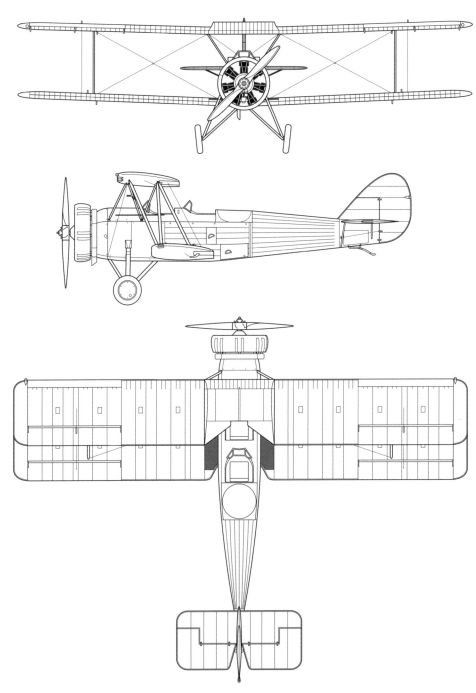

阿弗羅 626 "高級訓練者" 教練機三視圖

機　　種：　教練機
用　　途：　訓練
乘　　員：　2 人
製 造 廠：　阿弗羅公司
　　　　　　（A.V. Roe and Company）
首　　飛：　1930 年
特　　點：　金屬結構 / 等翼展雙翼佈局 / 固定
　　　　　　式起落架
機長 / 翼展 / 機高：　8.08 / 10.36 / 2.92 米

淨重 / 全重：　801 / 1247 千克
引　　擎：　1 台阿姆斯特朗・西德利 "山
　　　　　　貓" IV C 型星型 7 缸氣冷發動
　　　　　　機（Armstrong Siddeley Lynx IV
　　　　　　C），240 馬力
最大速度 / 巡航速度：　180 / 153 千米 / 小時
航　　程：　386 千米
升　　限：　4511 米
裝備範圍：　遠東飛行訓練學校

英
國
製
飛
機

　　阿弗羅 626 是阿弗羅公司於 1930 年代初研發的多用途軍用教練機。該型飛機以
阿弗羅 621 "導師" 為基礎研發，主要供財力有限、規模較小的空軍使用，因此側重於
多功能性。阿弗羅 626 的原型機於 1930 年首飛成功，結構和佈局與阿弗羅 621 非常相
似，特點是後座後方增加一個訓練艙，可安裝環形機槍架、全景式相機等設施，起落
架可換裝滑橇或浮筒。該型飛機的使用範圍非常廣泛，除訓練飛行員外，還可用於夜
間飛行、武器操作、無線電通訊、偵查觀測、導航、儀器使用和戰鬥飛行等多種訓練
任務，也可充作輕型偵察機。阿弗羅 626 共製造 198 架，阿弗羅公司為推廣該型飛機
進行了大量的宣傳工作，但並未獲得英國軍方的青睞，多用於出口，且鮮有民間使用，
二戰前英國民間僅有 2 架阿弗羅 626 登記在案。

　　遠東飛行訓練學校（遠東航校）於 1932 年 11 月 7 日成立後，通過遠東航空公司購
得 1 架阿弗羅 626（生產序號 573/ 註冊號 VR-HCO/ 註冊日期 1934 年 2 月 19 日）和 2
架阿弗羅 631 用於訓練飛行員。同年 11 月 25 日，2 名香港志願防衛隊成員駕駛該機
訓練時墜毀，駕駛員重傷，飛機損毀註銷。

阿弗羅 631 "軍校學員"

Avro 631 Cadet

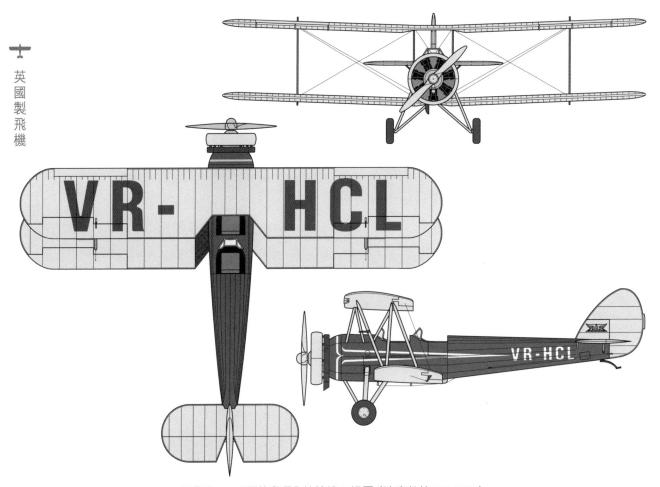

阿弗羅 631 "軍校學員" 教練機三視圖（遠東航校 VR-HCL）

機　　種： 教練機

用　　途： 訓練

乘　　員： 2 人

製 造 廠： 阿弗羅公司

（A.V. Roe and Company）

首　　飛： 1931 年

特　　點： 金屬結構 / 等翼展雙翼佈局 / 固定

式起落架

機長 / 翼展 / 機高： 7.54 / 9.14 / 2.66 米

淨重 / 全重： 535 / 862 千克

引　　擎： 1 台阿姆斯特朗・西德利 "大

香貓" I 型星型 7 缸氣冷發動

機（Armstrong Siddeley Genet

Major I），135 馬力

最大速度 / 巡航速度： 190 / 161 千米 / 小時

航　　程： 563 千米

升　　限： 3962 米

裝備範圍： 遠東飛行訓練學校

阿弗羅 631 "軍校學員" 是在阿弗羅 621、626 系列軍用教練機基礎上推出的民用型，是 "軍校學員" 系列教練機的第一種型號。該型飛機於 1931 年研發，主要針對飛行俱樂部和私人用戶，因此尺寸相較阿弗羅 621、626 有所縮小，安裝較小功率的發動機，使用成本降低。阿弗羅 631 的原型機（註冊號 G-ABRS）於 1931 年 10 月首飛成功，飛行性能良好，不過其使用成本相較阿弗羅 621、626 雖有所降低，但仍高於同時期其他雙座輕型教練機，且機翼無法折疊，因此在民用市場的競爭力較弱，其用戶多為軍方或航校，總產量僅有 35 架，另有中國廣西仿製 8 架。

1932 年 9 月—1934 年 1 月，遠東航空公司共進口 5 架阿弗羅 631 至香港，其中 2 架售予遠東飛行訓練學校（生產序號 684/ 註冊號 VR-HCM、生產序號 685/ 註冊號 VR-HCN）。這 2 架中有 1 架於 1934 年 5 月 31 日在飛行訓練中墜毀，所幸損傷不重，可以修復。同年 8 月，遠東航校通過遠東航空公司又購得了阿弗羅 631 的原型機（生產序號 558/ 註冊號 VR-HCS/ 原註冊號 G-ABRS），另有 1 架該型飛機（生產序號 683/ 註冊號 VR-HCL）也曾供遠東航校使用，但不久後就售予中國廣西當局作為仿製樣機。1937 年 6 月 7 日，VR-HCN 和 1 架德·哈維蘭 DH.60GIII 在飛行訓練時失蹤，幾天後發現其中 1 架降落於廣州，另 1 架則在廣西、廣東交界處的一條河邊迫降，後均被運回香港並修復。

遠東航校 VR-HCL 和 VR-HCN 正在進行飛行訓練

阿弗羅 671 "羅塔"

Avro 671 Rota

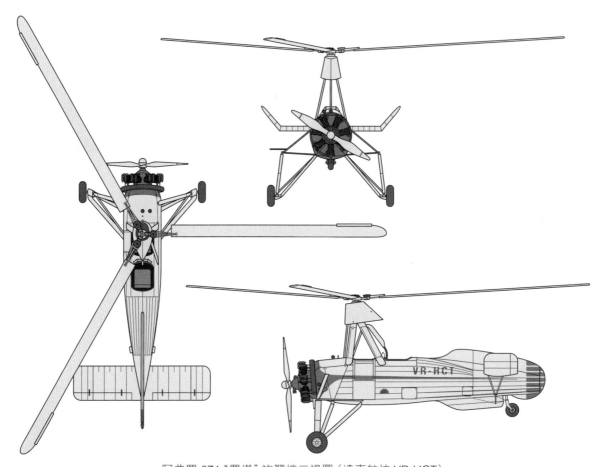

英國製飛機

阿弗羅 671 "羅塔" 旋翼機三視圖（遠東航校 VR-HCT）

機　　種：	旋翼機	淨重 / 全重：	553 / 816 千克
用　　途：	訓練	引　　擎：	1 台阿姆斯特朗・西德利 "大
乘　　員：	2 人		香貓" IA 型星型 7 缸氣冷發動
製 造 廠：	阿弗羅公司		機（Armstrong Siddeley Genet
	（A.V. Roe and Company）		Major IA），140 馬力
首　　飛：	1933 年	最大速度 / 巡航速度：	177 / 153 千米 / 小時
特　　點：	混合結構 / 單旋翼佈局 / 固定式起	航　　程：	459 千米
	落架	升　　限：	2500 米
機長 / 主旋翼直徑 / 機高：	6 / 11.28 / 3.38 米	裝備範圍：	遠東飛行訓練學校

席爾瓦 C.30 是西班牙飛機設計師胡安・德拉・席爾瓦（Juan de la Cierva）於 1930 年代初研發的雙座單發旋翼機，也是航空史上最成功的旋翼機。由於旋翼機的固定機翼在低速飛行和起降時無法發揮作用，因此席爾瓦的設計開創性地取消了固定機翼，通過加裝旋翼傾斜操縱裝置來控制飛機的俯仰、側傾等動作，使機身重量大幅減輕，飛行性能提升。除此之外，C.30 還具有飛行平穩、易於操控、旋翼可折疊、起降距離短、裝有雙套控制系統等特點，在直升機發展成功前頗受青睞，有多家公司向席爾瓦旋翼機公司購買生產權仿製該型飛機。

1934 年，阿弗羅公司購得 C.30 的仿製授權，並在其基礎上改良了尾翼和起落架支撐，共仿製 78 架，型號為阿弗羅 671。該型飛機投放市場後廣受飛行俱樂部、航空學校、小型航空公司和私人使用者的歡迎，多用於航空攝影、訓練、通訊等領域。

1934 年，遠東航空公司將 1 架阿弗羅 671（生產序號 734/ 註冊號 VR-HC/ 註冊日期 12 月 27 日）運至香港展銷，但抵香港不久就失事墜毀，後被遠東飛行訓練學校修復使用。

遠東航校機群，左上角為 VR-HCN 號阿弗羅 631，左起第二排自上至下分別是 VR-HCU 號德・哈維蘭 DH.60GIII、VR-HCV 號邁爾斯 M.3A 和 VR-HCM 號阿弗羅 631，右側則為 VR-HCT 號阿弗羅 671 旋翼機 和 VR-HAE 號阿弗羅 616。

德・哈維蘭 DH.60GIII "大蛾"

De Havilland DH.60GIII Moth Major

德・哈維蘭 DH.60GIII "大蛾" 三視圖（遠東航校 VR-HCU）

機　　種： 運動／教練機

用　　途： 訓練

乘　　員： 2 人

製 造 廠： 德・哈維蘭飛機有限公司
（De Havilland Aircraft Company Limited）

首　　飛： 1934 年

特　　點： 木製結構／等翼展雙翼佈局／固定式起落架

機長／翼展／機高： 7.29 / 9.14 / 2.68 米

淨重／全重： 471 / 794 千克

引　　擎： 1 台德・哈維蘭 "大吉普賽" 型倒置直列型 4 缸氣冷發動機（De Havilland Gipsy Major），130 馬力

最大速度／巡航速度： 181 / 154 千米／小時

航　　程： 482 千米

升　　限： 6096 米

裝備範圍： 遠東飛行訓練學校

　　DH.60GIII "蛾" 是德・哈維蘭公司在 DH.60G 基礎上推出的改良型，於 1932 年投產，特點是換裝了 1 台 "吉普賽" III 型發動機。1934 年，德・哈維蘭公司在第 58 架量產的 DH.60GIII 基礎上換裝了大功率的 "大吉普賽" 發動機，名稱隨之改為 "大蛾"，與安裝 "吉普賽" III 發動機的 DH.60GIII 共製造 154 架。

　　1935 年，香港遠東飛行訓練學校向德・哈維蘭公司購得 1 架 DH.60GIII（生產序號 5133）。該機於同年 4 月 26 日在香港註冊，註冊號 VR-HCU。1937 年 6 月 7 日，該機和 1 架阿弗羅 631 在飛行訓練時失蹤，數日後發現其中 1 架在廣州降落，另 1 架則在廣西、廣東交界處的一條河邊迫降，後均被運回香港並修復。

德・哈維蘭 DH.87B "大黃蜂蛾"

De Havilland DH.87B Hornet Moth

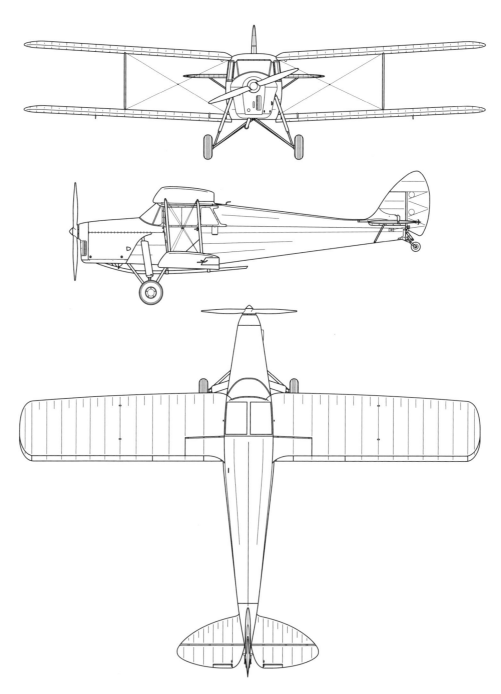

英國製飛機

德・哈維蘭 DH.87B "大黃蜂蛾" 運動 / 教練機三視圖

機　　種： 運動 / 教練機

用　　途： 訓練

乘　　員： 2 人

製 造 廠： 德・哈維蘭飛機有限公司
（De Havilland Aircraft Company
Limited）

首　　飛： 1936 年

特　　點： 木製結構 / 等翼展雙翼佈局 / 固定
式起落架

機長 / 翼展 / 機高： 7.61 / 9.73 / 2.01 米

淨重 / 全重： 564 / 886 千克

引　　擎： 1 台德・哈維蘭 "大吉普賽" I 型
倒置直列型 4 缸氣冷發動機（De
Havilland Gipsy Major I），130
馬力

最大速度 / 巡航速度： 200 / 169 千米 / 小時

航　　程： 998 千米

升　　限： 4500 米

裝備範圍： 遠東飛行訓練學校

　　DH.87 是德・哈維蘭公司於 1934 年為取代 DH.82 "虎蛾" 型軍用教練機而研發的雙翼教練機，由於英國軍方對其沒有興趣而投入民用市場。DH.87 的原型機於 1934年 5 月 9 日首飛成功，座艙使用反常規的並列式，與 DH.86 "迅捷" 型客機非常相似。DH.87 的量產型 DH.87A 於 1935 年 8 月開始交付，但在使用中發現其錐形翼尖雖可提高飛行性能，但在着陸時容易失速，難以控制，導致飛機損壞。為此，德・哈維蘭公司於 1936 年推出了換裝方形機翼的 DH.87B，雖然飛行性能有所下降，機身重量增加，但起降性能獲得改善。DH.87A 和 DH.87B 共製造 164 架，主要用於民間的運動飛行、飛行旅行、訓練飛行等，在二戰中多作為英軍的聯絡機使用，截至 2018 年仍有部分該型飛機完好可飛。

　　1937 年，遠東飛行訓練學校向德・哈維蘭公司購得 2 架 DH.87B，利用其並列式駕駛艙便於教員和學員溝通的特點訓練飛行員。這 2 架飛機中第 1 架於 1937 年8 月 18 日運抵香港，註冊號為 VR-HCW；另 1 架於同年 12 月交付，註冊號為 VR-HCX；其中 1 架於 1939 年墜毀。

菲利普斯和波維斯飛機公司

邁爾斯 M.3A "大獵鷹"

Miles M.3A Falcon Major

英國製飛機

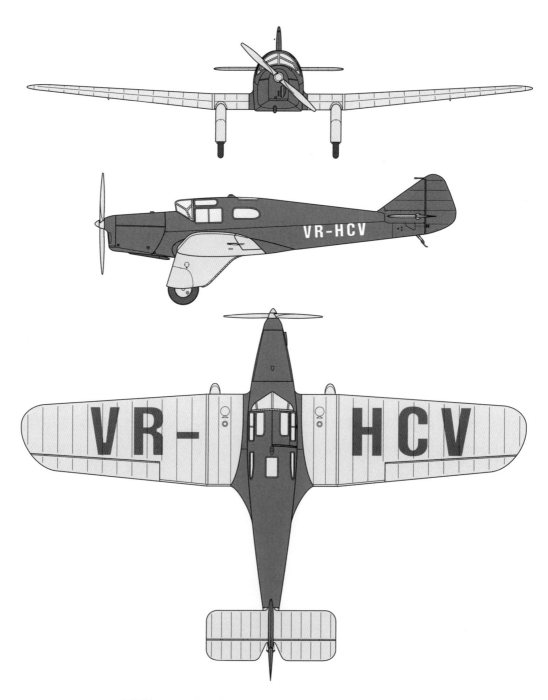

邁爾斯 M.3A "大獵鷹" 通用飛機三視圖（遠東航校 VR-RAP）

機　　種：	通用飛機	淨重 / 全重：	590 / 1000 千克
用　　途：	訓練	引　　擎：	1 台德・哈維蘭 "大吉普賽" 型
乘　　員：	4 人		倒置直列型 4 缸氣冷發動機（De
製 造 廠：	菲利普斯和波維斯飛機公司		Havilland Gipsy Major），130
	（Phillips & Powis Aircraft）		馬力
首　　飛：	1935 年	最大速度 / 巡航速度：	235 / 201 千米 / 小時
特　　點：	混合結構 / 下單翼佈局 / 固定式起	航　　程：	990 千米
	落架	升　　限：	4572 米
機長 / 翼展 / 機高：	7.62 / 10.67 / 1.98 米	裝備範圍：	遠東飛行訓練學校

　　1934 年，菲利普斯和波維斯公司在 M.2 "鷹" 基礎上推出了 M.3 "獵鷹" 通用飛機。該型飛機由弗雷德里克・喬治・邁爾斯（Frederick George Miles）設計，是菲利普斯和波維斯公司的第一種採用封閉式座艙的飛機。M.3 的原型機於 1934 年 10 月 12 日首飛成功，次年 1 月投產，各亞型共製造 36 架，主要供小型航空公司、飛行俱樂部和私人使用，二戰期間也被英軍作為教練機和聯絡機。M.3A "大獵鷹" 是最初的量產型，也是生產數量最多的亞型，共製造 18 架，特點是機身加寬，乘坐舒適度提高，座艙前傾風擋玻璃改良，以增強駕駛員的視野。

　　1935 年春，西南航空公司通過香港遠東航空公司訂購 1 架 M.3A（生產序號 149），該機於同年 5 月運抵香港，5 月 27 日在香港註冊（註冊號 VR-HCV），但因故未售予西南航空公司，而是交給遠東航校訓練使用。1938 年，這架 M.3A 轉售馬來西亞，註冊號改為 VR-RAP。

第六章　未交付飛機

德·哈維蘭 DH.60G "吉普賽蛾"

De Havilland DH.60G Gipsy Moth

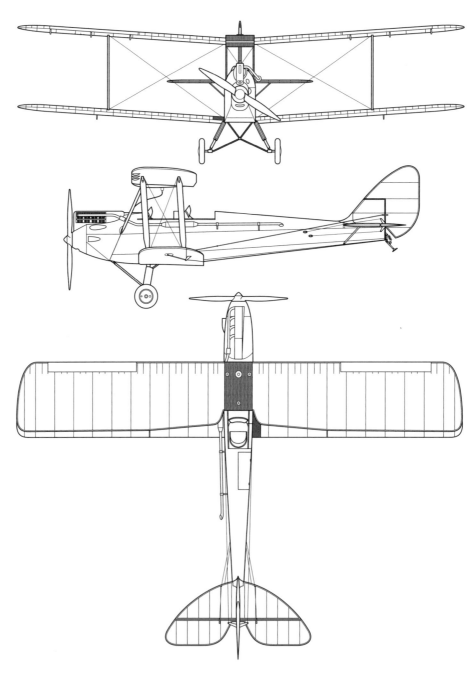

德·哈維蘭 DH.60G "吉普賽蛾" 教練機三視圖

機　種：　運動 / 教練機
乘　員：　2 人
製 造 廠：　德・哈維蘭飛機有限公司
（De Havilland Aircraft Company Limited）
首　飛：　1928 年
特　點：　木製結構 / 等翼展雙翼佈局 / 固定式起落架

機長 / 翼展 / 機高：　7.29 / 9.14 / 2.68 米

淨重 / 全重：　417 / 750 千克
引　擎：　1 台德・哈維蘭 "吉普賽" I 型直列型 4 缸氣冷發動機（De Havilland Gipsy I），100 馬力
最大速度 / 巡航速度：　164 / 137 千米 / 小時
航　程：　515 千米
升　限：　4420 米
裝備範圍：　（武漢民用航空股份有限公司）

　　DH.60G 推出於 1928 年，是 DH.60 "蛾" 型教練機最重要的改良型。該型飛機使用德・哈維蘭公司自產的 "吉普賽" 發動機取代了性能可靠但產量受限的 "捲雲" 發動機，從而使德・哈維蘭公司可以控制整個生產過程，降低製造成本，售價則與最初的 DH.60 持平，此後所有新研發的 "蛾" 教練機均使用德・哈維蘭公司自產的發動機。DH.60G 於 1928 年投入量產，共製造 692 架，其中 594 架為德・哈維蘭公司所製。

　　1928 年 12 月，武漢民用航空股份有限公司通過安利洋行（Arnhold & Co）購買了 4 架 DH.60G（生產序號 1033-1036）。這 4 架飛機於 1929 年 2 月 7–8 日獲得出口許可證，同年 5 月運抵中國。由於此時武漢航空公司已因政治原因解體，這些飛機遂被南京國民政府接收，後交駐漢口的國民政府空軍第 1 中隊使用。四川當局曾計劃使用 2 架 DH.60G、3 架布雷蓋 Br.14A2 及 3 架波泰茨飛機經營上海—成都航線，後因該航線被中國航空公司承接而取消。

斯蒂爾曼 LT-1

Stearman LT-1

十

美國製飛機

機　種：	客機 / 運輸機	淨重 / 全重：	1764 / 2834 千克
乘　員：	1+4 人	引　擎：	1 台普惠 "大黃蜂" A5 型星型 9 缸氣冷發動機（Pratt & Whitney Hornet A5），525 馬力
製 造 廠：	斯蒂爾曼飛機公司（Stearman Aircraft Corporation）	最大速度 / 巡航速度：	225 / 185 千米 / 小時
首　飛：	1929 年	航　程：	1110 千米
特　點：	混合結構 / 不等翼展雙翼佈局 / 固定式起落架	升　限：	3962 米
機長 / 翼展 / 機高：	9.9 / 14.93 / 3.81 米	裝備範圍：	（西南航空公司）

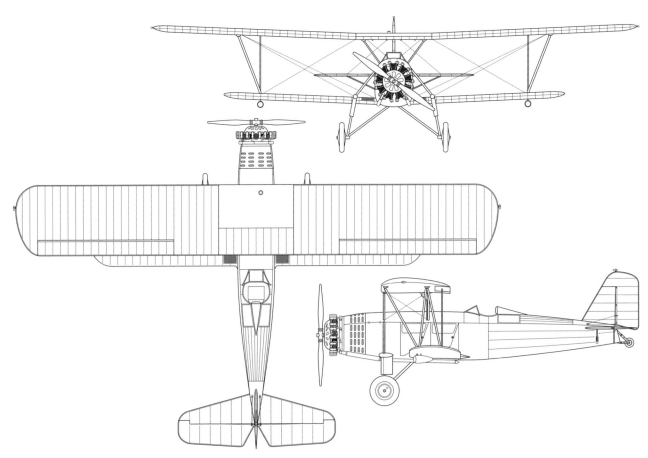

斯蒂爾曼 LT-1 客機 / 運輸機三視圖

LT-1 是斯蒂爾曼公司在 M-2"高速郵件"型郵機基礎上研發的小型客機／運輸機，實質上是 M-2 的客、貨運輸型號。其結構、佈局和外觀與 M-2 非常相似，延續了 M-2 結構堅固、不易失速、起降性能好等特點，區別是將 M-2 的貨艙改為封閉式客艙，可搭載 4 名乘客或 454 千克貨物，同時換裝普惠"大黃蜂"型發動機，共製造 3 架，每架售價 25000 美元。

　　西南航空公司籌備委員會於 1933 年 10 月 3 日成立後，廣東當局通過聯合飛機出口公司（United Aircraft Exports Company）購得 3 架美國航空公司（American Airways）的二手 LT-1，計劃交付西南航空公司用於開辦航線。這 3 架飛機（生產序號 2001、2002、2003/ 原註冊號 NC8829、NC8832、NC8833）運抵廣州後卻沒有交付給西南航空，而被廣東空軍留用並改造為轟炸機，1936 年"兩廣事變"後併入南京國民政府空軍。

美國航空 NC8832 號客機（後銷往廣東）

洛寧 C-2C "空中遊艇"

Loening C-2C Air Yacht

機　　種： 水陸兩棲客機

乘　　員： (1-2)＋(6-7)人

製 造 廠： 洛寧航空工程公司
（Loening Aeronautical
Engineering Corporation）

首　　飛： 1928 年

特　　點： 木製結構 / 等翼展雙翼佈局 / 可收
放起落架

機長 / 翼展 / 機高： 10.57 / 13.72 / 3.89 米

淨重 / 全重： 1754 / 2676 千克

引　　擎： 1 台萊特 "颶風" 型星型 9 缸氣冷
發動機（Wright Cyclone），525
馬力

最大速度 / 巡航速度： 199 / 165 千米 / 小時

航　　程： 885 千米

升　　限： 4300 米

裝備範圍： （西南航空公司）

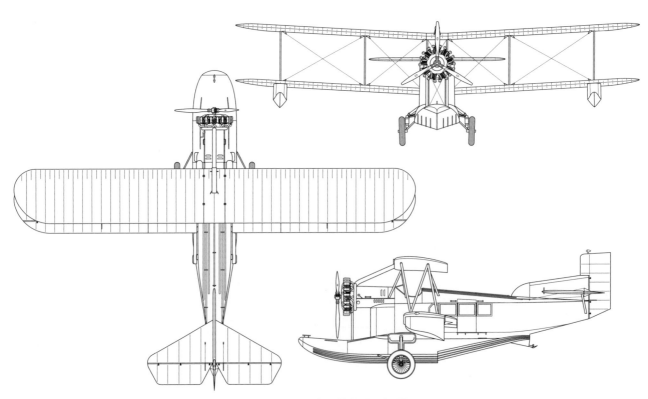

洛寧 C-2C 水陸兩棲客機三視圖

C-2C 是洛寧 C-2"空中遊艇"的兩種亞型之一，特點是安裝的發動機為萊特"颶風"（C 代表"颶風"），共製造 23 架，其中 1 架改造為 C-2H。

　　1933 年 10 月 3 日，西南航空公司籌備委員會成立後，廣東當局通過聯合飛機出口公司（United Aircraft Exports Company）購得 3 架美國航空公司的二手 C-2C 客機（生產序號 203/ 原註冊號 NC5999、生產序號 211/ 原註冊號 NC7770、生產序號 223/ 原註冊號 NC9784），計劃供西南航空營運使用，但這些飛機運抵中國後並未交付西南航空，而被廣東空軍改造為轟炸機使用。

美國航空 NC5999 號客機（後銷往廣東）。該型飛機起飛時激起的浪花極高，客艙門時常進水，乘坐舒適性較差。

費爾柴爾德 91 "小飛剪"

Fairchild 91 Baby Clipper

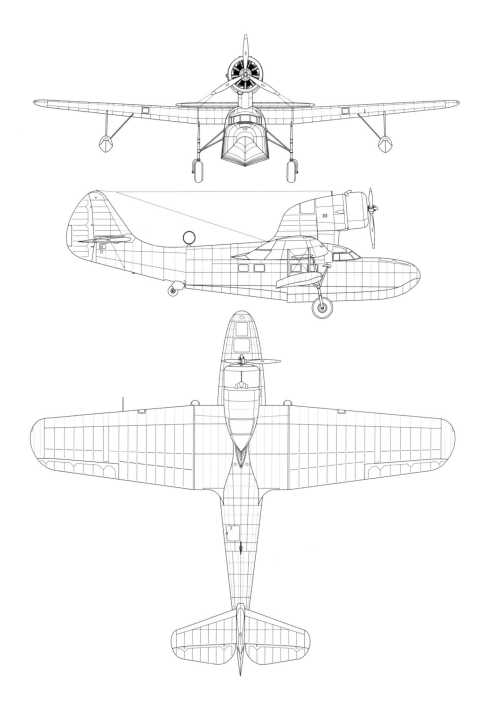

費爾柴爾德 91 水陸兩棲客機三視圖

機　　種：水陸兩棲客機
乘　　員：2+8 人
製　造　廠：費爾柴爾德飛機公司
　　　　　（Fairchild Aircraft Corporation）
首　　飛：1935 年
特　　點：金屬結構 / 上單翼佈局 / 可收放起
　　　　　落架
機長 / 翼展 / 機高：13 / 17.07 / 4.47 米

淨重 / 全重：2990 / 4765 千克
引　　擎：1 台普惠 S2EG "大黃蜂" 型星型
　　　　　9 缸氣冷發動機（Pratt & Whitney
　　　　　S2EG Hornet），750 馬力
最大速度 / 巡航速度：269 / 220 千米 / 小時
航　　程：1070 千米
升　　限：5455 米
裝備範圍：（中國航空公司）

　　費爾柴爾德 91（又稱 A-942-A）是費爾柴爾德公司應泛美航空要求研發的水陸兩棲客機，以取代西科斯基 S-38。該型飛機於 1934 年開始設計，主要用於在亞馬遜河和長江流域飛行，可搭載 8 名乘客和 500 千克貨物，作為貨機使用時則可搭載 1200 千克貨物。費爾柴爾德 91 的原型機於 1935 年 4 月 5 日首飛成功，共製造 3 架。

　　泛美航空原計劃訂購 6 架費爾柴爾德 91，其中 2 架供泛美航空的巴西子公司使用，另外 4 架則供中國航空公司使用，以取代中航日漸老化且故障頻發的洛寧 C-2H 客機。但由於美國航空局頒佈了新的安全法規，規定客運服務僅可使用多發動機飛機，因此中航訂單被取消。

洛克希德飛機製造公司

洛克希德 18-40 "北極星"

Lockheed Model 18-40 Lodestar

美
國
製
飛
機

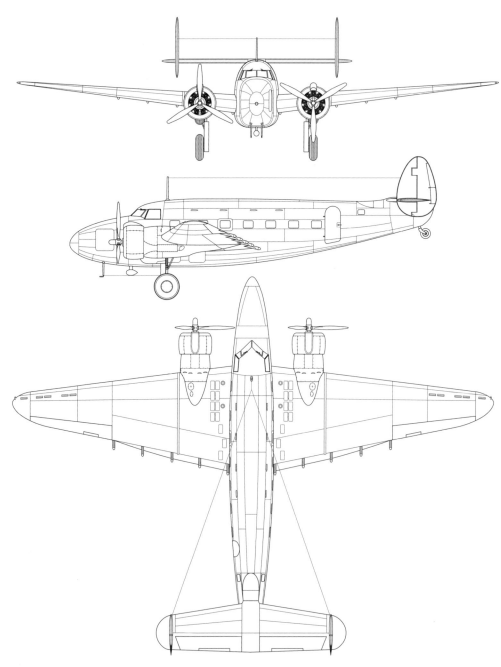

洛克希德 18-40 "北極星" 客機三視圖

機　　種：	客機	淨重 / 全重：	5284 / 7938 千克

機　　種：　客機

乘　　員：　3+（14-26）人

製 造 廠：　洛克希德飛機製造公司（Lockheed Aircraft Manufacturing Company）

首　　飛：　1939 年

特　　點：　金屬結構 / 中單翼佈局 / 可收放起落架

機長 / 翼展 / 機高：　15.19 / 19.96 / 3.38 米

淨重 / 全重：　5284 / 7938 千克

引　　擎：　2 台萊特 G-1820-G104A "颶風" 型星型 9 缸氣冷發動機（Wright G-1820-G104A Cyclone），每台 1200 馬力

最大速度 / 巡航速度：　407 / 322 千米 / 小時

航　　程：　2575 千米

升　　限：　7100 米

裝備範圍：　（中國航空公司）

　　洛克希德 18 "北極星" 是洛克希德公司於 1939 年推出的雙發客機，主要用於和道格拉斯 DC-3 競爭民用航空市場。該型飛機以洛克希德 14 "超伊萊克特拉" 型客機為基礎研發，實質上是後者的加長型，機身比 "超伊萊克特拉" 延長了 1.68 米，因此得以增加 2 排座椅，在保持 "超伊萊克特拉" 優秀性能的同時，大幅降低使用成本。"北極星" 的原型機於 1939 年 9 月 21 日首飛成功，次年 3 月 30 日獲得適航證書。由於美國國內航空公司大多已選擇 DC-3，因此 "北極星" 的銷量未達到預期，多用於出口，各亞型共製造 625 架。

　　洛克希德 18-40 是換裝萊特 G-1820-G104A 型發動機的亞型，共製造 26 架。1940 年，有 2 架該型飛機（生產序號 18-2084、18-2085）被指定交付中國航空公司使用，因故未運抵中國。

福克－沃爾夫 Fw 200 B / Fw 200 KC-1 "兀鷹"

Focke-Wulf Fw 200 B/Fw 200 KC-1 Condor

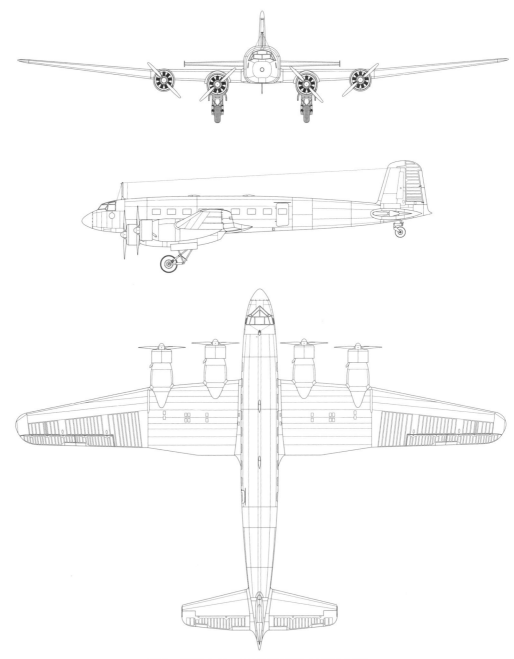

福克－沃爾夫 Fw 200B "兀鷹" 客機三視圖

機　　種：	客機	引　　擎：	4 台寶馬 132Dc 型星型 9 缸氣
乘　　員：	4+26 人		冷發動機（BWM 132Dc），每台
製 造 廠：	福克－沃爾夫飛機製造公司		850 馬力
	（Focke-Wulf Flugzeugbau AG）	最大速度 / 巡航速度：	418 / 376 千米 / 小時
首　　飛：	1939 年	航　　程：	2000 千米
特　　點：	金屬結構 / 下單翼佈局 / 可收放起	升　　限：	7400 米
	落架	裝備範圍：	（歐亞航空公司）（滿洲航空株式
機長 / 翼展 / 機高：	23.45 / 32.84 / 6 米		會社）
淨重 / 全重：	11300 / 17000 千克		

　　Fw 200 "兀鷹" 於 1936 年開始研發，主要供漢莎航空開闢自德國跨大西洋直飛美國的航線，是第一架從柏林直飛紐約的客機。該型飛機採用較大的翼展和多發動機設計，以便高空巡航和增加飛行安全性，其客艙寬敞舒適，沒有採用加壓設計，可搭載26 名乘客，是波音 307 和道格拉斯 DC-4 出現之前最先進的客機。

　　Fw 200 的原型機 Fw 200V-1 於 1937 年 7 月 27 日首飛成功，主要供漢莎航空、漢莎航空的巴西子公司和丹麥航空（DDL Danish Airlines）使用，各亞型共製造 276架，曾創多個飛行記錄。德國元首阿道夫・希特勒（Adolf Hitler）的專機即為 1 架該型飛機。二戰初期的大西洋破交戰（破壞敵方交通綫）中，Fw 200 的軍用型曾創造輝煌的戰績，因此被丘吉爾稱為 "大西洋的禍害"。Fw 200B 是 1939 年推出的改良型，特點是換裝寶馬 132Dc 或寶馬 132H 型發動機，其中安裝寶馬 132Dc 型發動機的型號是 Fw 200B-1，安裝寶馬 132H 的則為 Fw 200B-2。Fw 200KC-1 是用於出口日本的Fw 200B。

　　1938 年 11 月 28−30 日，1 架 Fw 200S-1 經伊拉克巴士拉、印度卡拉奇飛往日本，以展示其長途飛行能力。大日本航空株式會社對該型飛機非常感興趣，計劃使用其建立亞歐航線。同年 12 月，偽滿的滿洲航空株式會社向福克－沃爾夫公司訂購了 5架 Fw 200KC-1（生產序號 0017-0021），因二戰的爆發而未能交付，後轉售漢莎航空。1939 年 7 月，歐亞航空公司也訂購了 4 架 Fw 200B，雖然約定於 1940 年 2、8 月交付，但同樣未果。

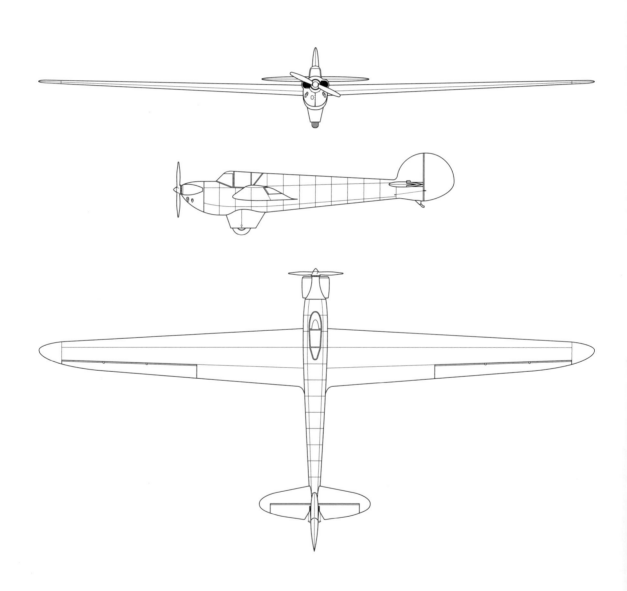

日本式 蜂型

Nihon Kogata Bee Type

日本式蜂型動力滑翔機三視圖

機　　種： 動力滑翔機

乘　　員： 1 人

製 造 廠： 日本小型飛行機株式會社
（Nihon Kogata Hikōki Kabushiki
Kaisha）

首　　飛： 1940 年

特　　點： 木製結構 / 中單翼佈局 / 固定式起
落架

機長 / 翼展 / 機高： 7.56 / 15 / 1.6 米

淨重 / 全重： 257 / 341 千克

引　　擎： 1 台 AVA 型對列型 4 缸氣冷發動
機（AVA），28 馬力

最大速度 / 滑翔速度： 112 / 71.6 千米 / 小時

續航時間： 1.5 小時

升　　限： 3000 米

裝備範圍： （滿洲空務協會）

　　日本式蜂型研發於 1940 年，是日本自行設計製造的第一種動力滑翔機。該型飛機由日本小型飛行機株式會社工程師宮原旭設計，裝有 1 台非常節約燃料的低功率發動機，無需拖曳即可飛至一定高度，使用非常方便。

　　其原型機於 1940 年 11 月開始製造，次年 2 月 7 日首飛成功，隨即投入量產，主要供日本學生航空連盟使用。偽滿的滿洲空務協會曾計劃引進 3 架該型飛機，後因太平洋戰爭爆發被迫取消。

第七章
部分經營在華航線的
國外航空公司飛機

馬丁 M-130

Martin M-130

機　　種：　水上客機

乘　　員：　（6-9）+（18-36）人

製 造 廠：　格倫・L・馬丁公司（Glenn L.
Martin Company）

首　　飛：　1936 年

特　　點：　金屬製船身型結構 / 上單翼佈局

機長 / 翼展 / 機高：　27.7 / 39.7 / 7.5 米

淨重 / 全重：　11504 / 23701 千克

引　　擎：　4 台普惠 R-1830-S2A5G "雙
黃蜂" 型星型 14 型氣冷發動機
（Pratt & Whitney R-1830-S2A5G
Twin Wasp），每台 950 馬力

最大速度 / 巡航速度：　290 / 209 千米 / 小時

航　　程：　5150 千米

升　　限：　3048 米

裝備範圍：　泛美航空公司

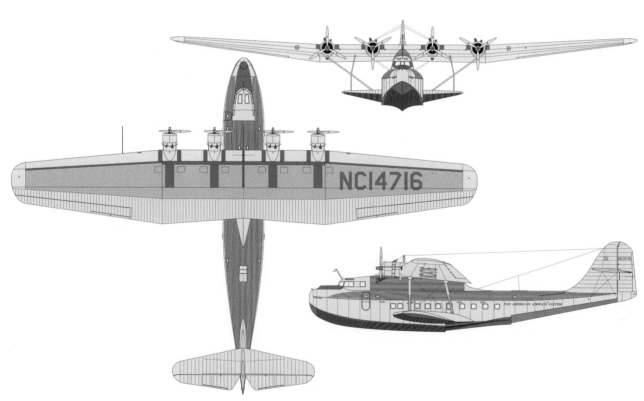

馬丁 M-130 水上客機三視圖（"中國飛剪" 號）

M-130 是馬丁公司應泛美航空要求，於 1930 年代前期研發的四發大型水上客機，主要用於建設跨太平洋航線，是當時世界上尺寸最大的客機。M-130 的設計非常先進，機身具有流線形外觀，採用可靠耐用的全金屬構造，裝有 4 台大功率的"雙黃蜂"型發動機，艙內空間寬敞明亮，裝飾豪華，可安裝 36 個座椅或 18 張臥鋪，乘坐舒適度極佳。該型飛機於 1934 年 12 月 30 日首飛，共製造 3 架，單價高達 43 萬美元，分別命名為"夏威夷飛剪"（註冊號 NC14714）、"菲律賓飛剪"（註冊號 NC14715）和"中國飛剪"（註冊號 NC14716），均用於太平洋航線的運營。M-130 的產量雖不多，但對當時的航空業卻產生了巨大的影響，泛美航空的西科斯基 S-42、波音 314 均因此被公眾稱為"中國飛剪"。

飛行中的"中國飛剪"

1935 年 11 月 22 日，"中國飛剪"號搭載着約 111000 封郵件自加利福尼亞飛往馬尼拉，正式開闢了跨太平洋郵運航線。次年 10 月，"夏威夷飛剪"號自舊金山出發，經檀香山、中途島、威克島、關島，最終於當月下旬飛抵澳門，25 日飛抵香港，此後每周飛行一次。中國航空公司也以此在多個媒體上發佈"空中霸王機"廣告。

　　1938 年 7 月，"夏威夷飛剪"號在關島和馬尼拉之間失蹤；"菲律賓飛剪"號在太平洋戰爭爆發後曾遭日軍襲擊，所幸未出事故，1942 年與"中國飛剪"號一起被美國海軍徵用；"菲律賓飛剪"號於 1943 年 1 月墜毀，"中國飛剪"號則於 1945 年 1 月在西印度群島西班牙港（今特里尼達和多巴哥首都）降落時受損沉沒。

馬丁 M-130 客機的客艙內部

美國製飛機

西科斯基 S-42 / S-42B "飛剪"

Sikorsky S-42/S-42B Clipper

機　　種： 水上客機

乘　　員： 4+（14-37）人

製 造 廠： 西科斯基飛機公司

（Sikorsky Aircraft Corporation）

首　　飛： 1934 年

特　　點： 金屬製船身型結構 / 高單翼佈局

機長 / 翼展 / 機高： 20.62 / 34.8 / 5.28 米

（S-42），20.72 / 36.01 / 6.7 米

（S-42B）

淨重 / 全重： 8965 / 17237 千克（S-42），

10886 / 19050 千克（S-42B）

引　　擎：（S-42）4 台普惠 R-1690 "大黃

蜂" 型星型 9 型氣冷發動機（Pratt

& Whitney R-1690 Hornet），每

台 700 馬力；（S-42B）4 台普惠

"大黃蜂" S1EG 型星型 9 型氣冷

發動機（Pratt & Whitney S1EG

Hornet），每台 750 馬力

最大速度 / 巡航速度： 293 / 270 千米 / 小時

（S-42），303 / 266 千米 / 小時

（S-42B）

航　　程： 1931 千米（S-42），1448 千米

（S-42B）

升　　限： 4787 米（S-42），4877 米

（S-42B）

裝備範圍： 泛美航空公司

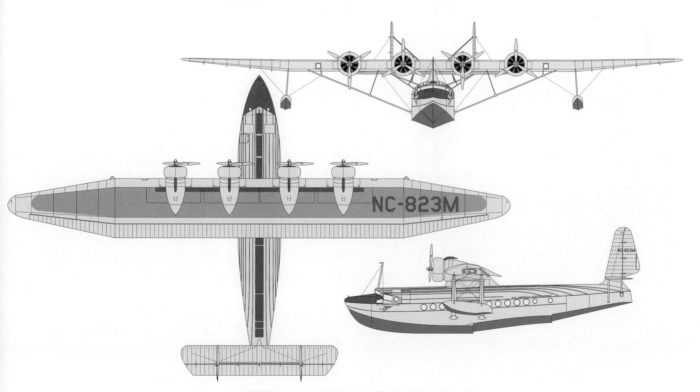

西科斯基 S-42 "飛剪" 三視圖（"泛美飛剪" 號）

S-42 是西科斯基飛機公司應泛美航空要求，在 S-40 基礎上研發的四發大型水上客機，是馬丁 M-130 的競爭者。該型飛機於 1931 年開始研發，氣動佈局進行了大幅優化，取消了 S-38、S-40 的"飛船"式設計，流線形外觀更加簡練，內部共分 4 個客艙，佈置有地毯和窗簾，並有良好的通風系統，最多可安裝 37 個座椅或 14 張臥鋪，是同時期乘坐環境最舒適的客機之一。S-42 的原型機於 1934 年 3 月 29 日首飛，不久後就創造了 10 項飛行記錄。S-42 各亞型共製造 10 架，均售予泛美航空。S-42 是最初的量產型，安裝的發動機是 700 馬力的普惠 R-1690，共製造 3 架；S-42A 是在 S-42 基礎上換裝普惠"大黃蜂"S1EG 型發動機並加大翼展的亞型，共製造 4 架；S-42B 是換裝哈密爾頓標準螺旋槳並進一步改善氣動佈局的亞型，共製造 3 架。

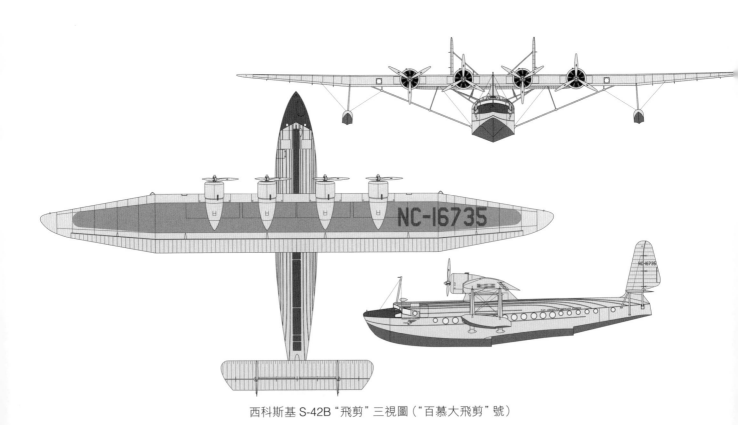

西科斯基 S-42B "飛剪" 三視圖（"百慕大飛剪" 號）

由於 S-42 的航程較短，必須在機身加裝油箱才可跨洋飛行，因此泛美航空主要用其運營拉丁美洲航線，其中"泛美飛剪"號 S-42（原名"西印度群島飛剪"號 / 生產序號 4201/ 註冊號 NC823M）曾用於試航太平洋航線，1937 年改名為"香港飛剪"號，用於舊金山—檀香山—中途島—威克島—關島—馬尼拉—澳門—香港航線，次年被 M-130 取代，1944 年 8 月 7 日沉沒於古巴安蒂亞。

　　1941 年，泛美航空將曾用於巴爾的摩—百慕大航線和阿拉斯加航線的"阿拉斯加飛剪"號（原名"百慕大飛剪"號 / 生產序號 4208/ 註冊號 NC16735）調往亞洲，用於馬尼拉—香港航線，並更名為"香港飛剪 II"號。1941 年 12 月，該機在香港啟德機場被日軍飛機炸沉。

飛行中的"泛美飛剪"號

波音 314 "飛剪"

Boeing Model 314 Clipper

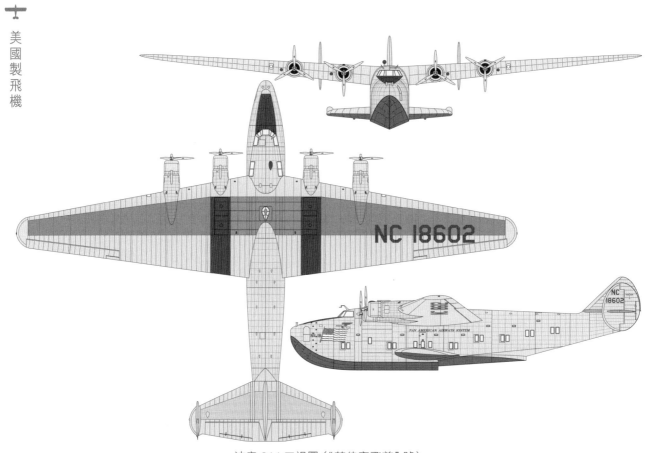

波音 314 三視圖（"菲律賓飛剪"號）

機　　種：	水上客機	引　　擎：	4 台萊特 Wright GR-2600-A2 "雙颶風" 型星型 14 型氣冷發動機（Wright GR-2600-A2 Double Cyclone），每台 1600 馬力
乘　　員：	（6-10）+（40-74）人		
製 造 廠：	波音飛機公司（Boeing Airplane Company）		
首　　飛：	1938 年	最大速度 / 巡航速度：	311 / 294 千米 / 小時
特　　點：	金屬製船身型結構 / 上單翼佈局	航　　程：	5635 千米
機長 / 翼展 / 機高：	32.3 / 46.3 / 8.4 米	升　　限：	6030 米
淨重 / 全重：	22797 / 37414 千克	裝備範圍：	泛美航空公司

波音 314 型水上客機研發於 1930 年代中期，是當時世界上最大的飛機之一。
1935 年，泛美航空發佈了一項洲際客運水上飛機的競標，以取代現用的馬丁 M-130 和
西科斯基 S-42，由於馬丁公司和西科斯基公司均未投標，因此波音公司輕易贏得了競
標。波音 314 的原型機於 1938 年 6 月 7 日首飛成功，其尾翼最初採用傳統的單垂尾佈
局，在試飛中發現對水平轉向的控制性較差，換裝雙垂尾後仍有飛行穩定性不佳的隱
患，最終改裝為三垂尾，方獲得令人滿意的飛行性能。該型飛機共製造 12 架，包括 6
架波音 314 和 6 架波音 314A，後者是在前者基礎上換裝 1600 馬力"雙颶風"發動機、
大直徑螺旋槳，並加裝 4500 升的燃料箱的改良型。1940 年，6 架波音 314 均改造為
波音 314A。這 12 架飛機中有 9 架售予泛美航空，另外 3 架則售予英國海外航空公司。

　　泛美航空的 9 架該型飛機中，"檀香山飛剪"（註冊號 NC18601）、"加利福尼亞飛
剪"（註冊號 NC18602）和"太平洋飛剪"號（註冊號 NC18609）曾用於太平洋航線的
營運。1939 年 2 月 23 日，首架波音 314 自美國舊金山阿拉米達市起航飛往香港，是
該型飛機首次用於舊金山—香港航線，全程耗時超過 6 天。由於跨洋洲際飛行的時間

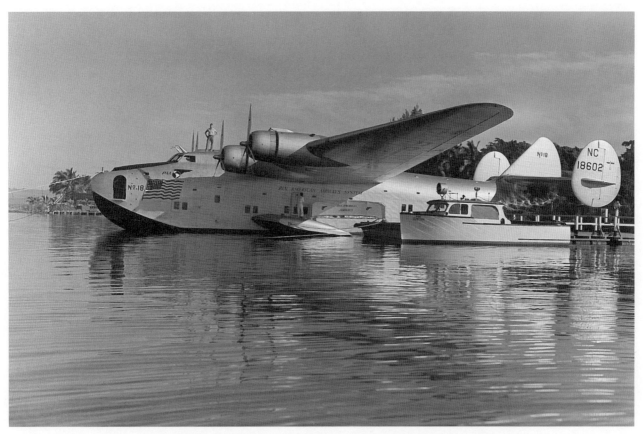

停泊中的"加利福尼亞飛剪"號，為避免誤擊，該機機身兩側均繪有大幅美國國旗。

非常漫長,因此波音314的客艙豪華度更勝於M-130和S-43,艙內設有休息區和用餐區,男女有單獨的更衣室,廚師均為四星級酒店水平,其奢華程度在當時的航空旅行中首屈一指。波音314的機票也非常昂貴,自舊金山飛往香港的單程機票高達760美元(相當於2019年的14000美元)。由於泛美航空的機組人員對大型水上飛機的操控非常熟練,所有分配給波音314的機長、副駕駛均有長達數千小時的飛行時長和經驗,因此運行非常成功。但該型飛機還未像其前輩那樣充分抒寫屬於自己的傳奇時,太平洋戰爭爆發,商業客運戛然而止。二戰後,飛剪們雖重新回到了泛美航空,但已落後過時。

"檀香山飛剪"號於二戰期間仍由泛美航空使用,1945年11月3日因2台發動機故障迫降於瓦胡島附近,次日拖回港口後,因受損被美國海軍擊沉。太平洋戰爭爆發時,"加利福尼亞飛剪"號正由舊金山飛往新西蘭,為避免被日軍戰鬥機擊落,該機於1941年12月8日自新西蘭起飛,經泗水(印尼)、卡拉奇(巴基斯坦)、巴林、喀土穆(蘇丹)和利奧波德維爾(剛果)等地,飛越大西洋,最終於次年1月6日降落於紐約拉瓜迪亞機場,是第1架完成環球飛行的商用飛機。該機後被美國海軍徵用,1946年轉售世界航空公司(World Airways),1950年報廢。"太平洋飛剪"號在"加利福尼亞飛剪"號飛往大西洋後一度更名為"加利福尼亞飛剪",1942年又將改回"太平洋飛剪",後被美國陸軍航空隊徵用,1946年轉售環球航空公司(Universal Airlines),後因暴風雨損壞,被拆作備用零件。

中國航空公司在《華僑日報》上刊發的廣告,其主體即為波音314。

德・哈維蘭飛機有限公司

德・哈維蘭 DH.86A "迅捷"

De Havilland DH.86A Express

機　　種：　客機

乘　　員：　2+（10-12）人

製 造 廠：　德・哈維蘭飛機有限公司
（De Havilland Aircraft Company
Limited）

首　　飛：　1935 年

特　　點：　木製結構 / 等翼展雙翼佈局 / 固定
式起落架

機長 / 翼展 / 機高：　14.04 / 19.66 / 3.96 米

淨重 / 全重：　2791 / 4659 千克

引　　擎：　4 台德・哈維蘭 "吉普賽" VI
型直列型 6 缸氣冷發動機（de
Havilland Gipsy VI），每台 200
馬力

最大速度 / 巡航速度：　267 / 229 千米 / 小時

航　　程：　1223 千米

升　　限：　5300 米

裝備範圍：　帝國航空（遠東）有限公司

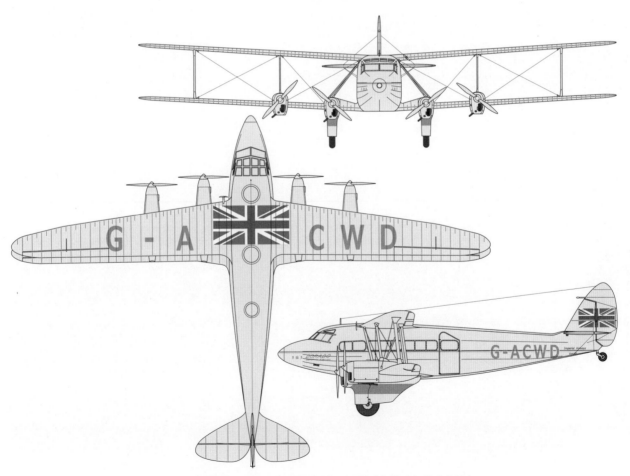

德・哈維蘭 DH.86A "迅捷" 客機三視圖（帝航 "多拉多" 號）

DH.86 "迅捷" 是德·哈維蘭公司應澳大利亞政府要求研發的四發大型客機,主要用於建立新加坡—澳大利亞郵運航線。該型飛機以 DH.84 "龍" 型雙發客機為基礎研發,實質上是 DH.84 的放大型,延續了 DH.84 的木製結構和流線形外觀,裝有 4 台德·哈維蘭公司自產發動機中功率最大的 "吉普賽" VI,艙內最多可搭載 12 名乘客。DH.86 的原型機於 1934 年 1 月 14 日首飛成功,同年投入量產,截至 1937 年停產,各亞型共製造 62 架。DH.86A 是 1935 年推出的改良型,特點是起落架加裝氣動減震系統,駕駛艙風擋玻璃和框架改良,升降舵和方向舵改為金屬結構,共製造 20 架。隨着該型飛機在 1936 年連續發生了一系列致命墜機事故,英國皇家空軍飛機和裝備實驗機構(Royal Air Force's Aeroplane and Armament Experimental Establishment)對 DH.86 進行了檢測,認為其飛行穩定性欠佳,德·哈維蘭公司為此推出了在尾翼上安裝 "祖魯盾" 形輔助垂直尾翼的 DH.86B,並將已出廠的 DH.86A 全部按此標準改造。

1935 年 8 月 13 日,英國帝國航空公司(遠東)有限公司〔Imperial Airways(Far

DH.86 客機客艙內部

East）Ltd〕在香港註冊成立，同年 9 月 16 日開始了倫敦—香港航線的試航。次年 3 月 14 日，帝航 "多拉多" 號 DH.86A（生產序號 2305/ 註冊號 G-ACWD）自倫敦出發，途徑馬賽、羅馬、雅典、亞歷山大、巴格達、科威特、德里、加爾各答、仰光、檳城、西貢，於同月 24 日飛抵香港。這是民航飛機首次自英國攜帶郵件飛抵香港啟德機場，同時還搭載有 1 名馬來西亞的華裔乘客，自此正式開通了英國倫敦—香港的客運、郵運航線，將原本需數月、數周才可運抵的時間縮短至 10 天。《中國郵報》將其稱為 "劃時代的航班"，《香港電訊報》則稱之為 "香港航空史上的一個里程碑"。該航線開通以後主要用於運送郵件，在有空餘空間時才會搭載乘客，截至 1937 年 3 月已成功飛行 52 班次。

隨着日軍侵華的腳步逐漸逼近香港，帝航的 "迅捷" 開始在機翼和垂直尾翼的顯著位置繪以英國國旗標誌，但並未起到保護作用，1939 年 11 月 8 日，帝航 "達達努斯" 號遭到日軍攻擊，迫降在海南島附近。1940 年 10 月 15 日，香港航線被迫停飛，DH.86 撤往非洲加入英國海外航空公司機隊。

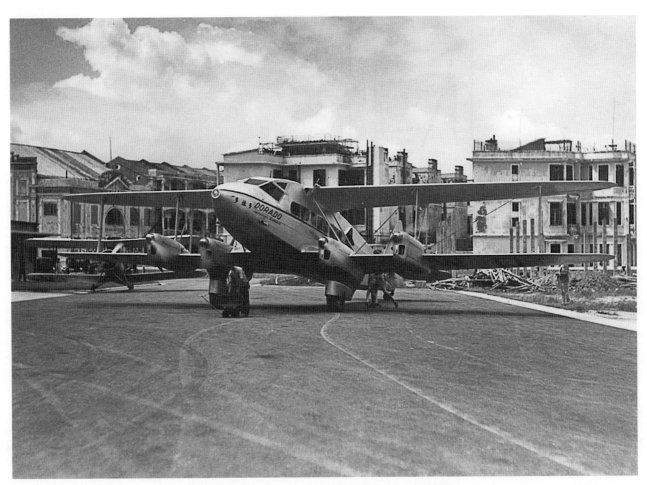

帝航 "多拉多" 號，後方是 1 架阿弗羅 631 教練機。

肖特 "海瑟" / "桑德林漢"

~ Short Hythe/Sandringham

（桑德林漢 5 型參數）

機　種：	水上客機
乘　員：	5+（16-22）人
製造廠：	肖特兄弟公司
	（Short Brothers plc）
首　飛：	1947 年
特　點：	金屬製船身型結構 / 上單翼佈局
機長 / 翼展 / 機高：	26.3 / 34.39 / 6.97 米
淨重 / 全重：	17954 / 27273 千克

引　擎：	4 台普惠 R-1830-92D "雙黃蜂"型星型 14 型氣冷發動機（Pratt & Whitney R-1830-92D Twin Wasp），每台 1200 馬力
最大速度 / 巡航速度：	332 / 283 千米 / 小時
航　程：	3928 千米
升　限：	5460 米
裝備範圍：	英國海外航空公司

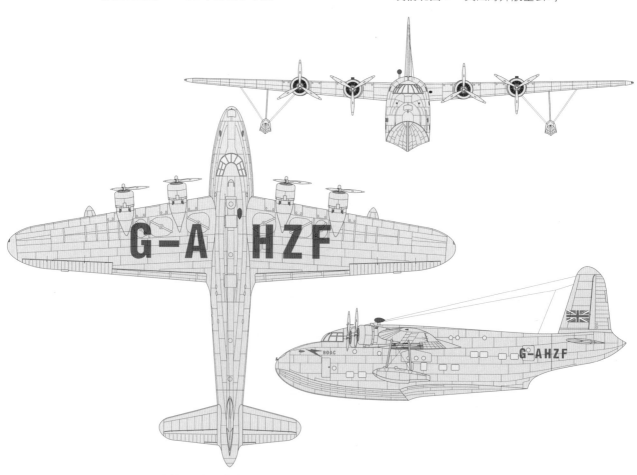

肖特 桑德林漢水上客機三視圖（英國海外航空公司 "普爾" 號）

"海瑟"、"桑德林漢"是肖特公司以 S.25 "桑德蘭"水上巡邏轟炸機為基礎改造的民用水上客機。早在 1942 年末，肖特公司就將 6 架"桑德蘭"III 通過拆除武裝、加裝長凳式座椅的方式改造為民用飛機，供英國海外航空公司使用，1944 年又改造了 12 架。二戰後，肖特公司對英國海外航空公司使用的"桑德蘭"進行了改裝，使其更適於民用。該型飛機共改造 23 架，特點是拆除了原有的長凳式座椅，改為 16 個沙發座椅，同時可攜帶 2900 千克郵件，機身下部船體外形改良，命名為"海瑟"。

1945 年 11 月，為增強運營質量、提升競爭力，肖特公司對英國海外航空公司的其他"桑德蘭"進行了進一步改良，其機首、尾換裝了低阻力整流罩，機首炸彈瞄準窗則予以保留，供繫泊使用；客艙內部重新裝修，配備有餐廳、酒吧等設施，名稱隨之改為"桑德林漢"，共改造 7 個亞型，總計 27 架。"桑德林漢"5 又稱"佩茅斯"級

桑德林漢客機的客艙內部

（Plymouth class），是數量最多的亞型，共改造 9 架，可安裝 22 個座椅或 16 張臥鋪；"桑德林漢"7 又稱"百慕大級"（Bermuda class），共改造 3 架，可搭載 30 名乘客。

1946 年 8 月 26 日，英國海外航空公司的"海瑟"開始用於香港的"龍"航線，但短短 1 年後就被"桑德林漢"取代，其中"佩斯"號（"桑德林漢"5 / 註冊號 G-AZMZ）、"普爾"號（"桑德林漢"5 / 註冊號 G-AHZF）、"波特西"號（"桑德林漢"5 / 註冊號 G-AHZE）和"聖喬治"號（"桑德林漢"7 / 註冊號 G-AKCO）曾用於香港航線。 1949 年，這些飛機均被洛克希德"星座"代替。

停泊於香港啟德機場外的桑德林漢客機

圖波列夫 G-2

Tupolev G-2

（G-2 4M-17F 型參數）

機　　種：	運輸機
乘　　員：	8 人
設 計 局：	圖波列夫設計局（Tupolev Design Bureau）
首　　飛：	1935 年
特　　點：	金屬結構 / 下單翼佈局 / 固定式起落架
機長 / 翼展 / 機高：	24.8 / 39.5 / 8.5 米

淨重 / 全重：	10967 / 17200 千克
引　　擎：	4 台米庫林 M-17F 型 V 型 12 型液冷發動機（Mikulin M-17F），每台 715 馬力
最大速度 / 巡航速度：	212 千米 / - / 小時
航　　程：	1350 千米
升　　限：	3800 米
裝備範圍：	俄羅斯航空公司

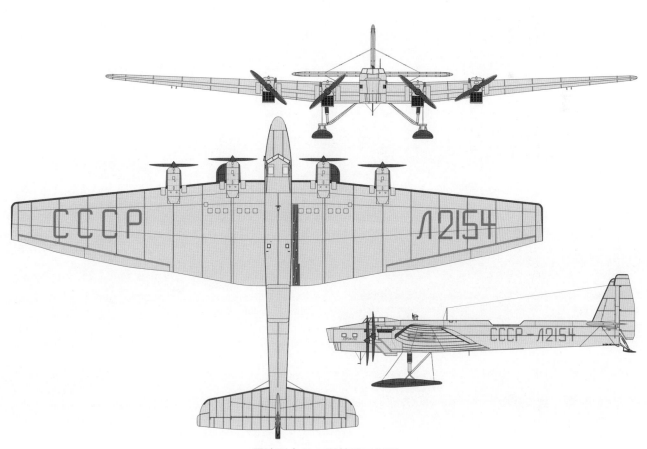

圖波列夫 G-2 運輸機三視圖

G-2 型運輸機（Г-2，Г 代表民用）是 TB-3 型重型轟炸機（Туполев ТБ-3）的民用型，均由蘇聯空軍退役的 TB-3 改造而成，其中包括安裝 M-17 發動機的早期型和安裝 M-34 發動機的後期型。G-2 拆除了 TB-3 原有的軍用設備和武器，旋轉炮塔和部分窗口封閉，駕駛艙改為封閉式，主要用於運輸貨物，有效載荷最多可達 12 噸。二戰期間，俄羅斯航空公司的 G-2 在蘇聯後方廣泛用於運輸礦物、飲水、食物，1946 年因機體老化、性能落後、運載能力下降而除役停用。

1937 年 8 月 21 日，南京國民政府和蘇聯政府簽訂《中蘇互不侵犯條約》後，俄羅斯航空公司開通了阿拉木圖—蘭州航線，用於運營的飛機中包括 G-2。該航線主要供蘇聯軍方在中國境內的運輸工作，而非普通的商業航線。

俄羅斯航空公司的 G-2 運輸機

蘇聯製飛機

圖波列夫 PS-9

Tupolev PS-9

機　　種：　客機

乘　　員：　2+9 人

設 計 局：　圖波列夫設計局（Tupolev Design Bureau）

首　　飛：　1935 年

特　　點：　金屬結構 / 上單翼佈局 / 固定式起落架

機長 / 翼展 / 機高：　17.01 / 23.72 / 5.06 米

淨重 / 全重：　4400 / 6200 千克

引　　擎：　2 台米庫林 M-17 型 V 型 12 型液冷發動機（Mikulin M-17），每台 715 馬力

最大速度 / 巡航速度：　215 / 180 千米 / 小時

航　　程：　700 千米

升　　限：　5100 米

裝備範圍：　俄羅斯航空公司

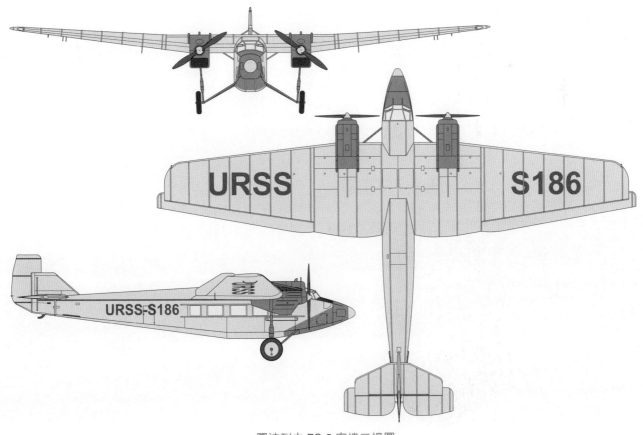

圖波列夫 PS-9 客機三視圖

ANT-9（АНТ-9）研發於 1927 年 12 月，是蘇聯最早的多座客機之一，也是蘇聯第一種對外出口的客機。該型飛機由 AA・阿爾漢格爾斯基（AA Arkhangelsky）領銜設計，是蘇聯 1928 年民用航空五年發展計劃的重點之一，主要作為商用客機使用，但在必要時也可加裝武備改造為轟炸機。ANT-9 的原型機於 1929 年 5 月 5 日首飛成功，裝有 3 台 230 馬力的法國土地神－羅納 "泰坦" 型發動機（Gnome-Rhone Titan），飛行性能良好，具有易於操控、飛行平穩、不易失速等特點，客艙內可搭載 9 名乘客，並配備有洗手間、衣櫃和行李艙，也可拆除座椅搭載 750 千克貨物。由於其所用發動機進口困難，因此量產的 ANT-9 先後換裝了 M-26、萊特 "旋風" 和 M-17 等發動機。PS-9（ПС-9，ПС 代表客機 / Пассажирскийсамолёт）是 1933 年量產的型號，共製造約 70 架。

俄羅斯航空公司於 1937 年開通阿拉木圖—蘭州航線後，曾使用 PS-9 進行人員運輸。

俄羅斯航空公司的 PS-9 客機

波利卡波夫 P-5

Polikarpov P-5

機　種：	客機 / 運輸機	淨重 / 全重：	2040 / 3350 千克
乘　員：	1+2 人	引　擎：	1 台米庫林 M-17F 型 V 型 12 型
設 計 局：	波利卡波夫設計局		液冷發動機（Mikulin M-17F），
	（Polikarpov Design Bureau）		715 馬力
首　飛：	1931 年	最大速度 / 巡航速度：	215 / 165 千米 / 小時
特　點：	混合結構 / 不等翼展雙翼佈局 / 固	航　程：	1200 千米
	定式起落架	升　限：	-
機長 / 翼展 / 機高：	10.56 / 15.3 / 3.62 米	裝備範圍：	俄羅斯航空公司

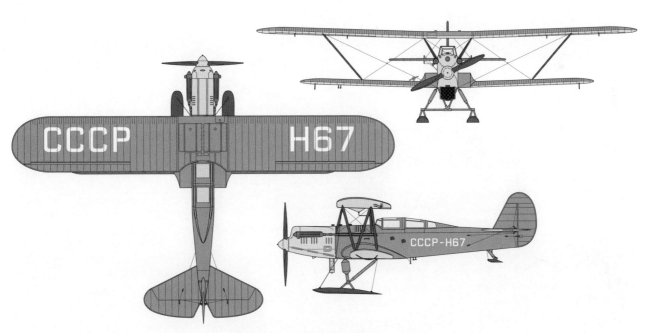

波利卡波夫 P-5 客機 / 運輸機三視圖

　　1930 年代初，由於蘇聯缺乏合適的小型民用運輸機，波利卡波夫設計局在 R-5 型偵查 / 轟炸機（Поликарпов Р-5）基礎上推出了 P-5（Π-5）小型客機 / 運輸機。該型飛機主要用於運輸報紙、緊急貨物或郵件，其原有的武備被拆除，後座射擊 / 觀察員艙改為可搭載 2 名乘客的客艙，也可搭載 400 千克貨物，機翼下方可懸掛外掛式貨艙。由於 P-5 的基礎設計與 R-5 完全相同，因此繼承了後者結構簡單、易於維護、飛行平穩、操控容易、起降性能優良等優點，但乘坐舒適度差、飛行速度慢、運載量小。由於當時的蘇聯缺乏合適的民用飛機，雖然該型飛機的商用性不盡如人意，卻也得以大量投產。截至 1940 年代初，P-5 各亞型共製造 1000 餘架，是俄羅斯航空公司服役數量最多的飛機之一，僅次於著名的 U-2 型教練機，另有部分航校將 P-5 用於跳傘和滑翔機拖曳。

　　1937 年 8 月 21 日，俄羅斯航空公司開通了阿拉木圖—蘭州航線，用於運營的飛機中包括 P-5。

俄羅斯航空公司的 P-5

埃米爾・德瓦蒂納飛機製造公司

德瓦蒂納 D.338

Dewoitine D.338

機　　種： 客機

乘　　員： 4+（12-22）人

製 造 廠： 埃米爾・德瓦蒂納飛機製造公司
（Constructions Aéronautiques
Émile Dewoitine）

首　　飛： 1936 年

特　　點： 金屬結構 / 下單翼佈局 / 可收放起
落架

機長 / 翼展 / 機高： 22.13 / 29.35 / 5.57 米

淨重 / 全重： 7910 / 11150 千克

引　　擎： 3 台希斯巴諾－蘇莎 9V-17 型
星型 9 型氣冷發動機（Hispano-
Suiza 9V-17），每台 650 馬力

最大速度 / 巡航速度： 301 / 260 千米 / 小時

航　　程： 2060 千米

升　　限： 5000 米

裝備範圍： 法國航空公司

法國製飛機

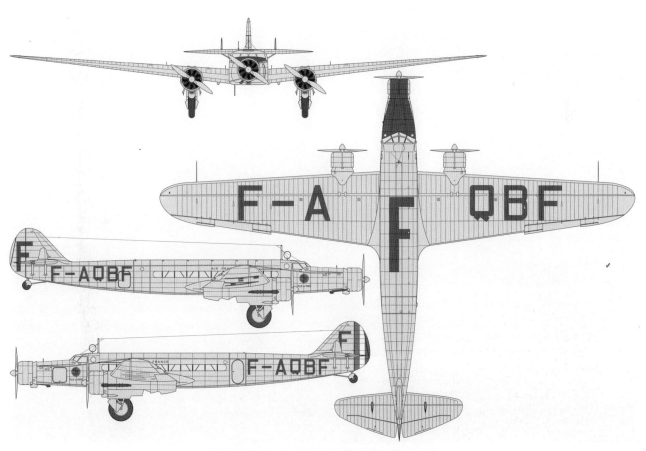

德瓦蒂納 D.338 客機四視圖（法航 F-AQBF）

D.338 是德瓦蒂納公司於 1930 年代中期為法國航空公司研發的三發客機，是 D.332、D.333 型客機的發展型。該型飛機在 D.332、D.333 基礎上擴大尺寸，換裝大功率發動機，起落架改為可收放式，乘坐舒適度提升。D.338 的乘客搭載量與飛行任務有關——執行短程航線飛行任務時，艙內最多可搭載 22 名乘客；中程飛行時則可搭載 15 至 18 名乘客；遠程航線則僅可搭載 12 名乘客，其中 6 人為臥鋪。D.338 的原型機於 1936 年首飛，同年 7 月 2 日獲得適航許可證，隨即投入量產，共製造 31 架，其中 29 架供法國航空使用，另外 2 架則售予法國軍方。

　　1938 年 1 月，法航使用 D.338 開始試航巴黎—越南河內航線，同年 4 月投入正式

D.338 客機客艙內部

營運。1938 年 8 月 4 日，註冊號 F-AQBF 的 D.338 自法國馬賽起飛，經北非、中東、印度、東南亞，最終於 8 月 10 日飛抵香港啟德機場，使巴黎、倫敦至香港之間的旅行時間縮短至 6 天。隨後，法航正式開航了倫敦—巴黎—馬賽—突尼斯—的黎波里—班加西—亞歷山大—貝魯特—巴格達—巴士拉—布什爾—賈斯克—卡拉奇—焦特布爾—阿拉哈巴德—加爾各答—阿賈卜—仰光—曼谷—西貢—河內—香港航線，共有 9 架 D.338 在該航線投入使用，每周固定飛行 1 次。兩年後，因日軍對法屬印度支那（今中南半島的越南、老撾、柬埔寨等地）的威脅逐步提升，且有 1 架 D.338 被日軍當作中國飛機擊落，法航飛往香港的航線被迫暫停。

1938 年 8 月 10 日，在香港啟德機場受到熱烈歡迎的法航 F-AQBF 號客機。

附錄

附錄一：
1912-1949 中國主要民用航空公司及航校簡介

籌辦航空事宜處
Bureau for Planning of Aviation Matters

　　中國的民用航空起始於 1918 年，當時的中華民國北京政府（北洋政府）鑒於飛機在第一次世界大戰中發揮的重要作用，為穩固、開發西北地區，成立了交通部籌辦航空事宜處，以籌辦航空運輸事務。該處就此成為中國第一個民用航空管理機構。

　　1919 年 2 月，中國交通部通過英商福公司購得 6 架漢德利・佩季 O / 7 型客機和 6 架阿弗羅 504J 型教練機及附帶的備用零件、器材和修理工具等，是中國最早的民用飛機。同年，籌辦航空事宜處和西北汽車籌備處合併，合併後的事務處設在位於北京的京綏鐵路局內，由丁士源擔任處長，原南苑航校校長秦國鏞擔任提調。籌辦航空事宜處自南苑航校第 1、2 期畢業學員中挑選 12 人向英籍教官學習駕駛技術，同時從鐵路局南口機械廠內挑選 15 名技工學習飛機維護。

　　籌辦航空事宜處籌辦的航線包括京庫線（北京—庫倫，庫倫即今蒙古首都烏蘭巴托）、京津線（北京—天津）、京滬線（北京—上海）和京漢線（北京—武漢），並在平地泉、庫倫開設航空站，途中的滂江、烏德、叨林修建機場和加油站以備開航京庫線。與此同時，事宜處擬定了《航空條例草案》以規定外國飛機的飛航區域，是中國最早的航空法律。

　　1920 年 5 月 8 日，京滬航線京津段正式開航，是中國航空史上最早的商業航綫。該航線每天上午從北京飛往天津，下午飛返，主要搭載乘客和郵件。由於中國商業航空此時剛起步，客貨運業務都較為稀少，所以該航綫時常停飛。1920 年，因政治原因，籌辦航空事宜處歸併北洋政府國務院的航空事務處，其人員、器材均由航空事務處接收。直皖戰爭結束後，這些飛機和器材被直系和奉系軍閥瓜分。

163.1 交通部籌辦航空事宜處的"京漢"號 O／7 客機

籌辦航空事宜處所屬民用飛機數量

製造國	飛機型號	主要用途	數量
英製	漢德利・佩季 O／7	客機	6
英製	阿弗羅 504J	教練機	6

航空事務處／航空署
Bureau for Aviation Matters/Aviation Bureau

　　1919 年，中華民國北京政府（北洋政府）成立了由國務院直轄的航空事務處，下設三科九股，由丁錦任處長，吳承禧、厲汝燕等任科長，以管理全國軍、民航空。同年 8 月 12 日，北洋政府陸軍部與英國維克斯公司簽訂了總額約 180.32 萬英鎊的《中英航空貸款合同》，其中 130 萬用於購買飛機和相關器材、備件，其餘則作為航空事務處辦公經費，這是中國航空史初期耗資最多、規模最大的事件。次年 8 月，航空事務處將交通部籌辦航空事宜處歸併後，頒佈了《航空事務處條例》，將原三科九股擴充為設六科十五股。1921 年 2 月 9 日，經國務院批准，航空事務處改組為航空署，由丁錦擔任署長，下設一處四廳。

　　航空署共規劃了 5 條重要航線，包括：京滬航線（北京—上海）、京粵航線（北京—廣州）、京哈航線（北京—哈爾濱）、京蜀航線（北京—成都）和京庫航線（北京—庫倫）。其中京滬航線京濟段和京津段率先投入運營，但由於乘客和郵件數量寥寥，導致經費入不敷出。

　　1922 年第一次直奉戰爭後，直系軍閥把持了北京政府，航空事務處貸款購買的飛機多被軍閥瓜分，航空署規劃的 5 條重要航線均未獲得發展。1928 年北伐成功後，航空署解散。

在着陸中出現事故的"摩雲"號大維梅客機，該型客機本為航空事務處為開闢重要航線而購買，最終均落入軍閥手中改造為轟炸機。

航空事務處 / 航空署所屬民用飛機數量

製造國	飛機型號	主要用途	數量
英製	維克斯"商用維梅"	客機	40
英製	維克斯"教學器"	教練機	35
英製	阿弗羅 504K	教練機	60

東三省航空處
Three Eastern Provinces Aviation Department

　　1920 年 6 月，直皖戰爭結束後，奉系軍閥張作霖自北京南苑機場擄走了 3 架漢德利·佩季 O / 7 客機、14－16 架阿弗羅 504K 教練機、2 架阿弗羅 504J 教練機、2 架皇家飛機製造廠 S.E.5a 戰鬥機、3 架高德隆教練機及部分備件、設備，為建設東北空軍奠定了基礎。

1921 年 4 月 1 日，東三省航空處在東三省巡閱使公署內成立，是奉系軍閥為建設自己的空軍而設置的機構。航空處由奉軍參謀長喬賡雲擔任處長，趙延緒、章斌擔任正、副主任，下轄主管總務、文書的一科、主管材料的二科和主管機械的三科，以及修理工廠、修理技工組、衛隊連等配套機構，其辦公地址位於奉天瀋桓中學，機場位於農事試驗場東塔和渾河之間。

1922 年 4 月爆發的第一次直奉戰爭中，直系軍閥以僅有的一架漢德利・佩季 O／7 向長辛店一帶的奉軍陣地投擲重磅炸彈，令奉軍損傷慘重、軍心動搖，直接影響了戰爭走向。戰後，奉系大力發展空軍，為增強飛行員的飛行能力，東三省航空處開始兼辦商業航空。並計劃陸續開啟奉營（奉天—營口）、奉哈（奉天—哈爾濱）、奉吉（奉天—吉林）、奉黑（奉天—黑龍江）等航線。奉營航線原定於 1924 年 2 月 23 日試航，每星期二、五由奉天飛往營口，星期三、六飛返，途經遼陽、海城時將該地的郵件空投，旋因營口機場尚未完備而被迫後延。3 月 1 日，隊長伊贊周和助手王立序、皮士良、技工吳國梁駕駛 2 號機，搭載航空處總辦張學良和處長姚錫九，隊長趙子風與助手白明印、馬振昌、技工張鎮南駕駛 3 號機搭載顧問周培炳，於 10 點 30 分起飛，11 點 35 分飛越海城，12 點 20 分飛抵營口，兩機並於次日飛返。試航成功後，航空處原定於 3 月 25 日正式開航奉營航線，因降雨導致機場泥濘而再度延期至 4 月 1 日。同年 6 月 20–22 日營口賽馬期間，東三省航空處使用 O／7 開航了奉天—營口的客運航線，單程票價大洋 15 元，往返則打 8 折，共計 24 元，機上還配備有汽水、葡萄乾供乘客飲食。在 6 月 21 日的飛行期間，因發動機故障，一架該型飛機迫降於沙河驛西南，所幸機上乘員無傷亡，飛機亦未受損。

1925 年 3 月，東三省航空處改組為東北航空處。

1924 年 3 月 1 日，《盛京日報》刊發的東三省航空處飛機試航奉營航線前留影。

東三省航空處所屬民用飛機數量

製造國	飛機型號	主要用途	數量
英製	漢德利・佩季 O / 7	客機	2
法製	布雷蓋 Br.14 T Bis	客機	2
	型號不詳		1

福建民用航空學校
Amoy Commercial Aviation School

福建民用航空學校是中國第一座私人建立的航空學校。

1928 年 8 月，旅居菲律賓的華僑吳記霍、吳福奇、薛煜添、李清泉和林珠光等人在海外組織了"航空委員會"，並募集資金、購買飛機、聘請人員，計劃在國內建設航空學校，培養航空人才，以實現孫中山"航空救國"遺訓。

同年 10 月 10 日，福建民用航空學校在廈門郊區的禾山五通正式成立，校長由莆田人陳國梁擔任，共有 3 名飛行教官和 7 架飛機。由於經濟條件有限，航校的機場、機庫、設備、住宿條件都比較簡陋。

航校的學員最初有 100 名，其中 11 人來自菲律賓，其餘均來自國內。1929 年春，因國內學員與華僑學員發生摩擦且校長處理不善而引發學潮，最終國內學員僅留下 3 人，其餘全部遣散，校長也改由薛拱年擔任。同年 7 月，航校曾應國民革命軍獨立第四師師長張貞之令，派遣 1 架飛機前往漳州發放宣傳材料。

1930 年春，由於資金問題，福建民用航空學校被迫關閉，剩餘的人員、飛機、設備併入廣東空軍，14 名學員中除 1 人轉學至廈門海軍航空處外，其餘均轉入廣州航校第 4 期。

福建民用航空學校所屬民用飛機數量

製造國	飛機型號	主要用途	數量
美製	亞歷山大 "鷹石" A-2	教練機	2
德製	勒普・卡森斯坦 KI 1c "燕子"	教練機	1
德製	勒普・卡森斯坦 RK 2a "鸕鶿" 教練機	教練機	1
德製	勒普・卡森斯坦 RK 9 "鶯" 教練機	教練機	1
德製	克萊姆 L 25 Ia 教練機	教練機	2

照片中左一是福建民用航空學校的 6 號機，右側是廈門海軍航空處的阿弗羅 594 教練機。

武漢民用航空股份有限公司
Wuhan Commercial Aviation Company

武漢民用航空股份有限公司成立於 1928 年，是中國首家公私合營的商業航空公司。

1928 年 11 月，廣東空軍的"廣州"號飛機由張惠長等人駕駛訪問了漢口，在漢口的商民中引起強烈反響。當月 28 日，漢口總商會與中華航空協進會共同成立了武漢民用航空股份有限公司，其中漢口總商會出資 30 萬銀元，佔 8 成股份，中華航空協進會則提供技術人才、場地，佔 2 成股份；飛機的飛行、維修、地面設施由軍方負責，運營則由官商共同掌控。公司董事長由李宗仁（時任國民黨中央政治會議武漢分會主席）擔任，總經理是漢口總商會主席周星棠，當地鹽業大亨黃文植擔任協理。

武漢民用航空股份有限公司最初曾對德國容克系列運輸機有較大興趣，後因報價過高，改為通過美信洋行（L E Gale Company）和安利洋行（Arnhold & Co）購買瑞安 B-1 型客機和德·哈維蘭 DH.60G 型教練機。1929 年 1 月底，5 架瑞安 B-1 型客機率先交付，隨即開航了漢口至襄陽及老河口航段的郵運航線，並提供觀光飛行服務。

1929 年 4 月，武漢民用航空股份有限公司的飛機被國民政府徵用，同年夏季該公司解體，所屬飛機被南京國民政府空軍接收。

武漢民用航空股份有限公司"漢口"號飛機

武漢民用航空股份有限公司所屬民用飛機數量

製造國	飛機型號	主要用途	數量
美製	瑞安 B-1 "布魯厄姆馬車"	客機	2
英製	德・哈維蘭 DH.60G "吉普賽蛾"	教練機	4（未交付）

雲南商業航空籌備委員會
Committee for Planning of Yunnan Commercial Aviation

雲南的商業航空最早可追朔至 1918 年 2 月，駐安南東京（越南河內）的法國飛機曾對雲南府（今昆明）和蒙自進行了訪問，後於 3 月飛返東京，期間曾應當地郵局要求運送了 3 次郵件。

1928 年，為解決雲南財政問題，方便煙土出口運輸，雲南省主席龍雲決定開辦民用航空，並為此成立了雲南商業航空籌備委員會。同年 12 月 26 日，雲南省政府委員會第六十一次會議中，建設廳廳長張邦翰、財政廳廳長陸崇仁、外交部特派交涉員張維翰、富滇銀行總辦馬為麟、前航空學校校長劉沛泉被任命為雲南商業航空籌備委員會委員，並責令省內各縣修建機場。

1929 年 4 月，籌備委員會訂購的"昆明"號飛機交付後，即從香港運送郵件飛返雲南，

飛抵上海的雲南商業航空籌備委員會"金馬"號瑞安客機

劉沛泉曾提議設立滇粵商用航空籌備委員會,以開闢雲南—四川、雲南—廣西的商業航線。但廣西、四川均反對通航,籌備委員會只得改為規劃雲南省內航線,包括:迤南航線(昆明—蒙自—開化—廣南—富縣)、迤東航線(昆明—尋甸—東川—昭通—鹽津)和迤西航線(昆明—楚雄—大理—永昌—騰越)。根據《蒙自縣志》記載,"昆明"號在雲南省內飛往大理、楚雄、蒙自等地時,"來回均義務代郵局攜帶郵件"。

由於政治原因,雲南省內的商業航線始終未能開航。1929 年 5 月 31 日,雲南省政府委員會第九十一次會議決議宣佈"雲南商業航空籌備委員會籌備就緒,准予結束。"籌備委員會的飛機則併入雲南空軍。

據 1931 年 2 月 17 日《義聲報》報道,昆明市長庚晉侯和雲南商、僑等人士籌備集資以創設雲南商業航空公司,並計劃先開辦滇粵、滇渝航線,最終未果。

雲南商業航空籌備委員會所屬民用飛機數量

製造國	飛機型號	主要用途	數量
美製	瑞安 B-1 "布魯厄姆馬車"	客機	1
美製	瑞安 B-5 "布魯厄姆馬車"	客機	1

滬蓉航線管理處
Shanghai-Chengtu Aviation Joint Governmental Bureau

1929 年 1 月，南京國民政府交通部設立了航空籌備委員會，並從當年的郵政經費預算中單獨劃撥 60 萬元作為航空郵運經費，以備籌辦航空郵政。同年 3 月 17 日，航空籌備委員會通過美國駐南京領事購買了 4 架史汀生"底特律人"客機及相關器材、備件，後於 5 月 22 日運抵上海。由於這些飛機是南京國民政府的財產，因此機翼、機身上飾有軍用機徽，並可在國民政府需要時徵用執行軍事任務。

1929 年 5 月 18 日，滬蓉航線管理處在南京成立，人員包括主任 1 名、事務員 2 名、稽查員 2 名、中國飛行員和機械師各 3 名、外籍飛行員和機械師各 1 名、機械員 6 名、辦事員 2 名。與此同時，南京、上海、漢口等地共建設了 5 座機場，飛機修理廠則設於上海。為防止停放的飛機受損，南京明故宮機場和上海虹橋機場還搭設了 5 個臨時飛機棚。同年 7 月 8 日，"滬蓉 1"號客機正式開航了上海—南京的郵運航線，成為國民政府第 1 架投入商業營運的飛機；8 月 26 日又開航了客運航線；同年 10 月，上海—南京—九江—漢口的航線也開始運營。

1930 年 7 月，因（前）中國航空公司劃歸交通部管理，滬蓉航線管理處和（前）中航合併，成為新的中國航空公司。截至合併時為止，管理處所轄飛機共載客 1200 多人，運送郵件 20 多千克，飛行距離接近 15 萬千米。

滬蓉航線管理處所屬民用飛機數量

製造國	飛機型號	主要用途	數量
美製	史汀生 SM-1F/SM-1FS "底特律人"	客機	6
美製	柯蒂斯 "知更鳥" B/C	客機	1

1929 年 7 月 8 日，"滬蓉 1"號客機自上海抵達南京，機首左側穿深色西裝者為滬蓉航線管理處主任，旁邊白衣者為駕駛員。

（前）中國航空公司
China National Aviation Corporation（Former）

（前）中國航空公司的成立可追朔至 1928 年末，美國柯蒂斯－萊特公司（Curtiss-Wright Corporation）的子公司航空發展公司（Aviation Exploration, Inc）與時任南京國民政府鐵道部部長孫科談判，表示可以為國民政府提供資金發展商業航空，成立中、美合營的航空公司，條件則是壟斷中國的客運、郵運。

1929 年 4 月 15 日，國民政府頒佈了《中國航空公司條例》。鐵道部隨即於同月 17、20 日與航空發展公司簽訂了 2 份合同，將航校、航空工廠、客貨運輸、航空郵件的經營權均轉讓給該公司，並規劃了初期的 3 條郵運航線，包括：滬漢線（上海—南京—漢口）、京平線（南京—徐州—濟南—天津—北平）和漢廣線（漢口—長沙—廣州）。航線沿途各場站由中方提供，美方則負責提供飛機、人員，酬金根據使用飛機的重量、飛行距離而定。航空發展公司為此成立了中國飛運公司（China Airways）經營相關業務。

5 月 1 日，（前）中國航空公司在南京正式成立，董事長由孫科擔任，實際經營權則由交通部長王伯群控制。（前）中航的額定資本為 1000 萬美元，美方股份佔 6 成，中方佔 4

1929 年 10 月 21 日，自上海飛往宜昌的 "漢口" 號客機正在裝載郵件。

成。由於滬漢線是沿長江飛行的航線，且軍方沒有批准使用機場，因此（前）中航訂購了 5 架洛寧 C-2H 型水陸兩棲客機以便於在長江中起降。

1929 年 10 月 21 日，上海—南京—漢口航線正式開航，但收入較少，開航 3 個月平均每天僅收入郵件費用 252 美元、客貨運輸費用 300 餘美元，合計不足 600 美元。而每日開銷則遠遠超過 600 美元。除中航日常開銷及各場站費用外，每天按飛行距離需支付美方 1548 美元（約國幣 3900 元），導致公司嚴重虧損。為此，1930 年 1 月 16 日，（前）中航召集理事會及外交部、財政部、軍政部和交通部共同商議，並於同年 3 至 6 月間多次和繼承航空發展公司權利的飛運公司交涉，將《中國航空公司條例》廢止。（前）中航後改組為新的中國航空公司。

（前）中國航空公司所屬民用飛機數量

製造國	飛機型號	主要用途	數量
美製	洛寧 C-2H "空中遊艇"	客機	5

國民革命軍第八路總指揮部航空處
Aviation Department of the 8th Headquarter in National Revolutionary Army

1930 年 11 月，受滬蓉航線管理處和（前）中國航空公司的影響，廣東省民眾對興辦商業航空的呼聲與日俱增。陳濟棠任國民革命軍第八集團軍總司令兼 "討逆軍第八路總指揮部" 總指揮後，批准由航空處利用現有的軍用飛機開辦廣東、廣西省的民航業務。

航空處下轄交通科、總務股、機務股、場站股和運輸股，有科長 1 人，股長 4 人，股員若干人。其中科長為上校軍銜；下屬飛行員及各股辦事人員則由航空處及其所屬各部隊人員兼任。

航空處計劃分期開辦 3 條航線，其中包括東航空線（廣州—惠州—汕頭）、西航空線（廣州—梧州—南寧）、南航空線（廣州—海口），後來又增加了滬粵線（上海—廣州）。運費為每千克貨物收費廣東通用銀洋 5 分 /10 英里（1 英里約為 1.6 千米），客運則為每人收費 2 角 / 英里。與此同時，航空處定了《試辦兩廣民用航空組織法大綱》，對辦事細則、預算表、時間路程表、收費章程、客運簡章、貨運簡章等進行了規範，並在兩廣政府和南京國民政府交通部備案，其中除滬粵線因與中航衝突被駁回外，其餘均獲得通過。後因中航遲遲未能開航滬粵線，交通部批准第八路總指揮部航空處在中航開航前經營該航線。

1930 年 12 月 1 日，西航空線的廣梧段正式開航，大受當地民眾歡迎，頗有供不應求之勢。次年 1 月 15 日，兩廣當局庫存的 1 角 5 分航空郵票竟然銷售一空。航空處原計劃開始東航空線的營運，但 4 月因政治原因被迫暫停，廣梧段則於 5 月 5 日停航，飛機收歸軍用。

國民革命軍第八路總指揮部航空部所屬民用飛機數量

製造國	飛機型號	主要用途	數量
法製	布雷蓋 Br.14 T Bis	客機	2

中國航空公司
China National Aviation Corporation

中國航空公司（CNAC）是 1912–1949 年間中國規模最大、裝備最多、運營航線最多的商業航空公司。

經長達 3 個月的協商後，1930 年 7 月 8 日，南京國民政府交通部和美國柯蒂斯−萊特公司的子公司航空發展公司簽訂了新協議，將（前）中國航空公司、滬蓉航線管理處和中國飛運公司合併為新的中國航空公司。該協議於 7 月 17 日經國民政府行政院核准備案。同年 8 月 1 日，中國航空公司正式成立，由交通部管轄，公司總部位於上海的天津路 2 號。該公司雖與（前）中航名稱相同，但卻是根據中國法律組建的股份有限公司，與（前）中航的性質完全不同。中航的資本總額共 1000 萬美元，國民政府交通部佔 55% 的股份，飛運公司佔股 45%，公司的人事、財務均按此比例分配，技術方面暫由美方負責，業務、行政權則由中方掌控。公司管理權由董事會決定，董事會的 7 位董事有 4 人為中方人員，3 人為美方人員，董事長和副董事長則分由中、美方擔任。

按照新協議，中航有經營權的航線包括：上海—南京—九江—漢口—宜昌—萬縣—重慶航線、南京—徐州—濟南—天津—北平航線、上海—寧波—溫州—福州—廈門—汕頭—廣州航線，並享有 10 年的郵運專運權，而客、貨運輸則不享有專運權。同時，中航也開始籌劃重慶—貴陽—昆明和康藏邊境航線。1931 年 4 月 14 日，南京—徐州—濟南—天津—北平的郵運航線正式開航，同年 10 月，宜昌—重慶航線也投入運營。

1933 年 3 月，中航的美方股份被美國泛美世界航空公司（Pan American World Airways）通過其控股公司美國洲際航空公司（China Inter-Continent Aviation Inc.）購得，隨着更多資金的注入和更先進的管理經驗引進，中航獲得迅速發展，一方面通過泛美引進數量更多、性能更先進的客機；另一方面則開闢了更多的航線，1935 年首次扭虧為盈。隨着 1935 年中航開始購買新銳的道格拉斯 DC-2 客機，其機隊也開始逐步現代化。

抗戰爆發後，中航曾一度暫停營運，並成立了航空運輸隊協助國民政府空軍。1938 年春，中航總部遷至成都後，又恢復了正常營運。由於原有的航線部分被日軍佔領無法運營，中航新開闢了重慶—漢口、重慶—瀘州、宜賓—嘉定、重慶—貴陽—昆明、重慶—桂林—香港等航線。1938 年 8 月 24 日，中航“桂林”號客機自香港飛往重慶，起飛不久即因遭到 5 架日軍戰鬥機攻擊而迫降，是中航客機首次被日軍戰鬥機攻擊。美國國務院雖向日本進行了抗議，但最終不了了之。為避免遭遇日軍戰鬥機，重慶—桂林—香港航線此後改為夜間航班。1938 年 10 月 22 至 25 日的漢口大疏散中，中航客機也有活躍的表現。

1941 年 12 月 7 日太平洋戰爭爆發，日軍進攻香港，中航飛機損失慘重，但仍堅持運營，1942 年初甚至僅剩下 3 架 DC-3 和 1 架 DC-2。所幸同年 3 月初通過《租借法案》開始獲得美援新機，但這些飛機也僅供政府使用，多用於自印度運輸材料至昆明、柳州和宜賓。緬甸公路被日軍切斷後，中航全力投入到了 "駝峰" 航線的運輸，第 1 架飛越 "駝峰" 航線的飛機即為中航 47 號機。1942 年 4 月至 1945 年 9 月，中航飛機累計飛越 "駝峰" 航線 8 萬次以上，共將 5 萬噸貨物運入中國，運出的貨物接近 2.5 萬噸，但中航也為此損失飛機 48 架、飛行員 168 人，為抗戰的勝利做出巨大貢獻。

抗戰勝利後，中航於 1945 年 11 月與泛美航空簽署了新的協議，在保持公司名稱不變的情況下，大幅收購美方所持股份，自此中方佔股 8 成，美方佔股僅 2 成；此外，中航原有的 3 條專運航線也開放利權。1946-1947 年，中航又購進了新銳的 C-54 大型客機，開闢了上海—舊金山、上海—馬尼拉和上海—東京等國際航線，使中航的業務影響力進一步擴大。

1949 年 11 月 9 日，原國民黨當局的中國航空公司和中央航空公司宣佈起義，共 12 架各型飛機從香港飛抵北京、天津，史稱 "兩航事件"。此後，中航改由中華人民共和國軍委管理，以天津為基地繼續運營。1950 年，中航開闢了天津—漢口—重慶航線；5 月 7 日，中國國務院、中央軍委發佈《關於整編民航的決定》，中航和中央航空運輸公司合組為中國人民航空公司。

中國航空公司所屬民用飛機數量

製造國	飛機型號	主要用途	數量
美製	洛寧 C-2H "空中遊艇"	客機	6
美製	史汀生 SM-1F/SM-1FS	客機	6
美製	洛寧 C-4C/ 基斯頓－洛寧 K-85 "空中遊艇"	客機	3
美製	柯蒂斯 "知更鳥" B/C	客機	1
美製	柯蒂斯 "畫眉鳥" J	客機	1
美製	西科斯基 S-38B/S-38BH	客機	3
美製	斯蒂爾曼 6H "雲童" /C3R "商業快車"	教練機	1
美製	道格拉斯 "海豚" 129	客機	2
美製	福特 三發 "錫鵝"	客機	5
美製	道格拉斯 DC-2	客機	8

中航繼承自滬蓉航線管理處的史汀生"底特律人"客機和（前）中國航空公司的洛寧"空中遊艇"水陸兩棲客機，這兩種飛機是中航最早的客機，也是 1930 年代使用時間最長的兩種客機。

中航的道格拉斯 DC-2 機隊，該型飛機自 1935 年引進後逐步取代了老舊的史汀生"底特律人"和洛寧"空中遊艇"客機，成為中航主力客機。

1937 年上海龍華機場的中航機群，照片近端最右側 2 架飛機自左至右分別為：史汀生 SM-1F "底特律人"、洛寧 C-2H "空中遊艇"；中部 5 架飛機自左至右分別為：2 架西科斯基 S-43W "小飛剪"、2 架道格拉斯 DC-2、1 架福特 5-AT-D "錫鵝"；遠端最右側為 1 架歐亞航空公司的容克 W 33。

製造國	飛機型號	主要用途	數量
美製	西科斯基 S-43 "小飛剪"	客機	2
美製	斯巴丹 C-4-301/C-5-301/7W/7X	客機	1
美製	聯合 16 "准將"	客機	2
美製	比奇 D17R "交錯翼"	客機	1
英製	德·哈維蘭 DH.89 "迅龍"	客機	2
美製	道格拉斯 DC-3	客機	> 3
美製	伏爾梯 V-1A	客機	2
美製	柯蒂斯－萊特 T-32C/AT-32A/AT-32D	客機	6
美製	道格拉斯 C-53 "空中突擊隊"	運輸機	> 15
美製	道格拉斯 C-47/C-47A/C-47D "空中列車"	運輸機	> 60
美製	柯蒂斯－萊特 C-46A/C-46D/C-46F "突擊隊員"	運輸機	> 23
美製	道格拉斯 C-54B "空中霸王" / DC-4	客機	6
美製	北美 AT-6F "德州人"	教練機	5
美製	聯合 PBY-5A "卡塔琳娜"	客機	1
美製	瑞安 PT-22 "新兵"	教練機	≥1
美製	派珀 "小熊"	通用飛機	≥1

歐亞航空公司
Eurasia Aviation Corporation

　　歐亞航空公司是國民政府交通部和德國漢莎航空公司（Deutsche Lufthansa AG）合營的商業航空公司，是抗戰前國民政府所轄最大的 3 家商業航空公司之一，也是中央航空運輸公司的前身。

　　早在 1926 年，漢莎航空就派遣 2 架容克 G 24 客機自柏林經蘇聯飛往北京，試航亞歐航線。1928 年 9 月，漢莎航空的代表威廉·施密特（Wilhelm Schmidt）前往南京與國民政府交通部進行了談判，同年 12 月交通部再次派人與施密特洽談合組航空公司的先決條件，但因航空管轄等問題導致談判擱置，經數次協商後，雙方於 1930 年 2 月 21 日正式簽訂合同，4 月 9 日經國民政府核准備案。

　　1931 年 2 月，歐亞航空公司正式成立，公司總部位於上海仁記路 97 號（今上海滇池路），資本總額國幣 300 萬元，共分 3000 股，2000 股由中方認購，德方認購 1000 股。1939 年 8 月股東會議決定資本總額增至 510 萬元，分為 5100 股，中、德股份比例仍為 2：1。歐亞航空的管理形式與中國航空公司非常相似，同樣由董事會負責管理，董事會共 9

名董事，其中 6 名為中方人員，另外 3 名則為德方人員，董事長由中方人員擔任，2 名副董事長有 1 名為德方代表。技術方面由中、德通力合作，德方負責在中、德兩國訓練飛行員、機械師、管理人員等，並在條件許可下優先任用中方人員。

　　歐亞航空最初籌劃的航線均為自中國至德國柏林的國際航線，包括：上海—南京—北平—滿洲里—西伯利亞—柏林、上海—南京—天津—北平—庫倫—西伯利亞—柏林、上海—南京—甘肅—新疆—中亞—柏林，但最終均因政治原因或日軍侵華而被迫取消，改營中國國內航線。由於國內業務量最高的 3 條黃金航線均為中國航空公司專運，因此歐亞航空的規模和業務量始終未能超過中航。

　　1937 年全面抗戰爆發後，歐亞航空總部先是自上海遷至西安，後遷往昆明。1941 年 7 月 1 日，德國宣佈承認汪偽國民政府，次日中德斷交。同年 8 月 1 日歐亞航空合同暫停，德方人員被驅逐，德方股份被沒收，歐亞航空變為中方獨資航空公司，無法再從漢莎航空獲得任何援助，其運營環境變得更加艱難。1942 年 6 月，歐亞航空甚至出現了 1 架飛機同時供 5 個機組用於 4 條航線的窘迫局面。1943 年 2 月 26 日歐亞航空宣告破產，6 月清算，其殘餘的飛機、資產均被新成立的中央航空運輸公司接收。

由於歐亞航空的飛機由漢莎航空提供，因此裝備的飛機均為容克系列運輸機，圖為修理廠棚中的 2 架 Ju 52/3M（左側為歐亞十七"蘭州"號）和 1 架 W 33（歐亞七）。

著名的 Ju 52/3M 是歐亞航空 1930 年代後期的主力機型，圖為中德斷交後的歐亞二十四 "哈密" 號，其註冊號已改為 XT-AGE，機身塗裝也與中德斷交前不同。

歐亞航空公司所屬民用飛機數量

製造國	飛機型號	主要用途	數量
德製	容克 W 33/W 33c	運輸機	6
德製	容克 F 13ge	運輸機	2
德製	容克 W 34/W 34gi/W 34hi	運輸機	7
德製	容克 Ju 160	客機	1
德製	容克 Ju 52/3M /Ju 52/3M ge/Ju 52/3M te	運輸機	10

滿洲航空株式會社
Manchukuo National Airways

1931 年 "九・一八事變" 後，日軍侵佔中國東北三省。由於日本陸軍的空中運輸力量極為薄弱，缺乏運輸機，1931 年 9 月 26 日，關東軍委托日本航空輸送株式會社組建了關東軍軍用定期航空事務所。次年 3 月 1 日，日軍扶植的傀儡政權偽滿洲國成立，關東軍軍用定期航空事務所更名為滿洲航空株式會社（MKKK）。

滿航的總部位於奉天（今瀋陽），其主要持股方包括：偽滿洲國政府、南滿洲鐵道株式會社、住友合資會社，資本總額最初為 385 萬日元。

滿航的性質與普通民資航空公司不同，屬於半軍方性質的國家航空公司，它不僅壟斷了偽滿洲國的客運、郵運、貨運，還負責航拍測繪、製造維修航空器械等。滿航的航線涵蓋偽滿洲國全境，並可飛往朝鮮（當時被日本所佔）新義州、香港等地以換乘其他航空公司航班。截至 1936 年，滿航的定期航線總長達 9000 千米，全部航線總長達 15000 千米。

由於滿航的半軍方性質，除正常的商業運營外，還被用於協助日本關東軍及偽滿洲國軍隊的運輸、作戰等任務。百靈廟戰役（綏遠抗戰）、諾門罕事件等一系列事件中均可看到滿航飛機的身影。在協助日軍作戰期間，滿航飛機不僅執行運送兵員給養、拍照偵查等低強度任務，有時也擔負轟炸掃射等作戰任務。抗戰初期，滿航的飛機曾多次執行軍用任務，並在太平洋戰爭期間組隊參戰。

正因如此，滿航除裝備有普通的運輸機、教練機之外，還裝備有如九七重爆、九一式戰鬥機、福克 D.XVI 戰鬥機、"伽馬"式輕型轟炸機等軍用飛機。滿航初期裝備的飛機大部分為日本航空輸送株式會社提供，後開始自行生產、研發飛機。抗戰爆發前，迫於關東軍的壓力，滿航開始訂購易於改造為軍機的德製飛機；太平洋戰爭爆發後則僅能獲得日本自產的飛機。

"超級通用"是滿洲航空株式會社裝備數量最多、使用範圍最廣的飛機，圖為停放在新京機場的 M-116 號機。

1937 年 5 月 20 日，為應對中、德合資的歐亞航空公司，滿航成立了子公司國際航空株式會社，並向德國購買 2 架遠程郵機，計劃建立柏林—東京的亞歐航線，後因中國全面抗戰、諾門罕事件、二戰的相繼爆發而永久擱置。國際航空株式會社於 1938 年 12 月 1 日併入大日本航空株式會社。

1945 年 8 月，蘇聯出兵中國東北，擊潰日本關東軍和偽滿洲國軍隊，偽滿洲國政權覆亡，滿航解散。

滿洲航空株式會社所屬民用飛機數量

製造國	飛機型號	主要用途	數量
荷製	福克 F.VIIb/3M	客機	2—4
日製	中島–福克 "超級通用" / 自製 滿航一式 / 滿航二式	運輸機	58—99
英製	德·哈維蘭 DH.80A "貓蛾"	通用飛機	13
自製	滿航三式	通用飛機	15
英製	德·哈維蘭 DH.85 "豹蛾"	通用飛機	1
美製	通用航空 GA-43	客機	1
美製	費爾柴爾德 DC-2	客機	1
日製	中島 AT-2	客機	> 12
德製	容克 Ju 160 A-0/D-0	客機	2
德製	容克 Ju 86 Z-2	客機	13—14
德製	梅賽施密特 Bf 108B "颱風"	通用飛機	19
德製	亨克爾 He 116 A-0	郵機	2
日製	中島 LB-2 "曉"	轟炸機	1
日製	立川 九五式一型	練習機	-
自製	滿飛 MT-1 "隼"	客機	30—35
日製	三菱 "雛鶴" 式	客機	-
日製	立川 一式雙發高等練習機 丙型	運輸機	≥3
日製	三菱 一〇〇式輸送機 / MC-20	客機	≥15
日製	昭和 零式	輸送機	-
日製	日國 一式	輸送機	-
日製	立川 口式	輸送機	-

中國航空協會上海飛行社 / 中國飛行社
China Aviation Association Shanghai Flying Club / China Flying Club

中國航空協會上海飛行社成立於 1934 年 3 月 18 日，是中國航空協會組建的第一個民間航校。上海飛行社的規模較小，僅有 2 架飛機，以上海虹橋機場為基地，飛行教官則聘自杭州筧橋航校。由於沒能得到政府的充分支持，上海飛行社未獲得成功。

1935 年 10 月 10 日，中國航空協會主辦的中國飛行社在上海龍華成立，次年 6 月 18 日在龍華舉辦了訓練班開學典禮。訓練班共有學員 36 人，其中包括 2 名女性學員。1936 年 12 月 21 日，中國飛行社第一批學員畢業，共有 30 人完成課程。

中國飛行社訓練班的伏立特 10 教練機和女學員楊瑾榆

中國航空協會上海飛行社 / 中國飛行社所屬民用飛機數量

製造國	飛機型號	主要用途	數量
德製	容克 A 50	教練機	1
法製	波泰茨 36/1	通用飛機	1
加製	伏立特 10	教練機	1
美製	金納 P "轎車"	通用飛機	1

西南航空公司
South-Western Aviation Company

西南航空公司 (SWAC) 成立於 1934 年，是繼中國航空公司、歐亞航空公司之後成立的第三家規模較大的航空公司，也是抗戰前國民政府所轄規模最大的 3 家航空公司之一。

早在 1933 年，經劉沛泉遊說，廣東、廣西當局軍政首腦陳濟棠、李宗仁、白崇禧等開始籌辦商業航空，用於發展經濟，戰時運送物資、兵員，以維持西南地區 "半獨立" 的局面，並在廣州設立了籌備處。同年 8 月 25 日，籌備處邀請廣東、廣西、福建、雲南、貴州五省代表前往廣東財政廳，召開了第一次籌備委員會會議。

西南航空公司籌備委員會於 9 月 15 日成立，決定由西南各省集資官股、民股共國幣 200 萬元組建航空公司，但因福建、雲南、貴州三省未認股，且南京國民政府交通部以籌備委員會尚未依照法定手續向實業部申請登記為由而未予承認，故而運作暫時擱置，最終由廣東、廣西共籌撥官股 30 萬元供前期使用。但西南航空公司無論是內部組織建設還是外購器材、機場建設都未停步，而是在積極進行。西南航空的管理層、技術人員均為中國人，因此薪資支出相較中航和歐亞航空有着巨大的優勢，西南航空也因此成為中國航空史上第一個完全由中國人組成的大型商業航空公司。

西南航空最初籌劃的航線為 5 條，包括：廣龍線（廣州—梧州—南寧—龍州）、南貴線（南寧—南丹—獨山—貴陽）、貴昆線（貴陽—興義—昆明）、廣福線（廣州—惠州—梅縣—漳州—福州）、廣瓊南線（廣州—茂名—瓊州—北海）。1934 年 5 月 1 日，廣龍線的郵運正式開航，是西南航空投入營運的第一條航線；1936 年 7 月 10 日，西南航空又開航了廣州—越南河內航線，是中國的航空公司正式開闢的第一條國際航線。

西南航空公司"牛郎"號客機，相較中航、歐亞等航空公司均以地名為飛機命名，西南航空使用中國傳說中的星宿為飛機命名可謂獨樹一幟，充滿中國特色。

全面抗戰爆發後，西南航空的飛行安全和業務收入均受到巨大影響，被迫於 1938 年 6 月停業（一說為 1938 年初被國民政府解散），殘存飛機被航空委員會接收。抗戰勝利後，兩廣政府成立了西南航空公司復業籌備委員會，原擬由廣東省撥款國幣 2 億元，廣西省撥款國幣 6000 萬元，並由空軍總司令部調撥 53 架運輸機，另通過中央航空運輸公司轉購 5 架 C-47，最終未果。復業籌備委員會後以西南航空公司名義向廣西省銀行借款國幣 2000 萬元，並接收了日軍戰敗後留在廣州的 3 架運輸機和 10 箱備件以及台灣的部分飛機，但僅有 1 架勉強可用。加之宋子文的阻撓，西南航空的復業計劃最終未獲國民政府交通部批准。

西南航空公司所屬民用飛機數量

製造國	飛機型號	主要用途	數量
美製	史汀生 SR "信賴"	客機	3
美製	史汀生 SR-5C "信賴"	客機	3
美製	史汀生 SR-5D "信賴"	客機	1
加製	柯蒂斯－里德 "漫步者" III	教練機	1
美製	史汀生 SR-9D "信賴"	客機	2
美製	史汀生 A	客機	1
法製	未知型號（可能與史汀生 A 為同 1 架）	客機	1
日製	昭和 零式	輸送機	> 4

滿洲飛行協會 / 滿洲空務協會
Manchukuo Flying Association / Manchukuo Air Affairs Association

滿洲飛行協會是偽滿洲國建立的滑翔運動協會，由日本關東軍和滿洲航空株式會社扶植組建。

1936 年 8 月 29 日，滿洲飛行協會在新京（今長春）正式成立，9 月 27 日在新京南機場舉辦了開幕式。飛行協會的滑翔運動均在關東軍或滿航主持下進行，並由其提供設施和飛行教官，此外還定期舉辦滑翔機比賽。1937 年 10 月 3 日，飛行協會主辦的首屆滿洲滑翔機比賽在新京南機場舉行。截至 1938 年 9 月 17 日，滿洲飛行協會共有 582 名滑翔機學員和 31 名飛機學員。

1939 年 8 月 1 日，由於購買新滑翔機和維修現有滑翔機導致的經濟問題，滿洲飛行協會和滿洲防空協會合併為滿洲空務協會，在新京、安東（今丹東）、撫順、哈爾濱、吉林、齊齊哈爾和奉天開設了支部以培訓滑翔機飛行員，並多次組織滑翔機比賽。截至 1940 年 1 月 1 日，空務協會共擁有 100 架初級滑翔機、20 架中級滑翔機和約 10 架高級滑翔機。

滿洲空務協會使用的日本式鳩型初級滑翔機

滿洲飛行協會 / 滿洲空務協會所屬民用飛機數量

製造國	飛機型號	主要用途	數量
德製	克萊姆 L 25 d VII	教練機	1
德製	貝克爾 Bü 131B "英格曼"	教練機	5
德製	戈平根 Gö 1 "狼"	滑翔機	-
自製	滿航 MG-1	滑翔機	-
自製	滿航 MG-2	滑翔機	-
自製	滿航 MG-3	滑翔機	-
日製	伊藤式 A-2	滑翔機	-
日製	伊藤式 C-2	滑翔機	-
日製	日本式 鳶型	滑翔機	-
日製	日本式 鳩型	滑翔機	-
日製	前田式 703	滑翔機	-

惠通航空公司
Hui-t'ung Aviation Company

　　惠通航空公司是"中日合資"的商業航空公司。1933年5月31日，中、日簽訂《塘沽協定》後，國民政府部隊依協定後撤，喪失了華北地區的部分主權。為控制華北地區的航空業，1936年10月17日，日方迫使"冀察政務委員會"簽訂了《中日通航協定》。11月7日，惠通航空公司在天津正式成立，資本總額共400萬日元，其中半數由冀察政務委員會認股，另外半數則由日方通過南滿洲鐵路株式會社認股，使用的飛機、技術人員則由滿洲航空株式會社提供。

　　惠通航空成立後，開通的航綫主要有：天津—大連、天津—北平—承德、北平—天津—山海關、天津—北平—張家口—張北，次年6月1日又開航了天津—大連—漢城（首爾）—福岡—東京的國際航線。由於其航線通往偽滿洲國，實質上承認了偽滿洲國的存在。

　　1937年全面抗戰爆發後，惠通航空解體，資產和飛機移交新成立的偽中華航空股份有限公司。

惠通航空公司"上海"號 AT-2 客機

惠通航空公司所屬民用飛機數量

製造國	飛機型號	主要用途	數量
荷製	福克 F.VIIb/3M	客機	2
日製	中島−福克"超級通用"	運輸機	6
英製	德·哈維蘭 DH.80A"貓蛾"	通用飛機	4
日製	中島 AT-2	客機	4

偽中華航空股份有限公司
China Air Transport

偽中華航空股份有限公司（中華航空株式會社 /CKKK，簡稱中華航空公司或中華航空運輸公司）正式成立於 1938 年 12 月 17 日，是抗戰期間日本與中國傀儡政權"合資"成立的商業航空公司，總部位於北平，前身是惠通航空公司。

偽中華航空股份有限公司雖名義上為"中日合資"，卻與中國航空公司、歐亞航空公司等中外合資的企業有着本質上的不同，其決策權和控制權均掌握在日方手中。偽中華航空的總裁是後來成為大日本航空株式會社總裁的兒玉常雄，其他人員、飛機、器材均繼承自惠通航空。1939 年後，大日本航空也開始提供飛機供其使用。偽中航的飛機均以"C-"作為編號，部分飛機機翼上有日軍機徽，機首兩側有翼狀"華"字標識。

偽中航成立時資本總額共 600 萬日元，其中 180 萬由偽中華民國臨時政府認股，200 萬由偽中華民國維新政府認股，偽蒙疆聯合自治政府認股 20 萬，大日本航空株式會社認股 100 萬，惠通航空則以提供實物的形式認股 100 萬。

偽中航除繼承惠通航空原航線外，隨着日軍侵華範圍的擴大，其航線也在迅速擴展，與滿洲航空公司和大日本航空組成了日佔區的航空網。因此，偽中航於 1939 年 9 月 11 日進行了增資，並將總部由北平遷往上海。偽中華民國臨時政府和偽中華民國維新政府各認股 1000 萬日元，偽蒙疆聯合自治政府認股 100 萬，大日本航空認股 2900 萬。偽中華航空的航線最初包括：北平—天津—大連航線，每周往返 7 次；北平—天津—濟南—徐州—南京—上海航線，每周往返 6 次；北平—張家口—大同—厚和（呼和浩特）—包頭航線，每周往返 3 次；上海—南京—安慶—九江—漢口航線，每周往返 7 次；增資後則增加了上海—大連、上海—蘭州、上海—重慶、上海—廣州、北平—漢口—廣州航線。

1945 年 8 月 15 日日本投降後，偽中華航空股份有限公司解散。

偽中華航空股份有限公司的洛克希德"超伊萊克特拉"客機,其空乘服務員均為日籍。

偽中華航空股份有限公司所屬民用飛機數量

製造國	飛機型號	主要用途	數量
荷製	福克 F.VIIb/3M	客機	2
日製	中島-福克"超級通用"	運輸機	≥9
英製	德·哈維蘭 DH.80A"貓蛾"	通用飛機	4
日製	中島 AT-2	客機	≥4
美製	道格拉斯 DC-2	客機	-
美製	道格拉斯 DC-3	客機	-
美製	比奇 C17E"交錯翼"	客機	3
美製	比奇 D17R"交錯翼"	客機	1
美製	洛克希德 14-WG3B"超伊萊克特拉"	客機	≥2
日製	滿飛 MT-1"隼"	客機	-
日製	三菱 一〇〇式輸送機 /MC-20	客機	-

偽中華航空公司
China Airways Co.Ltd.

1943 年 12 月，汪偽國民政府在日方扶植下成立了偽中華航空公司，與簡稱為中華航空公司的偽中華航空股份有限公司是不同的公司。偽中華航空公司的總部位於上海，主要運營北平—大連、北平—上海和北平—大同航線。抗戰結束後，偽中華航空公司解散，部分飛機被中央航空運輸公司接收。

偽中華航空公司所屬民用飛機數量

製造國	飛機型號	主要用途	數量
日製	立川 一式雙發高等練習機 丙型	運輸機	3
日製	昭和 零式	輸送機	≥3
日製	三菱 一〇〇式輸送機 /MC-20	客機	-

中蘇航空公司
Chinese-Soviet Aviation Company

中蘇航空公司（簡稱"哈阿"/HAMI-ATd）是南京國民政府交通部和蘇聯中央民用航空總管理局合資組建的航空公司。

1937 年 8 月 21 日，中蘇簽訂《中蘇互不侵犯條約》後，俄羅斯航空公司就開航了阿拉木圖—蘭州的非定期航線，以協助蘇聯軍方在中國境內的轉運任務。1938 年 4 月 12 日，蘇聯派代表前往漢口與國民政府交通部商談設立哈密—阿拉木圖—莫斯科的航線，經多次商談後，《中蘇關於組設哈密阿拉木圖間定期飛行合約》於 1939 年 9 月 9 日簽署，期限為 10 年，同月 15 日，中蘇航空公司成立，公司辦事處位於迪化（今烏魯木齊），董事會則在阿拉木圖。

中蘇航空公司的資本總額共 100 萬美元，由中、蘇各認股一半，1941 年增至 180 萬美元，仍由中、蘇各半。其董事會共設 6 人，3 人由國民政府交通部指派，另外 3 人則由蘇聯中央民用航空總管理局指定，董事長、協理為中方，副董事長、總經理為蘇方。機場、廠棚、建設人員的薪酬由中方提供，飛機零件、燃料、修理器械、無線電設備等則來自蘇方。

1940 年 1 月 8 日，阿拉木圖—伊犁—迪化—哈密的航線正式開航，初期每周往返 1 次，1941 年增至 3 次，1942 年增至 4 次，1943–1949 年間則為每日往返 1 次。根據蘇方統計，1939–1946 年間，共運送了 2370 名乘客、1088 噸貨物和 87 噸郵件，但除 1944 年外，其營運截至 1945 年均為虧損。

中蘇航空公司的 URSS-M138 號 DC-3 客機

根據合約規定，中蘇航空公司應儘量培養並使用中方飛行員、機械師、無線電員等職員，所屬的飛機上應有 "HAMI-ATd" 和 "哈阿" 字樣，但實際上並未遵守，蘇方既未培訓中方人員，飛機上也沒有 "HAMI-ATd" 和 "哈阿" 字樣，仍為俄羅斯航空公司標識，更有甚者，公司的通信、記錄均使用俄語。

1949 年 5 月 31 日，南京國民政府交通部和蘇聯中央民用航空總管理局簽訂了《中蘇延長合辦中蘇航空公司協定》，續約 5 年，不久後，國民政府退往台灣，該條約廢除。

中蘇航空公司所屬民用飛機數量

製造國	飛機型號	主要用途	數量
美製	道格拉斯 DC-3	客機	3
美製	道格拉斯 C-47 "空中列車"	運輸機	≥2

中央航空運輸公司
Central Air Transport Corporation

中央航空運輸公司 (CATC) 是 1912–1949 年間中國規模最大的 2 家航空公司之一，其前身是中、德合資的歐亞航空公司。

1943 年 2 月 26 日，歐亞航空破產，次月 6 日經國民政府交通部批准改組為中央航空運輸公司，接管原歐亞航空的資產和航線。央航的資本總額為國幣 2000 萬元，共分 2 萬股，國內外人士均可認購，但認購總量不得超過資本總額的一半。

由於戰爭原因，央航成立之初無論是飛機、器材、消耗品均不敷使用，人員組織也不健全，僅勉強能維持現狀，經營相較之前破產的歐亞航空並無起色，1943 年底幾乎再次破產。

中央航空運輸公司的康維爾 CV-240 客機是 1912–1949 年間中國最先進的民航客機。

央航最初的飛機僅有 1 架原歐亞航空的容克 Ju 52/3M，後由國民政府空軍撥予數架老舊軍機。1944 年初，央航一度僅有 1 架自日軍俘獲的運輸機正常可飛。二戰後，央航先接收了數架來自日軍、偽中華航空公司的日機，1945–1947 年又購買了大量駐印美軍的 C-46、C-47 運輸機，不僅緩解了數年來捉襟見肘的局面，並得以一躍而起和中國航空公司平分秋色。1947 年，央航耗鉅資購買了 6 架新銳的康維爾 CV 240 客機，以開辦國際航線和維持西北航線。

"兩航事件" 後，央航改由中華人民共和國軍委管理，以廣州為基地繼續運營。1952 年 5 月 7 日，國務院、中央軍委發佈《關於整編民航的決定》，央航和中航合組為中國人民航空公司。

中央航空運輸公司所屬民用飛機數量

製造國	飛機型號	主要用途	數量
德製	容克 Ju 52/3M ge	運輸機	1
德製	容克 Ju W 34 gi	運輸機	1
日製	中島 九七式	輸送機	1
美製	伏爾梯 V-1A	客機	2
德製	亨克爾 He 111 A-0	轟炸機	1
美製	洛克希德 A-29 "哈德遜"	轟炸機	10
美製	道格拉斯 C-47/C-47A/C-47D "空中列車"	運輸機	≥24
美製	道格拉斯 C-53 "空中突擊隊"	運輸機	≥2
美製	柯蒂斯－萊特 C-46A/C-46D/C-46F "突擊隊員"	運輸機	≥27
美製	史汀生 L-5C "哨兵"	聯絡機	1

製造國	飛機型號	主要用途	數量
美製	北美 AT-6F "德州人"	教練機	2
美製	北美 AT-6D "德州人"	教練機	1
加製	諾頓 UC-64A "挪威人"	運輸機	2
美製	康維爾 CV-240	客機	6
美製	道格拉斯 DC-3	客機	5

民航空運隊
Civil Air Transport

民航空運隊的前身是行政院善後救濟總署空運隊（CNRRA Air Transport/CAT），是 1940 年代中國規模最大的 3 家航空公司之一。

早在 1945 年，克萊爾·李·陳納德（Claire Lee Chennault）離開中國之前，曾經與雲南省官員協商，計劃成立一家航空公司，以出口雲南的錫礦。1946 年 10 月 25 日，陳納德和美國商人懷廷·威勞爾（Whiting Willauer）受國民政府行政院委托，在上海成立了行政院善後救濟總署空運隊，總部先是位於廣州沙面博愛路，後遷至上海，主要用於運輸聯合國善後救濟總署的救援物資（此處 "聯合國" 指二戰期間參戰的盟國）。

1947 年底，聯合國善後救濟總署的救援計劃結束。次年 1 月 2 日，陳納德、威勞爾和國民政府交通部簽訂了新的協議，將行政院善後救濟總署空運隊改組，由交通部直接管理，全稱為交通部民用航空局直轄空運隊（Civil Air Transport, CAA, MOC），簡稱仍為 CAT。

由於民航空運隊為交通部直接管轄，因此其飛機除用於正常的客運、貨運、郵運、包機等商業活動外，還協助國民政府運輸並空投軍用物資、食品、兵員等，必要時也執行轟炸任務，並用於水位監測、藥物噴灑等政府任務。

1949 年 5 月後，民航空運隊總部由上海遷至廣州，後遷至昆明、香港和台灣，是第一家以台灣地區為總部的航空公司。"兩航事件" 後，中國航空公司、中央航空運輸公司的飛機大多滯留香港，陳納德和威勞爾購買了中航和央航的股份，並在美國註冊民航空運公司，最終於 1952 年 7 月通過訴訟獲得中航的 40 架、央航的 31 架飛機。

行政院善後救濟總署空運隊／民航空運隊所屬民用飛機（1950年前）數量

製造國	飛機型號	主要用途	數量
美製	道格拉斯 C-47 "空中列車"	運輸機	8
美製	史汀生 L-5 "哨兵"	聯絡機	3
美製	柯蒂斯－萊特 C-46A/C-46D/C-46F "突擊隊員"	運輸機	56
美製	北美 AT-6 "德州人" 教練機	教練機	1
美製	派珀 J-3 "小熊" 通用飛機	通用飛機	1
美製	塞斯納 195 "商務班輪" 客機	客機	6
美製	道格拉斯 C-54 "空中霸王" 運輸機	運輸機	2

民航空運隊 XT-810 "蘭州" 號 C-46D，由於陳納德在抗戰期間組織、領導 "飛虎隊" 的經歷，民航空運隊的 C-46、C-47 機首大多均有虎形圖案。

附錄二：
1912–1949 中國主要民用客機同比例一覽圖

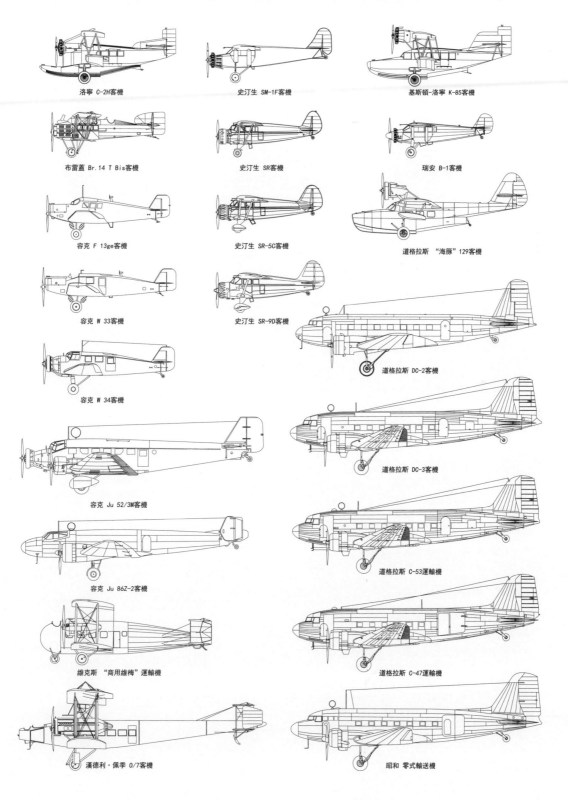

洛寧 C-2H客機

史汀生 SM-1F客機

基斯頓-洛寧 K-85客機

布雷蓋 Br.14 T Bis客機

史汀生 SR客機

瑞安 B-1客機

容克 F 13ge客機

史汀生 SR-5C客機

道格拉斯 "海豚" 129客機

容克 W 33客機

史汀生 SR-9D客機

道格拉斯 DC-2客機

容克 W 34客機

道格拉斯 DC-3客機

容克 Ju 52/3M客機

道格拉斯 C-53運輸機

容克 Ju 86Z-2客機

維克斯 "商用維梅" 運輸機

道格拉斯 C-47運輸機

漢德利·佩季 0/7客機

昭和 零式輸送機

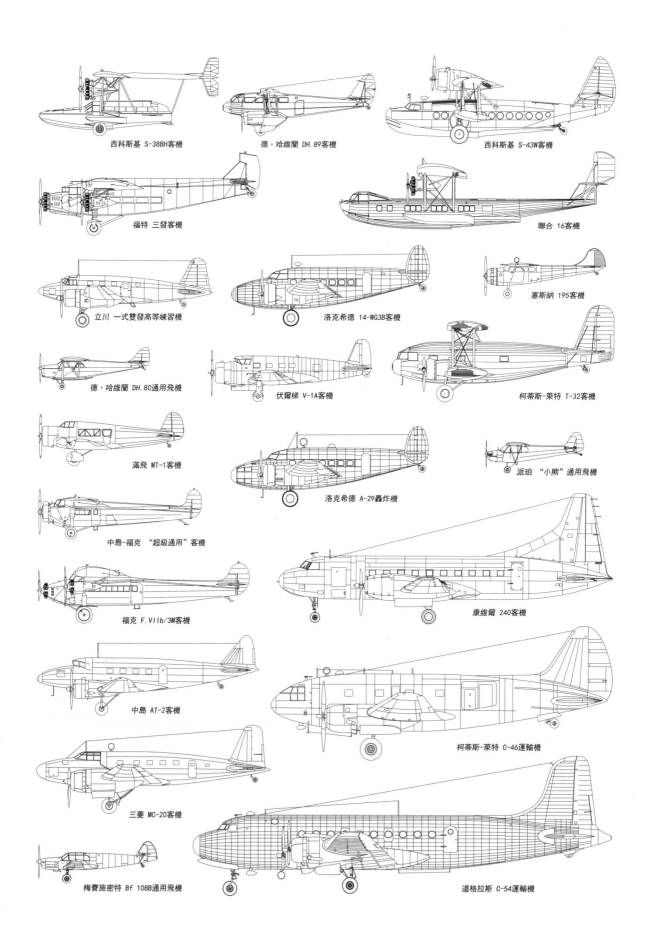

西科斯基 S-38BH客機　　　德·哈維蘭 DH.89客機　　　西科斯基 S-43W客機

福特 三發客機　　　聯合 16客機

立川 一式雙發高等練習機　　　洛克希德 14-WG3B客機　　　塞斯納 195客機

德·哈維蘭 DH.80通用飛機　　　伏爾梯 V-1A客機　　　柯蒂斯-萊特 T-32客機

滿飛 MT-1客機　　　洛克希德 A-29轟炸機　　　派珀 "小熊"通用飛機

中島-福克 "超級通用"客機

福克 F.VIIb/3M客機　　　康維爾 240客機

中島 AT-2客機　　　柯蒂斯-萊特 C-46運輸機

三菱 MC-20客機

梅賽施密特 Bf 108B通用飛機　　　道格拉斯 C-54運輸機

附錄三：
1912-1949 中國民用飛機三視圖

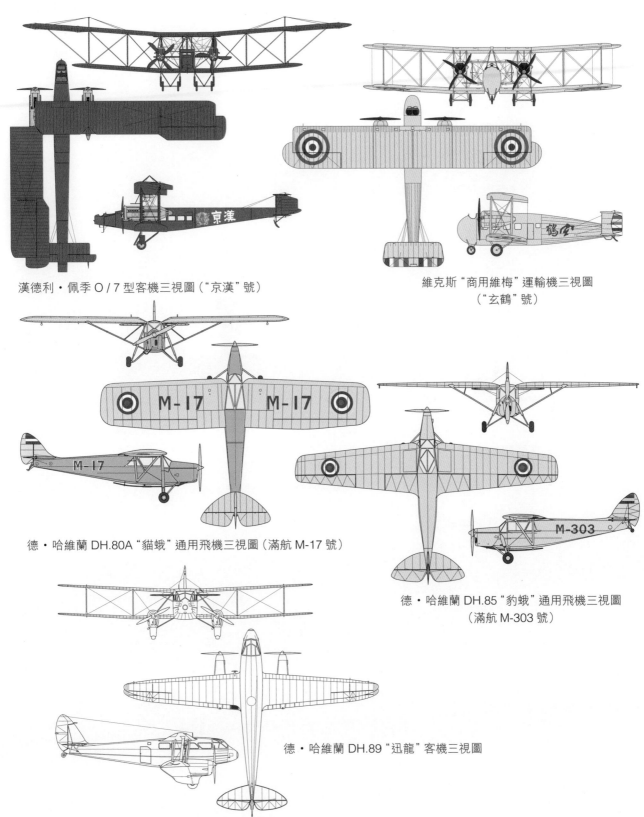

漢德利·佩季 O／7 型客機三視圖（"京漢"號）

維克斯"商用維梅"運輸機三視圖
（"玄鶴"號）

德·哈維蘭 DH.80A "貓蛾"通用飛機三視圖（滿航 M-17 號）

德·哈維蘭 DH.85 "豹蛾"通用飛機三視圖
（滿航 M-303 號）

德·哈維蘭 DH.89 "迅龍"客機三視圖

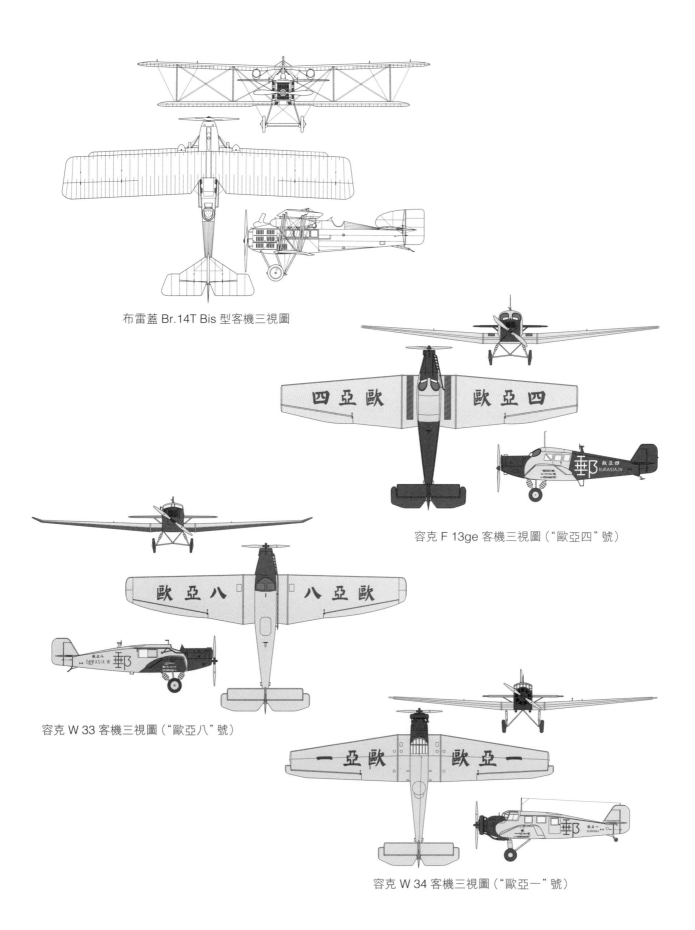

布雷蓋 Br.14T Bis 型客機三視圖

容克 F 13ge 客機三視圖（"歐亞四"號）

容克 W 33 客機三視圖（"歐亞八"號）

容克 W 34 客機三視圖（"歐亞一"號）

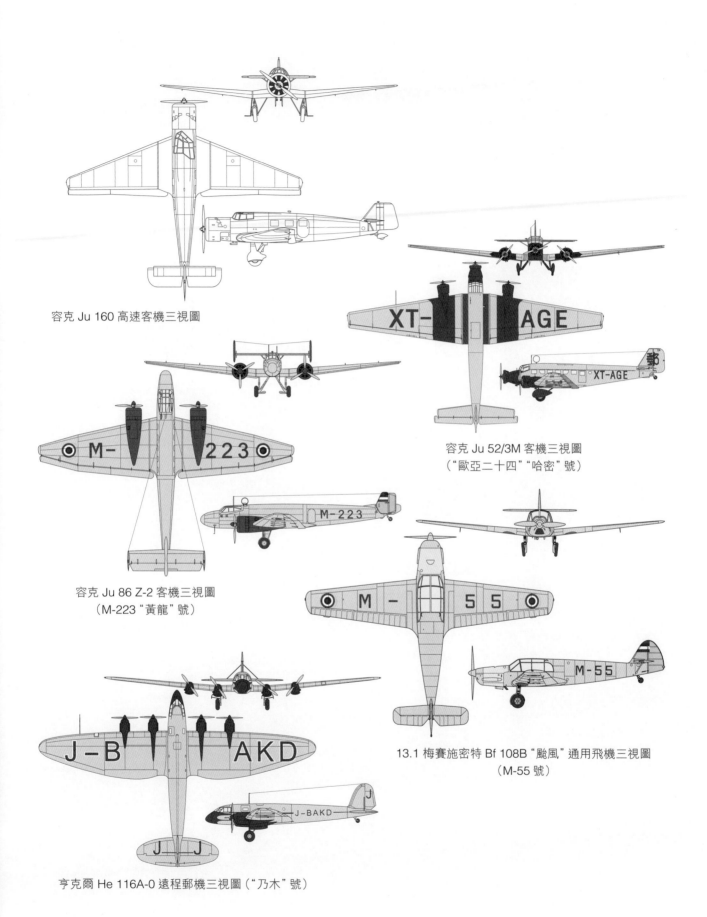

容克 Ju 160 高速客機三視圖

容克 Ju 52/3M 客機三視圖
（"歐亞二十四""哈密"號）

容克 Ju 86 Z-2 客機三視圖
（M-223 "黃龍"號）

13.1 梅賽施密特 Bf 108B "颱風" 通用飛機三視圖
（M-55 號）

亨克爾 He 116A-0 遠程郵機三視圖（"乃木"號）

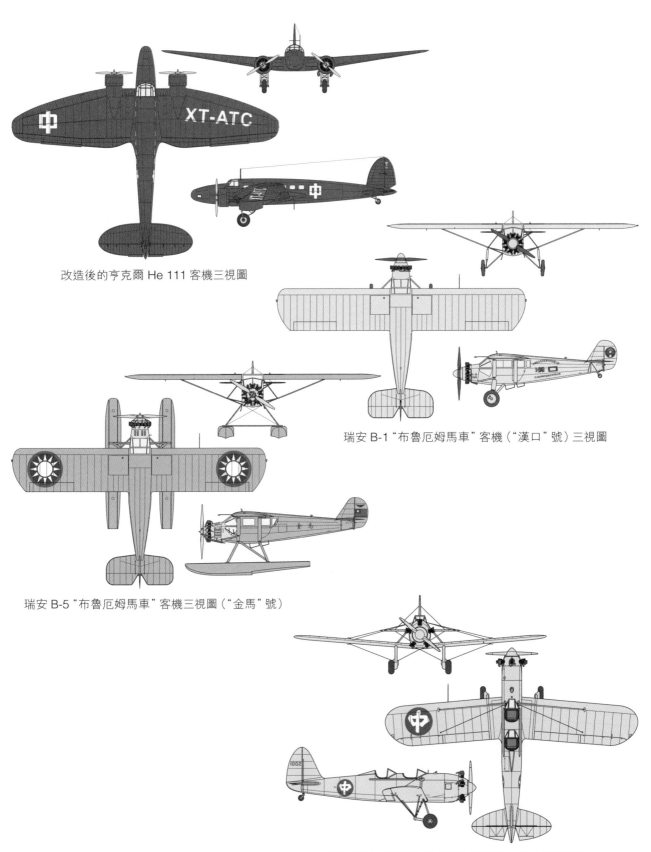

改造後的亨克爾 He 111 客機三視圖

瑞安 B-1 "布魯厄姆馬車" 客機（"漢口" 號）三視圖

瑞安 B-5 "布魯厄姆馬車" 客機三視圖（"金馬" 號）

瑞安 PT-22 "新兵" 教練機三視圖（中航 1002 號機）

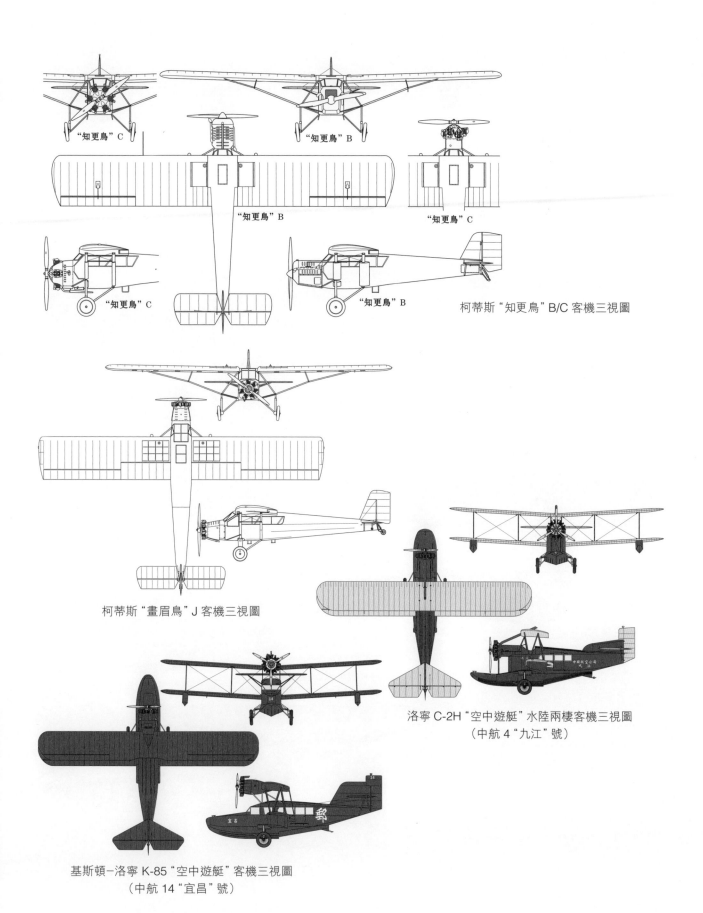

"知更鳥" C

"知更鳥" B

"知更鳥" B

"知更鳥" C

"知更鳥" C

"知更鳥" B

柯蒂斯"知更鳥"B/C 客機三視圖

柯蒂斯"畫眉鳥"J 客機三視圖

洛寧 C-2H "空中遊艇" 水陸兩棲客機三視圖
（中航 4 "九江" 號）

基斯頓–洛寧 K-85 "空中遊艇" 客機三視圖
（中航 14 "宜昌" 號）

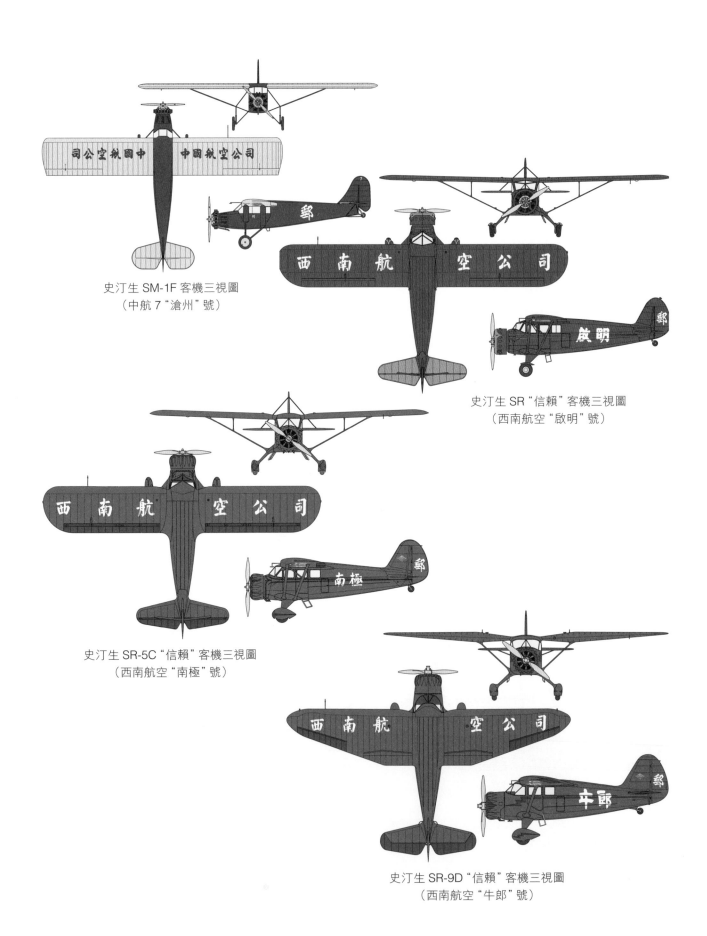

史汀生 SM-1F 客機三視圖
（中航 7 "滄州" 號）

史汀生 SR "信賴" 客機三視圖
（西南航空 "啟明" 號）

史汀生 SR-5C "信賴" 客機三視圖
（西南航空 "南極" 號）

史汀生 SR-9D "信賴" 客機三視圖
（西南航空 "牛郎" 號）

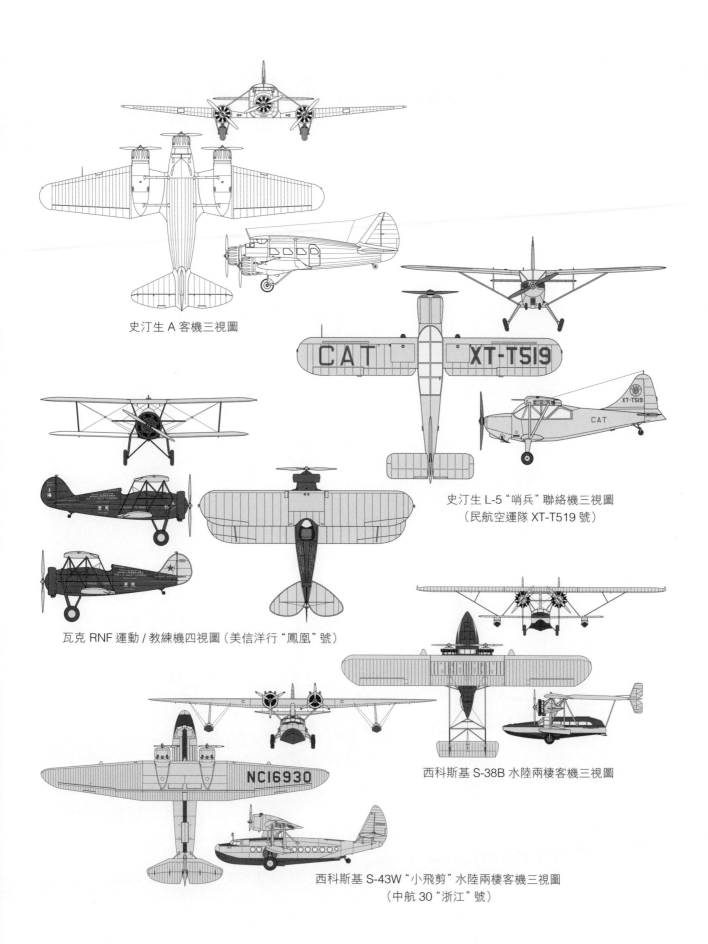

史汀生 A 客機三視圖

瓦克 RNF 運動 / 教練機四視圖（美信洋行 "鳳凰" 號）

史汀生 L-5 "哨兵" 聯絡機三視圖
（民航空運隊 XT-T519 號）

西科斯基 S-38B 水陸兩棲客機三視圖

西科斯基 S-43W "小飛剪" 水陸兩棲客機三視圖
（中航 30 "浙江" 號）

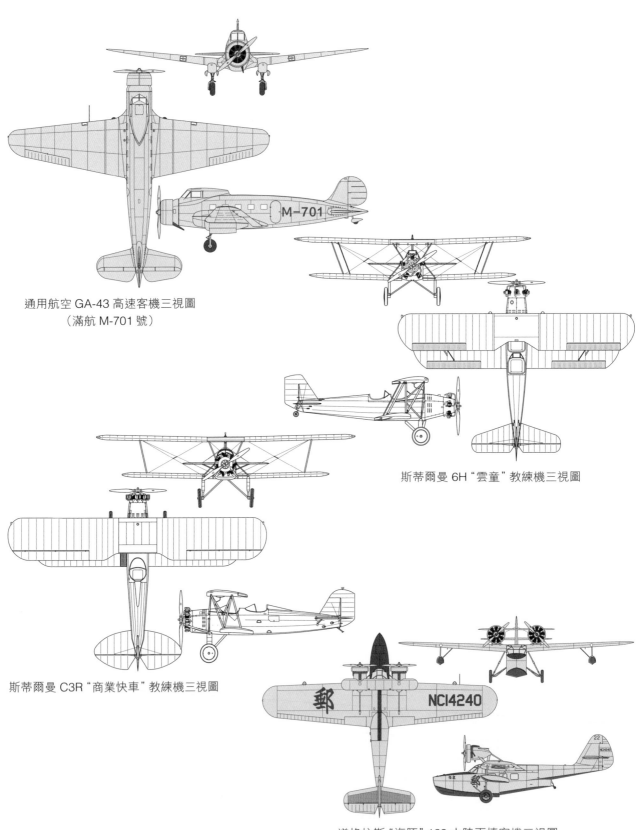

通用航空 GA-43 高速客機三視圖
（滿航 M-701 號）

斯蒂爾曼 6H "雲童" 教練機三視圖

斯蒂爾曼 C3R "商業快車" 教練機三視圖

道格拉斯 "海豚" 129 水陸兩棲客機三視圖
（中航 22 "福建" 號）

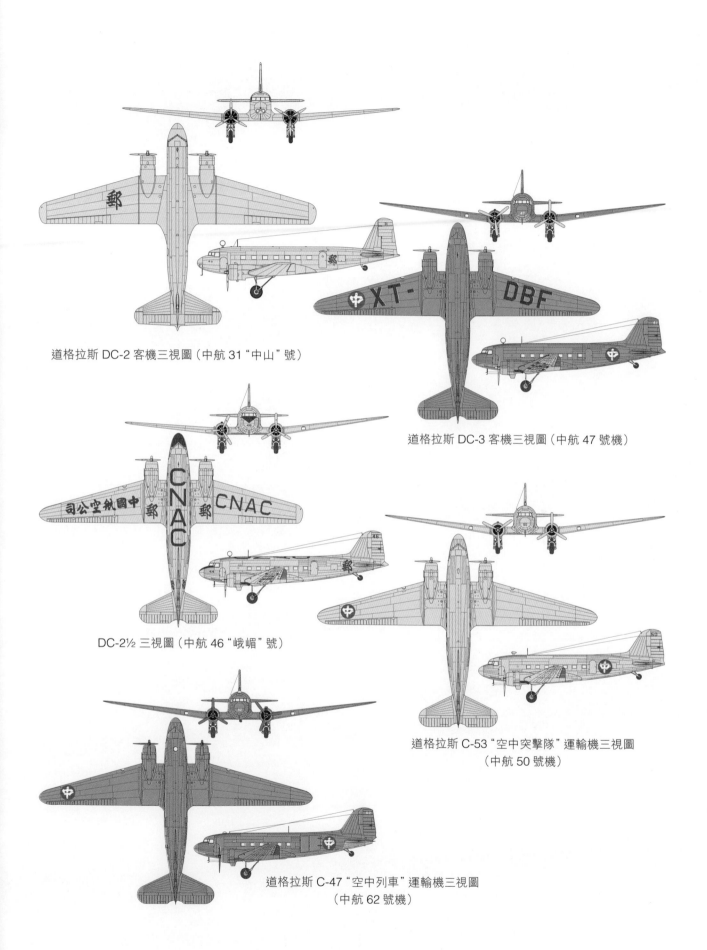

道格拉斯 DC-2 客機三視圖（中航 31 "中山" 號）

道格拉斯 DC-3 客機三視圖（中航 47 號機）

DC-2½ 三視圖（中航 46 "峨嵋" 號）

道格拉斯 C-53 "空中突擊隊" 運輸機三視圖
（中航 50 號機）

道格拉斯 C-47 "空中列車" 運輸機三視圖
（中航 62 號機）

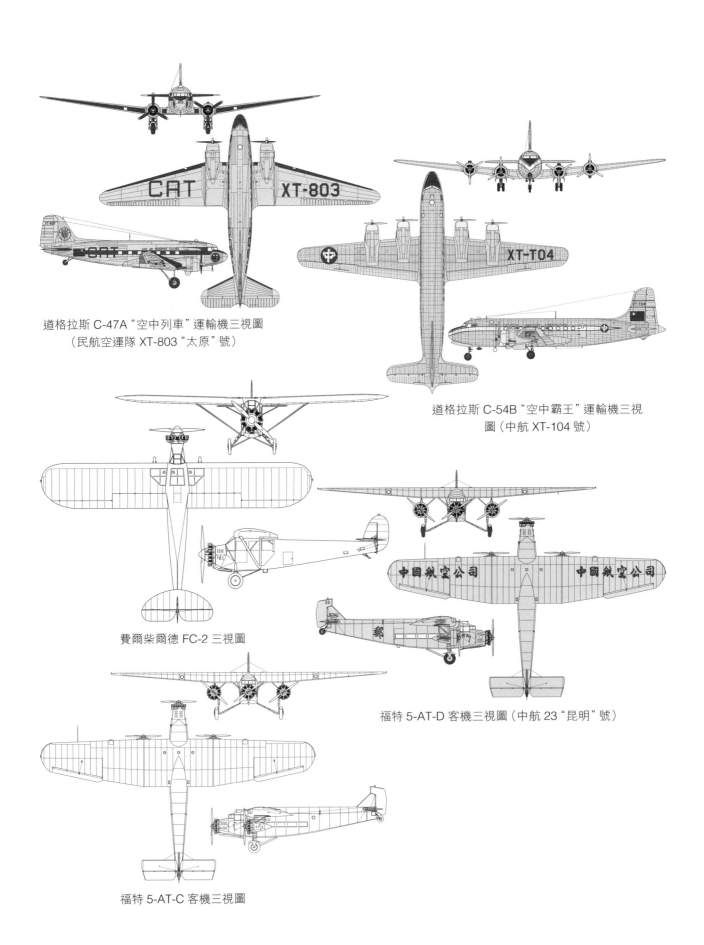

道格拉斯 C-47A "空中列車" 運輸機三視圖
（民航空運隊 XT-803 "太原" 號）

道格拉斯 C-54B "空中霸王" 運輸機三視
圖（中航 XT-104 號）

費爾柴爾德 FC-2 三視圖

福特 5-AT-D 客機三視圖（中航 23 "昆明" 號）

福特 5-AT-C 客機三視圖

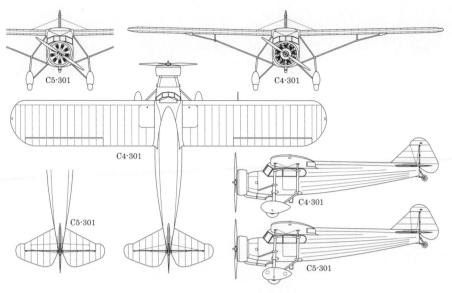

斯巴丹 C4-301/C5-301 客機三視圖

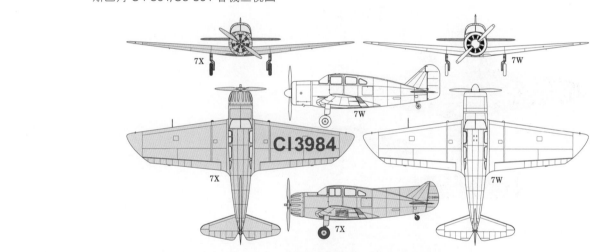

斯巴丹 7W/7X 公務機三視圖

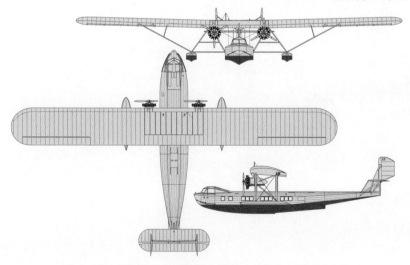

聯合 16-1 "准將" 水上客機三視圖（中航 35 "長沙" 號）

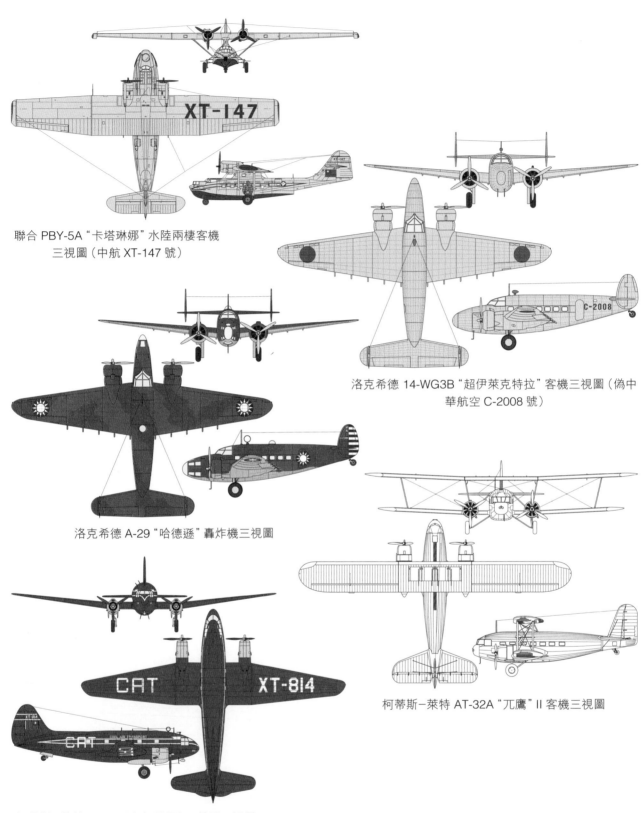

聯合 PBY-5A "卡塔琳娜" 水陸兩棲客機
三視圖（中航 XT-147 號）

洛克希德 14-WG3B "超伊萊克特拉" 客機三視圖（偽中
華航空 C-2008 號）

洛克希德 A-29 "哈德遜" 轟炸機三視圖

柯蒂斯－萊特 AT-32A "兀鷹" II 客機三視圖

柯蒂斯－萊特 C-46A "突擊隊員" 運輸機三視圖
（1949 年 11 月的民航空運隊 XT-814 號）

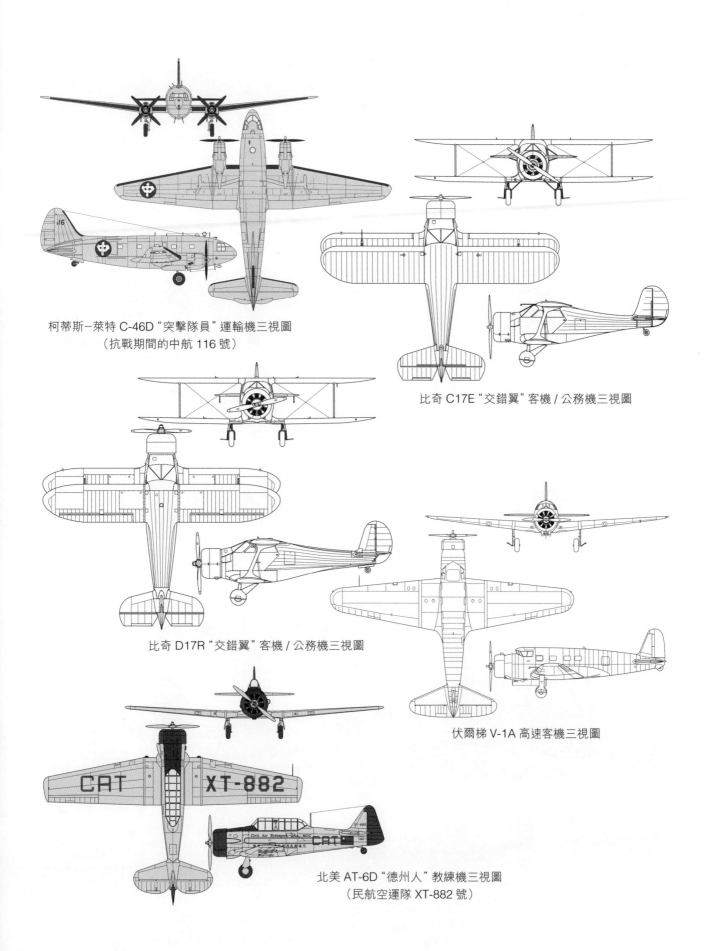

柯蒂斯-萊特 C-46D "突擊隊員" 運輸機三視圖
（抗戰期間的中航 116 號）

比奇 C17E "交錯翼" 客機 / 公務機三視圖

比奇 D17R "交錯翼" 客機 / 公務機三視圖

伏爾梯 V-1A 高速客機三視圖

北美 AT-6D "德州人" 教練機三視圖
（民航空運隊 XT-882 號）

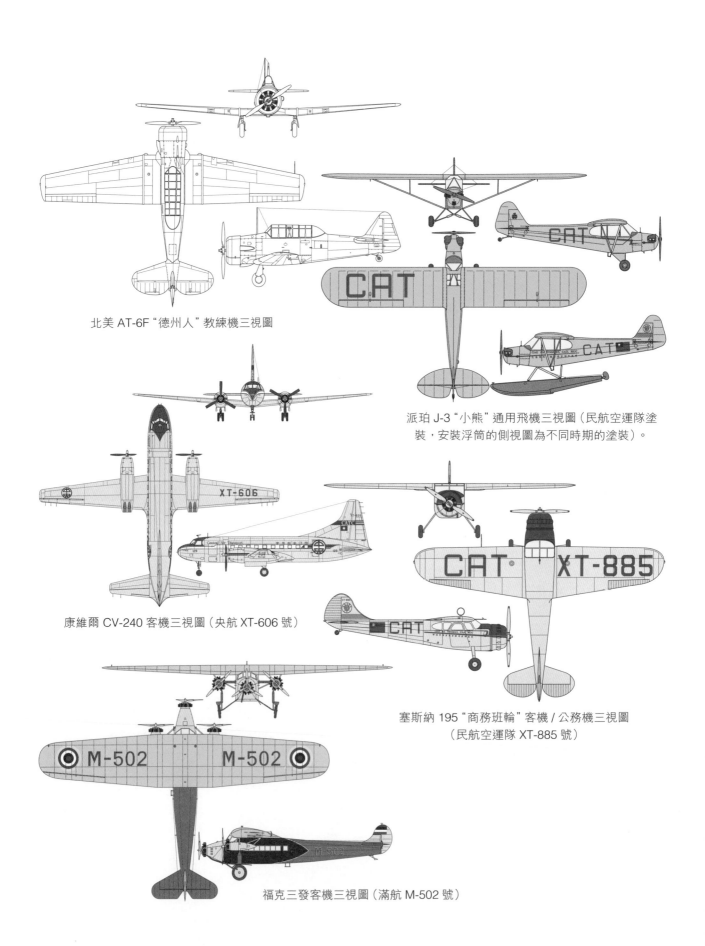

北美 AT-6F "德州人" 教練機三視圖

派珀 J-3 "小熊" 通用飛機三視圖（民航空運隊塗裝，安裝浮筒的側視圖為不同時期的塗裝）。

康維爾 CV-240 客機三視圖（央航 XT-606 號）

塞斯納 195 "商務班輪" 客機／公務機三視圖（民航空運隊 XT-885 號）

福克三發客機三視圖（滿航 M-502 號）

柯蒂斯－里德"漫步者"III 運動 /
教練機三視圖

諾頓 UC-64A "挪威人" 運輸機三視圖

滿飛 MT-1 "隼" 三視圖（原型機）

滿飛 MT-1 "隼" 三視圖（量產型）

中島－福克"超級通用"客機 / 運輸機三視圖
（滿航 M-105 號）

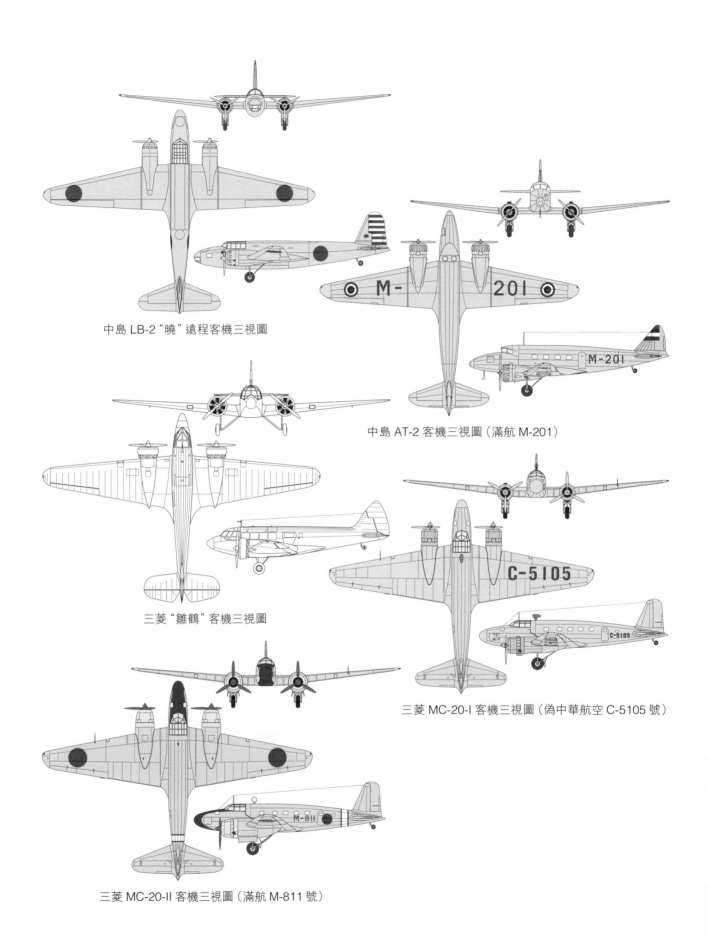

中島 LB-2 "曉" 遠程客機三視圖

中島 AT-2 客機三視圖（滿航 M-201）

三菱 "雛鶴" 客機三視圖

三菱 MC-20-I 客機三視圖（僞中華航空 C-5105 號）

三菱 MC-20-II 客機三視圖（滿航 M-811 號）

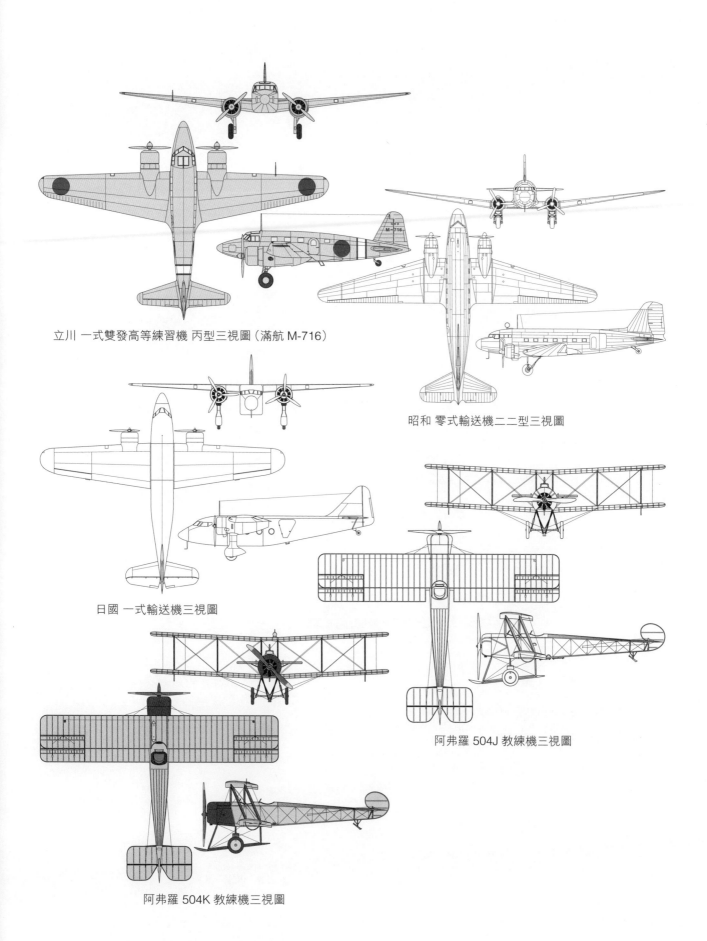

立川 一式雙發高等練習機 丙型三視圖（滿航 M-716）

昭和 零式輸送機二二型三視圖

日國 一式輸送機三視圖

阿弗羅 504J 教練機三視圖

阿弗羅 504K 教練機三視圖

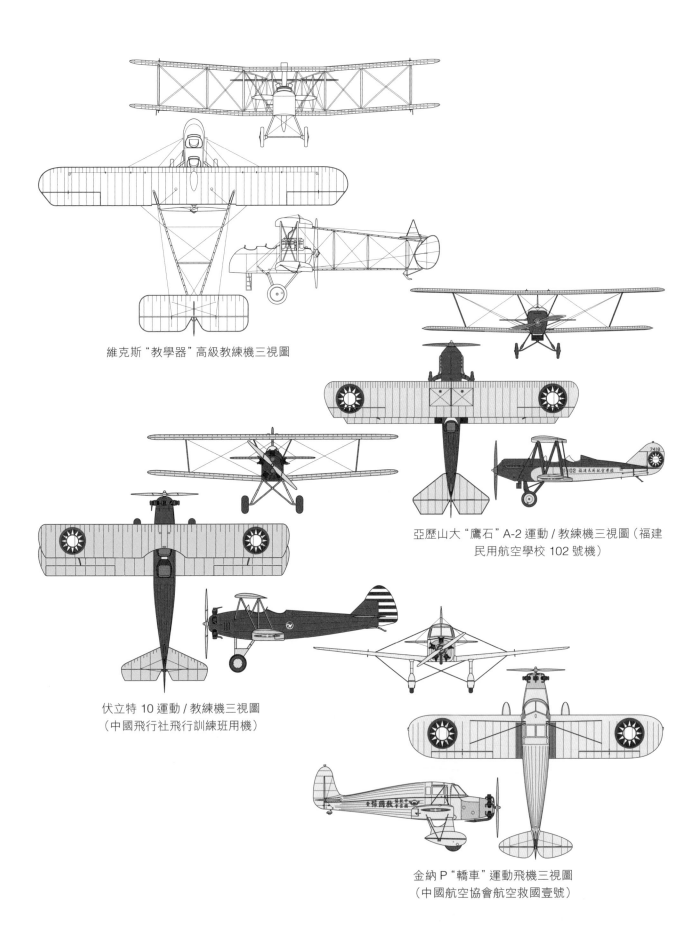

維克斯"教學器"高級教練機三視圖

亞歷山大"鷹石"A-2 運動 / 教練機三視圖（福建民用航空學校 102 號機）

伏立特 10 運動 / 教練機三視圖
（中國飛行社飛行訓練班用機）

金納 P "轎車"運動飛機三視圖
（中國航空協會航空救國壹號）

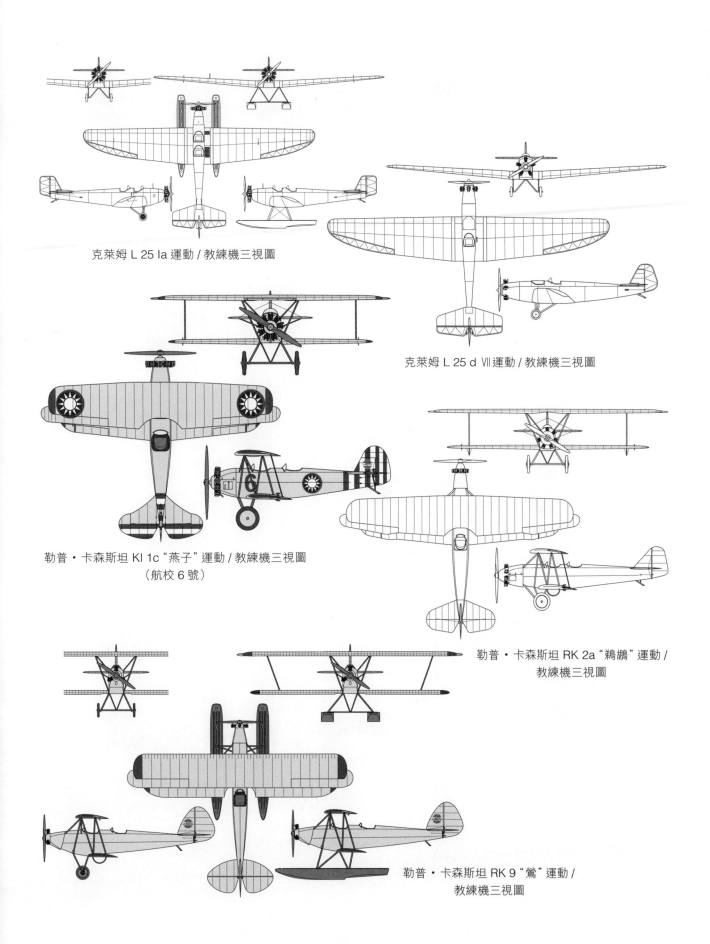

克萊姆 L 25 Ia 運動 / 教練機三視圖

克萊姆 L 25 d Ⅶ 運動 / 教練機三視圖

勒普・卡森斯坦 KI 1c "燕子" 運動 / 教練機三視圖
（航校 6 號）

勒普・卡森斯坦 RK 2a "鵜鶘" 運動 /
教練機三視圖

勒普・卡森斯坦 RK 9 "鶯" 運動 /
教練機三視圖

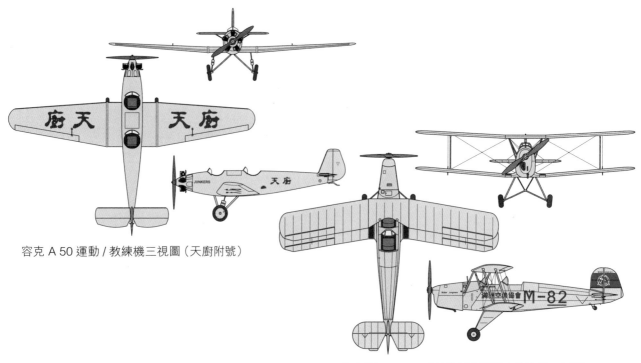

容克 A 50 運動 / 教練機三視圖（天廚附號）

貝克爾 Bü 131B "英格曼" 運動 / 教練機三視圖
（滿洲空務協會 M-82）

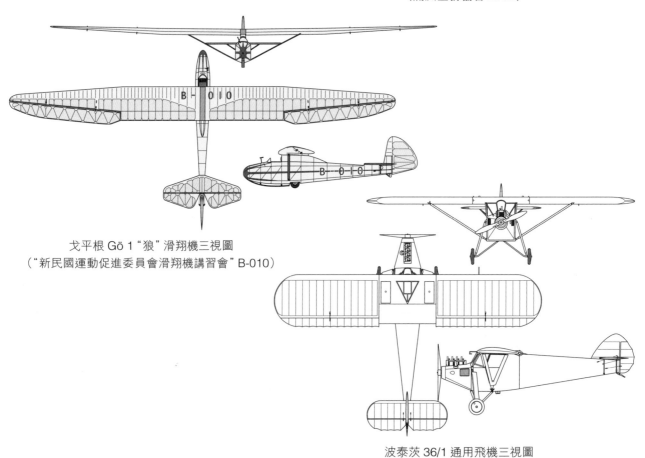

戈平根 Gö 1 "狼" 滑翔機三視圖
（"新民國運動促進委員會滑翔機講習會" B-010）

波泰茨 36/1 通用飛機三視圖

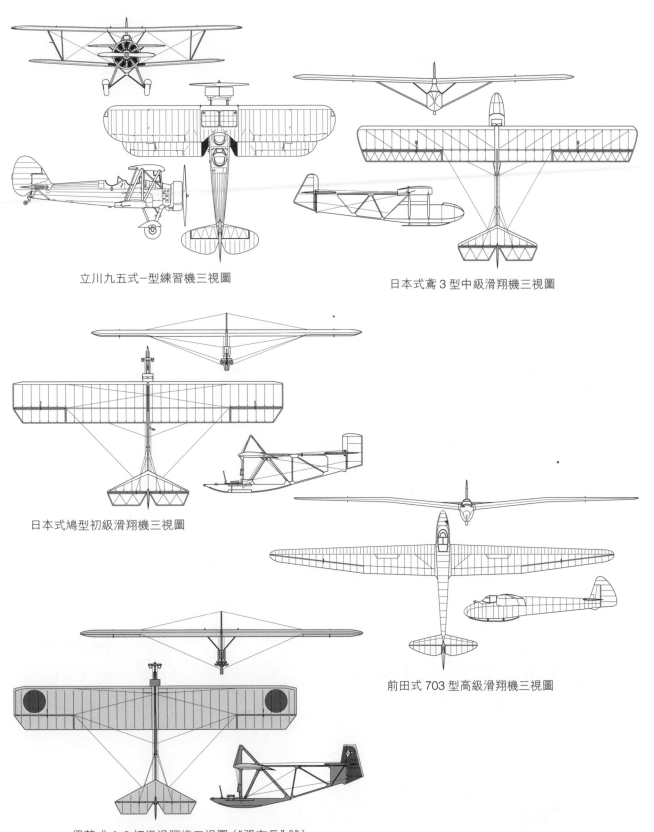

立川九五式−型練習機三視圖

日本式鳶3型中級滑翔機三視圖

日本式鳩型初級滑翔機三視圖

前田式703型高級滑翔機三視圖

伊藤式A-2初級滑翔機三視圖（"張市長"號）

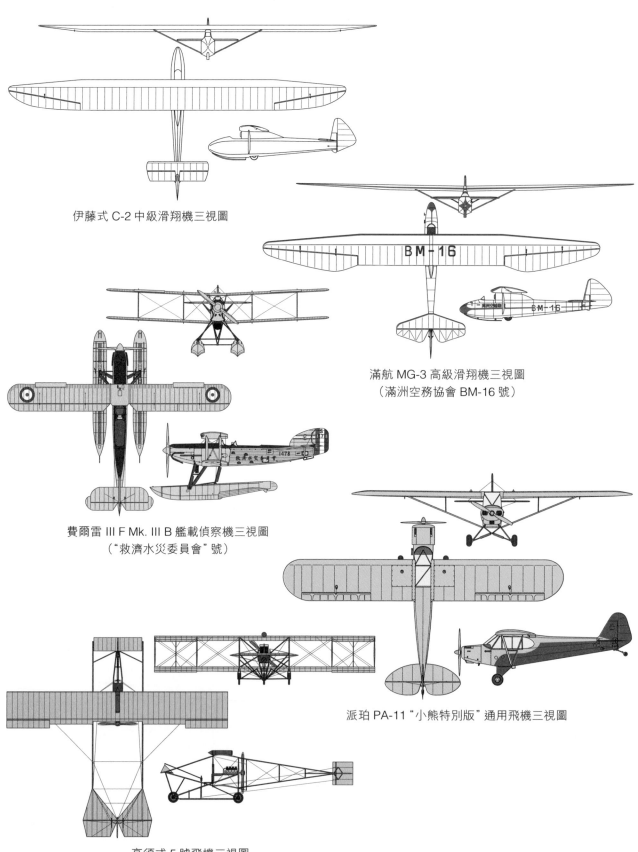

伊藤式 C-2 中級滑翔機三視圖

滿航 MG-3 高級滑翔機三視圖
（滿洲空務協會 BM-16 號）

費爾雷 III F Mk. III B 艦載偵察機三視圖
（"救濟水災委員會"號）

派珀 PA-11 "小熊特別版" 通用飛機三視圖

高須式 5 號飛機三視圖

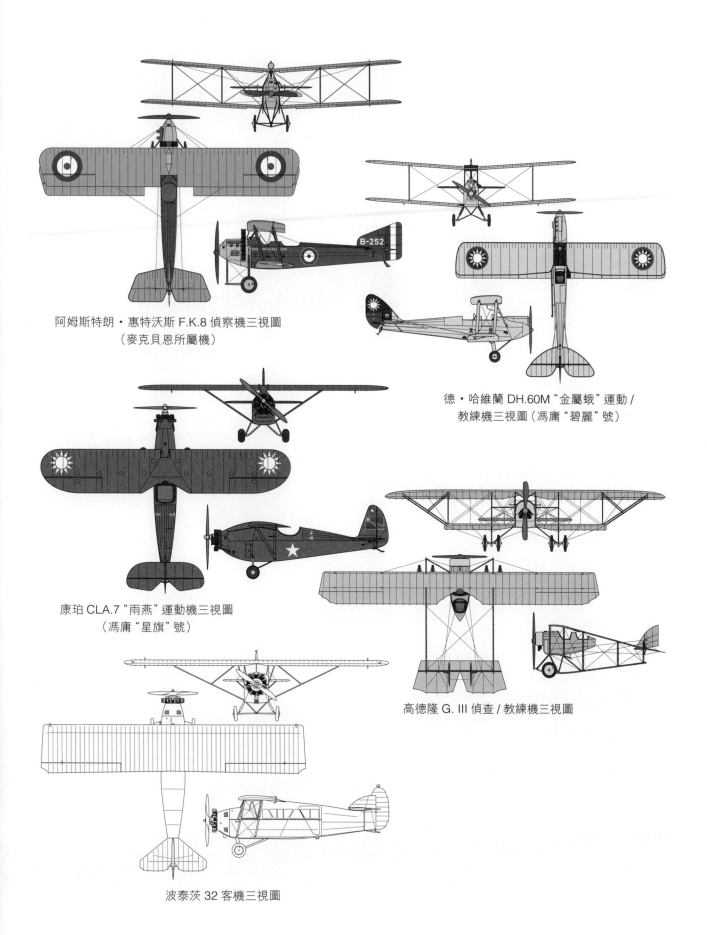

阿姆斯特朗·惠特沃斯 F.K.8 偵察機三視圖
（麥克貝恩所屬機）

德·哈維蘭 DH.60M "金屬蛾" 運動 /
教練機三視圖（馮庸 "碧麗" 號）

康珀 CLA.7 "雨燕" 運動機三視圖
（馮庸 "星旗" 號）

高德隆 G. III 偵查 / 教練機三視圖

波泰茨 32 客機三視圖

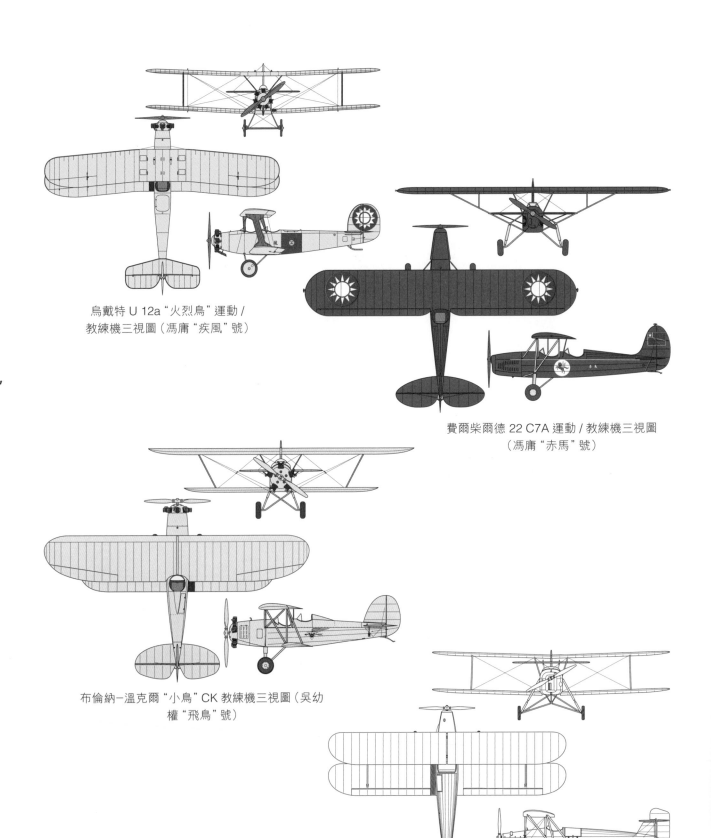

烏戴特 U 12a "火烈鳥" 運動 /
教練機三視圖（馮庸 "疾風" 號）

費爾柴爾德 22 C7A 運動 / 教練機三視圖
（馮庸 "赤馬" 號）

布倫納－溫克爾 "小鳥" CK 教練機三視圖（吳幼
權 "飛鳥" 號）

戴 -A 教練機三視圖

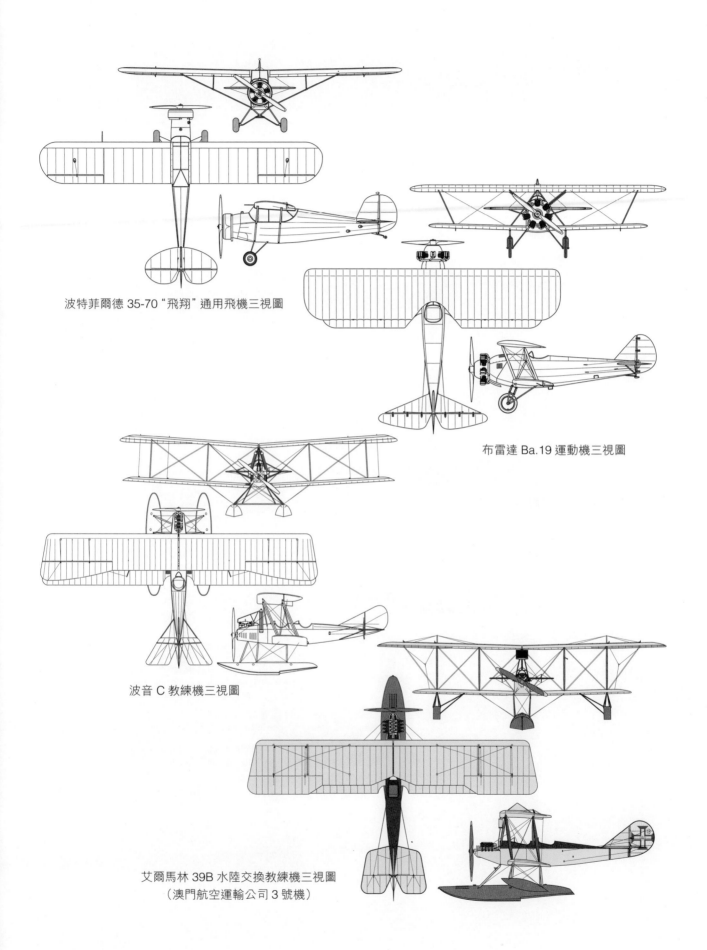

波特菲爾德 35-70 "飛翔" 通用飛機三視圖

布雷達 Ba.19 運動機三視圖

波音 C 教練機三視圖

艾爾馬林 39B 水陸交換教練機三視圖
（澳門航空運輸公司 3 號機）

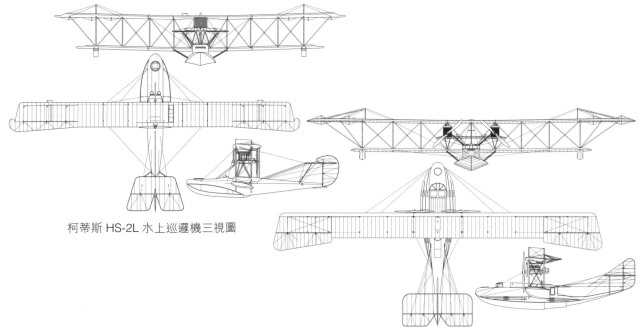

柯蒂斯 HS-2L 水上巡邏機三視圖

柯蒂斯 H-16 "大美洲" 水上巡邏機三視圖

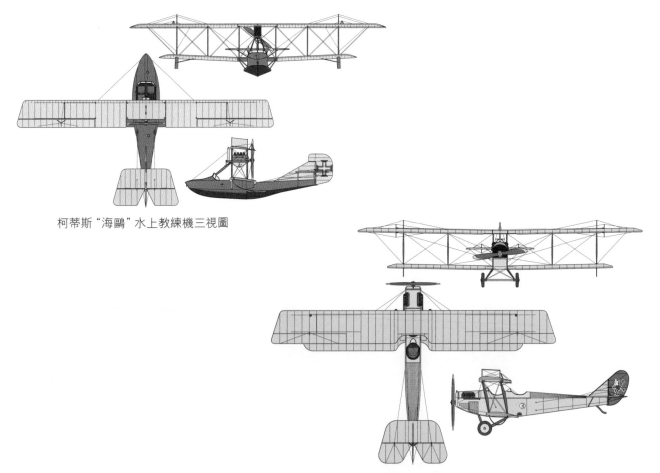

柯蒂斯 "海鷗" 水上教練機三視圖

柯蒂斯 JN-4D 教練機三視圖（艾伯特航校）

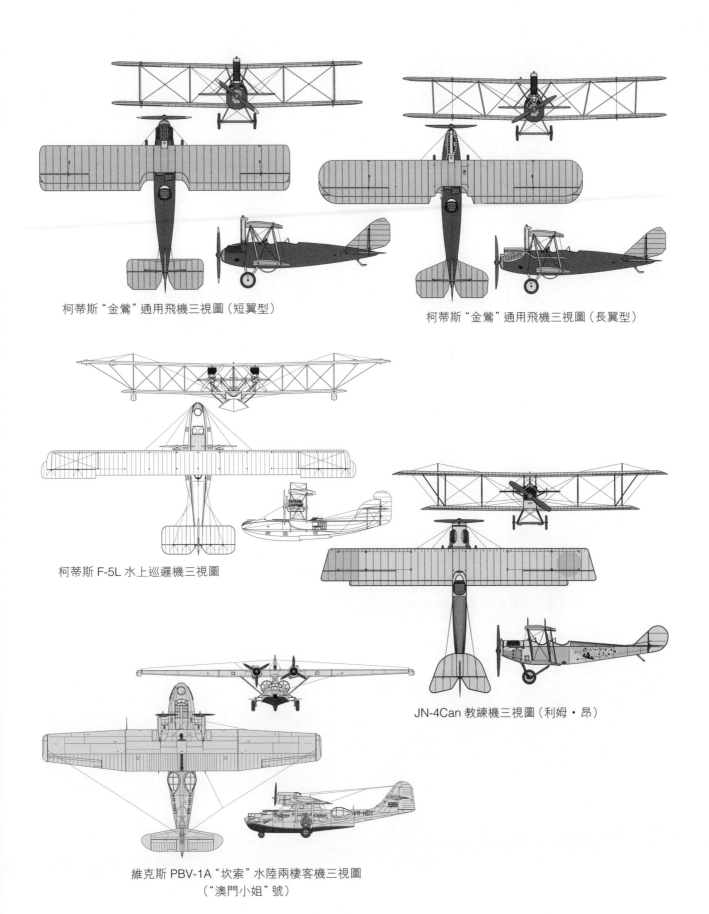

柯蒂斯"金鶯"通用飛機三視圖（短翼型）

柯蒂斯"金鶯"通用飛機三視圖（長翼型）

柯蒂斯 F-5L 水上巡邏機三視圖

JN-4Can 教練機三視圖（利姆・昂）

維克斯 PBV-1A"坎索"水陸兩棲客機三視圖
（"澳門小姐"號）

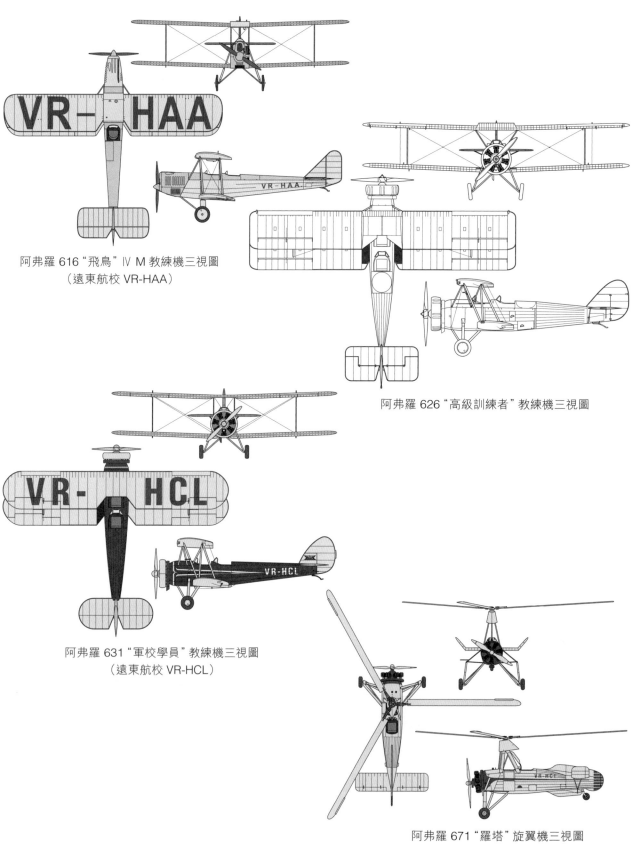

阿弗羅 616 "飛鳥" IV M 教練機三視圖
（遠東航校 VR-HAA）

阿弗羅 626 "高級訓練者" 教練機三視圖

阿弗羅 631 "軍校學員" 教練機三視圖
（遠東航校 VR-HCL）

阿弗羅 671 "羅塔" 旋翼機三視圖
（遠東航校 VR-HCT）

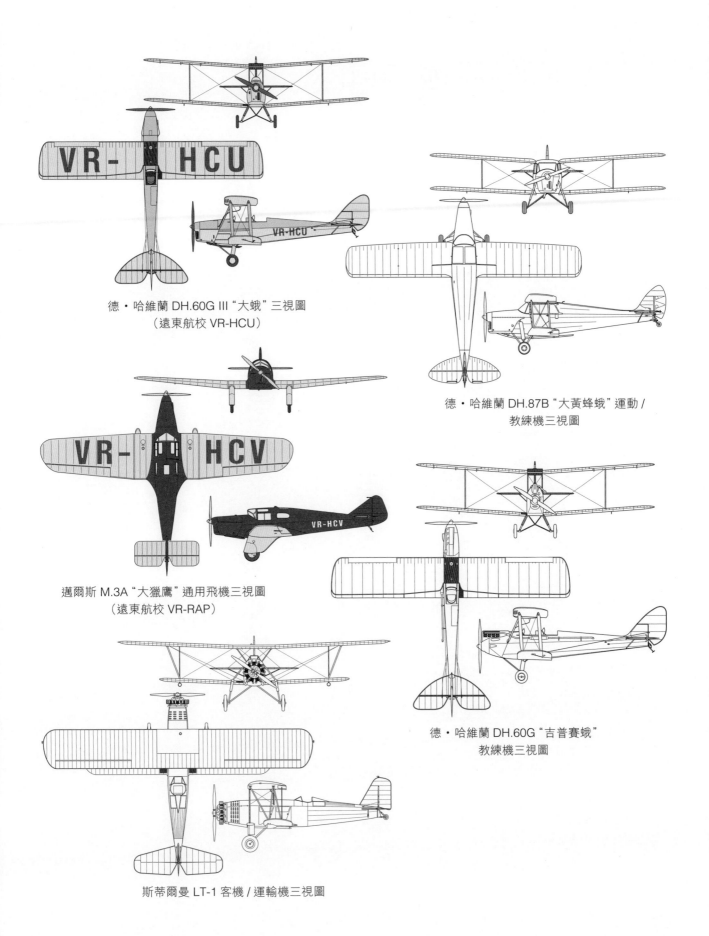

德·哈維蘭 DH.60G III "大蛾" 三視圖
（遠東航校 VR-HCU）

德·哈維蘭 DH.87B "大黃蜂蛾" 運動 /
教練機三視圖

邁爾斯 M.3A "大獵鷹" 通用飛機三視圖
（遠東航校 VR-RAP）

德·哈維蘭 DH.60G "吉普賽蛾"
教練機三視圖

斯蒂爾曼 LT-1 客機 / 運輸機三視圖

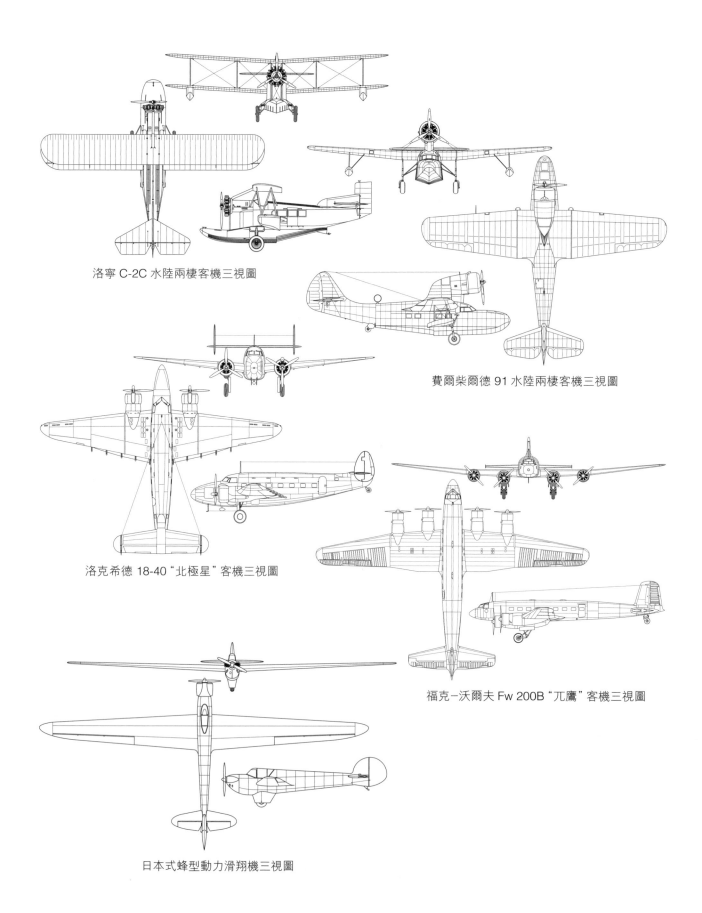

洛寧 C-2C 水陸兩棲客機三視圖

費爾柴爾德 91 水陸兩棲客機三視圖

洛克希德 18-40 "北極星" 客機三視圖

福克－沃爾夫 Fw 200B "兀鷹" 客機三視圖

日本式蜂型動力滑翔機三視圖

附錄四：

1912−1949 部分經營在華航線的國外航空公司飛機三視圖

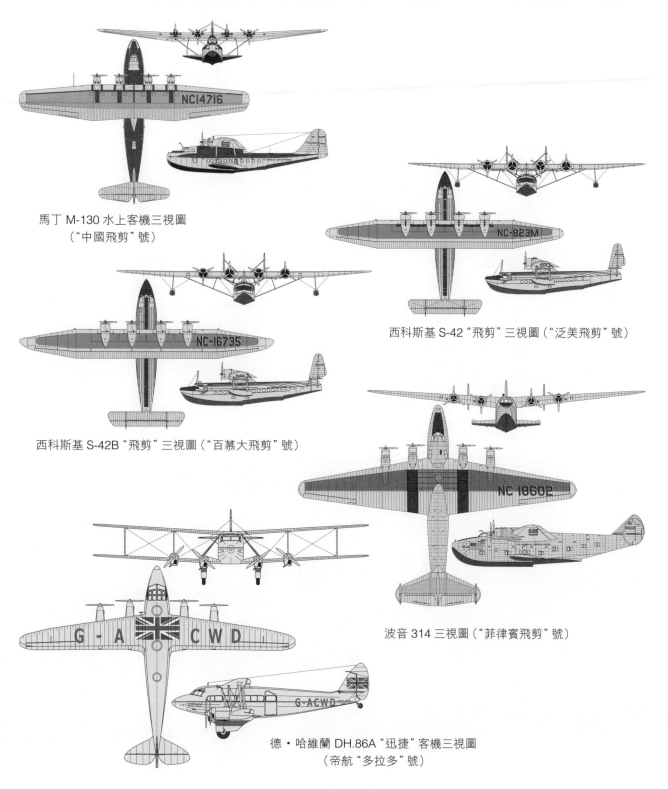

馬丁 M-130 水上客機三視圖
（"中國飛剪"號）

西科斯基 S-42 "飛剪" 三視圖（"泛美飛剪"號）

西科斯基 S-42B "飛剪" 三視圖（"百慕大飛剪"號）

波音 314 三視圖（"菲律賓飛剪"號）

德‧哈維蘭 DH.86A "迅捷" 客機三視圖
（帝航"多拉多"號）

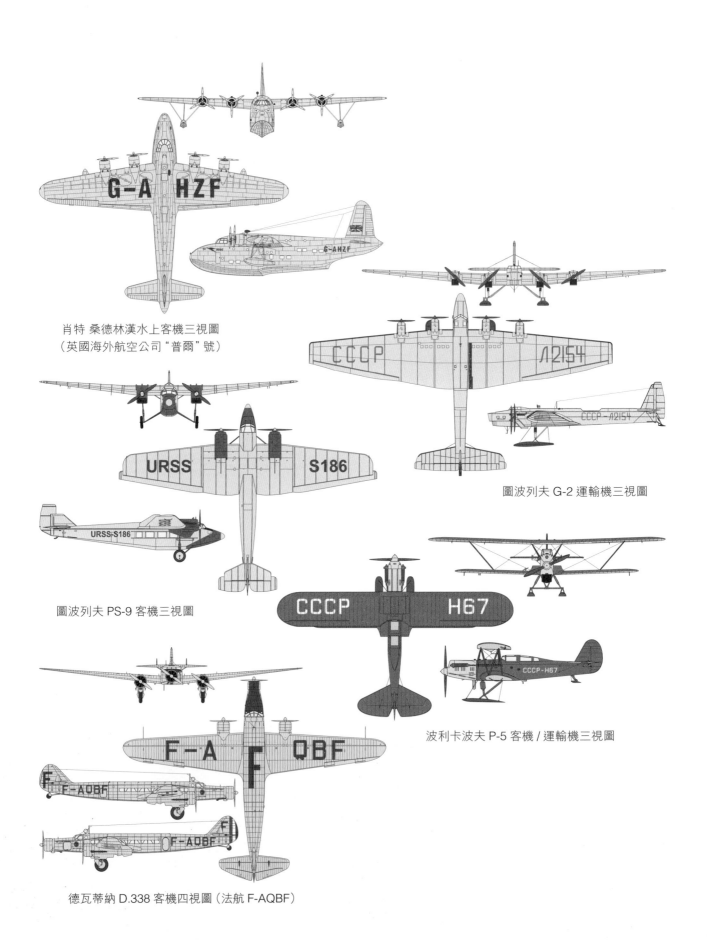

肖特 桑德林漢水上客機三視圖
（英國海外航空公司"普爾"號）

圖波列夫 G-2 運輸機三視圖

圖波列夫 PS-9 客機三視圖

波利卡波夫 P-5 客機／運輸機三視圖

德瓦蒂納 D.338 客機四視圖（法航 F-AQBF）